# 教育伦理研究

第五辑

主　编：王正平
副主编：何云峰

华东师范大学出版社

图书在版编目(CIP)数据

教育伦理研究.第五辑/王正平主编.—上海:华东师范大学出版社,2018
ISBN 978-7-5675-8126-5

Ⅰ.①教… Ⅱ.①王… Ⅲ.①教育学-伦理学-研究 Ⅳ.①G40-059.1

中国版本图书馆 CIP 数据核字(2018)第 179299 号

## 教育伦理研究(第五辑)

主　　编　王正平
策　　划　王　焰
组稿编辑　金　勇
审读编辑　沈　苏
责任校对　邱红穗
装帧设计　刘怡霖

出版发行　华东师范大学出版社
社　　址　上海市中山北路 3663 号　邮编 200062
网　　址　www.ecnupress.com.cn
电　　话　021-60821666　行政传真 021-62572105
客服电话　021-62865537　门市(邮购)电话 021-62869887
地　　址　上海市中山北路 3663 号华东师范大学校内先锋路口
网　　店　http://hdsdcbs.tmall.com

印　刷　者　上海市崇明县裕安印刷厂
开　　本　700×1000　16 开
印　　张　28.25
字　　数　440 千字
版　　次　2018 年 12 月第 1 版
印　　次　2018 年 12 月第 1 次
书　　号　ISBN 978-7-5675-8126-5/G·11378
定　　价　58.00 元

出版人　王　焰

(如发现本版图书有印订质量问题,请寄回本社客服中心调换或电话 021-62865537 联系)

## 《教育伦理研究》编辑委员会

**学术顾问**

万俊人(清华大学)

陈 瑛(中国社会科学院)

唐凯麟(湖南师范大学)

朱贻庭(华东师范大学)

**主 任**

王正平 钱焕琦

**副 主 任**

卫建国 王本陆 王泽应 王淑芹

李忠军 李 萍 曾建平 袁祖社

杜时忠

**编 委**(以姓氏笔画为序)

卜玉华(华东师范大学)

卫建国(山西师范大学)

卫荣凡(广西教育学院)

马永庆(山东师范大学)

王正平(上海师范大学)

王本陆(北京师范大学)

王国聘(南京晓庄学院)

王泽应(湖南师范大学)

王晓阳(清华大学)

王淑芹(首都师范大学)

邓安庆(复旦大学)

田鹏颖(东北大学)

史秋衡(厦门大学)

向玉乔(湖南师范大学)

江雪莲(华南师范大学)

杜时忠(华中师范大学)

李 玢(闽南师范大学)

李 萍(中山大学)

李忠军(吉林大学)

何云峰(上海师范大学)

余玉花(华东师范大学)

金生鈜(浙江师范大学)

林子华(福建师范大学)

林 滨(中山大学)

袁祖社(陕西师范大学)

贾新奇(北京师范大学)

钱焕琦(南京师范大学)

韩跃红(昆明理工大学)

曾建平(井冈山大学)

靖国平(湖北大学)

詹世友(上饶师范学院)

管向群(江苏第二师范学院)

**主 编**:王正平

**副主编**:何云峰

# 目录

编者的话 / 1
新师德宣言 / 1

## 教育伦理前沿问题研究

教育伦理学的基础理论探究与建构(王正平) / 3
教育与文明之善(向玉乔) / 20
当前我国学校生活中儿童形象的多主体建构及其伦理思考(卜玉华　山　雨) / 27
精神蜕变与公共教育的信任危机(吕寿伟) / 41
批判性道德教育的伦理原则(吴灿新) / 53

## 立德树人与师德建设研究

"四有"好老师的伦理意蕴(曾建平　熊来平) / 61
从"教书匠"到"大先生"(田鹏颖) / 68
塑造中国人独特的精神世界(管向群) / 72
"三以":加强师德建设的指针(廖志诚) / 76
立德树人的道德本质(林　红) / 83

## 教育伦理理论研究

教育伦理视域下的个体主体性反思(林　滨　陈　帅) / 93

# 目录

"对话"与"责任":当代中国教育伦理重构应有的两个维度(胡军良)/ 102
教育伦理视域下的竞争教育(朱　勇　何云峰)/ 113
教育伦理学中的理性与情感(江　虹)/ 123
善的求索:教育伦理的价值追求(李　杰)/ 131
教育激励的伦理限度(袁燕婷)/ 144

## 教师道德理论研究

社会转型进程中教师道德的文化断裂及其重建(蔡辰梅)/ 155
教师德性养成的本质释义(李清雁)/ 175
论教师的善性伦理及其实现(赵虹元)/ 187
论教师社会性格及其价值意蕴(王　婷　车丽娜)/ 199
教师的伦理困顿及对策(徐廷福　刘　惠)/ 211
学术性师德:内涵分析与路径探索(曹周天)/ 219
高校发展教师内生支撑力问题的探讨(卫荣凡)/ 227
教师专业伦理的"无边界"困境及其突破(暴　圆)/ 234

## 师德关系与师德规范研究

论学校教育中的道德关系(钱焕琦　王　燕)/ 241
论人工智能时代的师生关系(苏令银)/ 250
学术性骚扰中的寒蝉效应(周小李)/ 262

论生命教育伦理与政策法规统一性问题(李耀锋)/ 275
教师伦理：惩戒在教育活动中的位置(卢世林　李曙林)/ 284

## 教学伦理学发展研究

固本拓边：教学伦理研究的结构性优化(汪　明)/ 297
教学伦理观照下学生幸福的缺失与重建(彭　倩　向葵花)/ 304

## 师德评价研究

评价观：师德评价合理性的理论反思(宋芳明　余玉花)/ 315
师德评价面临的矛盾、问题及出路(糜海波)/ 328

## 中外教育伦理思想研究

梁启超家庭、家教、家风思想初探(陈泽环)/ 341
《学记》中尊师重道的教育伦理思想(吴知桦)/ 350
"义利"共生——高等教育制度伦理之中美互纳(田雪飞)/ 357
作为教育目的的民主与专制——杜威"教育无目的"的概念澄清及反思(张淑妹)/ 366

## 教师道德建设实践研究

论师德自觉及其实现路径(张自慧)/ 383

# 目录

中西部地区基层中小学师德现状调查(节选)
　　——以我国贵州省某县级市为例(刘玹波　张旭菲)/ 391
从"知晓的德育"转向"智行的德育"
　　——当前学校德育变革的目标导向及其路径选择(靖国平　涂雨轩)/ 396

## 教育伦理研究综述

全国第五届教育伦理学学术研讨会在武汉顺利召开
　　推出《新师德宣言》引全国教师热烈响应(会务组)/ 409
应当重视中国传统教育伦理的当代价值
　　——中国特色教师道德话语体系全国高端学术研讨会在沪、京召开(江雨桥　缪美芹
　　于　涛　林雅静)/ 414
"立德树人、师德评价与教师发展"高端学术研讨会综述(周治华　于　涛)/ 424

## 编者的话

新时代的我国教育事业的健康发展,需要与时俱进、契合时代精神的教育伦理理论指引。随着我国新时代中国特色社会主义教育事业的深入发展,全社会对教育领域各种现实伦理道德问题日益关注。新旧教师道德观念相互碰撞,各种教育价值理念相互砥砺,以教育实践为检验尺度的教育伦理研究,正在一步一步走向深入。

选入《教育伦理研究》第五辑的论文,以全国第五届教育伦理学学术研讨会论文集为基础。全国第五届教育伦理学学术研讨会 2017 年 10 月 21 日在湖北武汉隆重召开。本次会议由中国伦理学会教育伦理学专业委员会主办,湖北大学教育学院、上海师德研究与评价中心、湖北中小学素质教育研究中心承办,主题是"教育伦理、师德评价与立德树人"。来自上海师范大学、北京师范大学、华东师范大学、中山大学、华中师范大学、南京师范大学、东北大学、首都师范大学、陕西师范大学、吉林大学、湖北大学、华南师范大学、井冈山大学等 50 多家高等院校、科研机构的 230 多位专家、学者和一线教育工作者出席了本次大会,参会学者共提交 81 篇学术论文。

此次会议是在党的十九大胜利召开的背景下进行的。党的十九大报告强调的"立德树人是教育工作的根本,要大力加强师德师风建设"的精神,受到广大教育伦理学专家、教授的高度关注。来自全国各地的专家、学者结合本专业的特点,围绕大会主题进行了热烈和有价值的学术讨论。[①] 收入本辑的学术论文主要从以下四个方面进行了很有价值的学术探讨:

---

[①] 于涛,林雅静:《教育伦理、师德评价与立德树人——"全国第五届教育伦理学学术研讨会"综述》,《现代基础教育研究》,2018 年第 3 期,第 29 卷。

**一、关于积极建构有中国特色的教育伦理学理论体系**

与会专家认为,当代我国教育活动面临着许多道德问题,建构有中国特色的教育伦理学理论体系是时代所需。我国现代教育的发展,需要健全、合理的教育伦理学科学理论的指导。当前,积极构建具有中国特色的教育伦理学理论与话语体系具有重大现实意义:有利于以科学的教育伦理道德观念为指导,正确把握我国现代教育事业发展的伦理价值导向,促进教育事业更好更快地发展;有利于建设与时代契合的教育伦理和教师道德的原则规范体系,厘清现实教育活动中的道德是非,重建良好的教育道德秩序和教育精神信仰;有利于广大教师全面认识自己所从事的教育、教学和科研工作所承担的专业道德责任,充分发挥教育伦理道德在提高教育水平、教学技能、科学研究中的指导和激励作用;有利于促进教师和全体教育工作者的职业道德修养和人格完善;有利于教育伦理学在指导思想、学科体系、学术体系、话语体系等方面充分体现中国特色、中国风格、中国气派,为当代教育伦理学发展作出我们的贡献。

有关专家认为,构建有中国特色的教师教育伦理体系应处理好以下三对关系:

1. 教育与伦理的关系

"教育"离不开"伦理"。教育伦理学是研究教育活动的价值与善,探讨教育工作者在职业劳动过程中的道德关系和道德行为,并致力于探索如何健全教师职业人格和其他教育工作者个体人格的科学。正视教育与伦理密不可分的内在联系,使教育伦理学在教育实践发展进程中成为需要和可能。只有保证教育目的、教育手段、教育内容、教育方式、教育成果和教育过程中的人际关系、精神氛围都是合乎伦理道德的,才能使教育真正实现最高价值。教育总是处于发展中。教育本质上是人的教育,因此,人们对教育的认知、理解和把握所折射的是人类对自身的认知、理解和把握。现代民主社会从根本上改变了等级社会的教育状况,其主要贡献是在肯定人类平等性的基础上推进了教育的大众化。在现代民主社会,教育不再是一种稀缺的社会资源或社会价值。只要人们愿意,他们的受教育权就能够得到很好的维护。由于与人类对自身身份的平等性诉求相吻合,现代教育具有更加鲜明的道德合理性,它带给人类社会的善也更加巨大。它体现人性的内在需要,也有助于塑造人性之善。教育彰显人类的存在特征,也有助于人之为人的身份。人类在教育中生存,在教育中进化,在教育中发展,在教育中不断提升自己的文明水平。有学者提出,当今社会不能把教育者仅仅限定于独立的个人而是要扩展视野,不可忽视天、地对我们的教育启示。对教育者与被教育者的主客体关系进行批判性思考,强调从自然之法中反思人与世界的相互依存关系,并认为好的教育应帮助人找到在世界中合理存在的位置,进而发现自我价值。

2. 道德与利益的关系

有专家认为,为了保障社会教育事业顺利发展和教育劳动有效进行,需要以社会倡导和认可的核心价值观和道德规范体系作指导,从教育劳动的特点出发,努力探讨和构建合理保障国家、集体和个人教育利益的包括教育伦理价值理念、原则、规范、准则、是非善恶评价标准在内的科学的教育伦理道德规范体系,以调节教育劳动中的利益矛盾和利益冲突,创建良好的教育人际关系和道德氛围,以保障社会和个人各种正当教育利益的充分实现。有学者认为,教师德性应建立在人性善的基础上,即教师德性有赖于主体自我养成、自我超越,并相信人人都有向善的一面。如此,教师德性才能成为德性之基。教师德性也需要考虑人性恶的方面,即教师德性需要考虑教师利益的获得,需要外部规范的约束,正如中国传统哲学所说的:"导民以学,节民以礼,而性成矣。""凡未成性,须礼以持之。"德性的形成需要教师反复遵守外在的规范从而养成内在的品质。义利从根本上可以概括为道德与利益的关系,是中国传统哲学以及现代伦理学最核心的问题。有专家认为,寻找一个德性大学比以往任何时候都更重要,公正、道德的追求才是高等教育制度更重要的核心目标,商业价值和盈利能力将只是从属的、次要的。效率与公正都是高等教育制度的应然价值,公正则是高等教育制度的核心价值,公正是目的善,效率则是工具善,我们追求的至善是目的善,是公正。德性大学一定拥有公正的高等教育制度,不仅"逐利",崇尚效率,更要"求义",追寻道德,"义利"共生是未来高等教育制度的应然状态,当义利冲突时,"义以为上"。有专家引用了费希特《论学者的使命》中的思想来表达对此问题的思考,"每个人都必须真正运用自己的文化来造福社会。谁也没有权利单纯为自己过得舒适而工作,没有权利与自己的同胞隔绝,没有权利使自己的文化于他们无益……如果他不愿由此给社会带来利益,他就是从社会攫取了社会的所有物"。

3. 教育伦理与教育劳动价值的关系

有专家认为,从马克思哲学角度看,教育劳动的目的应当是培养具有创造性的全面发展的人。但需要说明的是这种创造性本身并不是抽象的,而应该是现实的和全面的。之所以是现实的,是因为这种创造性必须落实于劳动过程;而之所以是全面的,则是因为这种创造性要求本身并不是单一的,对个人来说它是指人的不同方面,对社会来说它是人与社会发展的真正统一。该专家还认为,新时代背景下教育劳动异化仍然存在,教育工作者与教育劳动相异化,教育劳动对于教育工作者来说成了一种负担而不是作为教育工作者本身价值的实现而存在,这种异化是劳动生产者与其产品异化关系的具体化。有专家认为,教师的劳动幸福感应该得到优先保障,这必须要成为全社会的共识。教育劳动是一种创造性劳动,教育本身的目的也是为了培养创新人才,因此要从人的全面发展意义、人的解放意义以及人的劳动尊严意义这三个方面来体现。要减轻教师劳动的折磨性和劳累性,让教师获得最大程度的劳动解放,实际上,就是为了最大限度尊重教师的劳动,提高教师的劳动尊严。要发挥教师劳动的价值潜力,克服教师自身水平能力限制以及教育劳动异化感增加的约束成分。强调教育对社会生活品质的塑造,同时要加强教育与经济社会发展的融合性,构建科学性、规律性、效率性的评价体系,将教师对幸福的追求作为一项重要的评价指标。

**二、关于立德树人是教师的根本价值追求**

立德树人，一直是古今中外教育的核心内容，随着经济发展与时代变迁，更是被赋予了新的社会意义，成为中国特色社会主义教育事业的根本价值追求。因此，如何践行立德树人这一根本价值追求，成为教育界和伦理学界热议的话题。有专家认为，应从四个方面去把握习近平总书记的"立德树人"理念。即"历史观"，在百年历史进程的回望中把握立德树人的战略意义；"价值观"，在对高校基本职能的认识中把握立德树人的根本使命；"人才观"，在智慧与高尚的双重目标中把握立德树人的正确方向；"实践观"，在与时俱进的改革中把握立德树人的思路举措。就如何更好地践行师德建设的标准，与会专家、学者进行了深入探讨。有专家以习总书记在全国高校思想政治工作的会议精神为理论导向，把"三以"思想付诸教育实践，认为以德立身就是为师之本，以德立学就是为师之要，以德施教就是为师之方，三者相互促进，缺一不可。"三以"是教师自觉加强师德师风建设的指针，应当终身遵循。有专家立足于习总书记的"四有"好老师标准，来表达自己的见解，认为教师应该在充分吸收"四有"（即信者、善者、学者、师者）标准的条件下，做一个合格的"思者"。专家们认为，师德作为教育之本，须固本强基，才能更好地发挥师德的教育作用。确切地说，教师的道德使命就是一方面自身要做一个有德性的人，另一方面要担负起培养学生德性的任务。让师德、师风永铸师魂。教师是人类灵魂工程师，是立校之本，他们肩负立德树人的神圣使命，不能成为单方向传授知识的"教书匠"，因此应从责任意识、修养意识、学习意识和创新意识四个方面培育教师的师德师风，使教师成为"大先生"，永铸教育之魂。有学者提出，师道精神是贯穿教师之道的基本精神，新时代背景下中国的师道精神有了新的内容，即仁爱、崇业、好学、尚实、平等。要把立德树人作为教育教学全过程的中心环节，实现全程育人、全方位育人。道德是人特有的一种精神生活，是人最本质的需要之一，立德树人则体现着道德的规范要求、理性诉求和呼唤着道德的发展力量。

### 三、关于确立科学合理的师德评价体系

与会专家认为,教师道德建设发展至何种程度,是否达到应有的水平,需要科学合理的评价体系作为检验标准。同时,科学合理的师德评价体系的确能使教师正视自身利益与职责的关系,在公平公正的制度环境下充分发挥教师主体的积极主动性,有效推动师德师风的建设与发展。

1. 影响师德评价的关键性因素

首先是制度伦理因素。有专家从制度伦理的视角审视中小学教师评价体系,认为实现伦理意蕴的教师评价体系需具备两大伦理维度,即公正、自由、幸福、效能构成的教师评价体系的内部伦理维度;评价人员的素质和公正程度、教师评价制度的公正程度、评价过程和结果的透明和公平程度构成的教师评价体系的外部伦理维度。这一评价内外维度需要上升至制度本身原点式追问,实现制度争议,为教师评价提供伦理可行路径。师德评价的考核需要重视合理性,实施策略的可行性是至关重要的,更要从制度伦理性的高度着手,改变师德评价不合理现象。教师评价中过分重视教师的业务能力与工作业绩,使教师成为经济人角色,忽视教育伦理与教师思想品德工作态度。因此,如何合理分类评价,考核教师水平的同时又维护教师个人利益与安全,有待深入考虑。有专家认为,当前教育伦理面临均衡性问题、主体性问题、自主性问题和功利性问题,揭示时代背景下我国教育的精神状况,以公平正义的制度改变不均衡发展的现象至关重要。其次是文化承继因素。有专家认为,回到传统,走向专业是师德评价的立足点。要改变对传统文化中的优良文化的误解,重视专业伦理精神,改善抑制和放逐个体文化中道德自我主体性的不良现象;只有社会群体认可教师群体的道德,才能提升教师道德水平。最后是情感体验因素。有专家认为,公众对公共教育的信任危机影响师德评价的客观性。公众已从习惯性接受教育到如今对公共教育的不信任态度凸显,抵制教育或学校教育现象频发,否定学校教育是唯一正确或最好的教育方式,对

教师身份也存在信任危机,从而使师德评价带有主观色彩。

2. 落实好师德评价的实效举措

首先,要明确师德评价的范畴与定位。有专家认为,教育伦理不仅要进行理论研究,更应思考如何将理论应用于道德学科教学;伦理学上有私德与公德之分,教师的生活私德不能进行评价,能评价的是教师公共道德与职业道德。中小学要解决的是道德伦理的底线问题,讲求道德思辨性,并在此基础上建立相应的评价体系。有专家认为,要在研究中首先理清教育伦理与师德、伦理与道德的关系,既要有理论上的提升,也要有时间上的落实,强调教师要坚守"立德""立功""立言",提出在进行教师评价时要从社会要求以及教师自身出发。有专家提出,师德评价应准确定位,要"守底线,提要求",缓解教师成为评价客体时内心的拒斥感,区分道德评价和道德绑架的界限,改变师德评价一票否决制的现象,使师德评价既能够对教师形成规约,同时也能给予一定的保护。

其次,明白师德评价的指标标准。有专家认为,师德评价面对伦理目标偏差、多元文化冲击和教育观念滞后等诸多问题和挑战,因此应使评价标准的设立体现完整性和层次性,明晰评价的范围和教育行为的道德类型,将"具体考察"与总体判断结合起来,使教师评价逐步走上科学化、规范化、民主化的轨道。有专家认为,当前师德评价观存在功利化、泛道德化、独白化三种不合理的评价取向,而寻求评价观的合理化应该立足于现代社会语境,消除动机性评价和效果性评价的对立,注重美德塑造和制度约束相统一,以合乎评价的目的性和评价的规律性。提升师德评价合理性应做到理性反思,提倡多元、互助和平等的评价观念,从而提出相关举措,即消除动机性评价和效果性评价的对立,秉持科学辩证理性的思维方式,提倡平等理解互助的人本精神。

最后,明了师德评价对师德建设的实效性与教育惩戒作用。有专家认为,通过师德评价推进教师职业道德建设,通过对教师规约提高"自律"意识,规约后自我感受到行为的不合理性,自然地去遵守规则。制度与自我共同规约,从他律道德走向自律道德,提升道德境界。有专家提出,适当使用教育惩戒能更好地促进教育伦理建设与师德评价的效果。教育惩戒之所以处境尴尬是因为没有充分认识其主体对象所在,惩戒的主体对象不能仅仅停留于学生,教师也应该成为对象之一。教育惩戒作为教育伦理在实际教学工作中的实践一环,不可无,也不可过度,教育惩戒要在一定的限度内进行,从游戏的角度明确惩戒规则是界限所在。教育惩戒的价值追求在于其本身的教育性价值。

**四、跨入新时代倡导新师德**

新时代倡导新师德,是本次会议的亮点。与会专家围绕新时代应当如何进行师德建设,提倡怎样的师德,阐发自己的新师德观。

1. 提升师德的自觉性

有专家认为,师德自觉是教师对其职业地位和作用的全面认知,要求教师对师道和师德内涵有深刻体悟,同时师德自觉也是教师对教育责任使命的主动担当。此外,她还认为教师不仅要有历史维度的师德自觉,还要在现实的职业生涯中强化师德自觉。要弘扬尊师重道的传统,为师德自觉提供精神"培养基",制定"人格化"师德标准,为教师的师德自觉提供现实基点,满足教师的正当利益诉求,为教师的师德自觉提供物质支撑。有学者强调教师的幸福感,通过师德实践的文化角度实现教师道德自觉,提升教师的幸福感。

2. 强化受教育者的主体性

有专家认为,受教育者的主体性生成是教育活动的重要目标。但在现代教育中,受限于工具思维的理性,不仅难以实现教育对象的主体化,还导致了对他们的权力规训。教育的过程被简单化为知识传递的过程,受教育者的学习主体性被忽视,成为知识接受的机器。基于对教育对象主体性的觉醒的重视,教师应该正视受教育者主体性缺失导致的教育新挑战,在尊重人的生命的完整存在基础上促进受教育者个体主体性的"生成"成为现代教育活动的重要使命。有学者从文化视角出发,研究文化流变导致幼儿文化归属感缺失,教师文化责任缺席,因此要建构合乎伦理的文化环境,完善教育互动,重视幼儿文化及幼儿在文化认同中的主体性。

3. **建立新型师生关系**

有学者从部分师生关系不友善的现状入手,给出了提升教师的主导作用,调动学生的能动作用,强化学校的关键作用,发挥家庭的联动作用以及重视社会的推动作用的有效解决办法。有的专家认为,师生关系是校园人际关系中最基础、最突出的一对人际关系,构建和谐的师生关系有利于学生、教师、学校的进步发展。虚拟空间拓展了师生间人际互动频次与内容,同时也导致了师生交往的期待与现实相悖,跨时空、多角色的自我表达困扰,因此,教师可以借助虚拟空间打破时空的限制,利用互动交流扩大教育效应,也应增加"在场"的师生交流互动,稳定师生人际关系。有专家认为,现代社会是不确定的开放社会,当代学校具有公共性,引领学生从家庭私人领域走向社会公共领域。因此,如何处理好教师与学生之间的伦理关系,明确关系性质,需要教育伦理学开展更加深入、系统的研究。

4. **共同发表《新师德宣言》**

一位来自上海的教授在长期研究的基础上,结合学习贯彻十九大报告,汇聚全国广大教师集体道德智慧,正式推出和阐述了自己起草的《新师德宣言》。《新师德宣言》内容囊括教师道德的方方面面,既强调教师的利益不可侵,又提倡教师应有"五心",是教师利益与职责的有机统一,引发全国教师的强烈共鸣。来自全国各地的230多位著名专家教授、大中小学校长、第一线教育工作者,纷纷以个人签名的形式表达同意和认可,自愿成为《新师德宣言》的倡导者和实践者。《新师德宣言》明确提出:"教师应是全民族和全人类优秀道德的继承者、体现者和传播者;教育伦理和教师道德是全部教育教学工作的价值基础;新的社会环境,需要建构与时俱进又面向实践的新师德,重铸时代新师魂。"[①]《新师德宣言》同时提出,新时代要倡导"师德五心",即:"教师应有责任

---

① 中国新闻网:《中国教育伦理学专家聚焦新时代教师职业道德建设》。http://www.chinanews.com/sh/2017/10-21/8357759.shtml,2017 - 11 - 29。

之心,教书育人、立德树人是教师的天职。""教师应有仁爱之心,关爱学生,为学生一辈子的幸福生活着想。""教师应有敬业之心,严谨治学,搞好教学是教师的专业责任。""教师应有乐群之心,关心集体,尊重同事,自重重人。""教师应有爱国之心,家国情怀,在平凡的教育和教学岗位上,为社会的文明进步,民族的伟大复兴,尽智竭力。"[①]全国20多家主流媒体进行了报道,引起全国广大教师热烈而积极的反响。

《教育伦理研究》作为我国研究教育伦理学和教师道德理论的专业学术研究成果,已经出版五辑,它凝聚着全国该领域广大专家学者的思想智慧,也从一个侧面反映着我国该领域学术研究的进展和深入。《教育伦理研究》是开放性的学术平台,欢迎大家积极投稿,欢迎读者提出批评和建议。联系邮箱: zgjyllxh@163.com。

《教育伦理研究》(第五辑)的出版,得到了上海师德研究与评价中心、上海市高原高峰学科建设上海师范大学哲学项目、上海师范大学跨学科研究中心的经费资助。本书的编辑出版得到了华东师范大学出版社总编辑阮光页、责任编辑金勇的积极支持;吴澄、周治华、范琦、李耀锋、赵恒君、吴知桦、林雅静等多人担任了编校和联系工作。谨此一并表示由衷的感谢!

编者

2018 年 4 月 22 日

---

① 新华网-湖北频道:《〈新师德宣言〉在汉发布包括12条"师德信条"》,2017 - 10 - 23。

## 新师德宣言
### ——我们的师德信条

在举国上下认真学习贯彻党的十九大精神的日子里,我们——来自全国大中小学教育工作第一线的教师,为了加强师德师风建设,落实立德树人根本任务,志愿努力做"四有"好教师,培养德智体美全面发展的社会主义建设者和接班人。

在这个建设中国特色社会主义的伟大新时代,应当倡导新时代所需要的新师德,凝练中华民族新师魂。我们特提出以下《新师德宣言》,作为我们在教育和教学工作中恪守和践行的师德信条。凡同意和认可以下十二项师德信条的教育工作者,都可以成为《新师德宣言》的倡导者和实践者。

我们深信,教师应是全民族和全人类优秀道德的继承者、体现者和传播者。

我们深信,教育伦理和教师道德是全部教育教学工作的价值基础。

我们深信,新的社会环境,需要建构与时俱进又面向实践的新师德,重铸时代新师魂。

我们深信,面向实践,皈依真理,才能重建合理的、人人应做、人人能行的师德规范和师德标准。

我们深信,合理的师德规范,应能恪守底线,追求高尚,自他两利,提升自我,促进专业发展。

我们深信,良善的新师德师风形成,需要公正的社会分配和科学的教育管理机制支撑、正确的舆论导向和教师作为道德主体的积极努力。

我们深信,教师应享有道德和法律赋予自己的全部人格尊严和正当利益,通过诚实的教育劳动创造人生的幸福。

我们深信,教师应有责任之心,教书育人、立德树人是教师的天职。

我们深信,教师应有仁爱之心,关爱学生,为学生一辈子的幸福生活着想。

我们深信,教师应有敬业之心,严谨治学,搞好教学是教师的专业责任。

我们深信,教师应有乐群之心,关心集体,尊重同事,自重重人。

我们深信,教师应有爱国之心,家国情怀,在平凡的教育和教学岗位上,为社会的文明进步,民族的伟大复兴,尽智竭力。

起草人:王正平

(中国伦理学会教育伦理专业委员会主任,上海师德研究与评价中心主任,上海师范大学哲学与法政学院教授、博士生导师)

2017年10月20日于全国第五届教育伦理学学术研讨会·湖北大学

2017年10月21日上午,《新师德宣言》在全国第五届教育伦理学学术研讨会上公开发布,立即受到与会专家和教师的强烈共鸣与热诚响应。湖北大学校长赵凌云带头在公布《新师德宣言——我们的师德信条》的大型题板上签名,参加会议的代表也纷纷上前签名。[1] 首批在《新师德宣言》上签名的有来自北京师范大学、中山大学、华东师

---

[1] 人民网:《全国第五届教育伦理学学术研讨会在汉举行,发布〈新师德宣言〉》。http://hb.people.com.cn/n2/2017/1022/c192237-30848660.html,2017-10-22。

范大学、华中师范大学、南京师范大学、湖南师范大学、陕西师范大学、首都师范大学、上海师范大学、东北大学、湖北大学、福建师范大学、广西大学、河北师范大学、井冈山大学等40多所高校以及来自全国20多个省市的教授、校长、优秀教师、著名学者和众多生气勃勃的青年教师，他们共同成为该宣言的倡导者和积极实践者。

首批签署并且倡导《新师德宣言》的有：赵凌云、王正平、钱焕琦、李萍、王淑芹、向玉乔、王泽应、曾建平、钟明华、龚正伟、王本陆、林滨、马永庆、吕寿伟、林子华、卫荣凡、杜时忠、靖国平、何云峰、张勤、车丽娜、田鹏颖、董辉、靡海波、童建军、徐廷福、丁念金、李建森、张自慧、刘次林、管向群、袁祖社、周晓静、廖志诚、樊勇、卢俊豪、卜玉华、陈泽环、蔡辰梅、胡志民、李玢、程亮、罗明星、王凯、张文忠、周治华、代训锋、刘会、刘煜、马剑屏、刘竑波等200多位来自全国各省市大中小学教育工作第一线的教师、专家、学者。

《新师德宣言》一经公布，立即引起全国主流媒体的高度关注和广大中小学教师的积极回应。新华网、人民网、中国新闻网、中国社会科学网、东方网、凤凰网、《湖北日报》、《社会科学报》等全国23家主流媒体对《新师德宣言》作了全面深入报道。

为什么《新师德宣言》会受到全国广大教师的积极认可和由衷欢迎？宣言起草者王正平教授介绍说，由处在教育工作第一线的教师自己凝练和倡导新型师德价值理念和师德行为规范，是我国师德建设的一种创新之举，体现了新时代教师加强师德师风建设的主体责任心和道德自觉性。《新师德宣言》的发布和推广，是受到党的十九大报告要"大力加强师德师风建设"，"把立德树人作为教育工作的根本"精神的启示。新时代倡导新师德显得尤为重要。王正平说，《新师德宣言》的"新"，首先在于它体现了时代精神，体现了全面的个人发展的道德追求，也体现了社会对教师的立德树人的责任的要求，从社会和教师两个方面来反映如何当一个有道德的好老师。另外，《新师德宣言》还强调教师作为个体的自主性，在新时代倡导新师德，必须充分考虑保护教师的正当个人权益。教师应当是美好生活的创造者,也是美好生活的享受者。新师德正是为适应当下社会而提出来的新要求。

湖北大学校长赵凌云认为,会议通过十二条《新师德宣言》,首先是顺应了时代要求,贯彻了习近平同志的教育思想。"习近平同志先后强调了教育要立德树人,强调了好的教师是有标准的,强调了好教师要当好学生的四个引路人。这次在党的十九大报告中,习近平同志又强调加强师德师风建设,培育高素质教师队伍。这十二条宣言体现了习近平同志'四有好老师'的标准,当好四个引路人的要求,特别是加强师德师风建设。只有教师立了德,才能把学生树成人。第二,它新在顺应了时代的要求,顺应了时代的变化,这新师德是站在时代的转折点提出来的新要求,是对新时期教师的要求,这些师德将逐步转变成实践,推动师德师风的建设,也将成为教育界贯彻落实习近平同志教育思想,贯彻落实党的十九大精神的具体行动。"

教育部长江学者江畅教授表示,推出《新师德宣言》有重要的现实意义。新时代最重要的特点就是要全面建成小康社会,要全面实现社会主义现代化,把我们国家建成社会主义现代化的强国。习近平同志在十九大报告中反复强调,要培养全面发展的人,这样的人不仅要身心健康,还要有高尚的品质,特别是道德品质,也就是说我们要培养人格完善的人。所谓人格完善,既要人格完备,又要人格高尚。教师必须要有完善的人格,才能把我们的学生培养成优秀的人才,新师德就是要解决这个问题。

湖北大学教育学院院长靖国平教授指出,教师的职业道德关乎社会的道德风气,关乎社会的文明进步。《新师德宣言》实际上反映的是我国新时代的师德基本要求,是对教师专业伦理、职业素养、人格品质的全面要求,既有底线的师德要求,又有对美好生活的理想追求,是顺应新时代号召提出的新要求。

上海师范大学知识与价值研究所所长何云峰说,业界的专家和教授非常注重教育伦理学的研究,而教育伦理学的实践层面则是师德问题。十九大报告里提到教育要优先发展,教师也要优先发展,师德要放在第一位。教师的发展首先是师德的发展,然后才是专业的发展。《新师德宣言》的发布,对于教师自觉加强师德师风建设具有重要意义。①

---

① 中国社会科学网:《全国第五届教育伦理学术研讨会在湖北大学举行》。http://ex.cssn.cn/zx/201710/t20171022_3675944.shtml,2017-10-22。

# 教育伦理前沿问题研究

# 教育伦理学的基础理论探究与建构

王正平

（上海师范大学　哲学与法政学院）

教育伦理学(Educational Ethics)是否应当成为一门独立的学科？迄今为止，虽然在伦理学界或者教育学界人们还存在一定争议，但随着我国和世界教育实践活动的深入，越来越多的人开始认识到探讨与教育有关的伦理道德问题的重要性。那么，探究教育伦理学何以成立，如何从学科建构的理论与实践层面，深入探讨教育与伦理的内在关系，分析教育劳动的特点与教育伦理道德的特殊重要性，论述教育伦理学研究的定义、层次与范围，阐明建构有中国特色的教育伦理学理论的基本要义，对于我们合理回应我国教育发展中面临的严峻伦理挑战，努力建设具有中国特色的教育伦理学理论体系，具有十分重要的现实意义。

## 一、"教育"与"伦理"具有密不可分的内在联系

一般地说，教育伦理学首先是"教育"与"伦理"的结合。我们知道，教育是指培养人的一种社会活动，它同社会的发展、人的发展有着密切的联系。教育的目的是增进

---

基金项目：上海市高峰高原学科建设上海师范大学哲学项目。
作者简介：王正平，上海师范大学哲学与法政学院教授、博士生导师，主要从事应用伦理学研究。
E-mail：wangzhpj@shnu.edu.cn

人的知识技能和优良品德。伦理则是指一定社会的基本人际关系及其相应的道德规范、道德原则，探究和践行伦理道德的目的，是维护良好的社会秩序和培养具有优秀道德品格的人。"教育"与"伦理"在其社会现实性上都与训育人、培养人、促进人的完善与精神成长密切相关。纵观人类几千年的教育史，"教育"与"伦理"总是难分难舍，两者之间具有密不可分的内在联系。

在我国，"教育"一词最早见于《孟子·尽心上》："得天下之英才而教育之，三乐也。"《孟子·滕文公上》指出："夏曰校，殷曰序，周曰庠，学则三代共之，皆所以明人伦也。"许慎《说文解字》的解释是："教，上所施，下所效也。""育，养子使作善也。"《荀子·修身》称："以善先人者谓之教。"中国传统教育历来强调教育是要"化民成性"，教人从善。也就是说，中国教育从一开始就使教育活动与伦理道德有着千丝万缕的联系。两千多年前的教育专著《学记》强调"君子如欲化民成俗，其必由学乎！"儒家经典《大学》开宗明义："大学之道，在明明德，在亲民，在止于至善。"教育的最高境界就是成人，培养德性完善的人格。

在西方，"教育"一词源于拉丁文"educare"，本义是指"引出"或"发挥"，意指教育活动是引导儿童固有能力得到完善的发展。德国教育家在对"erizchung"（教育）的解释中，明确指出它是从训育（zucht）与牵引（ziehen）两个词来的，是指对情感、性格的陶冶。柏拉图在《理想国》中指出，教育的最高目标就是善。他说："什么是教育之善？答案很简单——教育造就善的人，并且善的人行为高尚。"雅斯贝尔斯说："真正的教育应先获得自身的本质，教育须有信仰，没有信仰的教育就不成其为教育。"他特别指出："对终极价值和绝对真理的虔敬是一切教育的本质。"[1]显而易见，西方教育活动同样强调伦理道德的重要性。

从教育活动的目的看，无论是中国还是西方，教育与伦理始终密不可分地联系在一起。伦理道德不仅是教育的重要内容，而且是整个教育活动追求的价值目标。康德在《论教育》中指出："所谓教育系指保育（有儿童的养育）、管束、训导和道德陶冶而言，故人在幼儿时期必须保育，儿童需要管束，求学时须加训导。"[2]法国社会学家涂尔干指出："教育是年长的一代对尚未为社会生活做好准备的一代所施加的影响。教育的目的就是在儿童身上唤起和培养一定数量的身体、智识和道德状态，以便适应整个政治社会的要求，以及他将来注定所处的特定环境的要求。"[3]瑞士心理学家皮亚杰指出："教育是一个整体，并且是智力和道德成长的两个根本的必要因素之一，因此，学校对于个体潜能的实现和社会生活的适应方面的最终成败负有重大责任。"[4]他还进一步指出:"教育就是使儿童适应成人的社会环境。就是说,按照社会赋予一种价值的集体现实的整体来改变个体的心理生物结构。因此,教育构成的关系中存在着两个项目:一方面是成长着的个体;另一方面是教育者所负责教给个体的理智和道德的社会价值。"[5]

我们知道,伦理学是研究道德的学问。道德是人类社会中特有的现象。它是最终由社会经济生活条件决定的,以善恶为标准,依靠社会舆论、传统习惯和人们的内心信念维系的,调整人与人(包括个人与集体、社会)、人与自然、人与自我生命体等的关系的原则规范、心理意识和行为活动的总和。[6]道德通常表现为一定社会所认可和推崇的行为原则、规范、准则体系,同时又表现为实践这些原则、规范、准则而形成的价值理念、个人品质和精神信念。道德总是反映着一定社会对人的行为和德性的完善要求,使人们具有共同生活和协调人际关系的精神力量。高尚的、合理的、健全的伦理道德,总是激励和引导包括社会教育活动在内的一切社会实践活动趋向完善,创造更好的社会,更好的人,更好的生活。因此,以培育人、发展人、完善人为宗旨的教育活动,不仅一刻也不能脱离合理的伦理道德价值理念的正确指引和规范,而且合理的伦理道德理念和优秀品格的训育,本身就是教育实践活动的内容和目的。正如雅斯贝尔斯所说:"所谓教育,不过是人对人的主体间灵肉交流活动(尤其是老一代对年轻一代),包括知识内容的传授、生命内涵的领悟、意志行为的规范,并通过文化传递功能,将文化遗产教给年轻一代,使他们自由地生成,并启迪其自由天性。"[7]

"伦理"与"教育"客观存在的密不可分的内在关系,深刻地表现为伦理道德是一切教育活动的价值导向。当代英国著名教育伦理学家 R. S. 彼特斯在其名著《伦理学与教育》中指出:"'教育'所要求的应是必须传授有价值的东西。……'教育'必须被描绘为引向有价值的活动和思想与行为方式的启导。"[8]同时,他还指出,"教育是指以一种道德上可接受的方式,有意识地正在或已经传授某些有价值的东西"。[9]这就是说,一切有益的教育活动,不单需要合理的伦理道德价值理念的指导,使之成为教育和教学的重要内容,而且教育和教学必须"以一种道德上可接受的方式"来进行。只有保证教育目的、教育手段、教育内容、教育方式、教育成果和教育过程中的人际关系、精神氛围都是合乎伦理道德的,才能使教育真正实现其最高价值。

显而易见,"教育"离不开"伦理"。教育伦理学是研究教育活动的价值与善,探讨教育工作者在职业劳动过程中的道德关系和行为规范,并致力于探索如何健全教师职业人格和其他教育工作者个体人格的科学。正视教育与伦理密不可分的内在联系,使教育伦理学在教育实践发展进程中成为需要和可能。

**二、教育利益是教育伦理道德的物质基础**

如同伦理学的基本问题一样,目前学术界对教育伦理学研究的基本问题是什么,大致存在三种不同的看法:其一,研究教育活动中的"善"与"恶",即主要是分析和探讨教育目的的善、教育手段的善,确立判断教育行为"善"与"恶"、"好"与"坏"的是非标准;其二,研究教育活动中的"正当"与"应当",即主要是界定和区分源于教育责任的教育行为正当性和合理性,确立规范和价值尺度,促进人们选择合乎正义的"正当行为"和适宜的"应当行为";其三,研究教育活动中的"道德"与"利益",即深入研究教育活动中的各种利益关系,从公正合理的价值选择角度,确立正确的教育伦理原则、教育伦理规范和教育伦理评价标准,建构合理有效的教育伦理秩序,保障各种教育利益的充分实现。

应该看到,上述对教育伦理学研究基本问题的表述都包含一定的合理性,但把教育伦理学基本问题概括为"道德"与"利益"的关系问题,则更为深刻和全面,而"善"与"恶"、"正当"与"应当"等重要问题,实际上可以看作是"道德"与"利益"这个最根本问题的补充和展开。马克思曾经极其深刻地指出,"正确理解的利益是整个道德的基础"。[10] 教育利益是教育伦理道德的物质基础。教育劳动作为一种合理的社会职业劳动,具有特定的社会利益和价值。在教育活动中,当教育行为和教育关系具有较高的社会意义,并涉及各方面的利益时,就需要进行道德上的认知、判断和调节。正是各种教育利益的现实存在、矛盾冲突以及对其进行合理道德调节和正确价值引导的客观需要,使教育伦理学研究成为必要。

每一社会在教育活动中,体现了复杂多样的利益关系。它通常包含了以下几个主要的利益因素:第一,教师的个人利益。教师个人作为社会普通劳动者的一员,在教育劳动中具有自己的特定利益。在教育劳动过程中,教师的个人利益在于力求获得最好的教学劳动效果,选择自己满意的、有助于表现自己个性的劳动形式和方法,并力求通过个人的教育劳动改善自己的物质和精神生活条件,发展自己多方面的才能。第二,学生的个人利益。在教育劳动过程中,学生的个人利益在于得到教师最良好的教育和教学,发展自己的智力、品格、体力和能力,形成和发展自己的个性,使自己具备将来作为一个理想的社会成员的知识、品德和才能,为自己一生有意义地工作和生活幸福作准备。第三,教师集体的利益。在教育劳动过程中,不论是每个学校的教师集体还是整个社会的教师职业集团,其利益表现在争取教师职业社会政治和经济地位的提高,教师威望的提高,争取为教育事业的发展创造最有利的条件。第四,社会的利益。在教育劳动过程中,社会的利益表现在要求教师职业劳动为社会发展培养所需要的特定类型和要求的人,以便使整个社会经济文化建设事业继续向前发展。教育是民族振兴、提高国民素质、促进人的全面发展的根本途径,寄托着亿万家庭对美好生活的期盼。在我国,坚持教育为社会主义现代化建设服务,为人民服务,为实现全面建设小康社会奋斗目标服务,为建设富强民主文明和谐的社会主义现代化国家,培养德智体美全面发展的社会主义建设者和接班人服务,是国家和全体民众的根本利益所在。

在教育劳动中,上述利益因素综合表现为教育事业的整体利益,各利益因素是相辅相成的。然而,在教育实践中,仍然存在着错误理解和处理各种利益关系的可能性,有可能偏重其中某一利益而忽视或损害另一利益。教育劳动过程中的利益关系又极为复杂,如果不能正确认识和处理这些关系,有可能引起相互利益的矛盾和冲突,从而影响社会主义教育事业整体利益的实现。大量的实践表明,教育活动中的利益冲突,不能仅仅依靠教育法律法规、强制命令和行政手段来解决,更多地需要依靠建立在人们提高道德认知基础上的道德自觉来协调。为了保障社会教育事业的顺利发展和教育劳动的有效进行,需要以社会倡导和认可的核心价值观和道德规范体系作指导,从教育劳动的特点出发,努力探讨和建构合理保障国家、集体和个人教育利益的,包括教育伦理价值理念、原则、规范、准则、是非善恶评价标准在内的,科学的教育伦理道德规范体系,以调节教育劳动中的利益矛盾和利益冲突,创建良好的教育人际关系和道德氛围,保障社会和个人各种正当教育利益的充分实现。

### 三、教育劳动的特点决定教育伦理道德的特殊重要性

教育伦理学研究之所以必要和可能,在相当程度上取决于它的研究对象——教育伦理道德的极端重要性。与其他社会职业劳动比较,教育劳动有着自己显著的特点。教育伦理道德的重要性恰恰是由教育劳动自身的特点决定的。马克思说:"观念的东

西不外是移入人脑并在人的头脑中改造过的物质的东西而已。"[11]因此,深刻揭示和认识教育劳动的一系列特点,是认识和阐明教育伦理道德的有效和根本的方法。我们只有注意分析教育劳动的特殊性,才能正确地把握教育伦理道德和教师道德本身。[12]

1. 教育劳动的目的不是创造某种物质产品(如工农业产品)或精神产品(如文艺作品),也不是单一的社会服务性劳动,而是要根据一定社会的需要创造新人,即把正在成长着的青少年一代,培养成具有良好的知识技能、品德素养和身心健康的人,既能为社会的经济文化建设作贡献,又能为实现人生的幸福奠定基础。教育是社会发展的基础,人才培养是民族振兴的基石。一个社会究竟应当确定怎样的教育目的、培养怎样标准的人?教育是为全体民众服务,还是为少数特权阶级和利益集团服务?把广大青少年学生的人生幸福当作目的,还是仅仅把学生打造成某种工具或手段?什么才是教育目的的善?等等。这涉及全社会和广大民众的根本利益。在错综复杂、利益多元的社会背景下,只有皈依人类基本道德理性和良知,以合理的教育伦理价值理念为指导,用教育制度伦理、教育政策伦理作为基本保障,才能确立和实现健全的教育目的,使教育活动真正给社会整体和民众个体带来福祉。相反,如果教育活动没有合理的教育价值理念作指导,教育目的偏离了人的全面发展这个根本目标,那么,表面轰轰烈烈的任何教育改革、教育发展,必定会给社会和民众带来深重的灾难。

2. 教育劳动的对象,既不是死的自然物,也不是一般的动物或植物,而是有思想、有感情、有理性、有个性、作为社会整体一员的活生生的人。教育劳动的这个特点使教育劳动本身复杂化了。一方面,只有在师生之间确立良好的伦理道德关系,才能增进教育劳动的效果。因为教育劳动的客体(学生)是具有意识的人,因而教育劳动的主体(教师)施以的教育和教学劳动,需要得到客体主观上的某种配合才能产生效益。否则就会事倍功半,甚至徒劳无功。学生既是"教"的客体,又是"学"的主体。教师要完成自己的教育任务,必须研究学生的心理、生理特点,尊重和调动学生,与学生建立良好的信任关系。另一方面,教师是学生天然的榜样,应当以身作则。教师在教育劳动中的劳动态度、道德品行,直接影响着青少年学生道德品质的形成和发展,影响着正在成长着的一代人的身心健康。民主主义教育家乌申斯基说:"教师个人的范例,对于青年人的心灵,是任何东西都不能代替的最有用的阳光。"[13]他指出,教师的思想品德对青少年学生心灵成长的影响,是"任何教科书、任何道德箴言、任何惩罚和奖励制度都不能代替的一种教育力量"[14]。因而,教师应当好好检点自己,努力使自己具备高尚的道德品质和思想情操。教育劳动对象的特殊性,大大凸显了包括教师职业道德在内的教育伦理道德的重要性。

3. 教育劳动的工具,即教师在教育劳动中借以对学生施加影响的各种手段或工具,恰如马克思所说的,是"劳动者置于自己和劳动对象之间,用来把自己的活动传导到劳动对象上去的物和物的综合体"[15]。在教育劳动中,劳动的执行者(教师自身)是和劳动手段融为一体的。教师通过自己的教育活动对学生施加影响,把知识、品德、才能传导给学生所使用的工具,除了教材、教学设备这些教育劳动的辅助工具之外,主要是教师的个性,即教师的知识水平、思维能力、思想觉悟、道德品质和情感意志。教师的劳动效果,不仅取决于他具有的知识水平和思维能力,而且取决于他的世界观和道德面貌。因而,探究如何在提高教师学术水平、教育能力的同时提高教师个人的德性,研究教学和讲授过程中的教学伦理,是改善教育劳动的主要工具的必要条件,是提高教育质量的重要方面。

4. 教育劳动的形式是建立在集体协作基础上的个体脑力劳动。一方面,教育劳动的脑力性质,决定了教师劳动的个体形式。教育劳动的大部分工作是依靠教师独立完成的。教师是否全心全意地搞好教学工作,尽心尽力提高教育质量,很大程度上依靠教师的个人自觉性和责任心。这和与教师的教育责任感相关的教育责任伦理以及与教师的"慎独"境界相关的教育德性伦理关系密切。另一方面,现代教育又是一种教师密切配合的集体协作劳动。教育劳动过程中对学生产生影响的是整个教师集体。对学生进行的德育、智育、体育、美育、劳动教育等全面教育需要教师集体的互相配合与协调。人际关系也成为教育劳动的生产力,和谐一致的人际关系成为开展教育劳动的必要条件。因而,分析和探讨在新的社会条件下,一个教师如何在职业劳动中处理好个人与集体、竞争与协作、义与利等教师集体中的教育伦理关系,确立有关的教师道德规范是建立教师集体和谐人际关系的精神保障,是积极开展教育职业活动的特定要求。

5. 教育劳动的创造性。由于学生的个性、教学内容、客观条件、教师自己的特点等千差万别,因而教师的教育和教学工作的具体方式方法也是千变万化的。教学理论、教学方法和教学大纲,只为教育工作提出最一般的要求,并不能为教师完成五花八门的任务提供捷径。教育和教学工作不存在行之有效的"标准行为"、"最佳方案"。一种教学方法对一个学生有效,而对另一个学生可能无效。一个教师的好经验对一个教师可能适用,对另一个教师可能不适用。真正的教育劳动既是一种科学性的创造,又是一种艺术性的创造。因材施教,就是一种教学创造或教育创新,它要求教师有独立的思考能力和解决问题的能力,要求教师具有筹划和预见自己行为结果的本领,创造性地开展工作。教育工作的复杂性和艰巨性就在于教育工作的创造性,这要求教师对自己的教育劳动抱有强烈的责任心和事业心。教育工作的创造性要求,超越了一般的教育管理规范诉求,超越一般道德功利论、义务论的要求,需要一种超越狭隘利益的高尚的伦理精神追求。体现人类全部教育正义、智慧和仁爱精神的教育伦理学,正是激励和引导教师激发潜能、开拓创新、追求职业生命完美的教育德性之学。

6. 教育劳动的结果产生了掌握一定人文科学知识、生产劳动技能,具备一定道德品质和身心素养的人。在今天,一个国家和民族的教育究竟能培养出怎样素质的人,这在根本上决定着社会的经济、政治、文化建设的人才素质和创造活力。整个教育劳动如果没有合理的教育伦理价值观念的引导、教育伦理道德原则和规范的约束,不可能把青少年一代培养成理想新人。而且,教育劳动的这种"产品"——人,是能够自我发展的,教师在教育劳动中对他们施加的知识技能、行为品德的影响,不仅常常影响他们的一生,而且还会通过他们去影响他们的子女和社会上的其他人。一个教师要对学生的一生负责,对整个社会负责,就不仅要在教育劳动中教给学生真才实学,而且应以身作则,教书育人,给学生的心灵以良好的影响。

上述教育劳动的一系列特点表明,一方面,教育劳动与国家、社会和公民个人的重大利益息息相关,教育中体现的教育伦理道德的善与恶、好与坏,会直接增进或损害公众与个人利益;另一方面,教育劳动的目的、对象、手段、形式、创造性与结果等都与人及人的自觉能动性密切相关,正是这一点使教育伦理道德在教育劳动中的作用与机制大大地增强了。教育伦理道德在教育劳动中占有极端重要的地位,它决定着教育和教学活动的根本价值取向与教育劳动的成效。没有合理的、适宜的教育伦理道德的引导,就不会有有效的教育劳动。与时俱进,紧密联系教育实践活动的实际,探讨和确立体现社会公平正义、道德良知、教育智慧和高尚德性的教育伦理道德规范体系,是实现教育公正,深化教育改革,提高教育质量,提升人才培养素质的客观需求。

## 四、教育伦理学的定义、研究层次与范围

关于教育伦理学的学科性质,目前主要有两种界定,一种是把它看作一门应用伦

理学新学科；另一种是把它看作教育哲学的一个分支。我们知道，教育伦理学是一门特殊的新兴学科，其特殊的性质主要是由该学科的研究对象——教育活动中的特殊道德矛盾冲突，即教育中的道德与利益及善与恶矛盾、教育的正当利益与不正当利益、教育行为的是与非、教育价值选择等特殊道德现象、道德关系和道德要求所决定的。由于教育伦理学研究对象的这一特殊性，它就兼有了教育学和伦理学两种学科的交叉性质，既可以看作是用教育的观点和方法研究教育基本问题的教育哲学的一门分支学科，又可以看作是研究特殊领域中重大现实道德问题的应用伦理学的一门分支学科。不论是我国还是其他国家，从事教育伦理学研究的人员，主要是哲学、伦理学领域和教育学、心理学领域的专家。不同领域的专家各自以当代教育中的伦理道德问题研究为中心，发挥各自学科背景的优势，又积极吸取其他学科的长处，兼容并蓄，打破传统学科的藩篱，十分有利于这一新学科的发展。因此，从教育伦理学的研究目的、研究对象和落脚点看，把它看作是兼有应用伦理学和教育哲学性质的"交叉学科"或"跨学科"都具有合理的学科理论依据，有利于该学科的发展。

那么，什么是教育伦理学？目前，国内外学界存在不同的认识。边宁(A. Benning)的《教育伦理学》认为，教育伦理学是一门教育行动、责任诠释的科学。[①] 它研究教育过程中伦理的组成要素，解释教育中什么是正义以及什么是对的问题，以帮助教师认识教育的责任，采取适当的教育行动，并选择有价值的教育，培养学生的人格和群性，准备提供好生活的希望。嘉姆(Gamm)的《教育伦理学》中探讨教育伦理学的定义，主张教育伦理学是教育关系分析的学问，着重探讨教育理论观念的伦理道德意义。[②] 欧克斯(Oelkers)认为教育伦理学是研究教育与道德之间关系的学问。而柏克曼(Bokelmann)主张教育伦理学是教育行动的研究，主要在于提出人与人之间关系的伦理原则。[③] 克拉夫基(W. Klafki)认为教育伦理学是从不同层面去研究价值教育的一门学科。[④] 德波拉夫(J. Derbolav)1987年提出教育伦理学是一门从"教育的责任原

---

[①] Benning, A. *Ethik der Eriehung*. Freiburg: Herder Verlag, 1980.
[②] Gamm. H. J. *Padagogische Ethik. Versuche zur Analyse der erzieherischen Verhalinisse*. Weinbeim: Deustsche Studien Verlag, 1988.
[③] Oelkers. J. *Padagogische Ethik. Eine Einfuhrung in Probleme, Paradoxien und Perspektiven*. Munchen: Juventa Verlag, 1922.
[④] Klafki. W. "*Normen und Ziele in der Erziehung*". In: Funk-kolleg Erziehungswissenschaft. Bd. 2 Frankfurt/M: fischer Taschenbucher Verlag, 1978.

理"出发,探讨教育人员职业伦理的科学。教育伦理学的性质不仅是一种行动科学和实践科学,同时也是一种教育的德行学说。①

在我国,从教育伦理学研究 30 年的进展情况看,在不同的时期,出现过三种较有代表性的对教育伦理学的定义:其一,1988 年,王正平主编的中华人民共和国成立后第一本《教育伦理学》认为:"教育伦理学是研究教师职业劳动领域内道德意识、道德关系和道德活动的科学。它是研究教师职业道德的学问,是教师道德理论学说、教师道德规范学说和教师道德实践学说的有机统一。"[16] 其二,2001 年,王本陆在《教育崇善论》中提出:"教育伦理学应该就是对客观而普遍存在的教育善恶矛盾进行科学和系统研究的学科。"他又说,"从研究对象角度看,教育伦理学可以界定为研究教育整体及局部的善恶矛盾的专门领域(或学科)"。[17] 其三,2009 年,钱焕琦在《教育伦理学》中指出:"教育伦理学应是以研究包括学校教育、家庭教育和社会教育在内的教育教学过程中的道德关系现象,从伦理哲学的视角对教育活动进行价值分析和行为导向的科学。"[18]

另外,1997 年,我国台湾学者詹栋梁的《教育伦理学导论》认为,教育伦理学是研究教师的职业道德、教师的教育责任、教师的行为价值、师生的伦理关系的学问。② 2004 年,梁福镇在《教育伦理学起源、内涵与问题之探究》中认为,"教育伦理学是一门教育领域新兴的学科,主要的目的在于整合教育学与伦理学,以探讨对教育行动、教育关系、教育价值、道德教育、规范导向、教育责任、职业道德和教育伦理的问题"。[19]

我国学者的上述教育伦理学定义,既反映了不同学者教育伦理道德问题研究的不同视角,又反映了教育伦理学理论与实践研究范围的拓展和认知的深入。纵观我国乃至全球教育伦理研究面临的重要而紧迫的任务,在吸取中外学者研究成果的基础上,我们可以对教育伦理学下一个科学和恰当的定义:教育伦理学研究的是教育活动的价值与善,探讨教育工作者在职业劳动过程中的道德关系和行为规范,并致力于探索如何健全教育工作者和学生的个体道德人格完善,以实现教育的最大利益和最大善的科学。概要地说,教育伦理学是一门研究教育活动中道德问题的新兴学科。

从教育伦理学研究的不同层次看,它可分为宏观、中观和微观三个层面。宏观层

---

① Derbolav. J. *Grundriss einer Gesamtpudagogik*. Frankfurt/M.: Moritz Diesterweg Verlag. 1987.
② 见詹栋梁:《教育伦理学导论》,五南图书出版股份有限公司,1997 年。

面的教育伦理学研究,是从全社会整体层面,对教育工作和教育活动进行根本性的伦理道德审视和评价。由于每一社会的教育制度、教育政策从根本上决定了该社会的教育培养怎样的人、为什么人服务,是否公正分配教育公共资源,因而教育伦理关注整个教育活动的根本价值追求、教育制度、教育公共政策的伦理导向和道德基础。教育伦理学的这些宏观层面的研究,是要维护整个社会的教育,保证它是追求善的、有价值的活动,保证社会、集体和个人的正当利益得到最大可能的实现。

中观层面的教育伦理学研究,主要是从学校具体教育教学工作和教育管理层面,对教师职业伦理道德和教育管理伦理进行分析和研究。它要探索的是教育中"具体的善"、"看得见的善"和"可遵循"的是非标准。教育伦理无疑应当高度重视作为教师开展教育和教学工作基本遵循的教师道德原则和规范体系的研究,具体开展师生伦理、教学伦理、教师集体伦理、教育科研伦理、教学管理伦理等深入实践,能及时回答教育伦理现实难题的规律性研究。教育伦理学这一中观层面的研究,是全部研究工作的重点和难点。没有规矩,不成方圆;不确立教育工作中能够为多数人理解和认可的价值尺度和行为准则,就不可能建立健康有效的教育秩序。

微观层面的教育伦理学研究,是要从教育工作中个体的角度,对教师、学生、教育管理人员以及其他教育相关者的教育道德实践和人格完善进行科学的教育伦理引导和培育。在这一微观研究层面,教育伦理学关注教育伦理评价、教师道德修养、立德树人、教师和学生的美德养成以及人格完善等。

教育伦理学作为一门相对独立的应用伦理学或教育哲学分支学科,它的研究范围大致包括以下几个方面的内容:

第一,教育的伦理价值和道德的导向研究。教育伦理学要从根本上研究和回答教育领域中的重大伦理道德问题和教育价值问题,对整个社会的教育和学校、家庭的教育进行合理的价值导向。其中包括:探讨教育活动追求价值目标的道德合理性以及教育伦理道德的符合教育规律性,在现有社会经济文化条件下如何实现教育的公平正义,教育活动、教育制度、教育政策的道德基础是什么,怎样才能实现最大善或最大利益,社会所倡导的核心价值观、道德原则和规范如何在教育实践活动中得以实践和体现,等等。

第二,教师职业伦理道德研究。教师职业伦理或教师专业伦理研究,是教育伦理研究的重要内容。它要研究教师所从事的教育劳动实践,揭示教师道德特点和根本要求,研究教育劳动中的各种道德关系,如教师与学生、教师与教学科研、教师与集体、教师与社会等道德关系,阐明教师和所有其他教育工作者应当遵守怎样的教师道德原则、教师道德规范,阐述教师在教育中如何认识和践行教育职责、教育平等、教育自由、教育公正和教育仁爱,确立分辨教育行为善恶是非的具体标准,促进教育工作的顺利进行。

第三,教学伦理研究。教学伦理研究的是教学过程中的道德问题,它可以作为教师职业伦理的一项内容,但由于教学工作所具有的重要道德价值日益引起人们的关注,目前已作为教育伦理学的一项重要内容来加以探讨。教学伦理研究包括教学活动的道德价值引导,教师"教"与学生"学"的过程伦理关系,教学中权利、自由、平等、民主的伦理诉求,具体学科教学的人生观、价值观、道德观引导,教学中的褒扬、批评、奖惩的道德边界和要求,旨在将合理的教学伦理发展为实现最大教学利益的支持性资源。

第四,教育管理伦理研究。教育管理是否科学、恰当、合乎道德要求,直接影响着政府与学校、学校领导与师生等诸多关系,影响着教育管理和教育劳动的效益。教育管理伦理研究,一方面要分析教育管理各种要素之间的人际关系,探讨教育和学校管理原则、要求的道德合理性;另一方面要分析教育管理的价值取向,探讨学校教育质量评价和教师教学质量评价的道德合理性,以保证教育管理活动中的有关评价目标、评价标准、评价方法,既符合以公平正义为核心的教育伦理道德的基本诉求,又符合以教育科学、管理科学为基础的有效管理原则。

第五,教育特殊领域伦理研究。由于教育工作的复杂性,不同层次、不同类型的教育呈现出不同的工作环境、责任要求和职业样态,需要对教育特殊领域的工作者提出更加有针对性的不同伦理道德要求。在教育工作不断细分的背景下,教育特殊领域伦理研究趋向多样化。如:高等教育伦理研究、高校科研伦理研究、基础教育伦理研究、特殊教育伦理研究、学校心理辅导伦理研究等。

第六,教育人格与教师美德研究。教育伦理道德的最高境界和最终目的是引导培养教师完善的教育人格和教育美德。教育人格与教师美德研究,是要探讨当代社会经济文化背景下教育工作者优秀职业人格、职业良心、职业美德形成的外在社会精神物质条件和主体内在动因,科学探讨具有高尚德性的教师养成规律,努力培养一大批人格高尚、学问精湛、富有人性、奉献教育而又人生幸福的现代理想教师。

## 五、建构有中国特色的教育伦理学理论与话语体系具有重大现实意义

中国有着悠久而丰富的教育伦理思想的渊源,但正式把教育伦理学作为一门独立的学科加以研究起步较晚。虽然在20世纪30年代丘景尼编著出版过一本名为《教育伦理学》的著作,可是正如他自己在书中所说,他实际上是把"教育伦理学"理解为"道德教育",以"教育伦理学"命名的书籍探讨的问题实为"道德教育"。如丘景尼所言,"此二者之涵义,大体相同,初无严密之分。且道德教育一名,已为通常所习用,故本书中对于二者,亦时时混用,即有时称之为教育伦理学,有时称之为道德教育"。[20]

学界通常把笔者主编、全国9所师范大学合作编写的《教育伦理学》①看作是"新中国成立以来我国第一本教育伦理学著作"。[21]这本书在海内外产生了相当大的影响,"此书的诞生结束了教育伦理研究的无意识状态,'教育伦理'成了明确的教育研究主题"。[22]现在30年过去了,国内外的教育伦理学理论研究随着教育实践的进步,不论在深度上还是广度上都有了很大的发展。建构有中国特色的教育伦理学理论与话语体系,是当前中国教育伦理学研究者的重大使命。首先,建构有中国特色的教育伦理学理论,要以社会主义核心价值观为指导。在每一国家、每一民族的道德生活中,最持久、最深沉的精神力量是全社会共同认可的核心价值观。我国近年来所倡导的社会主义核心价值观,承载着中华民族伟大复兴和国家长远发展的精神追求,体现着包括教育领域在内的各行各业的社会道德评价、是非善恶的价值标准。核心价值观把富强、民主、文明、和谐作为国家层面的价值目标,把自由、平等、公正、法治作为社会层面的价值取向,把爱国、敬业、诚信、友善作为公民层面的价值准则,为构建中国特色的教育伦理学价值理论和道德规范体系提供了价值标准。研究中国特色教育伦理道德的理论和实践,是要把一般的核心价值观科学地、恰当地、具体地转化为教育工作者应当遵守的与教育密切相关的教育价值理念、道德原则、道德规范和要求。

其次,建构有中国特色的教育伦理学理论,要以道德科学和教育科学基本理论为基础。教育伦理学科学理论,本质上是人类文明生活智慧的道德科学理论和体现人类千百年来教育活动智慧的教育科学理论的互相结合。一切正当合理的教育伦理道德要求,并不是脱离教育实践的道德教条,而是充分体现道德合理性和教育规律科学性

---

① 王正平:《教育伦理学》,上海人民出版社,1988年。

的结晶。教育伦理道德并不是外在于教育工作和教育活动的道德戒律、行为准则,它必须紧紧联系教育工作和教育活动的实际,促进教育价值的实现,提高教育效率和教学技艺,有利于教师和学生自由自觉地全面发展。

第三,建构有中国特色的教育伦理学理论,要努力继承和弘扬我国教育伦理的优良传统。中华民族有着深厚的文化传统和教育伦理智慧,努力吸取几千年来积累的教育伦理智慧和教育道德传统,是我们建构具有中国特色的教育伦理学理论和话语体系的独特优势。要加强对我国传统教育伦理文化的挖掘和阐发,使中华民族最基本的教育道德优势与当代教育生活相适应,与现代教育伦理道德相协调。要推动我国传统教育伦理思想的创造性转化和创造性发展,推陈出新,与时俱进,激活恒久的教育伦理生命力,为我国和全世界提供正确的教育伦理生活精神指引。

第四,建构有中国特色的教育伦理学理论,要认真吸取国外教育伦理研究的一切有益成果。如同人类生命共同体的道德进步一样,当代世界教育伦理道德的提升,是世界各国、各民族合理的道德文明观念互相砥砺,互相促进,互相补益的结果。面向全球化的社会大变革时代,建构具有中国特色的教育伦理学学科体系、学术体系和话语体系,需要融通和吸收世界各国一切有益的教育伦理思想资源,接收和吸取世界上已经取得的具有时代特征的先进教育伦理道德科研成果。立足于建构有中国特色的教育伦理学理论体系的需要,认真吸取国外教育伦理研究的一切有益成果的过程,不是仅仅以西方教育伦理学说为旨归,一切以国外理论为准绳,而是坚持伦理文化建设的主体性,与中国实际相结合,将其民族化,赋予其民族特征。恰如鲁迅先生在谈到中国道德文化建设时指出的,应当"外之不后于世界之思潮,内之仍弗失固有之血脉"(《坟·摩罗诗力说》)。

第五,建构有中国特色的教育伦理学理论,要面向我国当前教育伦理道德生活实践。我国改革开放以来,现代教育事业取得了空前迅速的发展,同时也面临着深层的伦理道德挑战。如:前些年,各级政府在制定教育政策、分配教育资源过程中,在某种程度上,对公平、公正、和谐这些根本伦理道德价值追求认识不足,造成教育贫富差距拉大,公众抱怨增加;有不少学校急功近利,把学生的考试成绩、升学率、名校录取率或能否"赚大钱"、争得名利作为衡量学校教育工作优劣成败的基本标准,有的甚至把办学当成经商,一切以营利为目标;在教育管理和教育评价上重科研、轻教学,把教学数量、发表论文、个人获奖、科研项目作为教师职务晋升和绩效奖励的主要尺度,存在严重的官本位倾向,不尊重教师的主体积极性,造成教育价值标准扭曲、人际关系紧张;在教师队伍人才培养上,许多学校重学历文凭、轻师德师风,造成一部分教师职业道德境界低下,师德观念扭曲,教师行为失范,不能全面履行自己的教育职责,对青少年的思想道德成长造成严重的负面影响。

我国现代教育的全面发展,需要健全而合理的教育伦理学科学理论的指导。当前,积极建构具有中国特色的教育伦理学理论与话语体系具有重大现实意义。

第一,有利于以科学的教育伦理道德观念为引导,正确把握我国现代教育事业发展的伦理价值导向,促进教育事业更好更快地发展。教育作为有价值的社会活动,需要用有中国特色的教育伦理学理论提供符合本国特点、体现时代精神的科学合理的教育核心价值理念,从根本上引导人们认识和理解社会应当制定怎样的教育方针和教育政策,教育究竟为什么服务,培养怎样标准的人以及如何培养人等问题。科学的教育伦理学理论,是我国教育伦理事业发展的理论基础和道德动力。

第二,有利于建设与时代契合的教育伦理和教师道德的原则规范体系,厘清现实教育活动中的道德是非,重建良好的教育道德秩序和教育精神信仰。随着社会发展和时代变迁,现代教育和教学工作的利益关系和人际关系正在发生深刻的变化,只有从现实教育生活的实际出发,探讨和制定适应新的教育环境要求的道德原则规范体系,提出体现教育要素内部和社会公众外部最大道德共识的教育行为道德准则,才能避免社会整体性的师德观念迷乱和师德行为失范。

第三,有利于广大教师全面认识自己所从事的教育、教学和科研工作所承担的专业道德责任,充分发挥教育伦理道德在提高教育水平、教学技能、科学研究中的指导和激励作用。教育伦理道德是一种用"精神—实践"的方式把握教育主体活动的方式。它不仅能用道德理性的形式明确教师负有的重要职责,而且能用提供正当道德辩护的方式,维护教师正当的物质和精神权利,全面促进教师的道德精神和专业成长。

第四,有利于促进教师和全体教育工作者的职业道德修养和人格完善。教育伦理学是追求教师和学生共同实现道德和人格完善的学问。教师和其他所有的教育工作者都是具有较高文化知识和道德理性的人,在教育工作中,不仅会为现实利益所驱动,追求生活的美满和幸福,更会被体现道德真理和伦理良知的教育伦理价值理念所感召,自重重人,为人师表,立德树人,激励和引导广大青少年学生德、智、体、美全面发展,为我国经济、政治、文化、社会的全面进步,作出知识、智慧和德性的最大奉献。

第五，有利于教育伦理学在指导思想、学科体系、学术体系、话语体系等方面充分体现中国特色、中国风格、中国气派，为当代教育伦理学发展作出我们的世界贡献。建构具有中国特色的教育伦理学理论体系，是教育伦理学学科体系、学术体系、话语体系三位一体的系统。其中，学科体系是理论框架，学术体系是内核和内容，话语体系是思想观念的表达方式。我们完全可以并且应当按照"立足中国、借鉴国外、挖掘历史、把握当代、关怀人类、面向未来"的思路，创造性地探索和建构具有中国特色的教育伦理学理论和话语体系。我国教育伦理道德特有的概念、范畴、理念，如"传道""授业""解惑""明德""仁爱""主敬""明辨""慎独""笃行"等等，凝聚着中华民族教育伦理思想的精华，承载和映现着人类共同的教育道德智慧和教育伦理精神，将它们进行现代性的诠释和提升，不仅能够滋养和完善我们的教育伦理学理论和话语体系，促进我国教育事业的发展，而且能够丰富和增益当代世界教育伦理道德的宝库，作出中华民族的教育伦理新贡献。

**参考文献：**

[1][7] 雅斯贝尔斯.什么是教育[M].邹进,译.北京：生活·读书·新知三联书店,1991：44,3.

[2] 康德.论教育[A].任钟印.世界教育名著通览[C].武汉：湖北教育出版社,1994：498.

[3] 涂尔干.道德教育[M].上海：上海人民出版社,2001：309.

[4][5] 皮亚杰.现实世界中的教育权利[M].北京：人民教育出版社,1990：80,35.

[6] 王正平,周中之.现代伦理学[M].北京：中国社会科学出版社,2001：11.

[8][9] 彼特斯.伦理学与教育[A].任钟印.世界教育名著通览[C].武汉：湖北教育出版社,1994：1687,1679.

[10] 马克思恩格斯文集(第1卷)[M].北京：人民出版社,2009：333.

[11][15] 马克思恩格斯文集(第23卷)[M].北京：人民出版社,2009：24,203.

[12][16] 王正平.教育伦理学[M].上海：上海人民出版社,1988：4-6,10.

[13] 杰普莉茨卡娅.教育史讲义[M].上海：华东师范大学出版社,1958：375.

[14] 契尔娜葛卓娃.教师道德[M].上海：华东师范大学出版社,1982：20.

[17][21] 王本陆.教育崇善论[M].广州：广东教育出版社,2001：235-236,261.

[18] 钱焕琦.教育伦理学[M].南京：南京师范大学出版社,2009：22.

[19] 梁福镇.教育伦理学起源、内涵与问题之探究[A].林建福.教育专业伦理[C].台湾：五南图书出版股份有限公司,2004:149.

[20] 丘景尼.教育伦理学[M].福州：福建教育出版社,2011:7.

[21][22] 吕寿伟.教育伦理学研究三十年的回顾、反思与展望[A].王正平.教育伦理研究(第1辑)[C].上海：华东师范大学出版社,2014:340.

# 教育与文明之善

向玉乔

(湖南师范大学 道德文化研究中心)

人类是从野蛮走向文明的。野蛮是自然而然的状态,是粗野的状态,是完全遵循自然法则的状态。文明则是对野蛮、粗野和自然法则进行超越而达到的状态。如果说人类在自然界中的出场具有划时代意义,这首先是指我们改变了自然界千篇一律的野蛮状态,用文明之灯淡化了自然界的粗野性,为自然界增添了文明性。文明是人类试图在自然界中确立的一种善。在人类从野蛮走向文明的过程中,教育的作用不容忽视。

## 一、教育的起源与人性的改善

人类的诞生是自然界的最大奇迹,因为它从根本上改变了自然界完全受"物性"支配的状态,为自然界增添了"人性"的光辉。人性是人类的根本所在。人类之所以被称为"人类",是因为我们具有其他自然存在物缺乏的人性。人性即人类的本性或本质规定性,是人类与其他自然存在物相区别的根本属性。

---

作者简介:向玉乔,湖南师范大学道德文化研究中心、中国特色社会主义道德文化协同创新中心教授、博士生导师,主要从事西方伦理学、教育伦理学、政治伦理学、经济伦理学研究。
E-mail: xiang8872086@163.com

人性与物性相比较而言,人性赋予人类人格,物性则赋予其他自然存在物物格。拥有人格的人类具有尊严,拥有物格的自然存在物仅仅具有价格。具有尊严的人类不能与仅仅具有价格的自然存在物相提并论,因此,人类是高贵的,人类的高贵性应该受到我们自身的重视和尊重。

人性是一种不断进化、不断发展、不断塑造、不断建构的特性。它肇始于人类在自然界诞生的那个时间点,但它永远处于进化、发展、塑造和建构的过程中。人性的演化很复杂,但它的总体趋势是清晰的:它是一个抑制恶性、弘扬善性的过程。人类身上总是或多或少地存在一些恶性,但在成为人之后,我们一直在努力趋善避恶。我们身上的恶性难以彻底消除,但我们普遍愿意并努力争取成为善良的人。

与其他自然存在物分离之初,人类身上的恶性还十分严重。我们的祖先以群居的方式生活在氏族部落里,但他们的生活方式是蒙昧的、野蛮的。所谓蒙昧,就是人类并没有将自身与其他自然存在物完全区分开来的思维状态。由于蒙昧,他们并不能完全区分人性和物性。所谓野蛮,就是人类在为人处事上仍然与其他动物保持着极大的相似性。由于野蛮,我们的祖先拥有与其他动物相似的生活方式。一个明显的例子是,在以蒙昧和野蛮为根本特征的原始社会阶段,乱伦在氏族部落里是司空见惯的事情。

作为生物圈的一个成员,人类与其他生物一样具有进化性。人类的进化是人类生命和人性的整体进化。人类的生命与人性水乳交融,互为表征,相互支持,共同塑造人类的伟大和高贵。具体地说,人类的生命是具有人性的生命,人性则是人类生命内含的根本属性;人类的进化本质上是人类特有的生命力和人性齐头并进的进化。

人性的进化总体上是沿着向善的方向展开的。从历史唯物主义的角度来看,人性中的恶不可能根除,因为善恶总是相比较而存在,但人性向善的维度总体上呈现出日益增强的态势。人类社会之所以总体上在朝着越来越好的方向发展,其根本原因是人性在朝着越来越好的方向改善。在人类进入文明社会之初,人与人之间相互倾轧的现象非常严重。在奴隶社会,残暴的奴隶主甚至将奴隶当作"活的牲口"来对待。时至今日,虽然欺诈、暴力等现象仍然在人类社会时有发生,但是人与人之间相互尊重、相互关爱、相互帮助、相互促进的事态显然占据越来越明显的优势。如果我们相信人类社会在朝着越来越好的方向发展,我们就应该对人性不断改善的事实抱持坚定的信念。

人性的改善需要条件。一方面,社会存在(特别是经济基础)的进步会为人性的改善提供客观基础。社会存在不是一成不变的,受社会存在制约的人性必定随之变化。另一方面,人类的主观努力也会对人性的改善起到积极的推动作用。人类主观上积极向善、求善和行善,这无疑能够助推人性的改善和提升。

在人类致力于改善人性的主观努力中,教育是最有效的方式。教育是人类最重要的发明,是人类不断提升其生命力和生命质量的法宝。没有教育,人类的经验、思想、理论就不可能得到传承;没有教育,人类就不可能拥有其他发明。教育的精义包含两个维度:一是教,二是育。所谓"教",就是传授经验、思想和理论;所谓"育",就是孕育人类的精神生命,就是培育人类的文化气质,就是化育人性。

人类的生存活动比其他自然存在物要复杂得多,这是因为我们必须经过复杂的教育才能过上人之为人的生活。我们难以完整地勾画教育在人类社会诞生的最早图景,但我们可以推测或想象它的基本框架。最早的教育应该诞生于原始社会,它大体上沿着两个方向展开。一方面,它注重生存本领的传授。在原始社会,由于生产力水平非常低下,在自然界中谋求生存特别艰难,因此,人类需要不断提高采集和狩猎的本领,而要做到这一点,言传身教显然是必要的。另一方面,它重视社会规范的传授。原始社会存在原始的社会规范。在氏族部落里,人类不仅依靠血缘关系结成命运共同体,而且依靠氏族性社会规范维持原始社会秩序,因此,简单的氏族性教育活动应运而生。我们可以想象,如果没有一定的社会规范教育,氏族部落酋长的权威必定难以确立,氏族部落内部也必定缺乏最基本的秩序。那些存在于原始氏族部落中的社会规范就是马克思恩格斯所说的"氏族制度"。[1] 由于原始氏族部落是基于血缘关系建立起来的,氏族制度的主要功能是规范人与人之间的亲属关系。恩格斯曾经说过:"由于亲属关系在一切蒙昧民族和野蛮民族的社会制度中起着决定作用,因此,我们不能只用说空话来抹杀这一如此广泛流行的制度的意义。"[2]

教育的诞生为人性向善创造了必要条件。人类不仅生存着,而且以不断进行自我教育的方式生存着。正因为如此,我们的生命力是其他自然存在物无法企及的,我们的生命质量在自然界也是最高的。由于发明了教育,我们会把自己做得好的事情作为成功的经验加以传承,也会把做得不好的事情作为教训加以传承,这为我们提升自己的生命活力和生命品质创造了条件,也使我们与其他自然存在物之间的区别变得更加显著。人类在教育中生存,也在教育中变得越来越强大;在教育中生活,也在教育中变得越来越高贵。在人类的诸多发明中,教育是让人类自身受益最多的发明。

## 二、教育的发展与人的平等诉求

教育总是处于发展中。它的发展是人类社会发展的一个基本内容。由于教育本质上是人的教育,教育发展的状况直接反映人类的发展状况。教育适应人的需要而存在,也适应人的需要而发展。

教育发展的轨迹和内容很复杂,但总体来看,它表现为一个逐步大众化的过程。在奴隶社会和封建社会,教育是一种仅仅被少数统治阶级掌握的社会资源。居于统治地位的奴隶主和封建贵族掌控着社会的教育资源,只有他们才能够真正享有受教育的权利。虽然那个时代也有思想家倡导"有教无类",[3]但是真正能够接受教育的人还是只有少数特权阶级。教育权利不平等或教育资源分配不公是奴隶社会和封建社会的共同特征。

教育权利不平等或教育资源分配不公的问题是由奴隶社会和封建社会森严的等级制度导致的。在等级社会里,人的社会地位是由财产的多寡决定的。财产多的人成为奴隶主或封建贵族,财产少的人则沦为奴隶或佃农。事实上,财产的多寡不仅决定人的社会地位,而且决定人参与社会生活的权利。富有的奴隶主和封建贵族凭借其雄厚的经济实力掌控着社会生活的主导权,而贫穷的奴隶和佃农则只能被动地参与社会生活。这反映在教育领域,就是教育权利被少数统治阶级垄断。这种状况直到资本主义社会才被逐渐改变。

资本主义社会仍然是阶级社会,但它在很大程度上提高了人与人之间的平等性。资产阶级建立资本主义社会的一个初衷是摧毁奴隶社会和封建社会的等级观念和等级制度,实现人人平等的社会理想。"平等"是资产阶级推进资本主义社会发展的核心价值观念之一,其首要涵义就是强调人与人之间的平等性。在资本主义社会,人类在身份上的平等性不仅成为了人们普遍接受的观念,而且通过性别平等、种族平等等形式得到了比较好的体现。

在社会主义社会,由于国家治理权转移到了占据人口多数的人民大众手中,人与人之间的平等性变得更加鲜明。社会主义国家的公民具有参与政治生活、经济生活和文化生活的平等权利。如果说"平等"在资本主义社会还更多地体现在理念上,那么它在社会主义社会则更多地落实到了实践层面。社会主义社会不仅将"平等"作为一个概念提出来，而且注重从实践上予以落实，因此，它更好地体现了"平等"在形式性和实质性、理想性和现实性上的统一。

"平等"是民主的题中之义，也是民主社会的重要特征。只有首先肯定和确立人人平等的事实，一个社会才可能拥有权利平等、机会平等等其他形式的民主。在等级观念盛行、等级制度森严的社会里，"民主"充其量是一个空洞的概念。资本主义社会和社会主义社会之所以被称为现代民主社会形态，首先是因为它们更多地体现了人与人之间的平等性。

人类在资本主义社会和社会主义社会获得更多平等性的事实在教育领域表现得尤其明显。这两种社会基于人类具有平等身份的事实，肯定和强调人类接受教育的平等权利，并且要求从社会制度上维护这种权利。在社会主义中国，九年义务制教育模式的形成，不仅说明教育在我国受到了高度重视，而且说明我国社会对公民平等教育权的法理认可。可以说，在"人人平等"理念深入人心的社会主义中国，人们对平等教育权利的价值认同达到了普遍化程度。

教育本质上是人的教育，因此，人们对教育的认知、理解和把握折射的是人类对自身的认知、理解和把握。如果说教育在从等级社会向民主社会转变的过程中发生了根本性变化，那么，这种变化实质上是人类对自身的认知、理解和把握发生了根本性变化。在等级社会里，人类依据经济条件（财产状态）将自身划分为不同等级，并且用不同的名称来称呼自己，从而给自己打上了不同身份的烙印。人的身份不同，社会地位就不同，存在的道德价值也不同。等级社会以身份的等级性来评判人的道德价值。民主社会是等级社会的反面。它以人的平等性取代人的等级性，并且强调人在社会地位和道德价值上的平等性。这一点在康德的目的王国论中得到了最经典的表达。康德所说的"目的王国"是由具有理性的人构成的一个联合体："所有的理性存在者都服从这样一个规律：每一个理性存在者对自己和所有其他人，从不应该只当作手段，而应该在任何情况下，也当作其自身即是目的。"[4]康德意在强调，人类应该被视为具有同等尊严的存在者，而不是人为地被划分为三六九等；或者说，只有将所有人当作值得同等尊重的对象，人类才能获得人之为人的平等价值。

等级社会的教育是少数统治阶级的教育，教育权利也只是少数统治阶级的权利。为了维护统治地位，统治阶级会对人民大众进行愚民式的教化，把有利于他们的道德规范和社会制度规范强加于人民大众，但不会真正赋予人民大众平等的教育权利。现代民主社会从根本上改变了等级社会的教育状况,其主要贡献是在肯定人类平等性的基础上推进了教育的大众化。在现代民主社会,教育不再是一种稀缺的社会资源或社会价值。只要人们愿意,他们的受教育权就能够得到很好的维护。由于与人类对自身身份的平等性诉求相吻合,现代教育具有更加鲜明的道德合理性,它带给人类社会的善也更加巨大。

### 三、教育的进步与人的生存品质

教育体现人性的内在需要,也有助于塑造人性之善。教育彰显人类的存在特征,也有助于塑造人之为人的身份。人类在教育中生存,在教育中进化,在教育中发展,在教育中不断提升自己的文明水平。

人类的生存活动比其他动物的生存活动要复杂得多。这是因为人类必须时刻保持其生存的文明性,而其他动物仅仅需要在本能的驱动下野蛮地活着。文明是区分人类和其他动物的根本标志。为了使自身的生存状态具有文明性,人类不仅需要对自己的自然本能有意地进行抑制,而且需要发明道德、法律等各种各样的社会规范来规约自己的行为;或者说,人类必须借助各种各样的社会规范来阻止自己退回到低等动物的野蛮状态。本能地活着是不需要学习的,但文明地生存是需要学习的;因此,人类的生存活动必须建立在学习的基础之上。学习是人类生存的一个必要条件,也是人类生存的一个重要内容。要成为文明人,人类必须在学习中锤炼自己的人性。

学习的价值有两个维度。一方面,它能够帮助一代又一代的人类获得人之为人的文明性;另一方面,它为人类的教育活动提供了合理性基础。"教育"总是和"学习"相比较而言的。既然人类必须学习才能成为文明人,教育就是人类不可或缺的一项重要活动。教育是人类为了满足自身的学习目的而发明的一项活动。人类需要不断开展学习活动,也需要不断开展教育活动。"学习"和"教育"相辅相成,它们不仅共同推动着人类从低级文明走向高级文明,而且催生了人类社会的一种重要职业——教师职业。教师就是适应人类要求学习和教育的现实需要而产生的一种职业。

教师的职责是教书育人。所谓"教书",是做人类生存知识的传播者。人类在自然界的生存过程首先是一个不断积累生存知识的过程。生存知识是指反映存在事实的思想和理论,既可以是经验的,也可以是理性的,其常见形式是科学知识。所谓"育人",是做人类生存智慧的开发者。人类在自然界中生存的过程还表现为一个不断积累生存智慧的过程。生存智慧是指人类对生存知识给予高度尊重、真诚维护和灵活运用而彰显出来的智力和实践能力。生存智慧是理论智慧和实践智慧在人类身上达到的高度统一。通过教书和育人,教师将人类培养成具有生存知识和生存智慧的存在者。拥有生存知识和生存智慧的人类就是文明的人类。

人类社会不能没有教师。教师是人类文明的重要象征,更是人类文明的重要建构者。正因为如此,自古以来教师一直在中国具有特别高的社会地位,中国人也历来具有敬重教师的优良传统。在中国,除了天和地之外,地位最高的就是教师,因此,有"天地尊称师位"的说法。中国人甚至将教师比喻为父亲,并一直流传着"一日为师,终身为父"的佳话。"师父"这一尊称更是集中体现了中国人对教师的认识、理解和解释。向人传授武艺者,被人尊称为师父;向人传授某种工艺者,也被人尊称为师父。

教育并不仅仅局限于教师和学生之间。它也可以发生在家庭中,因而有家庭教育的存在。它还可以发生在社会中,因而有社会教育的存在。当然,教育在现代社会更多地发生在学校。现代学校高度发达,其实质则是现代教育的发达。在现代社会,教育借助于学校的平台变得越来越系统化、制度化、专门化,并且成为人类推动现代文明进步的最重要动力源泉。如果没有现代学校和现代教育的突飞猛进,现代文明的推进必定是难以想象的。

教育总是在进步。总体来看,它的进步是朝着越来越好的方向展开。人类对教育的认识、理解和把握不断在更新。更好的社会存在要求有更好的教育与之匹配。好社会需要好教育,好教育也需要以好社会作为条件。教育的进步体现在教育理念、教育思想、教育精神和教育实践的不断提升,这不仅使教育的品质变得越来越好,而且使教育能够更好地促进人类文明的发展。现代人类文明对教育的依赖更加明显。没有现代教育的快速发展,人类文明就不可能在现代经济、政治和文化领域中得以形成和发展。现代人类文明是以现代教育作为重要基础的。

**参考文献:**

[1][2] 马克思恩格斯文集(第4卷)[M].北京:人民出版社,2009:52,40.

[3] 论语·大学·中庸[M].陈晓芬,徐儒宗,译注.北京:中华书局,2015:195.

[4] 康德.道德形而上学基础[M].北京:九州出版社,2007:95.

# 当前我国学校生活中儿童形象的多主体建构及其伦理思考

卜玉华　山　雨

（华东师范大学　教育学系）

## 一、导言

儿童形象是指社会群体对儿童外在面貌、性格特征及内在思维方式所决定的总体外在表现的印象与评价。儿童形象是一个时代人们儿童观与教育观的整体反映。儿童形象构建受多种主体的影响，家长、教师及学校管理人员作为儿童学校生活中最关键的成人，他们的教育观点及教育方法将直接作用于儿童形象的形成。而这三类主体因为其自身的教育经历、信息来源、价值观念及所处立场等不同，对儿童所持的教育态度、目标及所采用的教育手段彼此间可能既存在着共识也存在冲突，儿童形象也在这种共识和冲突中被逐渐建构。那么，家长、教师及学校管理人员三种主体对儿童形象究竟取得了何种共识？这些共识彼此之间是如何相互影响传递的？是否存在冲突，存在冲突时又是如何协调的？对我们来说又意味着什么？这是我们的研究想要回答的问题。

---

基金项目：国家社会科学基金一般项目"我国学校生活中的儿童形象研究"（BHA160096）之成果。

作者简介：卜玉华，华东师范大学教育学系教授，博士生导师，主要从事教育基本理论、教育伦理学和基础教育改革研究；山雨，华东师范大学硕士研究生，主要从事教育基本理论研究。

E-mail：yhbo@dedu.ecnu.edu.cn

## 二、理论基础

### 1. 社会建构主义(social constructivism)

儿童形象受多种因素的影响。关于儿童是如何学习与发展从而最终形成自身形象的这一问题,有两种建构主义的观点。个人建构主义(individual constructivism)认为个体能动地与周围环境交互作用,从而变革、建构认知结构(知识结构)以获得学习和发展。其代表人物皮亚杰认为,儿童认知发展的根本动力存在于儿童自身中,问题的解决主要依赖于个体相对独立的工作和思维。[1]强调个体是通过自我控制和变换认知结构,自发性地形成自己内部的认识体系的。[2]个人建构主义看到了儿童作为能动的个体在其自身发展过程中的重要作用,承认儿童在与环境交互作用的过程中并不是被动接受,而是有其能动性,儿童发展是其个体自然成熟和主动选择的结果,但它却弱化了社会环境及社会互动对儿童发展的基础作用。社会建构主义(social constructivism)在个人建构主义基础上进一步发展,认为个体是在社会文化背景下,在与他人的互动中,主动建构自己的认识与知识的。个体与社会是相互联系、密不可分的,和个体的成长历程一致,人类主体是通过彼此之间的互动而形成的。[3]社会建构主义强调环境的复杂性关系与社会互动在影响个体发展中的重要作用,认为个体的发展除了受个体自身的自然成熟和主动选择以外,社会环境与社会互动在个体的发展中更具有基础性作用。其代表人物维果茨基认为,儿童的发展是集体行为的结果,而这些行为总是在社会环境中发生,是由个人与他人不断互动所致。[4]对于儿童的发展来说,最重要的因素就是不对称的相互作用,即与成人的相互作用。[5]研究者认为,儿童作为未成熟的个体其自身虽然具备主体性,但社会环境及其身边密切的社会互动关系应该对儿童的发展起基础作用。所以本研究认为,儿童形象是儿童与社会环境及其身边多种社会关系主体相互建构的结果,并采用社会建构主义作为本研究的基本理论视角。

### 2. 大众的后结构主义(populist post-structuralism)

本研究采用的方法是"以视频为线索引发多种声音的研究方法",该方法受约瑟夫·托宾在《三种文化中的幼儿园》及《重访:三种文化中的幼儿园》所用研究方法的启发。"以视频为线索的多重声音的研究"遵循托宾所提出的"大众的后结构主义"的观点,认为研究者受其自身局限(如自我规范的话语、专业焦虑与野心、反移情作用等),并不是全知的。因此,研究者需要秉着"去中心化"和"去个人化"的反思态度,把解释、分析的权利交还给在传统意义上被当作研究客体的老师、儿童、家长和学校管理人员,将他们视作研究的伙伴。[6]

在"大众的后结构主义"之前有"结构主义"和"后结构主义",由弗洛伊德、列维-斯特劳斯等人为代表所推行的结构主义试图寻找意义的潜在层面,探索文化意义是透过何种结构被表达出来的。而后结构主义则坚持文化习俗、文学文本和社会心理现象所包含的潜在意义应该是不确定且多重的,而不是固定和单一的。大众的后结构主义认为,结构主义与后结构主义它们犯有同样的错误,即两者都把注意力太集中于作者的著作、解释和评价上以表现研究者方法技巧的优越与解释的艺术性,而不是把注意力集中在情景、文化和著作中的当事人身上。[7]大众的后结构主义并不是想要证明"一种文化多么有趣"、"当事人多么奇妙"或是研究者"批判得多么睿智"、"多么具有洞察力",与此相反,大众的后结构主义相信普通的大众有自己解释、反思自己行为的能力,让普通大众而不是学者对行为及其背后的意义作出解释。[8]

### 三、研究方法

本研究采用的方法是"以视频为线索引发多种声音的研究方法"。研究呈现出学生一日的学校生活,也呈现出不同主体对儿童形象认识与解释的多种声音,分析不同主体声音中的共识与冲突及对儿童形象形成所产生的影响,从而对教育进行反思。

#### 1. 研究对象

研究选取了位于安徽省的一所学校——X市F小学,X市位于中国中部,是西部发展较落后地区和东部发达地区的一个中间地带,这所学校也位于X市经济技术开发区,这也是X市经济发展的一个中间地带。此外,这所学校是一个刚成立不久的小学,它的老师和校舍都很新,但教育教学仍然采取比较传统的模式。因此,我们认为,这所小学处于现代化与传统的交界处,具有很强的代表性和可研究性。鉴于小学低、中、高学段不同学生语言、认知发展程度及学校生活的主要内容不同的情况,比如四年级的孩子相比低学段孩子已经习惯了小学学校生活,相比高学段的孩子也没有太多的升学压力,最能折射出小学学校生活的常态。在充分征求校长和班主任意见的基础上,我们最终选取了四年级(5)班作为观察拍摄对象。

2. 研究过程

我们的研究是以团队合作的方式完成的。在对四年级(5)班孩子的学校生活进行充分跟踪观察的基础上,我们对四年级(5)班孩子一天的学校生活进行了跟踪拍摄,拍摄了孩子们从开始进入学校一直到他们离开学校为止的一整天的学校生活。当中包含进校、早读、升旗仪式、大课间、语文课、篮球课、午餐午休、数学课、夕会、放学等。拍摄完成后,我们对视频进行了剪辑。在初次剪辑后,我们在研究团队内部(也邀请了在职的小学老师)一起讨论了视频所选取的镜头是否合理,需要增加或删除哪些镜头等问题。同时,我们也在视频播放后进行了一次预访谈。在讨论和访谈结束后,我们对视频进行了再次剪辑,最后得到了一份1小时左右的孩子一日学校生活的录像。

研究访谈了四年级(5)班的当班教师、F学校的一部分教师(非四年级(5)班当班教师)、F学校的管理人员、四年级(5)班一部分的家长以及四(5)班的孩子(图1)。在探讨拍摄视频普遍性的基础上,分别询问了他们对视频中孩子(自身)行为的看法及解释。

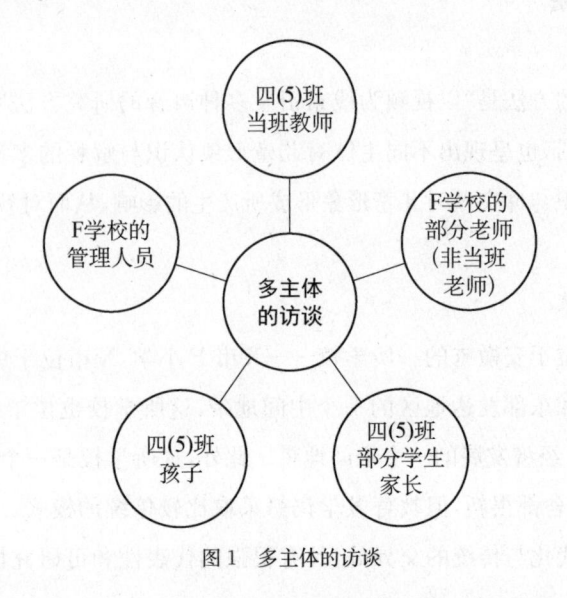

图1 多主体的访谈

在探讨拍摄视频普遍性的问题上,我们问老师、家长、学校管理人员和孩子"你觉得视频中选取的这些镜头能够代表孩子们的日常生活吗?为什么?如果不能,你觉得哪些镜头是特别的或者说你觉得还应该补充进哪些镜头?"等问题。我们也针对不同的情境向老师、家长、学校管理人员、孩子询问不同的问题,比如在"上学"这个情境中我们问家长"您每天都送孩子吗?是出于什么考虑会送?我看到大家给孩子们拿书包,为什么呢?"等。

**四、研究发现**

1. 共识:在学业与安全焦虑中成长的儿童

在访谈中研究者发现老师、学校管理人员与家长在儿童的学业和安全问题上存在共识。这种共识在老师、学校管理人员与家长间相互传递并最终影响儿童,形成了学业令人焦虑且不安全的儿童形象。

(1) 学业令人焦虑的儿童

我们在访谈中发现不管是老师、学校管理人员、家长还是儿童自己,都对孩子的学业成绩有种深深的焦虑感,学业令人焦虑的儿童形象呼之欲出。家长们对孩子学业成绩的焦虑在访谈中体现甚多。我们在学期末对家长们进行了一次访谈,家长们聚在一起后就开始谈论起孩子们的期末成绩。虽然期末考试刚刚结束,孩子们的成绩尚未公布,但好几位家长都表示大家私下已经开始打听自己孩子与班级中成绩优秀孩子的成绩。尽管一些家长仍然表示更看中孩子的能力不希望太看重成绩,但是却不得不被周围家长的整体氛围所裹挟,对自己孩子的成绩也深感焦虑。有家长在访谈中谈到"我就觉得我们的小孩子现在处于一个拼分数的年代,我就想让它早点过去。我觉得一个人的能力真的很重要。可是我又觉得看到他的分数也很焦虑,我想静下来也静不下来,因为别人都在跑,都在跑,刺激我必须去争那些分数"[①]。家长的焦虑有一部分也来自于学校,尽管学校已经不排名,但每次大小考试结束后,F学校的家长还是能通过手机软件(和学校合作、绑定)立刻知道孩子的具体成绩。

家长对孩子的成绩焦虑的根源在于期待自己的子女能顺利地升学,考入好的初中、高中、大学,以便能够在将来出人头地,而家长的焦虑又在很大程度上影响着学校

---

[①] 资料来自于2017年6月在F学校与四年级(5)班孩子家长的访谈。

管理人员和教师的行动。在访谈中,一些教师谈到他们希望孩子们都能快乐成长、全面发展,但也为孩子的成绩深感担忧,这种担忧一方面是因为教师本身也认同学业成绩是衡量学生学校生活质量的重要指标,另一方面也源于家长和学校的压力。对成绩的担忧与焦虑甚至会影响教师的教学风格。"这种教育方式比较传统,要求比较严格,小孩进入到学校之后就是学习,他们最多的就是学习,你想如果是那种很开心很快乐,上课也比较活泼,然后就感觉,这个班的纪律非常差,其实这不是我们一个学校特点,可能现在中国的大部分的小学都是这种,都是这样一个状态,就是学习,还有要求他的升学率啊,期末考试他的成绩啊,他们会把它看成是更重要的。"[①]

家长和教师对孩子学业成绩的担忧与焦虑也在无形中传递给了孩子,从而加深孩子们对成绩的焦虑感。在访谈中孩子们不止一次提到父母对自己侧面的"敲打"让他们倍感压力,家长们或公开或私下对孩子成绩的比较也会加剧孩子们对学业成绩的焦虑感。适度的学习压力有利于孩子们的成长,例如在访谈中有位家长谈到自己的孩子一直对自己的要求不高,但自从知道自己所处的小区被划入不好的学区后就开始认真学习起来。但过度的学习压力会对孩子造成心理焦虑,这种焦虑感甚至让孩子在面对一场语文考试时仅仅因为一个词语填不出来而遗憾惆怅、落泪。

(2) 不安全的儿童

拍摄的录像中有孩子们上学的情境,我们发现在录像中早晨入学时孩子们多数都是由父母、爷爷奶奶送到学校。在进行访谈时,我们询问家长们对于接送孩子上学的态度,他们纷纷表示不管远近,如果有空都希望自己能亲自接送孩子上学。我们向家长询问这样做的原因,家长们谈到主要是担心孩子们在上学放学期间的安全问题:担心孩子的交通安全和人身安全。视频所拍摄的孩子已经四年级了,访谈中有家长依然不放心让孩子独自去上兴趣班,晚回家十分钟也表示心急如焚;一些家长则表示即使孩子下楼去玩,自己都在想要不要跟着孩子下去。一些家长在对比自己的成长经历时也在怀疑是否对子女的安全过度担忧。

对孩子们安全问题的担心在学校管理人员和教师那里也得到很多体现,学校在校门口划定"白线",规定孩子们必须按"白线"的行走路径进出校园以避免孩子们无序冲撞出现安全事故;不允许孩子们下课下楼玩耍、让孩子们下课尽量做室内活动,以避免

---

[①] 资料来自于2017年6月在F学校与四年级(5)班当班教师的访谈。

孩子们出现磕碰等安全事故……老师有时虽然也觉得学校的要求有些"违背孩子的天性",但考虑到孩子的安全问题还是对学校的要求表示理解。在访谈中我们发现,除了担心孩子的安全及心疼孩子外,避免与家长因为孩子的安全问题产生纠纷也是学校管理人员和老师采取以上措施的原因之一。

家长、学校管理人员和老师认为孩子是"不安全的"。不安全的儿童形象在三者心中所留下的深刻印象令他们对孩子们的安全十分担忧,"无法放手"让孩子独立。这在某种程度上加重了孩子们对长辈的依赖。一名家长谈到,有一次她提出让孩子自己骑车去上学,但孩子却担心一个人出门会遇到不好的事情从而拒绝了家长的提议。有许多家长提到希望自己的孩子能独立一些,但在该"放手"的时候自己却会出于对孩子安全的担心而迟迟无法放手。

2. 冲突与妥协:在纠结中成长的儿童

我们在访谈中发现,家长、学校管理人员和老师在培养儿童的观点和手段上存在着许多两难选择,他们自身既在这些两难的选择中纠结,又相互在这些两难的选择中彼此消解和妥协。

(1) 规则与自由

学校对常规的重视与规则的强调引起了我们的注意。在上学的录像情境中,孩子们遵从校门口划定的"白线",严格按照"白线"所规定的路径进出校门。在课间活动的录像情境中,孩子们多在室内进行棋类活动和阅读,极少出教室或下楼玩耍。在大课间或者是篮球课这类需要集体去操场进行活动的情景中,孩子们一定会先排好队再按队伍行进到指定地点。孩子们几乎一刻也不能被允许离开老师的视线,在午间进餐时,孩子们也被要求安静地进餐不许讲话……

在访谈中,一些家长提出了自己的担忧,觉得孩子们在学校中遵循的规则太多,就像是"笼中的小鸟",也像是"圈养的小猪",担心孩子活泼的天性被扼杀,希望孩子们能更自由一点。而一些家长也对学校所采取的措施表示理解,认为学校制定的众多规则是为了保障孩子们的安全:避免孩子们因为学校人数过多带来的种种冲撞与磕碰。家长们同时也认为孩子们遵守学校规则也能培养他们守规则的好习惯,将来能更好地融入社会。在家长们的讨论中,我们也感受到了他们对于孩子们"更守规矩"与"得到自由"间的两难选择。在访谈学校管理人员时,他们向我们解释了学校制定种种限定孩子们活动的规则也是存在着许多"不得已",这些"不得已"的原因大多都是出于对孩子们安全的考虑。学校的人数太多(2 000多名学生),班级的人数也太多(每个班级的学生人数有50~60人),如何保障这么多孩子在学校生活的安全是学校管理人员首先要考虑的事情。学校管理人员虽然认同更应该培养孩子们"自律"的品质而不是制定种种规则对孩子们进行"他律",但他们认为在培养孩子从"他律"走向"自律"中起主要作用和负有主要责任的是家庭,学校要面对大量的和群体的孩子,因此在学校人数庞大的前提下应该制定规则以确保孩子们的绝对安全。

是否在学校生活中制定各种规则来让孩子们变得有序,教师们也在两难中选择。"它能让校园变得更有序一些,但是难两全,鱼与熊掌不可兼得。这个感觉画线多少会有一些束缚,它是一种约束也是一种束缚,会有一种束缚的感觉。会不会有一点循规蹈矩,甚至更严重会不会墨守成规?但是对于校园管理来说,高层之所以有这样的建议,做这样的举措,我觉得也是出于他们的考虑,应该也是有必要的。"[①]有教师进一步解释了制定各种规则规范孩子行为的原因:"我们要构建一个有序的校园,应该是孩子自身意识的一个提升,这种比较死板的行为,只能改变比较表面的现象,深层次的话他们可能在没有这些线,比如说别的场合可能还是不守规矩的。但是我们之前的几年,也有试着从提高孩子的本身的素养意识方面努力,但是收效不是特别明显。我们画了这个线以后,有家长带孩子进校园以后,他还是会把孩子拉着到处走,后来孩子把他妈妈拉回这个线上,说我们现在应该要遵守着规矩。这个会不会和我们之前很多的意识上面的引导,会不会和家庭教育,是反作用力。我们做的努力,其实有一些被家里面的消除掉了。所以到后来如果想校园变得有序,就不得不采用这种方法。"[②]教师们知道给孩子制定诸多的规则可能只能改变一些表面的现象,养成良好的行为习惯还是一个孩子自身的内化过程,但他们担心孩子在学校养成的这种习惯可能会在家庭教育中被消解。教师在规则和自由选择中的纠结也体现了他们在"理想与现实"上的不一致,在访谈中我们发现许多教师在语言中都流露出希望让孩子们更自由的想法,但在实际进行班级管理中则更多地倾向于"制定规范以让孩子们更有序",并为此而辩护。

---

① 资料来自于2017年6月在F学校与四年级(5)班当班教师的访谈。
② 资料来自于2017年6月在F学校与四年级(5)班当班教师的访谈。

家长、学校管理人员与老师对孩子们规则与自由的选择,无形地也影响了孩子们整体的性格特点。许多教师都认为,录像中四年级(5)班的孩子比起同年级的其他孩子来显得更乖巧也更安静,但这种乖巧和安静会让人们觉得孩子失去了孩子原本应该有的朝气与活力。

(2) 集体与个性

在录像中,我们注意到孩子们的许多活动都是以集体的方式进行的。四年级(5)班按小队分组,以一个小队(6人左右)为单位来进行学校生活中的各种学习活动和日常活动,并在小队间进行打分评比。孩子们从教室里走到操场上的一些活动(例如大课间、升旗仪式、体育课),都需要孩子们以班级为单位在教室门口先排好队然后再按班级队伍行进到操场。在访谈中我们也了解到,学校也会以班级为单位对各班级间的卫生、纪律、秩序等进行评比。除了活动大多按集体的形式进行组织并进行集体评比外,在平时的早读中我们发现老师们也常常会采取"齐读"的方式让孩子们进行集体晨读。访谈中学校管理人员和老师们更倾向于让孩子们在集体中发展个性品质。教师认为,采用小队为单位来让孩子们进行学习活动和日常活动有利于让孩子们学会在集体中进行合作,学会与人协作、帮助他人;按班集体进行活动并采用集体评比的方式也能让孩子们更加有集体意识,形成集体荣誉感。而晨读采用齐读的方式则是因为"不齐读会有一些人无所事事,而且曾经在班级进行过表决,大部分的孩子还是喜欢齐读这样的氛围"。[①] 此外,老师认为让孩子们进行个性化的晨读在现阶段操作难度太大,原因一是需要家长的配合和跟进(如购买个性化读本),二是对老师的要求更高,也需要老师投入更多的心力。学校管理人员认为齐读是一个底线要求,集体朗读可以避免个人朗读中会出现的单个个体浪费时间的状况,虽然集体朗读可能会使孩子没有自己的空间,但采用集体朗读的方式至少可以保证大部分的孩子能利用好早读时间。

家长们认同集体对孩子的重要性,他们认为在集体中可以培养孩子们的团队精神,而良好的团队精神培养有利于孩子们在这个讲求合作的时代获得更大的成功。但与此同时他们更看中孩子个性的发展,希望孩子能在与集体利益不冲突的前提下充分发展自己的个性,希望孩子们更有主见。家长和老师在集体与个性间取向与侧重点不同导致了班级中一些小故事的发生,比如曾经有一个女生因为参加舞蹈比赛缺席了班

---

① 资料来自于2017年6月在F学校与四年级(5)班当班教师的访谈。

级的一次集体活动,在此之后,班级中的孩子们都认为这个女生"抛弃了班集体";一个具有个性的小孩被小队甚至班级的人集体"不待见",因为他"太过个性"、常常表现不好,影响了小队和班级的荣誉评比……而对集体的一再强调可能会让一些孩子陷入一种不良的境地:对内表现为排斥"拖后腿"的同伴(一些孩子则因为拖班级后腿而自责甚至自弃),对外则表现为小集体的抱团及集体与集体间的过度竞争。

## 五、讨论

伴随着中国经济与社会的发展,我们迈入了一个新的时代。有人说,这个时代是最好的时代,却也是最坏的时代。而我们的孩子成长在这个时代中,他们面临着许许多多的新挑战。不管是家长、老师还是学校管理人员,都希望孩子们能在时代的洪流中得到最好的成长与发展。但家长、老师和学校管理人员因为其自身的所持立场、信息来源、受教育经历等不同,对孩子所持的教育态度、目标及所采用的教育手段彼此间可能既存在共识也存在冲突。一些共识在各主体间相互传递,一些冲突让三方教育力量彼此消解,儿童形象也在这些传递与冲突中逐渐被影响、塑造。

### 1. 期待与压力的相互传递

家长、老师、学校管理人员对孩子们的学业成绩与安全都予以高度重视。家长对孩子们学业成绩的焦虑,一方面来自对孩子升学的担忧,一方面也是出于对孩子未来能实现阶层向上流动的殷切期盼。在访谈中,一位家长无意中提到孩子因为学区划分无法就读好朋友将来会入学的初中,所以在拼命地学习以提高学业成绩,希望能考入这所初中,这让孩子和家长都倍感压力。由此可见,虽然小升初"就近入学"的政策已经实行多年,但择校的情况仍然普遍存在。在这种升学压力之下,孩子们和家长对学业成绩自然特别重视。此外,F学校的家长大多来自劳动阶层和中产阶层,他们虽然在城市中占有一席之地但仍然觉得生活不易。因此,虽然家长们的学历与文化水平参差不齐,但他们都意识到接受良好的教育是其子女获得阶层向上流动的难得的甚至是唯一的机会。他们希望自己的孩子能取得教育上的成功从而超越自己以获得更好的生活,实现阶层向上流动的愿望。所以家长们非常注重孩子们的学业表现,对孩子的成绩也充满了期待。家长对孩子学业成绩的期待会使学校管理人员采取种种改进措施来确保孩子们在升学上获得成功,这种成功将会给学校带来良好的口碑和声誉,从而吸引更好的生源,促进学校进一步发展。学校管理人员则将这些压力通过班级评比、绩效考核的形式传递给老师。而学校管理人员和老师采取的种种"刺激"孩子们学业成绩的手段则又会进一步刺激家长对孩子学业成绩的期待与焦虑。

家长对孩子安全的担忧一是出于对子女的深切关爱,二则是出于对陌生人社会的不信任。他们担心孩子们在上放学路上可能会被车撞、会遇见"人贩子"……家长对孩子安全的重视也会给教师和学校管理人员极大的压力,这种压力在某种程度上促使学校管理人员和教师宁可牺牲孩子的自由,也要确保孩子的绝对安全,所以在学校和班级管理中,学校管理人员和老师们制定了各种规则、采取了种种措施(如下课尽量在室内活动,排队行进等)来确保孩子们的安全。家长、老师和学校管理人员对孩子们安全的担忧无可厚非,根据统计,因意外伤害造成儿童死亡占我国儿童死亡的1/4,这其中又数"交通事故"造成儿童伤害的最大因素。儿童在游戏和运动中受到的伤害也居校园伤害之首。[9]伴随着经济的发展、陌生人社会的到来及独生子女的大量涌现,大家对孩子的安全状况的空前关注无可厚非,但我们必须要意识到对孩子们的过度保护也会让孩子对成人产生过度依赖从而缺乏独立性。

家长、老师和学校管理人员对孩子们安全与学业成绩的担忧,让孩子们对学业成绩倍感压力、对长辈过度依赖,同时也会引起孩子们个体间成绩的互相攀比,从而产生高焦虑、高依赖、具有高竞争性的儿童形象。而孩子们由此表现出的种种行为和情绪也将反向影响家长和教师对孩子学业成绩和安全的担忧(图2)。

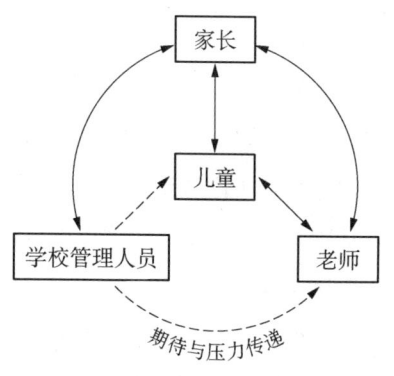

图2 期待与压力传递机制

## 2. 纠结、两难的冲突与相互妥协

家长、学校管理人员和老师面对规则与自由、集体与个性的两难选择，是由于立场不同而导致的教育平衡点倾斜程度不同的反映。家长希望孩子无论是在学业成绩方面还是在个性方面都能够得到充分发展，在获得一个快乐童年的同时也能更好地适应社会。而学校管理人员与教师则首要保证孩子们学校生活的安全、帮助孩子们取得良好的学业成绩以顺利升学，与此同时也期望培养孩子们较好的社会生存品质以帮助孩子将来能更好地适应社会。无论是在"规则和自由"还是在"集体和个性"的选择中，学校管理人员和教师都在理想与现实之间选择了与现实情况相妥协：虽然由语言表达出自己内心希望儿童更加自由和个性，但他们在实际行动与采取的具体措施中表现得更看重规则和集体。而家长虽然更看重自由与个性，但事实上也向学校管理人员和老师的管理方式妥协了。一些家长虽然不认可学校管理人员和老师对规则和集体的强调，但他们也仅仅只会表达出他们希望孩子们更自由、能够获得更多个性发展机会的愿望，并不会真正采取措施与学校管理人员和教师正面抗衡，甚至还会渐渐为学校的种种行为辩护（表现出对两种取向的两难态度）。

我们需要反思，学校管理人员和教师为何向现实妥协，最终选择强调规则和集体来管理学校、教育学生？家长又为何最终向学校管理人员与教师所采取的种种规则秩序和管理手段妥协？学校管理人员和老师强调规则一方面是受学校人数限制，大量的在校儿童使他们不得不制定各种制度来让孩子们遵守秩序以方便管理，另一方面他们也是希望儿童能够遵守规则以树立良好的学校形象，从而吸引生源、获得上级教育部门的好评。强调集体则一方面是受中国教育强调集体的传统延续的影响，另一方面是为了方便学校管理人员和老师对孩子们的学校生活进行管理。从某种程度上说，这也是学校管理人员和教师向现实妥协的结果。无论是家长还是上级教育部门对学校的考评，最重视的都是学校的安全性及该校是否能培养学业成绩优秀的学生。学校管理人员要承受来自上级教育部门和社会舆论的压力，而老师则要承受来自学校管理人员以及家长的压力。部分老师从刚开始质疑学校的管理措施到慢慢地接受甚至内化，最终将自己对儿童的教育理想妥协于现实的要求当中。其实学校管理人员和教师本可以停下来用更多的时间去思考他各种教育行为的合理性。在我们给他们观看录像的时候，我们能明显感觉到他们对自身强调规则与集体取向的怀疑与不安，但是是什么束缚住了学校管理人员和教师平日的自我反省与最终行动？他们最真实的声音为何会被湮没？研究者认为，高度行政化的管理与量化的考评体制及高竞争、高焦虑的社会氛围是原因之一。

那么，原先想让子女更自由更个性化地发展的家长又为何会向学校管理人员和教师妥协甚至为其辩护、达成共识？根据上文分析，F学校的家长多来自于周边的劳动阶层和中产阶层，在教育上他们更多愿意尊重学校管理人员和教师的权威意见。因为知识是稀有商品，所以老师（学校管理人员）具有道德优越性。这种主导的教学范式独立于个体教师之外，使得教师（学校管理人员）能够合法地对学生施加控制。这之所以具有普遍合法性，是因为它为后续的交换提供了等价物，而这些交换又有利于个体。当然，其中最重要的交换链是用知识换取文凭，用需要文凭的工作换取高报酬，用报酬换取商品和服务。因此，教育交换是许多其他交换的关键所在。教育交换保持在一个定义性的框架中，这个框架以特定方式构建了老师（学校管理人员）的优势的轴心。[10]因此，F学校的家长选择了向教师与学校管理人员妥协。那么，家长们为何渐渐在妥协的基础上与教师和学校管理人员达成共识呢？布迪厄的符号权利理论认为："在日常生活中，权利很少以公开、武力的面目呈现。相反，它以符号权利的面目呈现，从而获得其他形式的权利无法获得的某种合法性。"[11]规则与集体作为一种教育取向与行为，是符号权利在教育中的体现。来自劳动阶层和中产阶层的家长们在排斥这种取向的同时又理所应当地认同这种取向的合理性。而布迪厄认为，符号权利的可怕之处就在于，被统治者是站在自己不知情的基础上赞同了统治者的统治逻辑，并构成了符号系统统治基础的重要一环。[12]

## 参考文献：

[1][3] 王文静.社会建构主义研究[J].全球教育展望，2001，30(10)：15-19.

[2] 钟启泉.知识建构与教学创新——社会建构主义知识论及其启示[J].全球教育展望，2006，35(8)：12-18.

[4] 维果茨基.维果茨基教育论著选[M].余震球，译.北京：人民教育出版社，2005.

[5] 安连义.维果茨基与建构主义[J].天津市教科院学报，2004(4)：51-55.

[6][7][8] Tobin J. Visual Anthropology and Multivocal Ethnography：A Dialogical Approach to Japanese Preschool Class Size [J]. Dialectical Anthropology，1989(13)：173-187.

[9] 杨雄,陈建军.关于中国儿童安全现状的若干思考[J].当代青年研究,2005(11):1-8.

[10] 保罗·威利斯.学做工:工人阶级为何继承父业[M].秘舒,凌旻华,译.南京:译林出版社,2013:84.

[11] 傅敬民.布迪厄符号权力理论评介[J].上海大学学报(社会科学版),2010,17(6):104-117.

[12] Pierre Bourdieu. Language and Symbolic Power [M]. Harvard University Press, 1991.

# 精神蜕变与公共教育的信任危机

吕寿伟

(东南大学 人文学院；江苏大学 教师教育学院)

公共教育信任体现着民众对教育的基本信念,在多数情况下,这种信念的获得并非源于对教育的真理性认识,而是由于社会集体经验和文化传承而形成的被群体普遍接受了的习惯化倾向。习惯之为习惯就在于不加反思的选择,子女到了一定的年龄就让其接受相应的教育。民众对教育的这种半无知状态使其只能怀着对教育的信任去行动,即被意图的"我"的行动的未来结果通常也会按时出现,尽管自我也意识到最终结果的不确定性,但"信任"使"我"坚信教育"会以某种可靠性来实现我对他们的行动所抱有的期待"[1]。因此,人们对公共教育的信任虽然是一种习惯性的意向,但在这一自明性的习惯性意向中已经渗透着他们行动时的朴素态度：接受教育肯定比不接受教育要好。然而,当前公众对公共教育的不信任态度越来越明显,出现了各种抵制教育或学校教育的现象,如非贫困性辍学、在家上学、低龄留学、愈演愈烈的择校问题,甚至出现了不少的私塾教育。当公众对公共教育开始怀疑、担忧、逃避甚至恐惧时,教育

---

基金项目：教育部人文社会科学研究青年基金项目："公共教育信任危机的精神伦理分析"(16YJC88005)。

作者简介：吕寿伟,教育学博士,东南大学人文学院哲学博士后流动站研究人员,江苏大学教师教育学院副教授,主要从事教育哲学、教育伦理学研究。

E-mail：lvshouwei@163.com

的信任危机便开始发生。

**一、公共教育信任危机的三种形态**

民众对教育的"半无知"状态尽管阻碍了他们对教育的真理性认识，以及由此而形成的真理性信念，但同时也减少了人们对教育的质疑、担忧和恐惧，从而阻止了公共教育信任危机的发生。然而，我们毕竟不能利用民众对教育的无知来增加其对公共教育的信任，事实上这也不可能。20世纪80年代，民众对教育的信任很少作为问题被提出，人们对教育能够实现我们的预期持有一种不加怀疑的信任。不加怀疑的背后是缺乏对教育进行怀疑的能力，人们只是借助基本的直觉和朴素的信念进行选择。而在那个时代所要解决的根本问题是是否有学可上。当中国社会经历三十余年的发展，当所有公民接受教育不再成为问题时，当公民素质得到普遍提升并具有对教育进行反思的能力时，公民对教育进行关注的内容也就发生了改变。不是能不能接受教育，而是能接受什么样的教育才是关注的核心，父母对学校教育也不再是不加反思的盲从或迷信。在这种情况下，公共教育信任问题便产生了。公共教育信任危机本质上是民众对现行教育的质疑，是民众对教育体制、教育制度的不信任，对学校所遵循的教育理念的抵制。

**1. 教育理念的信任危机**

民众对教育理念产生信任危机的根源来自学校内部理念冲突。当前学校所遵循的理念很难用某一种理念去概括，一方面学校教育遵循着现实主义的逻辑，学生最终能取得好的成绩、考上好的大学似乎成了学校的唯一目标。在这种理念的引领下，对分数和成绩的重视就从高中蔓延到初中，再蔓延到小学和幼儿园，现实的逻辑是一种目标导向的功利主义逻辑。在这种教育理念之下，分数以及与分数相关的知识和能力就成为教育的核心目标。但在这种功利主义逻辑遭受家长、教师以及社会人士普遍的诟病和批判之后，在它被教育学家和教育行政部门定性为不符合现代教育理念、不符合教育规律时，它便不再是学校唯一崇尚并遵循的教育理念，最起码不再是学校公开宣扬的教育理念，学校必须寻求这一价值理念的替代方案。事实上，中国教育的现代化追求以及西方教育思想的输入都在深刻改变着学校的教育理念，以素质化、个性化、创造性、探究性等为标志的现代教育理念在学校以至全社会范围内已经成为共识。但现实与想象的冲突使这种更为人们所青睐的理念只停留在口头的宣传上，并没有真正成为学校教育的精神依据。于是就形成了这样一个局面：我们在学术研究、学术讲座、经验交流中，在各种教师培训和对外宣传上无不以现代教育自居，而在实践层面依然遵从着功利主义逻辑。

问题的关键在于，这种现代教育理念为越来越多的家长和社会民众所认识和接受，在这种情况下，家长就找到了反对、抵制和逃离学校教育的理由和依据，于是就出现了在家上学、低龄留学或私塾教育等情形。公众对教育反思能力的提升，使学校所施行的教育不再被认为是唯一正确的或最好的。如此一来，以父母为代表的社会民众的教育思考与学校所实际遵从的教育理念之间便出现了观念上的冲突，即家庭与学校之间的观念冲突。这种冲突正是民众对教育产生信任危机的根源之一，这一危机是教育理念选择的危机。

### 2. 教育制度的信任危机

教育制度的信任危机源于制度信用的丧失。公共教育制度首先体现在其公共性上，就是说，它所面对的不是个人，不是某个特殊的群体，而是国家或政府，是全体的公民，是所有的学校。公共价值是公共教育制度的根基，一旦偏离了公共价值，制度的信用便会遭受质疑。所谓制度的信用是指"制度的可承兑性和可信任性"[2]，因此，我们说公共教育制度表达的首先是对民众希望和信任的承诺，一旦承诺不能履行，民众对制度的信任也就随之消失，从而出现了教育制度自身的信用危机和民众对教育制度的信任危机。

一个善的教育制度既需要有善的内容，也需要有善的形式，而民众对公共教育制度的信任困局要么体现在形式上，要么体现在内容上。在形式层面，当前公共教育制度系统自身的冲突已经成为信任危机的重要因素，一个善的制度应该是一个系统、完整、自洽的制度体系，然而当前小学教育与中学教育之间衔接上的冲突、基础教育与高等教育之间的冲突等都对制度的信用产生了消极的影响；同时，因人而异、因地而异的制度设定也使公共教育制度的公信力大打折扣；①更为重要的是，制度在不少场合成

---

① 如农村与城市之间巨大的教育落差，不同省份、不同地区教师工资待遇、办学条件、高考录取的巨大差异等都在影响着人们对公共教育制度的信任。

为一纸空文,严格的择校制度抵挡不住财富和权力的冲击,制度执行者屡屡僭越道德的底线。如果说公共教育制度在形式方面的缺陷还能使民众怀有制度改良的期待,那么,其在内容方面的问题则从根本上摧毁了民众的信任。因为一个在形式方面"善"、但在内容和实质方面却是恶的制度,在其现实性上是一个更加恶的制度。[3]制度在内容上的错误或不周详的考虑,往往会借助完备的形式而产生更为不良的后果。① 总之,民众对公共教育制度的不信任要么源于其不稳定性和不可执行性,要么源于制度本身的不完善性,要么源于潜规则的泛滥,政策不敌人情、政策难敌金钱和权力等。

### 3. 教师身份的信任危机

教师与道德之间有着天然的联结,这种观念根深蒂固地植根于民众内心之中。普通民众也许没有对理念的认知,没有对制度的直观感知,但却不可能没有对教师的道德想象。也正因为如此,在这个层面的信任危机也就最容易发生,一旦教师违反了道德,信任危机也就随之产生。这种信任危机最为直接,也最为普遍,甚至理念和制度层面的信任危机最终也被当作教师的问题。

现实中所看到的虽然只是教师个体的道德问题,但媒体和网络的普及使任何一位教师的任何一次不道德行为,都成为这一群体的不道德行为,对一个人的不满成为对这一个群体的不信任,信任也就成为一个公共事件,演变成民众对公共教育的信任危机。随着媒体对教师不道德行为的报道越来越多,如教师收费补课、教师性侵、不公平对待学生、收受家长红包等,社会民众对教师群体的信任危机也越来越严重。

## 二、公共教育信任危机的精神实质

教育理念、教育制度和教师代表了公共教育的构成要素和基本形态,理念是公共教育的内在形态,制度是公共教育的现实形态,教师则是公共教育的运动形态,公共教育借助于教师的行动而使理念和制度成为运行于现实的精神。公共教育信任危机虽

---

① 如国家曾出台的撤点并校政策,撤点并校的初衷在于集中教育资源,让更多的学生享受到更为优质的教育,但教学点分散的地区恰是交通不便的偏远地区,如西南山区,以及广袤的西北地区,甚至有大量的一人一校现象,撤点并校的结果就是大量的小学生要么住校,要么早出晚归,无论哪种结果都使他们难以承受。

然表现出不同的外在形态,但却具有内在的统一性,即这三种危机均源于公共教育精神的蜕变。理念是内心深处的精神[4],学校(制度)是现实的精神,教师则是运行着的精神,公共教育信任危机本质上是公共教育精神的危机。

1. 教育理念信任危机的精神根源

公共教育的信任危机凸显当前我国公共教育所面临的精神困局:一是理念与现实的冲突:在对美好教育的想象中抱守传统,尽管传统已经受到新的教育理念的巨大冲击和严重解构,但却借助于惯性和现实土壤顽固地坚守;二是教育观念认同的功利化和工具化,用工具理性取代伦理精神,完成理性对精神的僭越。[5]精神的退场使作为公共事业的教育成为满足一个个私人欲望的手段,教育不再从实体的意义上被理解,而成为个体利益的麇集。如此一来,被希冀的理念成为缺乏现实性的理念,而现实也成为没有理念的现实。但从精神哲学的视角来看,理念在本质上是概念与其定在的统一,这也就意味着,只有概念和定在相符合,才能被称为真理性的理念,理念是自在自为的真理,而这种具有现实性的理念便是精神。[6]因此,教育理念与教育现实的精神断裂才是教育理念信任危机的实质。

对学校而言,理念的冲突无非是实存的教育形态与普遍化的现代教育理念的冲突,实存的教育形态是外在目标(社会功利目标)引领下的教育,不是教育的理念和精神,而是社会意识成为教育的决定力量,对教育自身而言还处于一种缺乏目的性的自在状态,缺乏自为的规定性,而作为普遍追求的现代教育理念却因为没有获得其现实化的形式而不能成为真理性的理念。对社会民众来说,在家上学也好、低龄留学也好,家长用自己的个别化的观念代替普遍性的理念。然而理念涉及的不是个人,理念也不等于观念。虽然个别化的教育观念获得了现实的实存形式,但仍然不是真实的理念,因此依然是一种缺乏普遍精神的教育,是一种乌托邦式的狂想。如此一来,无论从学校还是从社会民众来看,所谓教育理念信任危机根本上源于教育精神的失落。

2. 教育制度信任危机的精神依据

在当下社会,一般来说民众并不否认教育,相反,社会现实或者说现代教育制度的结果,即接受教育会有更好的生活,已经赋予教育以现实的合理性,教育之于民众已经成为真理性的信念和习惯性的意向。公共教育信任所表达的无非是这样一种意识："我的实体性的和特殊的利益包含和保存在把我当作单个人来对待的他物（这里就是公共教育）的利益和目的中，因此这个他物对我来说就根本不是他物。"[7]因此，制度使公共教育实体化成为可能，但也只是可能，缺失了精神的参与，公共教育无非是个体利益的共同体，而非伦理意义上的实体。精神需要借助制度来获取其现实化的形式，而制度的最后根据也源于精神。伦理实体之为实体，就在于包含着精神的本质，[8]"它本质上是由伦理精神所建构的一个'伦理世界'"，"预示着已经完成其内在的同一，并且具有某种精神"[9]。制度还只是规范层面的真理，制度离开了精神就是没有灵魂的肉体，所谓实体性是规范与精神的统一。但精神必须依据制度而被现实化，精神离开了制度也同样是没有肉体的灵魂，精神在其现实性上"显现为必然性中的理性东西的力量，即显现为……制度"[10]。正是因为缺失了精神的统领，使作为实存形态的制度变得不值得信任。

当然，导致公共教育制度信任危机的原因不仅在于教育精神的缺失，而且在于制度自身的精神缺失。我们所言说的公共教育制度必然是在当今时代背景下的制度，这样的制度就必须能够标识出我们这个时代的基本价值精神，否则便不是一个好的教育制度。正义是制度的首要价值，也是现代社会制度的基本精神。现代教育制度不仅是为了教育的效率和秩序，更要维护教育正义的价值和精神，使制度性的承诺成为可兑现的承诺。公共教育制度信任危机在很大程度上正是源于正义精神的缺失，导致政策不敌人情、潜规则泛滥等有违制度正义的现象的出现。

### 3. 精神蜕变与教师道德身份的信任危机

无论是教育精神还是制度自身的精神，只有通过教师的行动才能成为运行于现实的精神，教师是精神完成的最后环节。教师是教育活动的主体，也是教育制度的最终执行者，只有通过教师才能使公共教育这一伦理实体所包含的精神在个体身上得以体现，成为被实现的精神。但这里的个体不是指具体的哪一位教师，而是教师的整体，也就是说由教师个体所体现的精神不仅仅是个体的精神，同时是公共教育的精神。因此，精神已经不是个体的精神，道德也不再是个体的道德，[11]而是公共教育这一实体的或集体的精神与道德，它所体现的是公共教育这一伦理世界的精神同一性。公共教育精神借助于教师实现自身,而教师也通过精神使自身的教师身份合法化。离开了教育精神,教师就成为一个丧失自身特殊性的社会称谓,也就不再被视为社会的传道者和民众的教化者。简单地说,教师缺失了精神,也就丧失了身份。

教师个体与公共教育实体之间的精神统一性,既为教师道德身份的合法化提供了保证,同时也为公共教育信任问题埋下了隐患:教师个体的不道德被当成了教师群体的不道德,甚至被视为是公共教育的道德沦丧。因此,教师个体的不道德,伤害的不是某一个学生,玷污的也不仅仅是教师个体的荣誉,而是教师之为教师的理念和精神,是教师之为教师的灵魂,也正因此,它所带来的影响永远不是个体性的,而是对教师整体道德形象的破坏,它不仅仅导致我们对某个教师的不信任,而且导致我们对教师群体道德的质疑和不信任。

虽然教师道德身份的信任危机直接源于对学生性侵、体罚、精神羞辱、有偿家教、收受红包等名目繁多的不道德现象,但如果仅从危机现象出发而忽略其精神实质,并进一步提出重建信任和消除信任危机的设想或制度规范,必然表现出浓厚的道德主义倾向,或者表现出制度万能的思想。同样,对于教育理念与教育制度的信任危机也要超越现象的直观性,而给予精神层面的理解和把握,公共教育信任危机本质上是公共教育的精神危机。

## 三、公共教育信任危机的出路

信任危机的精神根源使我们必须从"精神"出发寻求危机的化解之路,不过,单个的个体不存在精神,精神源于两个自我意识的相遇,存在于教育实体之中。精神永远是实体性的,它表达的是个体与实体的统一,在实体中"我即是我们,我们即是我"[12]。公共教育信任危机本质上是以家庭为代表的教育实体和以学校与政府①为代表的教育实体之间的精神冲突。信任危机的化解便需要从家庭、学校和政府三个方面同时着手。

---

① 这里的"政府"一方面指各级政府,它们对教育事业有着整体规划,同时对教育也有着方针性的指引;另一方面指教育行政系统,它们既是教育政策、制度的制定者、执行者和监督者,同时也是公共教育精神培育和养成的助力者。

## 1. 家庭：化解公共教育信任危机的出发点

家庭既是危机的发源地，也是危机化解的出发点。对家庭而言，化解公共教育信任危机一方面需要对家庭在教育上的局限性进行理性反思，另一方面也需要通过具体行动来消除冲突，增加互信。

第一，要对家庭在教育上的局限性进行理性反思。在去除危机的道路上，家庭首先要做的并非是在外部采取具体的行动，而是要从内部对家庭的教育价值进行更为清晰全面的认识，并通过"认识"来引导和限制行动。家庭是自然的教育实体，蕴含着教育的原始冲动。但家庭作为一个伦理实体其本质规定是爱，[13]一切的教育冲动都策源于"爱"这一特殊的伦理精神。父母对子女的爱使家庭中的教育成为一种自然事件，子女在父母的慈爱以及对父母近乎本能的信任中接受着种种教化。毫无疑问，这样的教育具有直接性和自然的质朴性等特质，而且爱作为主观的东西使家庭的教育行动不可避免地处于倏忽即逝的、反复无常的偶然性之中。

第二，父母需要消除情感上的偏执和教育选择上的武断。一旦父母对家庭在教育上的局限性形成了内在的认同，就需要进一步避免情感上的偏执，并在行动上尽可能理性地认识和对待学校教育，避免以个体家庭的"特殊认识"取代社会之于公共教育的普遍态度。家庭之于教育的偏执特性既是父母权威的自然基因和中国传统的文化基因的双重后果，也是现代家庭的伴随性现象。因为在现代家庭中，父母接受了更多的教育，具有了更多的知识，也对教育有了更深刻的认识。这既使父母在教育过程中具有了更强的自信，同时也为父母更为严苛地审视学校教育提供了可能。的确，在广泛的社会领域，"家庭"的教育选择预示了教育精神在某些方面的历史趋势，但作为个体的家庭却还只是一种特殊的、缺乏普遍性的认识，这一认识尚停留在关于教育精神的真理性认识的待发点上，但同时也使自身陷入片面认识和错误选择的起跑线上。

以爱为伦理精神的家庭教育实体所具有的偶然性、偏执性和特殊性等特征，使儿童必须走出家庭进入学校，家庭必须向学校让渡对子女教育的部分或全部权力。但父母之爱的持续性和无限性使家庭教育在家庭解体之前一直延续，如此一来便为两个教育实体之间的冲突埋下隐患。而当代父母对子女教育的强烈自信则是导致隐患向危机转换的关键环节。因此，对于家庭而言，清晰地认识家庭教育的局限便成为化解冲突走出危机的基本前提。

## 2. 学校：建构公共教育信任的真正主体

尽管信任危机与家庭教育的局限性有着莫大的关联，但这并不影响家庭对时代教育精神状况的真理性把握。而且信任危机归根结底是家长对学校教育的不信任和对教师德性品质的质疑，因此，只有学校才是化解公共教育信任危机的真正主体，也只有学校才能成为通往教育信任的中坚力量。

第一，学校的精神坚守。在很大程度上，家庭对学校的质疑主要是精神的质疑，是理念的质疑，如功利对伦理的驱逐，工具价值对伦理精神的僭越。[14]因此，学校的精神坚守便成为化解危机的根本途径。学校作为制度化的教育实体，通过各种制度将个体和家庭联合起来，使他们意识到子女只有在整体中才能获得完整的教育，才能拥有真实的生命。另一方面，学校作为公共教育精神的直接承载者，它是精神性的教育实体。家庭教育尽管能够形成自然纯洁、敦厚质朴的良好品质，并能够在教育生活中塑造美好的伦理关系，但在现实生活中，这些美好的品质难以获得自身的普遍性与合理性。只有学校才能使理性而普遍的教育成为可能，因为学校教育的本质规定是解放，学校将教育从家庭教育的直接性和自然质朴性中解放出来，从父母行为的主观性、情欲的直接性、偏好的任意性中解放出来，从而使教育实现精神的回归。学校的精神偏离导致了公共教育的信任难题，而学校的精神坚守则成为走出危机的必然选择。

第二，教师的道德真诚。解放的本质要求学校坚守教育的精神使命和基本理念，"把人从自然的质朴性中解放出来，把人从自然欲望中解放出来"。[15]但解放的过程是一个艰苦的过程，并落实于教师的行动。它需要教师对教育、对学生、对家庭、对国家怀有道德上的真诚，因为只有教师这一运动着的精神才能将教育的理想和信念流通于现实。"道德真诚的本质是对教育伦理精神的忠诚和对教育信念的忠诚。"[16]教师通过"道德真诚"而形成对"师道精神"的养成和坚守，并据此获得自身本质性的人文规定。事实上，对教师的信任困局并非因为对教师的方法、能力等不被信任，而是教师的理念和德性受到质疑，也正因此，教师对教育伦理精神的固守，对教育的解放本性的忠诚就显得格外重要，它不仅仅关乎学校和教师的可信任性，同时也关系到教育自身的神圣性。

第三，家校之间的沟通机制。家庭对学校教育的不信任一部分是由于时代整体的精神状况对教育的渗透,如泛滥于当今社会的功利意识、个体意识、消费意识等。[17]这只能通过学校的精神坚守和教师的道德真诚来逐步化解已然形成的问题,而且在很多情况下单靠学校的力量并不能予以有效克服,更非短时间内能够解决的。但另一种情况则是由于家庭和学校之间的误解,如很多情况下家长对教师德性品质的成见更多是源于媒体和传闻,或家长对自身教育认识和教育能力的过度自信。对于这种情况,只要家庭和学校之间形成恰当的沟通机制,增强彼此的理解,信任危机便可解除。

### 3. 政府:化解公共教育信任危机的最后根据

政府并没有像家庭和学校那样进行具体的教育活动(尽管政府也会面向全体民众进行思想、道德、观念等精神性的教化),它之所以被作为教育实体,是因为它通过教育行政系统和规则体系对学校和家庭的教育形成一种强制的规范力量,并通过对民众的精神教化而产生强大的舆论导向。因此,政府从不面向具体的个体,它面向所有的学校、家庭,面向所有的民众,政府也因此成为化解公共教育信任危机的最终力量和最后根据。政府作为教育实体,以公共性为其精神表征,并以教育行政为其现实形态。公共教育信任危机之于政府,主要体现在教育制度及制度背后的公共精神的可信任性遭到了质疑。所谓公共精神,就是政府在对公共教育进行价值澄明、维护和持守时所表现出来的精神品质与精神样态,[18]它既包括政府之为政府所必然具有的公共品性,也包括政府在教育制度制定过程中对公共教育精神的坚守,具体体现为对社会以及教育之正义、民主、责任等公共价值的恪守。

首先,政府通过具体的制度来呈现自身,制度既是公共教育权力的实现形式,也是政府精神的现实表征;它既表达着政府之于教育的基本信念,也构成了个人、家庭、学校对国家信任和忠诚的坚实基础。制度的首要德性是正义[19],因此,政府的公共精神首先就表现为教育行政正义,就是要以公共性的价值理念为灵魂进行善的教育治理。

其次,政府总是面向所有公民、并针对所有教育实体,这就意味着公共精神内在地包含着教育民主,意味着政府必须以民主的方式进行教育治理,保证教育行政过程的程序化、公开化和透明化,并以平等的方式承认并尊重每个人的权益,完善机制、避免暗箱操作,确保个体与家庭、学校等教育实体能够有效地参与。[20]

第三,公共精神同时要求政府完成对学校教育的责任担当,政府必须依据公共教育精神对学校的制度建构予以规范,以避免学校教育偏离甚至背弃真理性的教育信念和基本的教育精神。只有政府能够以正义而民主的方式进行教育治理,[21]承担起对国家、对民族、对学校、对家庭的责任和义务,坚守公共教育精神这一基本使命,公共教育信任危机的化解方有可能。公共教育权力既是一种公开的强制力量,也是一种责任的承诺。

低龄留学、在家上学、非贫困性辍学、新私塾教育等诸多新教育现象都从不同角度反映着人们对当前公共教育的失望和不信任。教育理念、教育制度和教师等公共教育的信任困局反映着时代教育状况的精神遭遇,体现着家庭与学校、政府之间的精神冲突。民众之于公共教育希望的破灭、学校在教育方向上的精神困惑,教育制度的精神蜕变共同塑造了公共教育的信任难题。因此,信任危机的化解之路就是要在家庭、学校和政府三个教育实体之间形成一种内在精神统一性,它既需要父母群体对家庭教育的理性反思,更需要学校和政府对教育精神的批判、矫正和坚守。

**参考文献:**

[1] 克劳斯·黑尔德.对伦理的现象学复原[A].倪梁康.中国现象学评论第七辑(现象学与伦理)[C].上海:上海译文出版社,2005:3.

[2][3] 高兆明.制度伦理研究[M].北京:商务印书馆,2012:30,56.

[4][6][7][10] 黑格尔.法哲学原理[M].范扬,张企泰,译.北京:商务印书馆,1961:291,163,267,264-265.

[5] 樊浩.当代中国伦理道德状况及其精神哲学分析[J].中国社会科学,2009(4):30.

[8] 黑格尔.精神现象学(下)[M].贺麟,王玖兴,译.北京:商务印书馆,1979:2.

[9][11] 樊浩.伦理的实体与不道德的个体[J].学术月刊,2006(5):59.

[12] 黑格尔.精神现象学(上)[M].贺麟,王玖兴,译.北京:商务印书馆,1979:122.

[13] 高兆明.黑格尔《法哲学原理》导读[M].北京:商务印书馆,2010:397.

[14] 樊浩.走向伦理精神[J].道德与文明,2016(3):29-31.

[15][16] 樊浩.教育的伦理本性与伦理精神前提[J].教育研究,2001(1):22,25.

[17] 吕寿伟.功利意识道德分化与排他性的教育伦理生活[J].现代大学教育,2013(1):92-93.

[18] 卞桂平.公共精神的伦理形态及逻辑进路[J].云南社会科学,2014(3):33.

[19] 罗尔斯.正义论[M].何怀宏,等译.北京:中国社会科学出版社,2001:1.
[20] 蒲蕊.论教育行政的伦理精神[J].教育研究,2007(09):42.
[21] 褚宏启.教育治理:以共治求善治[J].教育研究,2014(10):5.

# 批判性道德教育的伦理原则

吴灿新

（中共广东省委党校）

思想道德教育是提升国民思想道德素质、促进社会安定和文明进步的重要途径。思想道德教育的基本形式有两种：正面教育和反面教育。改革开放以来，主流思想道德教育基本上是运用正面教育，反面教育则很少运用，特别是反面教育的核心形式——批判性道德教育几乎消失。针对这一问题，本文作一专门探讨。

## 一、批判性道德教育的重要价值

在探讨批判性道德教育的重要价值之前，我们先来探讨一下何谓"批判性教育"。批判性教育这一概念，与"批判""批判性""批判性思维"三者有关。"批判"通常是指对错误的思想道德及言行进行批驳否定。"批判性"在哲学中也叫"斗争性"，即对现实保持一种质疑的态度；是指富于洞察力、辨别力、判断力，还有敏锐智慧的回顾性反思。"批判性思维"是指通过一定的标准评价思维，进而改善思维，是合理的、反思性的思维，既是思维技能，也是思维倾向。而所谓"批判性教育"包涵以上三者，它既是一种"批判"教育，也是一种"批判性"教育，还是一种"批判性思维"教育。本文的"批判性道

---

作者简介：吴灿新，中共广东省委党校教授，主要从事哲学伦理学研究。
E-mail：wucanxin@sina.com

德教育"的重点则在于"批判"教育。它从质疑开始,立足于正确的道德价值立场,通过科学的伦理分析,作出准确判断,弘扬真善美,批判假丑恶,达到对假丑恶的否定和对真善美的新的肯定(也即否定之否定)。

批判性道德教育之所以是思想道德教育的一个重要方面和重要形式,是因为它是当前提升国民思想道德素质的重要途径。随着改革开放的不断深入,中国社会已经进入社会矛盾的爆发期,各种社会矛盾此起彼伏。而这种复杂的社会存在,必然反映到人们的思想道德意识上来,因此,各种社会思潮与道德观念不断涌现。然而,由于我们文化传统自身的批判性教育的不足,更由于我们改革开放以来长期忽视批判性教育,因而,我们国民面对各种社会思潮与道德观念,根本无法辨别其良莠,往往人云亦云,"跟着感觉走",常常干出一些推波助澜、亲痛仇快之事,严重影响着社会的安定团结。针对这种状况,我们必须加强批判性教育,提升国民的洞察力、辨别力、判断力,从而提升国民的思想道德素质,才能真正抵制假丑恶与弘扬真善美,才能保持社会的安定团结,才能推动社会的文明进步。

批判性道德教育之所以是思想道德教育的一个重要方面和重要形式,是因为它是当前推动马克思主义伦理思想在中国创新发展的重要手段。我国是中国共产党执政的社会主义国家,马克思主义必然在中国居于指导地位,马克思主义伦理思想教育必须在中国思想道德教育中居于主流地位。然而,马克思主义创立于150多年前,在这150多年间,无论是中国还是世界,都发生了天翻地覆的巨大变化,因此,要坚持马克思主义在我国的指导地位,坚持马克思主义伦理思想教育在我国思想道德教育中的主流地位,就必须与时俱进地创新发展马克思主义伦理思想,推进马克思主义伦理思想的中国化、时代化、大众化。要做到这一点,就必须大力培育国民的创新能力。而批判性教育的根本,无论是"批判"教育,还是"批判性"教育,或是"批判性思维"教育,最终都在于培育一种善于怀疑、善于批判、善于创新的能力与思维。只有这种善于怀疑、善于批判、善于创新的能力与思维得以形成与不断提升,我们才能推动马克思主义伦理思想的创新发展,才能真正确立起对马克思主义伦理思想毫不动摇的信仰,才能真正推动马克思主义伦理思想在中国的创新发展,也才能真正坚持马克思主义在中国的指导地位和马克思主义伦理思想教育在中国思想道德教育中的主流地位。

批判性道德教育之所以是思想道德教育的一个重要方面和重要形式,是因为它是当前中国坚持走中国特色社会主义道路迫切的政治伦理要求。自从中国对外开放以来,我们在大力引进世界各国特别是西方世界先进的科学技术和进步的思想道德观念的同时,各种错误的、落后的、腐朽的、反动的思想道德观念也随之而来。一方面,西方先发的工业文明,对于包括中国在内的后发工业文明来说,无疑有着明显的先发优势。而正是这种先发优势,特别容易迷惑国人,往往以为西方世界的一切都是先进的、进步的、文明的,从而盲目崇拜以至于全盘接受。另一方面,西方反共反华势力从新中国建立的那一刻起,就视我国为敌国而千方百计搞破坏和颠覆;随着改革开放中国的大门打开,更加疯狂地利用其先发文明的优势,加紧对我国进行西化和分化活动。而国内的反共反华势力也遥相呼应,运用各种手段,企图让我国易帜改路,放弃走中国特色社会主义道路,从而导致意识形态领域的思想斗争日益复杂和激烈。面对这种态势,我们只有加强批判性道德教育,一方面提升国民辨别假丑恶和真善美的能力,从而自觉地抵御这种猛烈的西化分化攻势;一方面要大力揭露其思想道德理论的谬误和其反动的本质,使其在中国毫无思想道德理论市场,才能真正保障我国坚持走中国特色社会主义道路。

## 二、 当前批判性道德教育的伦理原则

既然批判性道德教育有如此重要的价值,那么我们必须要加强批判性道德教育。加强批判性道德教育的关键一环,就是首先应当明确它的伦理原则,只有如此,我们才能保证批判性道德教育沿着正确的轨道前进,而不至于滑入错误的泥潭之中。

原则一:正确的道德价值立场。自然科学探求自然规律与自然现象之本质,基本上属于"求真"的范畴,它没有社会属性,更没有阶级属性,因此,其价值立场自然是中立客观的。然而,哲学社会科学则不然,它探讨社会规律与社会现象之本质,它虽"求真",但更求"善"和"美",它既有社会属性,更有阶级属性,因此,其价值立场必然有其特有的社会属性和阶级属性。而在批判性教育中,则更加突出其特有的社会属性和阶级属性。既然如此,我们在进行批判性道德教育时,就必须要有一个正确的道德价值立场,只有这样,才能对认识对象作出正确的道德价值评价。而在社会主义中国,正确的道德价值立场就是人民的立场。只有从中国人民的根本利益立场出发,去认识评价,才能得到正确的认识评价,才具有正能量。例如,中国共产党在近70年的执政过程中,多多少少都犯过这样或那样的错误,如何认识与评价这些错误,就有一个道德价

值立场问题。如果站在"拆台"甚至于反共(中国共产党的利益与中国人民的利益一致,反共就是反人民)的立场上,不仅会无限放大这些错误,而且还会指向对中国共产党的彻底否定。如果立足于"补台"和拥共的立场,必然会实事求是地分析错误,指出改正错误的路径与方法,推动中国共产党不断进步。

原则二：实事求是的态度。批判性道德教育,要取得良好的效果,必须要有实事求是的态度。因为无论是质疑、否定或肯定、批判或创新,都要以理服人,以事实明人。要做到实事求是,必须培育科学精神。科学精神是人类文明中最宝贵的精神财富,它源于近代科学的求知求真精神和理性与实证传统,并随着科学实践不断发展。科学精神倡导不懈追求真理的信念和捍卫真理的勇气;坚持在真理面前人人平等,尊重学术自由,用继承与批判的态度不断丰富发展科学知识体系;鼓励发现和创造新的知识,鼓励知识的创造性应用,尊重已有认识,崇尚理性质疑;强调实践是检验真理的标准,要求对任何人所作的研究、陈述、见解和论断进行实证和逻辑的检验;强调客观验证和逻辑论证相结合的严谨的方法,科学理论必须经受实验、历史和社会实践的检验。总之,科学精神的本质特征就是倡导追求真理,鼓励创新,尊重实践,崇尚理性质疑,恪守严谨缜密的方法,坚持平等自由探索的原则,强调科学技术要服务于国家民族和全人类的福祉。当然,科学精神往往要受到道德价值立场的制约,因此,科学精神也是一种道德精神。站在错误道德立场甚至于反动道德立场上的人,往往背离科学精神,因而也不可能做到实事求是,常常以偏概全,断章取义,甚至不择手段攻击对方。

原则三：批判对事不对人。马克思曾经说过："批判的武器当然不能代替武器的批判,物质力量只能用物质力量来摧毁;但是理论一经掌握群众,也会变成物质力量。"[1]在此,马克思强调了精神力量与物质力量之间的转化关系,同时也指出了两点：一是转化的条件是理论要能够掌握群众,而要能够掌握群众的前提是,理论必须科学正确。二是批判的武器当然不能代替武器的批判,物质力量只能用物质力量来摧毁;同样地,武器的批判也不能代替批判的武器,精神力量只能用精神力量来摧毁。因此,我们在进行批判性教育时,特别是进行批判教育时,批判的对象是错误的、反动的、落后的、腐朽的思想道德观念,而不是人的物质之身。过去犯的极左错误之一,就是批判对事更对人。结果,批判教育变成了一种"整人"的手段,不仅没有达到教育改造人们思想道德之目的,反而走向反面。

原则四：不同性质不同方法。当前中国社会流传的错误、反动、落后和腐朽的思想道德观念,主要有两种性质。一种是西方的反共反华势力和国内的反共反华势力别有用心传播的,性质上属于敌我矛盾。对于这种性质的思想道德观念,必须公开地坚决地批判、揭露和抵制。我们必须懂得,对于这类性质的思想道德观念,我们决不能"宽容",睁一只眼闭一只眼,甚至于装聋作哑,听之任之;否则,就如同寓言中那愚蠢的农夫一样,盲目救助冻僵了的毒蛇,结果被苏醒后的毒蛇活活咬死。另一种是国内一些认识糊涂的人传播的,他们虽然做了让亲者痛仇者快的事情,但性质上仍属于人民内部矛盾。对于这种性质的思想道德观念,应当科学分析,耐心说理,积极引导。过去犯的极左错误之一,就是混淆了两种不同性质的思想道德观念,将本属于人民内部矛盾的问题当作敌我矛盾来处理,从而扩大了打击面,这种惨痛的历史教训必须牢记,切忌再犯。

原则五:坚持破立相结合。坚持破立相结合,既是一种辩证的伦理原则,也是一种辩证的伦理方法。不破不立,立后真破。对于当前中国社会流传的错误、反动、落后和腐朽的思想道德观念,我们必须坚决批判,让它成为过街老鼠,人人喊打。然而,我们批判的根本目的,是提升国民的思想道德素质,而要做到这一点,仅仅依靠批判是远远不够的。我们必须要在批判中树立新的正确的科学的思想道德观念,并让广大国民认同这些观念,将其内化为广大国民的思想道德素质。同时,也只有坚持破旧立新,以新去旧,真正树立起正确的科学的进步的文明的思想道德观念,才能真正批倒、抵制、战胜和取代错误、反动、落后和腐朽的思想道德观念。

**参考文献:**

[1]《马克思恩格斯全集》(第1卷)[M].北京:人民出版社,1956:460.

# 立德树人与师德建设研究

# "四有"好老师的伦理意蕴

曾建平　熊来平
（井冈山大学）

2014年9月，习近平总书记在同北京师范大学师生代表座谈时指出，做好老师要"有理想信念、有道德情操、有扎实知识、有仁爱之心"。[1]总书记"四有"好老师的标准为全国广大教师力求成为"信者""善者""学者""师者""思者"指明了方向。

## 一、信者：好老师有理想信念

教育是历史文化的传递活动，是培养人的根本途径。在中外教育理论与实践中，人们从各自的理想出发阐述教育所要培养的人的不同内涵。在西方，哲学家黑格尔把培养"有教养的人"作为教育的目标。"有教养的人首先是指能做别人做的事而不表示自己特异性的人"，"教育就是要把特殊性加以琢磨，使它的行径合乎事物的本性"。[2]"有教养的人"是市民社会中有权利能力的独立个体，他"成为一个人，并尊敬他人为人"。[3]在我国，儒家学说教育的目标是培养能"修身、齐家、治国、平天下"的"士"。儒者主张，士必须具备"君子人格"。"志于道，据于德，依于仁，游于艺。"这是孔子对于

---

作者简介：曾建平，井冈山大学教授、博士、博士生导师，主要从事伦理学研究；熊来平，井冈山大学政法学院副教授、博士。

E-mail：okzengjianping@126.com

"君子人格"的简洁表述。"志于道",就是指君子要追求儒学志向并为之奋斗。"朝闻道,夕死可矣。"在教育过程中,教育者要传导社会需要的理想,价值观教育渗透其中,从来没有所谓的"中性教育"。按照马克思主义的观点,教育的目的是促进人的全面发展。这种"全面发展的人"即是受教育者在德、智、体、美、劳等方面获得和谐统一,是社会主义社会的新人。习近平总书记强调,教育事关"培养什么样的人、为谁培养人",要坚持立德树人,把培育和践行社会主义核心价值观融入教书育人全过程,培养中国特色社会主义事业的建设者和接班人。

教师是教育活动的人格化身。他们的言行很大程度上体现了其思想价值取向。而这种思想价值取向又会对学生产生潜移默化的影响。"学校无小事,处处是教育;教师无小节,事事是楷模。"好老师是"信者",要坚定理想信念,做好信仰育人。信者有志,要忠于教育事业,对工作有信心,对事业有信念,对社会有信仰;自己不信,教人何信?自己无志,教人何志?理想信念不仅是党员的精神之钙,也是教师的灵魂之钙,更是大学生急需补充的思想之钙。在学生的"三观"确立之初,只有全体教师自己坚定共产主义理想信念,树立正确的思想观念,才能在言传身教中感染每一位学生,以先入为主的优势保持大学生思想的先进性和纯洁性。邓小平同志指出:"我们一定要经常教育我们的人民,尤其是我们的青年,要有理想。为什么我们过去能在非常困难的情况下奋斗出来,战胜千难万险使革命胜利呢?就是因为我们有理想,有马克思主义信念,有共产主义信念。"[4]广大教师要始终同党和人民站在一起,自觉做中国特色社会主义的坚定信仰者和忠实实践者,时刻意识到自己肩负着"立德树人"的教育使命和社会责任,首先做好信仰育人,把好大学生的"思想关"。

**二、善者:好老师有道德情操**

教育是教人向善的活动,是养成人格之善举。《礼记·学记》曰:"教也者,长善而救其失者也。"《说文解字》解释:"育,养子使作善也。"也就是说,教育不能仅止步于传授知识与技能,它还必须以完善个体人格、提升社会道德水准为其更高阶的目标。蔡元培先生强调:"教育是帮助被教育的人,给他们能发展自己的能力,完成他的人格,于人类文化上能尽一分子责任。"[5]"教育者,养成人格之事业也。使仅仅为灌注知识、练习技能之作用,而不贯之以理想,则是机械之教育,非所以施于人类也。"[6]在整个文明体系及历史发展过程中,教育履行和完成的是一种"育人""化人"的任务使命,因而具有人文属性与道德功能。"师者,所以传道受业解惑也。"教师不仅要给学生传播学业知识,解答疑惑,且还要教他们做人的道理。在教育活动中,教师因其不断传承文明,培养人才,教人向善而被赋予某种先验的崇高和神圣。在古代,国人称呼教师为"先生",是对有学问且有德行之人的尊称。"善为师者,既美其道,又慎其行",就是说教师应追寻正道,笃行理想,成为展现人性光辉的典范。一名道德情操高尚的教师,他必定会在学生面前树立一座道德丰碑,引导学生走出迷途,崇德向善;反之,如果一名教师在善恶、是非、荣辱、曲直、义利、得失等方面失范,他就已经成为一个反面教材,又怎能担当起立德树人的重任?

"大学之道,在明明德,在亲民,在止于至善。"好老师是"善者",要陶冶道德情操,做好道德育人。善者有德,德高为师,身正为范。传授学生精湛的专业知识对于许多教师来说是信手拈来、游刃有余,但是要以渊博的学识和高尚的人格修养去教人做人就显得任重道远。古人说,求木之长者,必固其根本;欲流之远者,必浚其泉源。包括教师在内的知识分子,是一个国家和民族的智慧化身、道德窗口和人格代表;教师的楷模作用对学生的影响举足轻重,广大教师要带头弘扬社会主义道德和中华民族传统美德,自觉践行社会主义核心价值观,以"清如许"的"源头活水"浇灌学生的"道德田",以"润物细无声"的道德魅力影响和感染学生,使其"亲其师,信其道",如此才能在师生的道德博弈中"不战而屈人之兵",完胜德育使命。好老师不仅有自身完美的德性,更要有"四敬理念":一要敬畏制度(包括尊重规律),信守法则,遵守行规;二要敬爱学生,学生乃教育对象,对教育的尊重要化作对学生的尊重;三要敬重教学,教学是实现教育目的的基本手段,无论是课堂教学还是实践教学,都应有热爱、敬重;四要敬仰学术,高校教师不仅要从事教学,也要从事科研,追求真理需要一份敬仰之心。

### 三、学者:好老师有扎实知识

教育是人类传承文明和知识的活动,也是探索发现真知的领域。对一个国家来说,教育兴则国家兴,教育强则国家强。纵观历史,古今中外有作为的政治家无不把教育视为建国良策而置于重要地位。"致天下之治者在人才,成天下之才者在教化","国将兴,必贵师而重傅"。当今时代,以人才和科技为核心的综合国力的竞争日趋激烈。

谁拥有人才,谁就掌握了竞争的先机。早在20世纪80年代初,邓小平同志就指出,我国经济发展和实现现代化,必须依靠科学技术,依靠知识、人才,而科学技术、知识、人才的获得必须依靠教育。"我们要实现现代化,关键是科学技术要能上去。发展科学技术,不抓教育不行。靠空讲不能实现现代化,必须有知识,有人才。"[7]"教育要面向现代化,面向世界,面向未来。"[8]对一名教师来说,教书育人是自己的"天职",教学是实现自身价值的方式。教学受到学生的欢迎与喜爱,是教师的最大幸福。站在讲台上,面对学生渴求知识的目光,教师怎能不殚精竭虑地为学生上好每一堂课?怎能不以一种时不我待的紧迫感为他们传授科学理论与知识。

"非学无以广才,非志无以成学。"马克思指出:"教育者本人一定是受教育的。"[9]也就是说,教育者应持积极开放的心态,汲取人类文明的精华,不断充实提升自我。好老师是"学者",要牢固树立终身学习理念,加强学习,拓宽视野,掌握扎实学识,做好知识育人。学者有才,有学识,见识广博,才华横溢,学为人师,行为世范。扎实的知识功底、过硬的教学能力、勤勉的教学态度和科学的教学方法则是教师"履好职、教好书"的根本。在如今的信息技术大爆炸时代,教师面临的教学压力与日俱增,那些只限于"三尺讲台"、死拽着"课本教材"的故步自封者将被学生和社会淘汰。这就要求教师应该与时俱进、不断学习,"为了使学生获得一点知识的亮光,教师应吸进整个光的海洋",[10]以学业、生活、为人处世等方面的智慧帮助和指导学生,升华"知识育人"。另外,教师也要把自己的思想和研究心得表达出来,做真学问,教研相长,如此才能得到社会的认可与尊重。

### 四、师者:好老师有仁爱之心

教育是教师以其学识、人格与仁爱感染熏陶学生的活动与过程。在教育中,师生之间思想与情感的交流,心灵与心灵的对话,是达成育人目标的重要方面。"仁者爱人",教师的仁爱是广博、无私的。一次不公正的对待、一个冷漠的眼神、一句刻薄的话语,都可能会影响学生的成长。倘若没有宽厚的仁爱之心、没有有教无类的公心、没有诲人不倦的耐心,那么这样的教育便是没有温度的。从这个意义上说,"没有爱,就没有教育"。不可否认,一段时期以来,一些人对教育存有误解,以为教师传授学生知识就如同教师盛放东西于容器一般。这种忽视教育客体的主动性、忽视情感之于教育重要影响的教育观念，是教育纯"工具意识"和"职业至上论"的滥觞。用这般观念培养出来的学生，就有可能会有知识而无文化，有工具理性而缺少人伦感情，是"精致的利己主义者"。陶行知先生说："真教育是心心相印的活动。唯独从心里发出来的，才能打到心的深处。"[11] 马克思指出，作为"类存在"，人要以一种全面的方式，作为一个完整的人，占有自己的全面本质。"人对世界的任何一种人的关系——视觉、听觉、嗅觉、味觉、触觉、思维、直观、情感、愿望、活动、爱——，是通过自己的对象性关系，对人的现实的占有。"[12] 这些都启示我们，教育是浸润爱的艺术，是唤醒人的自我发现的过程，教人以丰富的心灵去把握世界，去发掘生活中的真、善、美。

选择教师职业，就是选择一种与知识打交道的生活方式，而知识是靠仁者来传承的。在古代，老师有很多称呼，诸如"夫子"、"山长"、"师傅"、"师父"、"西席"、"师保"、"宗师"、"讲郎"等等，说的都是知识的传授者，是知识的化身，是人格的榜样。好老师是"师者"，要健全美好心灵，做好灵魂育人。师者有魂，教师教师，教是手段，师是示范。教书是手段，育人是目的。经师易觅，人师难求。只有自身有灵魂才能塑造灵魂，塑造生命，塑造栋梁。如果说教师是人类灵魂的工程师，那么，爱才是教育的灵魂。马克思说："每一滴露水在太阳的照耀下都闪现着五颜六色的光芒。"[13] 世界丰富多彩，学生各不相同。好老师的爱，可以是尊重学生的个性，包容学生的年轻气盛，理解学生的情感和困惑，褒扬学生的长处和闪光点；好老师的爱，可以是严爱相济的晓之以理、动之以情；好老师的爱，是用大爱、仁爱去培育爱，激发爱，传播爱，让学生在温暖和快乐中成长成才，珍爱生命，热爱生活，以和谐友爱的教育筑造和谐社会的基石。

## 五、思者：好老师有独立见解

教育是需要具有自觉思考意识的事情。根据冯友兰先生的说法，哲学是对人生有系统的觉解反思，广义的教育相通于哲学教育，它使人能够作为人而真正成为人；而其他专业学科的教育只能使人成为"某种人"。[14] 在黑格尔看来，"追求真理的勇气，相信精神的力量，乃是哲学研究的第一条件"。[15] 因而真正的哲学思考反对日常急迫的兴趣，拒斥意见的空疏浅薄，而是思维深入事物自身的考察。从广义的教育出发，作为教育活的载体，教师理应秉承哲学沉思的特质，面向事情本身，"独立之精神，自由之思想"，思考探究教育的深层次命题，对于世界和社会有自己的认识、看法，对已往及现在所有有价值的东西有自己清醒的判断。"吾日三省吾身",在教育中,教师亦应该以冷静的眼光来看待自己的生活地位、社会关系,听从自己内心的声音,常常反省自己学业修为的不足,反思自己的教育得失,觉察教育对象的特性,体味多样思想观点的同异。另一方面,"理论只要彻底,就能说服人。所谓彻底,就是抓住事物的根本。而人的根本就是人本身",[16]教育者要以理论的彻底性去教育人,因材施教,理性地引导教育对象批判性地反思人与自身、与他人、与自然界的关系,走出小我的限囿,建构属于自己的意义世界。

"学而不思则罔,思而不学则殆。"学与思的孪生共进的关系同样适用于教与思。好老师是"思者",要回归教育原点,做好思想育人。思者有识,有思想,有智慧,有见解,不人云亦云,不随波逐流。联合国教科文组织发布过三份重要的报告,分别是1972年的《学会生存:教育世界的今天和明天》,1996年的《教育,内在的财富》以及2015年的《反思教育:向"全球共同利益"的理念转变》,这都是对教育本质认识的不断探索和完善。第三份报告强调了教育的人文主义精神、教育的多样性和多元化以及教育的全球共同利益。今天的教育,确实重在反思,我们要以归零的心态面向未来,融入世界教育的原点。所以,大学要一如既往地强调让教育回归常态、回归原点、回归本质,让"每个教师讲好每堂课"成为全体教师的共识和行动,让"每个科研项目都要做到最好"成为科研人员的信条和追求,让"每个学生都能得到恰当关爱"成为教育者的信念和责任,让"每个教职员工都能得到恰当评价"成为管理者的目标和方向。"四个每个"不应该仅仅停留在观念层面,更应该体现在实践行动当中,这就要求我们内化于心、外化于行,在教学、科研、育人和管理等各方面回归事物发展的根本规律,"千教万教教人求真,千学万学学做真人"。

**参考文献:**

[1][10] 习近平同北京师范大学师生代表座谈时的讲话[N].人民日报,2014-9-10.

[2][3] 黑格尔.法哲学原理[M].范扬,张企泰,译.北京:商务印书馆,1961:203,46.

[4][8] 邓小平文选(第3卷)[M].北京:人民出版社,1993:110,35.

[5] 高平叔.蔡元培教育文选[M].北京:人民教育出版社,1980:145.

[6] 高平叔.蔡元培教育论著选[M].北京:人民教育出版社,1991:43.

[7] 邓小平文选(第2卷)[M].北京:人民出版社,1994:40.

[9][12][16] 马克思恩格斯文集(第1卷)[M].北京:人民出版社,2009:504,189,11.
[11] 胡晓风.陶行知教育文集[M].成都:四川教育出版社,2005:281.
[13] 马克思恩格斯全集(第1卷)[M].北京:人民出版社,1995:111.
[14] 冯友兰.中国哲学简史[M].北京:北京大学出版社,1985:16.
[15] 黑格尔.小逻辑[M].贺麟,译.上海:上海人民出版社,2009:54.

# 从"教书匠"到"大先生"

田鹏颖

(东北大学　马克思主义学院)

教师是立校之本,而师德师风则是教育之魂。学高为师,德高为范。高尚而富有魅力的师德师风就是一部活的教科书,就是一股强大的精神力量,对学生的影响是耳濡目染、潜移默化、受益终身的。作为人才培养的一线工作者,借此机会,我想谈谈我对师德师风建设的一些想法。如何坚持"培育四个意识",将师德、师风永铸师魂。

习近平总书记在全国高校思想政治工作会议上强调,教师是人类灵魂的工程师,承担着神圣使命。要坚持立德树人,不能成为单向传授知识的"教书匠"。引导广大教师以德立身、以德立学、以德施教,将"立德树人"这面大旗再次高高地竖起。这就要求我们培育师德师风之责任意识、修养意识、学习意识和创新意识。

## 一、培育师德师风之责任意识

教育家陶行知曾经说过,作为一名教师要"捧着一颗心来",而这颗心就是指要对教育事业存有忠诚之心与抱负之情。高校教师的责任意识是"教育的命脉",是加强师德师风意识建设工作的基础和前提,更是师德师风的灵魂所在。我们要从内心认识到

---

作者简介：田鹏颖,东北大学马克思主义学院院长,教授。

E-mail：tpy041626@sina.com

自己工作的神圣性,在利益面前要有一种宽容之心,不要让利益之欲高于个人责任意识,正确处理付出与获得的关系。

培育责任意识要懂得育人。教育活动历来不是随意的,它要求教师把社会确定的教育目标和教学内容传授给学生,培养社会需要的人才。教书为育人服务,立德树人是教育的中心,贯穿于教育的全过程。作为人民教师,我们如果只顾教书、不管育人,将二者割裂开来,成为单向传授知识的"教书匠",致使教书失去育人的功能,就会影响学生的健康成长。我们不仅承担着向学生传授知识、培养学生能力素质的职责,而且肩负着帮助学生树立正确人生观、价值观和培养高尚情操的重任;只有坚持教书和育人相统一,自觉当好学生正确政治方向的引导者和高尚品质的塑造者,才不愧为一名合格的人类灵魂工程师。

培育责任意识要有爱岗之情。要通过思想政治工作让教师们意识到热爱教育事业本身就是对自己人生选择的尊重与珍惜,是对自己人生价值和信念的一种诠释与体现。同时,将这种责任意识升华为个人自觉行动,也会让教师们感受到自身育人过程所带来的生命旋律与精神活力,进而在潜移默化中让教师们更加懂得对学生人格的尊重、潜能的挖掘、行为的理解和不足的宽容,促进教师们在课堂上把思想政治教育与专业素养教育更加紧密地结合,提高学生自身的综合素养与思想道德情操。

## 二、培育师德师风之修养意识

修养就是个人要培养高尚的品质和正确的待人处世的态度,求取学识品德之充实完美。对于教师来说,一举一动,一言一行,都要修养到不愧为人师的地步。建立修养意识,其内在因素就是要有个人完整的自我修养思想意识状态以及个人内在的人格品德;而外在因素就是要有个人特有的气质和行为方式以及为人处事之道,以内心意识与外在表现的完美结合来影响学生们的思想意识。我们只有不断加强道德品质和专业素养等方面的修炼,坚持求真务实的教学规范,拥有对学生的博爱情怀,践行自己的职业操守,才能真正做到"学为人师,行为世范"。

培育修养意识要懂得"感悟"。师德师风建设的根源或者说内动力,即在于"感悟",感悟教师这个职业的真谛和本质属性。人们常说,教书育人是一种"良心活",本身就说明师德的评判标准和考核体系不可能完全科学有效,关键在于教师自身对这一职业的正确感悟,即"为人师表、教书育人"。所以要想真正养成良好的师德师风,还得从"心"抓起,还需修炼"内功",还要真正"觉悟"。

培育修养意识就是要言传身教。作为一名高校教师,我们的职责就是"千教万教,教人求真",而学生的任务就是要"千学万学,学做真人"。要达到这一要求,必须通过教师自身的行为修养来实现。"要学生做的事,教师要躬亲共做;要学生学的知识,教师要躬亲共学;要学生守的规矩,教师要躬亲共守。"从某种意义上说,身教比言传更为重要,正所谓"喊破嗓子,不如做出样子",只有以身作则才能让学生通过自己的行动感悟到改造社会的责任心、使命感和信念意识。"桃李不言,下自成蹊。"教师不仅是知识的传授者、智慧的启迪者、人格的影响者,而且是良好道德品格的实践者和示范者。在良好师德师风的影响和带动下,学生才会亲其师、信其道,进而乐其道。我们要用对待事物热忱和对待挫折无畏的行为态度,在治学与做人上给学生起到良好的榜样作用。

### 三、培育师德师风之学习意识

习近平总书记强调,传道者自己首先要明道、信道。高校教师要坚持教育者先受教育,努力成为先进思想文化的传播者,更好地担起学生健康成长指导者和引路人的责任。这对我们的发展和提升提出了更高要求,要求我们提高职业能力这一核心能力,把握学习和实践两种路径,坚持以德立身、以德立学、以德施教,做有理想信念、有道德情操、有扎实学识和有仁爱之心的大学生思想政治工作者,为学生点亮理想的灯,照亮前行的路。

培育学习意识就是要潜心问道。潜心问道,不是闭门造车、坐而论道。教师所问之"道"属于社会意识范畴,是由社会存在决定的;并非一种静态的存在,而是一种动态的存在。随着社会的迅猛发展,"道"也在不断更新。教师要跟上时代的步伐和"道"的发展,就要走出书斋、关注社会,加强对社会发展实际的认识和了解,特别是要从我们党建设中国特色社会主义的伟大实践中认识和把握人类社会发展的历史必然性。

培育学习意识就要有好的学习习惯。孔子曰:"吾道一以贯之。"即教师必须首先完善自己的道德。"君子务本","道者,非天之道,非地之道,人之所以道也,君子之所道"。要想获得学生的尊敬和爱戴,必须要克服自身浮躁的情绪和急功近利的思想,认真学习,勤于研究,循序渐进,养成良好的学习习惯。教师良好的行为习惯(包括学习习惯)对学生可以起到潜移默化的引导作用。

培育学习意识就要有研究精神。学术研究是一种永无止境的探索过程,这个过程不仅需要能将科研成果转化为社会前进发展的动力,同时也包含了教学育人所需要保持的一种思想态度,即"人无我有,人有我优,人优我精,人精我变"。只有拥有这样的研究精神,才能使得我们在治学过程中更加严谨,带给学生一种具有较高学术素养的良好印象;才能使得学生放下浮躁心理,扎实地搞好自己的学业研究,不断增强深入研究的意识,从而提高大学学生整体的人文素养,为社会培育出更多研究型人才做好意识形态上的引导工作。

**四、培育师德师风之创新意识**

习近平总书记强调,高校思政工作"要因事而化、因时而进、因势而新"。在课堂教学中,"因事而化"要求我们坚持问题导向,为学生解惑释疑;"因时而进"要引导学生把握时代特征和自己的责任,用中国梦把国家命运与个人追求紧密结合起来;"因势而新"要引导学生认识世界和中国发展大势,树立远大理想和目标。

培育创新意识就要有创新精神。高等学校是培养高素质人才的摇篮,是传承文明、知识创新的重要阵地。当前,我国正处于社会大变革时期,新一代人才必须具备创新意识,这就要求我们必须首先具有创新精神,这样才能通过"为人师表"的榜样作用,帮助学生树立起时代精神。改革创新的时代精神已经成为当代师德师风建设的重要内容,我国的许多重大科技创新和学术研究成果都来自高校,这就要求作为高校教师的我们不仅要担负起教书育人的历史使命,同时还应承担相关领域的科研工作。

培育创新意识就要时刻充满活力。高校作为为社会输送高素质人才的摇篮,在打好学识基础的同时,还需要培养学生的主动思维与创新意识。我们只有时刻充满活力,才能用自身的行动来带动学生的能动活力,才能有意识地去挖掘学生身上所具有的创新性特质,才能培养出具有创新精神的学生。因此,我们要在思想政治工作中用理论联系实际的方式,摆脱故步自封的思想意识,拥有"敢探未发现的新理"的创新精神。我们要主动获取本学科的最新科研成果与发展趋势信息,关注本学科的最新发展动向,同时还要借鉴相关学科的理论知识来不断创新和丰富本学科的体系,这样才能带动学生多了解所学学科的前沿新知识、新信息,努力提高自身的学术水平。

# 塑造中国人独特的精神世界

管向群

（南京艺术学院）

习近平总书记关于中国高等教育改革发展的系列重要讲话，立足中国高等教育百年发展历程，放眼世界发展大势和时代发展趋势，系统而深刻地回答了在有着 5 000 年历史的文明古国，在历经近代以来沧桑巨变的中华大地，在实现中华民族伟大复兴的历史进程中，"办什么样的大学，怎样办大学"以及"为谁培养人、培养什么样的人、如何培养人"这一关系中国高等教育未来发展的根本性的大问题，谱写了马克思主义中国化教育理论的崭新篇章，为立德树人、促进中国高等教育的可持续发展，廓清了迷雾，提供了遵循，指明了方向。

## 一、历史观：在百年历史进程的回望中把握立德树人的战略意义

习近平总书记指出："我们前所未有地走近世界舞台的中心，前所未有地接近中华民族伟大复兴的中国梦，前所未有地具有实现这个目标的能力和信心。"总书记强调："我们对高等教育的需要比以往任何时候都更加迫切，对科学知识和卓越人才的渴求比以往任何时候都更加强烈。""三个前所未有"与"两个更加"，将高等教育与人才培养

---

作者简介：管向群，南京艺术学院研究员。

E-mail: guanxiangqun@163.com

置于当今中国乃至整个世界的宏阔视域之中,凸显了高等教育与人才培养在国家强盛与民族复兴伟业中的全局性的战略意义。这不仅是基于高等教育是一个国家发展水平和发展潜力的重要标志这一基本共识,也不仅是基于世界各国都将发展大学、培养人才作为增强国家核心竞争力的战略举措这一共同取向,更是基于中国从人口大国迈向人才强国,进而实现中华民族伟大复兴的中国梦,呼唤更多的具有中国特色的一流大学,呼唤更多的怀揣远大理想、扎根祖国大地、富有真才实学的卓越人才。回眸中国高等教育的发展历程,从无到有、由小到大、由弱变强;仰望中国高等教育的历史星空,定格在我们视野中的,是高山仰止的一代宗师,是璀璨夺目的名宿大家,是星光灿烂的青年俊彦。高等教育的根基在人,血脉在人,使命在人。今天,拥有 2 880 所高校、3 699 万在校学生的中国高等教育,肩负着神圣而艰巨的使命。培养德智体美全面发展的社会主义事业建设者和接班人,推动社会全面发展和文明进步,不仅是对中华民族的贡献,而且是对人类社会的贡献;不仅将改写历史,而且将书写未来。

## 二、价值观:在对高校基本职能的认识中把握立德树人的根本使命

伴随着经济社会发展对高等教育要求的不断变化,高等教育对其自身基本职能的认识也在不断深化,从最初的人才培养,逐步扩展到科学研究、社会服务、文化传承与创新。我们常说,大学要回归本位。什么才是大学的本位?总书记指出:"尽管经济社会发展赋予高校不少使命和功能,但高校的根本还是培养人才。只有培养出一流人才的高校,才能够成为世界一流大学。"总书记还指出:"高校立身之本在于立德树人。"这里,总书记用"根本"和"立身之本"的鲜明概括,用两个"本"的鲜明字眼,精辟而深刻地揭示了人才培养在高校全部工作中的核心地位,精辟而深刻地揭示了大学本位之"本"的真谛。理解总书记的这一要求,要把握好三个层面的问题:一是文化自信。总书记指出:"世界上不会有第二个哈佛、牛津、斯坦福、麻省理工、剑桥,但会有第一个北大、清华、浙大、复旦、南大等中国著名学府。"不做"世界第二",要做"中国第一",这是改革开放以来第一次对中国高等教育在全球格局中如何定位这一重大问题旗帜鲜明、振聋发聩的回应。二是中国特色。总书记指出:要"扎根中国大地办大学"。"办好中国的世界一流大学,必须有中国特色。"自信来自特色,特色来自优势。总书记指出,中国特色高等教育发展道路,是由我国独特的历史、独特的文化、独特的国情决定的。中国特

色,既是独具特色的,又是独具优势的。三是核心价值。总书记说:"我们生而为中国人,最根本的是我们有中国人独特的精神世界,有百姓日用而不觉的价值观。"这个价值观,用总书记的话讲,"就是一种德"。"大学之道,在明明德。"人因德而立,校因人而立。只有培养的人"立"得住,培养人的学校才能"立"得住。

### 三、人才观:在聪慧与高尚的双重目标中把握立德树人的正确方向

"人的自由而全面的发展"是唯物史观的要义所在,是马克思主义哲学的最高价值追求。"德智体美全面发展"是党的教育方针的要求,是马克思主义人的全面发展理论的中国化表达,是教育工作的规律所在,也是人才成长的规律所在。诚如一位教育家所指出的,纵观历史,世界上任何一个国家,都为教育树立了两个目标:使受教育者聪慧,使受教育者高尚。审视历史,我们不难发现,迫于现实中的种种压力,这样一个相得益彰的"两维目标",常常又被扭曲成了相互割裂的"两难选择"。人们对"使受教育者聪慧"的目标往往乐此不疲,而往往又在不经意间忽略甚至淡忘了"使受教育者高尚"的目标。总书记强调:"学校教育、育人为本,德智体美,德育为先。"他指出:"青年的价值取向决定了整个社会未来的价值取向。"他还强调:"把那么多青年人培养成优秀人才,要抓好知识教育,更要抓好道德人品教育。"这些论述,精辟而清晰地阐发了知识教育与道德人品教育的价值与意义、区别与联系。青年是面向未来的,教育也是面向未来的。中国的高等教育,应当按照总书记的要求,始终高擎镌刻着"中国人独特的精神世界"的大旗,引领学生培育和践行社会主义核心价值观,扣好人生的第一粒扣子。一方面,注重培育学生的"高贵气质",这就是:高远的理想、高扬的精神、高蹈的境界、高洁的品格、高雅的情操、高尚的人生,用中国梦激扬青春梦;一方面,注重培育学生的责任品质、创新潜质、实践特质、能力素质,使广大学生成为时代所需要的德才兼备、全面发展的人才。

### 四、实践观:在与时俱进的改革创新中把握立德树人的思路举措

高校思想政治工作是一个恒久的话题,也是一个常新的话题。高校思想政治工作有其自身的规律,要与高等教育发展规律、青年学生成长规律深度契合、同频共振。当

前,一些问题需要引起我们的高度重视,如:理想信念如何扎根?理论教育如何有效?有机结合如何实现?现代手段如何融入?实践创新如何持续?体制机制如何落实?等等。解决这些问题,我以为,要着力做好以下几个方面的工作:第一,提升领导力。切实加强党对高校工作的领导,切实履行高校党委管党治党、办学治校主体责任,党委书记、校长要努力成为政治家、教育家,落实"三全"目标和"七育人"要求,落实各项政策措施。第二,提升引领力。坚定社会主义办学方向,坚持马克思主义指导地位,坚守意识形态阵地,有针对性地回答青年学生关心的综合性、深层次理论和认识问题。第三,提升创新力。坚持因事而化、因时而进、因势而新,在改进中加强、在创新中提高,不断创新思想政治工作的思路、理念、内容、形式、方式、方法、手段、途径。第四,提升融合力。倾力打造具有说服力、吸引力和针对性、有效性的思政课程,同时,将思政课程与课程思政、第一课堂与第二课堂、显性教育与隐性教育、理论教育与实践教育、学校教育与社会教育有机结合,形成恩格斯所说的"无数力的平行四边形形成的一种总的合力"。第五,提升感染力。坚持以文化人、以文育人,将"理""情""趣"有机结合,使思想政治工作更富智慧,烛照精神,温润心灵;使思想政治工作更富意味,春风化雨,引人入胜;使思想政治工作更富魅力,寓教于乐,"喜"闻"乐"见。第六,提升服务力。落实"四个服务"的根本要求,围绕大局、融入大局、服务大局。进一步确立教师为本的理念,调动和释放广大教师教书育人的主动性、积极性、创造性。进一步确立学生为本的理念,坚持教育、管理、服务相结合、相统一,在关心人、帮助人中教育人、引导人,使思想政治工作真正成为面向学生的"人的科学"。第七,提升示范力。引导教师修身立德、为人师表,成为塑造学生品格、品行、品位的"大先生"。第八,提升职业力。加强思政工作队伍专业化、职业化建设,不断提高思想政治工作科学化水平。

# "三以"：加强师德建设的指针

廖志诚

（福建师范大学　马克思主义学院）

教育是一项通过培养人才来促进社会进步的活动，是人类极为重要的活动。教师是以教育为职业的一个特殊社会群体，他们的素质，决定了教育水平的高低，从而也就决定了一个民族、国家的文明程度。习近平总书记在2014年教师节同北京师范大学师生代表座谈时的讲话中指出："一个人遇到好教师是人生的幸运，一个学校拥有好教师是学校的光荣，一个民族源源不断涌现出一批又一批好教师则是民族的希望。"并就好教师的标准提出了"四有"的具体要求，即要有理想信念、要有道德情操、要有扎实学识、要有仁爱之心。"四有"是习近平总书记根据教育发展规律和时代发展变化对教师提出的新要求，其中三个方面属于道德范畴，这体现了党中央对"德育为先"教育方针的一贯遵循。在2016年的全国高校思想政治工作会议上，习近平总书记对师德建设作了强调："要加强师德师风建设，坚持教书和育人相统一，坚持言传和身教相统一，坚持潜心问道和关注社会相统一，坚持学术自由和学术规范相统一，引导广大教师以德立身、以德立学、以德施教。"这就为我们广大教师加强师德师风建设指明了方向。

---

作者简介：廖志诚，福建师范大学马克思主义学院教授。
E-mail：597732007@qq.com

## 一、以德立身：为师之本

以德立身是指教师要以高尚的道德情操为学生树立人格榜样，帮助学生塑造健康的灵魂，引导他们成为人格健全、道德高尚的人。教师是"人类灵魂的工程师"，教师的职业特性决定了教师必须是道德高尚的人群。教师的思想品德、个性修养、道德情操都会潜移默化地渗透到教育过程中，都会影响或感染受教育者。教师队伍素质的高低，思想道德面貌如何，一方面直接关系到能否坚持社会主义办学方向，同时还将关系到能否培养全面发展的中国特色社会主义建设者和接班人，关系到整个社会政治、经济、文化的整体发展状况和水平。

韩愈在《师说》中说到："师者，所以传道、受业、解惑也。"[1]"传道"是教师的首要职责，这里所说的"道"主要是指为人之道，"传道"也就是教学生学会做人。学会做人是人生的重要课题，有些人，一生坦坦荡荡，明明白白，做着有意义的事，过着幸福的生活；有些人，一生困顿，浑浑噩噩，做事只是为了活着，过着混沌的生活。选择做一个什么样的人，是每一个人都要做的选择题。学会做人就必须要正确处理各种社会关系，因为，"人的本质并不是单个人所固有的抽象物，在其现实性上，它是一切社会关系的总和"[2]，这种社会关系是由于人们相互联系而交织在一起的，主要体现为人与他人、人与社会的关系，人只有正确地处理这些关系，才能正常地开展社会实践活动，并在此基础上实现人生的价值。教师是芸芸众生中一个十分特殊的群体，他们不仅要像其他人一样处理好这些关系，还要模范地处理这些关系，这是"身正为范"的基本要义。

要教学生正确处理各种社会关系，教师就必须要以榜样示范做道德规范价值的诠释者。道德规范是各种社会关系的调节器，是确保整个社会公平正义和营造良好社会风气的基本保障。道德规范要发挥出这样的作用，必须要得到广大社会成员的认同。学校教育是道德规范教育的主渠道，教师不仅要充分发挥言教的作用，通过深入透彻的说理方式让学生明白道德规范的要求、意义和价值，更重要的是要发挥好身教的示范作用，以自己的榜样示范作用使得抽象的道理具象化，增强言传的魅力，给学生一个切实可行的行动样本。"师者，人之模范也。"[3]自古以来，人民群众就对教师十分景仰，在他们看来，教师就是要以优良的道德品行为社会树立榜样，在维护道德规范和营造良好社会风气方面起率先垂范的作用。从价值理念的传递逻辑与模仿的规律来看，教师对道德规范的破坏性具有放大效应，对道德规范建设也具有榜样效应。教师对道德规范的价值、意义和作用认识最清楚,理所当然是学生学习与模仿的首要对象。学生是道德规范的学习者,对于他们而言,道德规范不能仅有理论意义,还必须有现实价值,这样的道德规范才能得到学生们的认同,从而获得持久的生命力。为了给学生正确的引领,教师需要带头遵守道德规范,受道德规范的约束,这样才能证明,道德规范可以治理整个社会,其价值理念是符合公平正义原则的。如果教师们的言行不一致,将直接摧毁学生们遵守规范的信心。

## 二、以德立学:为师之要

以德立学是指教师要以真诚、负责、开放的态度对待学习活动,以精深广博的学识滋养学生。教育是一种培养人的活动。教师是教育活动的组织者,也是人才培养者,他不仅要以自己的人格和道德力量去影响和感染学生,还要通过自己掌握的知识影响学生,从而使学生具备在激烈的竞争中生存发展的资本。"学高为师"与"身正为范"相辅相成,相互促进,如鸟之两翼、车之两轮,不可偏废,是为师的必备要求。首先,"学高"是满足人们求知需求的需要。"知识改变命运",知识不仅可以成就个人梦想,而且在推动人类文明发展过程中不可替代,在知识经济时代,知识的价值愈发重要,中共中央办公厅、国务院办公厅印发的《关于实行以增加知识价值为导向分配政策的若干意见》重申了"知识创造价值"的重要观点。当前,求知也逐步成为了人们的主导性需求,满足人们的求知需要因此成为了时代潮流。教师因其渊博的学识和精深的学问成为了人们满足求知需求的当然对象。其次,"学高"是时代发展提出的必然要求。在信息时代做一名合格的教师并非易事,一是因为知识是信息时代的基本要素,"知识已代替传统的经济生产要素(劳动力、资本、土地)成为了最宝贵的资源"[4],拥有更多的知识成为"最时髦"的事;二是因为知识的更新换代频率加快,教师原有的存量知识随着时间的推移变得陈旧,甚至以前被认为是正确的有些知识成为了现时错误的知识,所以,知识的重构刻不容缓,要不然就误人子弟了;三是因为互联网技术的发展使得学生获取知识的渠道更加便捷,教师不再像传统社会那样,是天然的知识权威,如果教师无法满足学生解疑释惑的需要,那么其作用便不再是不可替代的;在此背景下,"学如逆水行舟,不进则退",教师如果不自觉加强学习,就将不可避免地被时代淘汰。所以,教师应当与时俱进,成为名副其实的"学高"之师。

要成为"学高"之师,教师首先要以孜孜以求的态度做终身学习的榜样。陶行知先生说:"出世便是破蒙,进棺材才算毕业。"结合当前时代,这句话显得特别深刻。当代中国正处于国内快速转型,国外后现代深入发展的复杂背景下,人口从农村到城市大规模流动、职业从传统到现代日益精细、生产从粗放到集约逐步过渡、管理从经验到科学不断进步以及由科学技术飞速进步所引起的"知识爆炸"带来的挑战,使越来越多的人感受到了生存的巨大压力。教师处于教育的第一线,面对着一届比一届年轻、求知欲越来越旺盛的学生,对学习新知识紧迫性的认识最为深刻。教师起初因为年龄的优势,先行接受了教育,构建起了较为完善的知识体系,因而得以教授学生。但是,这方面的优势不会是永恒的,随着时间的推移,教师的"先生"优势不断被蚕食,慢慢地便失去了生存的"资本",因此,面对"来势汹汹"的后来者,教师必须豁出去学,不断接受新事物、新思想、新观念、新知识,才能不断满足学生的强烈求知欲。

其次,要以精益求精的态度做学生成长的导师。在物质文明不断丰富发展的今天,人们的物质生活水平越来越高,短缺的物质生活不再是困扰人们的心头之患。但是,不可否认的是,在社会转型时期,由于竞争机制强化,变化节奏加快,工作、学习、生活的紧张度增加,人们普遍承受着来自多方面的压力,精神生活方面的困惑不断积聚,以至于诸如患有焦虑、抑郁等精神疾病的患者逐年增多,更有甚者,年纪轻轻就失去了生活的勇气,草草结束了刚刚绽开的生命之花。[①] 习近平总书记在 2014 年 9 月 9 日同北京师范大学师生代表座谈时的讲话中指出,教师要"引导和帮助青少年学生扣好人生的第一粒扣子"。现在,一些青年学生由于涉世未深,"三观"尚未确立,对纷纭复杂的社会万象缺乏甄别能力,容易受到别人影响。在信息高度发达的社会,以发达的网络技术为载体,各种信息在众多的网络平台上快速传播,对青年学生产生重要的影响。那些真假难分、良莠不齐的信息极易搞乱青年学生的思想,使得他们陷入迷茫之中,有些甚至难以自拔。因此,教师要沉下心来,以问题意识为导向,深入虚拟社区与世俗社会,与时俱进,对新情况和新问题展开调查研究,得出科学的结论,并以此引导青年学生正确看待社会、看待人生,引领他们健康成长。

---

① 据日本朝日电视台报道,于 2017 年 7 月 23 日在北海道旅行失联的中国女教师危秋洁留信告诉亲友,自己的人生走过 27 年,已不能继续努力了。来源:人民网-国际频道 2017 - 08 - 29 11:01:44。

### 三、以德施教：为师之方

以德施教是指教师要以积极丰富的道德情感增强学识的魅力，从而提高知识传授的效果。学生的求知活动本身是需要情感伴随和支持的。情感是人们对周围事物、对自身以及对于自己活动的态度体验。教师情感的感染，有时比知识的传授更能使学生受益。教师期待、关注的目光是激发学生奋发向上的催化剂。学生从教师的爱中，感受到了集体乃至社会对自己的一种积极评价。这种满足发展了学生的自我价值感，从而激发其奋发向上的力量和信心。"上课不仅是以知识的内容来教育学生。同样的知识内容，在一个教师手里能起到教育作用，而在另一个教师手里却起不到教育作用。知识的教育作用在很大程度上取决于，知识究竟跟教师个人的精神世界（他的信念、他的生活的整个道德方向性和智力方向性，他对自己教育的对象即年轻一代的未来的观点）是否紧密地融合为一体。"[5]这就说明同样的知识不同的教师，教学效果是不一样的，有科学的知识还应当有好的教师来教授才能产生应有的效果。古人云："亲其师而信其道。"真正的好教师不仅仅是句读之师，亦即经师，还应该是人师。如果说经师是博学之师，那么人师则是灵魂之师，经师以其渊博的学识、严谨的态度、精准的解读准确无误地将知识教授给学生，而人师则以其仁爱之心赋予经师传授的知识灵魂，通过真实感人的情景重现活化其知识，使知识变得可触、可摸而变得可亲、可敬、可爱、可学，遂成为生命之学。

学校不仅仅是传授知识、开发智力的场所，还是培养健康情感的园地。尤其是在信息技术迅猛发展的网络时代，情感教育的地位日益突出。教育是一门"仁而爱人"的事业，爱是教育的灵魂，没有爱就没有教育。师爱是人类复杂情感中最高尚情感的结晶，被誉为"开启心扉的钥匙"。教师对学生真挚的爱会唤起学生相应的情感，使学生产生对教师的亲近、信赖感，并把对教师的爱迁移到教师所教的学科上，从而提高学习的积极性，增强快乐学习的体验。"教师对学生的真正的爱，是一种强烈的不可抑制的愿望，这是一种要把你认为是自己身上最好的东西献给学生（不是献给某个人，而是献给集体）的愿望，是努力使学生从思想上和政治上也达到和我们同一水平的愿望。教师对学生的爱已不是他在走上教育工作岗位时所怀的那种感情。这是一种孜孜不倦的、艰苦而有趣的创造性的工作。通过这种工作，整个集体思想上和道德上的一致性才得以形成。哪里有这种爱，哪里的教师本人就是吸引集体和每个学生的巨大力量。"[6]这种强烈的"愿望"就是一种使命感、责任感。怀有这种"愿望"的教师始终都在思考如何帮助学生成人。成人是所有教育任务中的首要任务。为了帮助学生成人,教师必须付出全部的爱,否则,一切都无从谈起,因为"凡是教师缺乏爱的地方,无论品格还是智慧都不能充分地或自由地发展"。[7]

爱学生就必须尊重和了解学生。尊重是在人类文明发展史上慢慢形成的"人类基本的道德共识",尊重学生也已经成为教育的一条重要原则。然而,在我国传统的教学观念里,为了维护教师的"师道尊严",师生之间一直存在等级森严的鸿沟,学生一直处于"卑微"的一方,难以获得应有的尊重,这就导致了"填鸭式"教学经久不衰。随着人类文明的不断发展,人们的认识能力也不断提高,学生作为教学活动过程中不可或缺的一方的主体性也逐渐成为共识。他们都本能地渴望能够像教育者一样得到别人的尊重和赏识,这是激发学生昂扬向上的根源。

尊重学生就是要尊重学生的主体性。学生的主体性表现在获取知识过程中的主动性、选择性和创造性。每一个学生都是活生生的个体,他们能够借助感觉、知觉、表象等认知形式获取关于自身的学习状况和教育者及其所施加的教育影响的感性认识,在此基础上应用概念、判断、推理等逻辑形式和分析、综合、归纳、演绎等逻辑方法,使感性认识上升到理性认识,从而认清自身与教育者要求之间的差距,激发参与和接受教育的需要,并在接受教育的过程中对教育者所教授的知识进行有选择的接收,而非全盘吸收,在同化或顺应机制的作用下,将接收到的知识进行再造,以达到真正满足自己需要的目的。因此,首先应当充分了解学生。了解学生是我们因材施教的前提条件。世界上没有两片相同的树叶,我们也无法找出两个完全相同的学生,每个学生都充满个性,要提高教学效果就应当想方设法地了解学生,尤其要了解学生的知识储备、兴趣爱好和个性特征,从而想方设法地激发学生主动参与课堂的热情。其次要努力增加课堂教学的有效信息,避免简单无效的重复,为学生提供更多更好的选择。再次要鼓励学生进行大胆的知识再造,敢于与教师或同学展开对话、质疑、辩论等活动,创造性地开展学习,享受学习的乐趣。

"以德立身"、"以德立学"、"以德施教"三者相辅相成,相互促进,是一个不可分割的整体。"以德立身"反映了言传身教结合,身教重于言教的德育基本原则,是教师成为"人之模范"的先决条件;"以德立学"体现了知识经济时代的发展要求,是教师成为"文明使者"的必备条件;"以德施教"遵循了以人为本的德育价值取向,是教师成就"灵魂工程师"的根本渠道。古人云："君子之学也,以美其身。"[8]"以德立身"的强烈愿望激发教师"以德立学","以德立学"才能博学广识明道正行,学然后教是文明传承之道,而教则必"以德",才能教学相长,达至学有所长之效果。总而言之,"三以"是教师自觉加强师德师风建设的指针,应当终身遵循。

**参考文献:**

［1］韩愈.师说.

［2］马克思恩格斯选集(第1卷)［M］.北京:人民出版社,1995:60.

［3］扬雄.法言·学行.

［4］王肖.知识的重要性和知识管理［J］.西部金融,2011(4):27.

［5］苏霍姆林斯基.给教师的建议(下)［M］.北京:教育科学出版社,1981:294-295.

［6］苏霍姆林斯基.培养集体的方法［M］.合肥:安徽教育出版社,1983:209.

［7］罗素.教育与美好生活［A］.现代西方资产阶级教育思想流派论著选［C］.北京:人民教育出版社,1980:104.

［8］荀子·劝学.

# 立德树人的道德本质

林 红

(广州民航职业技术学院　人文社科学院)

  道德是人特有的一种精神生活,是人最本质的需要之一。在历史的长河中,道德一直就与人、人生、社会相伴而行。立德树人就是要坚持道德教育为先,以人为本,通过正面教育来引导人、塑造人。习近平总书记在全国高校思想政治工作会议上强调要坚持把立德树人作为中心环节,把思想政治工作贯穿教育教学全过程,实现全程育人、全方位育人。笔者认为总书记的讲话精神,实质上就是提倡高校思想政治工作要全方位提升大学生道德水平,促进人的全面发展。本文将大学生作为个体的人进行研究,认为立德树人从三个方面体现了道德的本质,即立德树人表明了道德的规范要求,提出了道德的理性诉求,呼唤着道德的发展力量。

## 一、立德树人表明了道德的规范要求

  所谓规范,是指一种标准。道德的规范性体现出道德是社会的一种特殊调控力量,它能对个体人生活动和关系起调节、教育和导向作用。道德以不同的规范作标准评价个体人生活动和关系,其实就是对个体人生活动和关系进行一种特殊的约束,从

---

作者简介:林红,广州民航职业技术学院思政部教授、博士。
E-mail:1340088074@qq.com

一定意义上说,"道德的规范性,也就是道德的约束性"[1]。道德的这种规范性,在人与他人、社会的多维关系中,发挥着约束作用。因此,道德是一种规范体系,"离开了道德规范、离开了规范的约束力即道德的规范性,就无所谓道德的规范调节,因而也无所谓道德"[2]。道德的规范性是道德的本质属性之一。

西语中的"道德"一词源于拉丁文"mores",本意为"风俗""习惯"。早在中国古代,"道德"①就与做人相联系,从而说明道德对人的影响。自古以来,人们就对"道德"有着不同的理解。罗国杰认为,从质的规定性来看,"道德是人类现实生活中,由经济关系所决定,用善恶标准去评价,依靠社会舆论、内心信念和传统习惯来维持的一类社会现象";[3]从量的规定性看,道德可指道德观念或道德意识、道德品质、道德行为、道德教育或道德感化、道德修养、道德境界、道德原则、道德规范等。[4]梁漱溟认为道德在不同的时间、不同的地点,"所指不会相同,却大致又相类近耳。这就为人们在社会中总要有能以彼此相安共处的一种路道,而后乃得成社会共同生活。此通行路道取得公认和共信便成为当时当地的礼俗。凡行事合于礼俗,就为其社会所崇奖而称之为道德……礼俗便多不相同,其所指目为道德者亦就会不同了。然而不同之中总有些相同之点,因为人总是人,总都必过着社会生活"。[5]万俊人认为,"道德"和"伦理"两个概念发展到现在,已经有了某种内涵上的差别,即前者较突出人之得"道";后者较突出人之关系的"道"理。但我们不能因此认为,"道德"是主观的,它同样具有其客观的特性(所谓"道"者)[6]。从最一般的意义来理解,"道德"指人类善生活的价值规范和善行为的基本准则[7],但是"规范性不是道德的唯一本性,广义的道德既包括个人美德或德性,也包括人际和社会的道德规范"。[8]何怀宏认为,完整意义上的"道德"包括三方面内容:一是主观的、在每个人心里内在发生的,只能为他自己通过反省觉察的道德心理现象;二是客观的、可为他人从外部观察到的、个体或群体的道德行为现象;三是作为一种精神的客观凝结物的,以戒律、警句、格言,或理论、学说等形式表现出来的道德知

---

① 古汉语中,"道德"最初是两个分开的概念:"道"与"德"。"道"字的本意指"道路"。先秦诸子对"道"有多种解释:"道"或为天地万物之理("道理""规律"等);或为宇宙人生之相("本相""根本"等);或为人生行为之法("法则""途径"等)等等。而"德"字最早在《周易·卜辞》中被释之为"值"或"坤",与"得"字相通,故有"德者得也"之说。春秋时代的荀子认为:"故学至乎礼而止矣,夫是之谓道德之极。"(《荀子·劝学》)意思是说,若人们学到了"礼"并按"礼"来做人处事,就达到了道德的极境。由此,"道德"概念在以后的使用中一般都指按照一定行为规范而行动并达到一定的完善境界。

识现象。[9]王海明认为道德"是关于有利或有害社会与他人以及自己的行为之应该如何的规范,简言之,亦即利害人己的行为应该如何的规范"。[10]刘湘溶认为"道德包括人际道德和自然道德"。[11]但是,本文中,笔者从个体发展切入,认为道德体现了人的内在精神的超越性,是一种对理想道德境界的追求,并从人与他人、社会的多维关系中,探讨道德与人生、个体发展的关系,从而体现道德是人生活动的规范要求。

## 二、立德树人提出了道德的理性诉求

理性是一个含义广泛的概念,不同的时期,不同的环境,人们对理性的理解不同。西方哲学所说的"理性",主要是指人的理智能力,包括形而上学的思辨能力,其特点是概念化、形式化、逻辑化。费尔巴哈认为理性具有统一性、普遍性和无限性:统一性表明人有着同别人交往这样一种本性,"首先通过人与人之间建立的交往,一个人才成为人,如果人是完全孤独的以及在需要和意向方面仅仅为了自己,那他恰恰不是人而是动物";[12]普遍性表明"感性只有单一性",思想、理性是每一个人都具备的;无限性表明理性是不存在界限和限制的。为此,费尔巴哈得出这样一个结论:理性的主体是人。而中国哲学在思考实践方面问题上,认为理性体现出具有普遍性、必然性、客观性的概念范畴,虽然它不同于认知理性,但它也是一种理性思考或理性能力,如传统儒学的"仁道"。"仁道"就包括了三方面的理性内涵:一是"仁"作为"道",本身便具有理性特点。孔子认为"志于道,据于德,依于仁,游于艺",[13]这其中,"道"相当于普遍性道理,是泛指;"德"指"德性",是人生而具有的;"仁"是指人的道德理念,是内在的。二是从"道""德""仁"的形成秩序来看,人因有"道"而后有"德",因有"德"而知"仁",并付诸实践。三是从人的主观认知来看,"依于仁"是前提,因人在思考自己将从事的事务之前,是先有"仁"后有"道",即"人能弘道",而"仁道"就是人的道德理性的普遍化、客观化体现。可以说,"儒家都是道德理性主义者,他们都有很高的道德理想。理想未必都是理性的,但儒家的理想却是理性的"。[14]至现代,梁漱溟认为理智与理性是有分别的:一是"理智者人心之妙用;理性者人心之美德。后者为体,前者为用",说明理智还未必属于道德的范畴,理性却体现了道德的实质;[15]二是"理智静以观物,其所得者可云'物理'是夹杂一毫感情(主观好恶)不得的。理性反之,要以无私的感情为中心,即从不自欺其好恶而为判断焉;其所得者可云'情理'。例如正义感,即对于正义(某一具体事例)欣然接受拥护之情,而对于非正义者则嫌恶拒绝之也",[16]说明理性是情与理的和谐体。道德源于现实却高于现实,并在原有基础上有所提高,这恰恰体现了道德的创造性,"道德在不断迁进中,亦正为人的理智理性时在开发长进中"。[17]

人的发展是在个体、群体和类等许多层次上同时进行着的。个体是"一类事物的单个存在",[18]是相对于群体、类来说的,是指单个的人。但是,人作为个体、群体和类是辩证统一的。现实的个人,既是一个个体的人,同时也是人类的一分子;既是"个人的存在"[19],"同时又是社会存在物"[20],这是人的存在方式的二重性。个体是情与理的统一体。"情"即情感,是个体对客观对象是否能够满足自己需要的一种心理体验。情具有三个特征:一是能动性。它是由个体的需要引发的。作为个体情感基础的需要,是个体的积极性、主动性的动力源泉。二是随机性。个体内在需要多样,外在刺激复杂,内外交互影响必然引起情感变化多端。而这种不确定性,恰恰提供了个体自由选择的可能性和个体摆脱现实、超越现实的契机。三是冲动性。"情感同个体的本能相通,同人的至上性相连",[21]渗透个体人生实践的始终,不能为自觉理性所包涵,带有自发的冲动性,是一种主观的东西。任情泛滥不可能形成道德理性,产生道德行为,"情感只有经过理性的过滤,才能成为道德的情感"。[22]因此,道德视阈下的情必定与理交织在一起。

"理",即理性。在个体的价值实现过程中,理性具有极其重要的作用。理性是道德活动的主导心理机制,所以历史上的许多伦理思想家都非常重视理性指导感性在道德生活中的意义。柏拉图认为,在道德理念中,有智慧、勇敢、节制、公正四个德目,在这四个德目之上就是至善。即善的理念是高于一切真理和知识的,人生的根本目的就是达到至善。至善是幸福,但不是快乐。快乐和享受也不是善,也不是幸福。人为了使自己幸福,就必须认识善的理念,克制自己的情欲,用智慧和德性去追求善和至善。他还认为,一个有道德的人,就是一个理性控制了情感和情欲的人,据此,他认为,节制是四大主德之一。亚里士多德认为,人的特殊功能是"人的行为根据理性原则而具有的理性生活"。[23]理性是康德伦理学赖以建立的基础。在康德看来,人是一个有理性的存在物。只有理性才能使人不会顺从感情欲望的驱使,不致陷入畜群的境地。近代德国伦理学家包尔生认为:"全部道德文化的主要目的是塑造和培养理性意志使之成为全部行动的调节原则。我们把这样一种德性或美德称为自我控制:……离开了自我控制,就没有自由和个性。"[24]理性是个体培养美德,自我实现的重要因素之一。因为，人类的一切规范都建立在信念的基础上，而信念的确立却依赖于人的理性选择，特别是在现代多元价值观交织的时代。这样，在理性基础上重塑的道德完善，以强调人与自然、社会、自我之间的和谐关系为基本原则，体现了人用意志力去发现关于外部世界和内在精神的真理、意义，去超越以往的陈腐观念，以一种更加合乎情理的标准来判断事物存在的合理性。因此，道德完善视阈下的理是与个体的情相关联的，情与理是互相交融、和谐统一的。尽管，历史上，中西方对"理性"的理解不同，但理性的基本含义是一致的，即理性是指人的理智能力，理性是个体能力的体现。道德是人的理性的集中体现。

## 三、立德树人呼唤着道德的发展力量

道德是人的道德。自人类社会产生以来，道德就与人结下了不解之缘，并随着历史的演进而富有不同的内涵，且对不同时期的人的发展施以相应的影响，从而体现道德特有的本质。道德与人生、人的发展有着千丝万缕的联系。

从道德的视角来看，个体发展从不成熟到成熟，从不完善到完善，大致要经历三个阶段：他律、自律、他律内化为自律。正如孔子所言："吾十有五而志于学，三十而立，四十而不惑，五十而知天命，六十而耳顺，七十而从心所欲，不逾矩。"[25]这说明，道德作为个体发展的精神力量，是通过个体在社会化过程中，确立价值目标，从他律向自律转化，从义务向良心的超越得以体现：一是在他律阶段，个体发展是依传统的、既在的社会规范来指导自己的行为，个体独立思考和判断能力不强。马克思认为，人是一种社会历史动物，不能脱离历史、社会抽象地谈论个体。在人类产生的初期，在漫长的原始社会，人并不知道"个体"为何物，当时，原始人与大自然混为一体。之后，随着生产力的发展，人的劳动能力的提高，创造出了许多非自然的对象物，人的自然性减少，社会性增多，个体从社会物质生产和交往中，得以确立其本质——社会历史发展的产物。可以说，这是个体发展的初级阶段，在这个阶段，个体主要将社会规范当作义务，即个体过多地强调对他人、社会负有责任、任务，道德作为一种精神力量，体现得并不十分明显；二是在自律阶段，个体将义务转化为良心，即个体在对他人、社会履行义务的过程中，获得了一种责任感和自我评价能力，道德作为精神力量，体现在从义务到良心，从道德的规范性转向道德的主体性的过程。三是在他律内化为自律阶段，道德作为精神力量,主要表现为个体在其发展过程中,确立了价值目标,成为个体发展积极性、创造性的内在源泉。

早在17、18世纪,针对资本主义社会物质财富的增长是以牺牲个人的全面发展为代价的非道德状况,即物对人的统治、机器支配人、人不能自由完整地发展等,马克思就强烈地批判了资本主义社会中的个体生存和发展的悲惨处境与非人道境遇,期望建立一个以每个人的自由、平等和全面发展为基本原则的新社会。马克思在描述未来理想社会的状态时提出,共产主义是"以每个人的全面而自由的发展为基本原则的社会形式"。[26]在马克思那里,未来的新社会不是物对人的统治,而是物为人的全面发展这一目的服务,人能获得真正发展,道德成为人的发展的精神力量;不是资本占有劳动,而是劳动占有资本,劳动者不仅能获得平等发展,而且道德不断完善;不是机器支配人,而是全面发展的人驾驭机器,人能获得自由发展;消灭了旧式分工,人能获得全面发展。正如袁贵仁所言:"人的全面发展在马克思主义的理论体系中占核心地位,是马克思主义理论追求的根本价值目标所在。"[27]在社会主义市场经济的条件下,价值观念的多元化已经成为不争的事实,并产生一个至关重要的道德问题:个体自发的、具体的价值取向和一般意义上的、自觉的社会整体性规范的关系问题。笔者认为,要处理好这个问题,道德完善是其共同的目标。道德完善是情与理的和谐统一体,是个体自我价值、社会价值统一实现的动力机制。可以说,个体"从'自然人'到'道德人',从他律的'道德人'到自律的'道德人',再到'从心所欲,不逾矩'的'道德人',实际上也就是个体的本性不断得到改变和完善的人生旅程"。[28]

总之,立德树人的道德本质研究表明,道德是人生活动的规范要求,是人的理性的集中体现,是人的发展的精神力量。而人的全面发展过程,就是个体行为不断规范、理性、完善的过程,是基于个体人生实践的发展过程,是一种应然与实然相对应的合理状态,既体现了个体人生的现实性,又体现了个体道德的超越性,从而体现出个体人生对真善美的追求。

**参考文献:**

[1][2] 唐凯麟.伦理学[M].北京:高等教育出版社,2001:61.

[3][4] 罗国杰,马博宣,余进.伦理学教程[M].北京:中国人民大学出版社,1997:8.

[5][15][16][17] 梁漱溟.人心与人生[M].上海:学林出版社,1984:215,85,86,228.

[6][7] 万俊人.现代性的伦理话语[M].哈尔滨:黑龙江人民出版社,2002:18,17-18.

[8] 万俊人.寻求普世伦理[M].北京:商务印书馆,2001:121.

[9] 何怀宏.良心与正义的探求[M].哈尔滨:黑龙江人民出版社,2004:91.

[10] 王海明.新伦理学[M].北京:商务印书馆,2002:107.

[11] 刘湘溶.人与自然的道德话语——环境伦理学的进展与反思[M].长沙:湖南师范大学出版社,2004:26.

[12] 苗力田,李毓章.西方哲学史新编[M].北京:人民出版社,1990:663.

[13] 论语·述而.

[14] 蒙培元.情感与理性[M].北京:中国社会科学出版社,2002:71.

[18] 韩民青.当代哲学人类学(第2卷)[M].南宁:广西人民出版社,1998:8.

[19] 马克思恩格斯选集(第1卷)[M].北京:人民出版社,1995:67.

[20] 马克思恩格斯全集(第42卷)[M].北京:人民出版社,1972:119.

[21][22] 唐凯麟.伦理大思路[M].长沙:湖南人民出版社,2000:671.

[23] 周辅成.西方伦理学名著选辑(上卷)[M].北京:商务印书馆,1964:287.

[24] 弗里德里希·包尔生.伦理学体系[M].何怀宏,廖申白,译.北京:中国社会科学出版社,1988:412.

[25] 论语·为政.

[26] 马克思恩格斯全集(第23卷)[M].北京:人民出版社,1972:649.

[27] 袁贵仁,韩庆祥.论人的全面发展[M].南宁:广西人民出版社,2003:2.

[28] 唐凯麟,龙兴海.个体道德论[M].北京:中国青年出版社,1993:122.

# 教育伦理理论研究

# 教育伦理视域下的个体主体性反思

林　滨　陈　帅
(中山大学　马克思主义学院)

什么是教育？雅斯贝尔斯曾说教育是主体之间的灵魂碰撞,它包括"知识内容的传授、生命内涵的领悟、意志行为的规范,并通过文化传递功能,将文化遗产交给年轻一代,使他们自由地生成,并启迪其自由天性"。[1]教育的基本原则是"通过现存世界的全部文化导向人的灵魂觉醒之本源和根基,而不是导向由原初派生出来的东西和平庸的知识"。[2]也就是说,受教育者的主体性的自由生成是教育的最终目标。但在现实的生活世界,教育无法仅仅为其本身,它所蕴含的社会功能、它面对的日渐生成的生命活动、它身处的社会文化的变迁,无一不在影响、勾勒着教育的运作和发展,使得整个教育呈现为一个复杂系统。不仅诱发出各种问题,也使得受教育者的主体性生成活动难以实现。我们现今面临的各种教育领域的矛盾冲突,不仅涉及教育系统内部各环节的碰撞、摩擦,还关系到外部社会文化对教育本身的某种"功能性"的干涉。这也让教育问题不只是它所呈现出的表面上的教育本身的问题,而是整个社会问题的体现。

---

作者简介:林滨,中山大学马克思主义学院教授;陈帅,中山大学马克思主义学院博士研究生。
E-mail: rouyue@126.com;819524827@qq.com

**一、现代教育的社会功能及其秩序逻辑——权力规训中被剥夺的主体性**

在现代社会中,教育是个体社会化的重要途径。从人类发展的历史进程来看,人的社会化是在生产劳动和社会生活实践中进行的。但随着工业社会的发展,各种劳动和技能的专业化程度越来越高,已经不能再简单地通过一般的社会化方式解决。学校作为一种专门化的教育机构开始成为个体社会化的重要渠道。在今天,学校教育的普及使得几乎所有的儿童都能通过教育促其个体社会化,培养合格的人成为现代教育承担的重要社会职责。当现代教育按照工业化生产的要求日渐走向专业化和技术化教学,使个体按照某种标准掌握分科的确定性知识时,它把教育活动也变成了一种"生产—输出"的标准化生产实践,学生成了急需塑造成型的产品,效率最大化成了优先考虑的目标。教育的过程被简单化为知识的传递过程,学生的主体性的建构活动被知识的灌输和技巧的培训过程所替代。学生的主体地位被剥夺,不再以"完整的人"为目标进行培养,而只是被当作"有待加工的产品"、当作"人力"来生产,使得教育活动丧失其应有的主体性培育功能和价值维度关怀,沦为将人变成机器人的规训活动,"而人也变成单功能的计算之人,在仅仅维持生命力的状况中可能会萎缩而无法看见超越之境"。[3]在这过程中暗含着一种同质化的秩序逻辑,这种同质化不是根源于教育活动本身,而是根源于作为影响教育活动的"前见"因素的社会观念秩序中。

现代教育活动蕴含的秩序逻辑与现代理性主义思维密切相关。如果说在柏拉图那里,理性是灵魂的本质,教育的目的是通过回忆把理性从灵魂中牵引出来,使人的精神生活发生转向,从而实现理性与善的统一。那么,在现代人眼中,理性被认为只是认识论层面的存在,在把理性等同于智能的基础上,人们赋予教育活动以培育人的理性思维能力的职责。在这里暗含着一种潜在的认知:受教育者是不成熟的、缺乏理性的,这让他们无法找到"真实的自我",过一种合乎理性的生活。为了使他们成为理性的人,切合普遍的理性秩序,教育负有重大的职责。教育能够为他们设定真理性的目标,塑造他们的品格,帮其作出"正确"的选择和分析,使其在追随教育认定的"真理"的过程中实现自身的理性化和自由。而且,这完全是出于对受教育者的利益负责的考量。也就是说,在教育塑造的过程中,受教育者个体本身的理性自由精神是被否定的。在这个层面上,教育作为人类灵魂的伟大工程的隐喻具有了某种"生产"意义上的性质,它对人的"塑造"活动在一定意义上染上了"权力规训"的色彩。当教育活动中秩序化的纪律体制建构起来的时候,这种规训以一种可见的形式进入到人们的视野中。

为了更有效、理性地实施教育活动,秩序化组织活动和纪律安排是不可或缺的。"教学艺术所需要的也不是别的,只不过是要把时间、科目和方法加以安排而已",让教育活动中的各种因素组织起来,"使它们在这些方面能十分像一座用最巨大的技巧做成的、用最精细的工具巧妙地雕镂着的钟一样"。[4]整个教育过程被层层组织起来,仿若一台巨大的机器。教育对个体而言,不是培育个体的独特人格,而是形塑符合普遍理性的同质性主体。各种考察、监督技术的执行,以多重方式实施对受教育者的甄别、判断和纠正。对受教育者的"偏常行为"的纠正和按照规范化的价值尺度排列每个人的能力、素质及可能的未来是一个共时的过程。从对学生的上课标准姿势的矫正到严格的时间安排表,再到班级中的管理技术、学生之间的监督,学校教育的组织形式构建起一个从时间到空间的规训网络。在这之中,考试制度为整个网络系统的运作提供源源不断的动力和合法性基础。作为一种貌似公正的检查技术,考试关涉到教育资源和机会的分配,预定着学生未来的文化资本、经济资本以及其他社会资本。这些资源在学生未来的个人发展中占据重要地位,这不仅决定了考试在现代教育制度中的重要地位,也使其成了控制策略的核心,因为考试制造了一种个人能力和标准化要求的对照机制,使得对人的定性和分类成为可操纵性的事实。在把学生视为认识和控制对象的层面上,考试制度在帮助学校、教师获得关于学生的成绩、能力、发展水平等方面的认识的同时,也帮助他们建立起对学生的接受能力和所传授知识的参考性认识,为以后的教学提供咨询。从整个教育活动来看,考试建立起了一种基于差异的规范化体系,这种规范化"一是根据能力和表现即根据毕业后的使用前途来编排学生;二是对学生施加经常性的压力,实质符合同一模式,使他们学会'服从、驯服、学习与操练时专心致志,正确履行职责和遵守各项纪律'"。[5]这种功能化的操作使得整个教育系统的运作更多地像是工业化的生产运行,不少学校把这种工业式的生产情境表现得淋漓尽致。各种考试培训机构、考前押题、生源大战、层出不穷的补课形式、高考成绩奖励等等,几乎所有的有关教学的效率问题、教育技术问题都围绕着应试考试进行,还诞生出了一批针对考试的考试技巧、心理调整、营养食谱之类的科学知识。教育成为技术性的存在,在这种规训性质的教育中,学生主体性的形成只能沦为空谈。"当一般水平上的执行功能的能力成为成就的标准时,个人就无足轻重了。""这些被强有力地预置在这种生活中的人都没有认真地想要成为他们自己的愿望。"[6]

这种技术在成就了现代教育的全面发展的同时,也使教育本身遭受到了前所未有的威胁。虽然我们也在大力推进教育改革,但是教育并不是一个封闭的系统。在现代社会,工业化的运作模式已深入到社会生活领域,教育的工具性蜕变只是这种理性主义的社会形态的一个侧影。而且,还因为现代理性主义的知识论基础,作为知识传递的主渠道,现代教育在一定程度上甚至成为理性主义维持其自身发展的重要机制。实质上,教育是理性主义实现自身再生产的重要方式,在以培育符合普遍理性的教育活动中,理性的主体化实现同教育的实施是同一个过程。在这个过程中,人们学会如何过一种符合理性的生活,成为一个理性的人。由此,现代教育也就具有了某种生产性特征。也正是这种生产性揭示出现代教育的社会化功能,随着现代化进程的推进,这种社会化功能和学生个体自我建构之间的冲突开始以一种尖锐的方式凸显出来。

## 二、个体化时代学生的个性发展及其对现代教育的挑战

现代教育的社会化功能让教育在关注如何通过对个体的教育使之成为合格的公民的同时,选择通过对理性主体的塑造来促成个体社会化,难免造成对个体自身的个性化塑造的遗忘,使得教育过程变成对受教育者的规训活动,丧失了教育本身的价值取向。但随着现代性的演进,社会生活的流动性和不确定性日益凸显,个人也日渐凸显出异质性和多样化,个人的自我价值成为了人们关注的焦点,个体化的时代已然来临。"个体存在的极大意义将随着时代的发展而愈益突出和重要。"[7]个人的自我价值、个性的张扬成为个体化时代的表征。对个性和个体自主性的重视给教育提出了新的挑战。

教育在个体社会化过程中的重要作用在现代社会并不会随着对个体自主性的关注而发生改变,但在个体化时代,教育的社会化功能面临着前所未有的危机。从社会和人自身发展的角度来看,人们期待教育能够在个体社会化发展的过程中也促其个性化。不仅"社会的再生产和社会成员的社会化是统一过程的两个方面"[8],而且社会成员的社会化和其本身的自我实现也是同一个过程。但在现实的教育活动中很难实现二者的统一。在当代社会,教育的社会化功能的获得是和学校教育的全面扩张联系在一起的。受教育者的差异化、多样化和教育资源的有限性的矛盾在强调个性化的教育活动中逐渐被激化,学校教育标准化的教学活动已经难以满足学生的个性化需求。一

直被人忽略的教育的社会功能和教育本身的价值追求之间的矛盾也在这种个性化教育的需求中逐渐显露出来且日益深化,导致作为教学活动的组织者的教师直接面临两种不同使命之间的紧张关系,"一方面是社会和教育体制赋予教师的使命,另一方面是教育的真实本性赋予教师的使命。体制要求教师培养满足等级秩序经济所需要的不同水准和不同类型的劳动力,以适应当前经济的需要。……教育如果不愿局限于此,它就要针对每个孩子,发展他们深入独立思考家庭和政治共同体事务的能力,……培育他们那些指引我们达成公共善和个体善所需要的美德"。[9]对学生而言,随着科技和社会生产力的迅速发展,现代传媒、大众文化在社会生活领域的扩张,他们得以接触到更广泛的世界和知识,多渠道的知识获取途径无意中提升了他们对学校教育的要求。学校的确定性、专门化的知识教学不仅无法回应他们在现实生活中积累的现实问题和自我认知,还有可能因为对理性的知识世界的追求,导致学校教育偏离现实生活,使得学校教育与现实世界的内在一致性出现问题。标准化课堂的集体教学和学生的自主性需求之间的矛盾在面对信息含量丰富、价值多元的大众传媒文化时以一种更为激烈的方式呈现出来,在这之中师生关系首当其冲。师生关系一直是教育活动的价值取向最直接的体现,从对教育的塑造功能的强调引发出对教师的权威地位的确立,到个体化时代对个性化教育的重视使人们重新审视师生关系,开始关注学生的主体地位,师生关系所涉及的不仅仅是两个群体之间的关系,而是能够使我们反思教育本身的最关键的影响因素。在现今这个大众传媒文化全面深入社会生活领域的时代,当学生在得以接触到广阔的外在世界基础上逐渐建构起自身关于世界的认知同学校教育产生矛盾的时候,当他们的个性化诉求得不到满足的时候,更为多样化的传媒文化无疑能够满足其多种内在的需求。这就导致了一种局面:学生的社会化方式日渐复杂化,他们在传媒文化中接触的社会认知和学校教育所传递的认知也许并不一致,这也让学校教育面临着极为严重的挑战,这种挑战不仅在于学校教育必须面对如何协调和适应已经变得多样化的社会化方式,还在于如何重新明确自身使命的问题。

学校教育现今面临着诸多的困境:在把文化、知识视为资本的基础上,人们把学校教育和教师的权威等同于其所具有的文化资本,当信息化时代人们获取知识的途径开始变得多样化的时候,一些人似乎开始理所当然地认为教师的权威地位开始下降。就如同一些人认为对学生个性化需求的强调必然就会降低教师的权威,以至于出现学生对教师的不尊重现象。从根本上来说,二者之间并不是此消彼长的关系。这种对师生关系的解读说到底还是一种工具理性思维。无论在哪个时代,就个体的主体建构而言,都存在一个双重的建构过程。"针对他人之我"和"针对自身之我"的矛盾始终伴随着自我的发展,作为社会性的存在,"我首先是作为'针对他人之我'而存在,即觉知他人对我可能具有的印象"。而"'针对自身之我'就是我觉知我自己,我的思想和感觉,我与自身的对话,包括我对自己做出的伦理评判。在互动的每时每刻,这些立场之间的对话性关系中,都会有复杂而多维的脉动。……其中有些变得占据支配地位,另外一些则保持静默,在充分自觉的觉知层面之下"[10]。我们从未与自己的自我取得完全意义上的同一,也因此,我们的主体性建构能够呈现出生长性。也就是说,在主体建构过程中一直存在着社会认同和自我认同的某种张力,以往的学校教育中,对社会认同的强力运作使得学生的个体自我认知处于"充分自觉的觉知"之下。而在个体化时代,个性的张扬则是个体主体性认知觉醒的表征。师生之间关系的冲突在某种程度上只是学生的个体自我建构同传统学校教育的社会型塑造之间矛盾的外在表现,如果只停留在表面现象,不仅会把这种矛盾浅化为师生关系,而且还有碍于在个体化时代实现对学生的合理性引导。

其中,最让人惊心的是把工具理性和一种浅显的基于个体利益的自我认知结合起来,走向了一种势利的、平庸且狭隘的教育。这种教育单纯地把个体的自我认知觉醒等同于对个体自身利益的追求,教导人们追求自我利益的最大化。把教育应有的道德情操和生命层面的意义追求替换为获取更好的社会地位、拥有稳定而体面的工作,"它媚俗地迎合人们的欲望并且发展和深化它们,把欲望的实现当作自我实现,并以此来引诱受教育者进入教育的规训机制,因为教育以未来的自我利益的实现许诺受教育者,并且把这作为自我价值的实现驱使受教育者"[11]。这种教育不但无法为实现个体和社会的和谐关系提供合理性引导,反而淡化了个体自我实现的道德情境和社会价值,使得个体的自我实现流于利益层面,失去了更高的价值维度,导致了自我的无意义感。他们身上萌动的自我意识变成了"一堆毫无层序的平庸和混乱的欲望"[12]。

### 三、学生主体性的自我建构——一种交往实践的视角

教育所面对的是这个世界上最为复杂的生命系统,受教育者是处于未完成状态的、向着未来开放、拥有无限可能的特殊群体。教育活动作为一种培育人的自由心灵

的精神建构活动,是在尊重人的生命的完整存在的基础上促进受教育者的个体"生成"的活动。从这个角度来看,从秩序化的学校规训到个体化时代的学生对个性化的追求,在一定意义上恰是学生主体性建构的自我意识的"生长"。同时也促成了教育自身的生长,使得教育活动在正视传统教育的缺陷的基础上,思考学生的主体性问题。从尊重学生的主体性到两种主体论,再到强调学生的全面发展的素质教育,教育界孜孜不倦地寻找着促成受教育者自由生成的可能途径。

对教育活动而言,教育的社会化功能始终是无可回避的社会使命。对个体而言也是如此,实现社会化是作为社会性存在物的必经之路。但如何在社会化过程中建立起个体的主体性则是现代教育的重要课题。在传统教育中,惯常出现的思维逻辑是用成人的世界观和社会标准来压抑学生的自我视角,导致教育成为了一种"强力塑造"活动,忽视了个体的自我生成。从个体发展过程来看,每个个体的生命发展都呈现出独特的生命样式,都有其自组织的演化历程,无序和不确定性恰是其生命自主性的动力源泉。尊重生命的自然秩序,"在教育运作中,通过观察个体发展过程中的行为方式的细微变化是否有不连续性、不一致的行为方式出现,可以了解其演化途径。……在事物发展演化的临界点和临界区,是教育可以有所作为的地方。引导个体自组织的演化在这里表现为教育的技巧:对于取向有序方向的演化,可以施以恰当的扰动以诱导有利的突变发生;对于趋向崩溃和解体的演化,则施以相应的教育措施防范于未然"[13]。在这一层面上,我们把教育视为教师的价值引导和学生的主动建构的统一。而传统的教育急于构建起受教育者的有序性,以至于把这种有序性变成了有用性的同时,也造成了教育的生命的控制性操作,而且这种操作还往往带有某种关爱的"帮助性质"。但是,这种关爱是把某个个体的自身经验延伸到另一个个体身上。就个体自身的生命发展来看,有序性的形成是个体在自身的生活世界中,通过生活体验建构起来的,而不是外力施予的。外来因素的干涉不仅会破坏个体有序性的自由形成,一定程度上还会导致对个体的规训和压抑。具体来说,学生的主体性的建构终究是一个自我建构的活动,是他们在学习知识文化的过程中,在自身的社会实践中形成,并随着实践活动的深化而不断加强和巩固的。教育能做的,就是尊重个体生命发展的丰富性多样性,给每个学生自由发展的独立空间,让他们在与群体、社会的互动中感悟自身的存在及其价值。也正因此,创造一种适合个体自由成长的社会生态环境是当务之急。"当教育把视野转向培育生境而不是培养人的时候,在这个生态世界中成长的生命将会充满活力和创造性。教育……要使生境中的各种要素具有相互适应、相互生成的关联性和整体性,为个体对环境的协调和整合创设条件。"[14]如此,才能赋予个体的生命更大的自由度。也许,正基于这种考量,一些研究者才会呼吁建构起学校教育、家庭教育和社会教育的系统的结构协调。

对生命系统的自然发展的强调并不意味着走向一种自然主义的观点,而是在尊重生命的自然秩序的基础上,强调在主体建构过程中通过个体的社会实践活动完成自我的建构。这种观点为现代教育的发展提供了一种极具参考价值的分析视角,也让人们关注到在学生的主体建构中的群体性因素。在以往的教育反思中,我们不断地强调如何通过教师和学生这两个主体之间的主体间性来建构认同和主体性,却无意中低估了学生之间的群体认同因素对他们主体性形成的影响。在一些文化思潮分析中,人们把青年学生之间通过群体认同形成的文化交往视为亚文化,认为其本质是对父辈文化的反叛。从20世纪的朋克一族到现今的各种青年网络文化的兴起,这种青年文化及其团体作为当时青年的文化表现形式,除了展现出其独特的时代特色之外,还显示出他们独特的社会认同,这是他们主体建构活动的重要呈现方式。从生命的发展历程来看,他们拥有共同的生长环境和同样的成长困惑。随着社会的变迁和自身的成长,他们日渐感受到"自我"的存在,原来在他们社会化过程中占据权威地位的长辈和学校教育开始丧失其绝对的影响力。但在主体性建构的过程中,群体认同是必不可少的环节,个体只有通过他者才能获得一种原初的自我形象。而青春期正是他们"自我"建构的重要时期,他们"意识到了彼此间的相似性和一致性,意识到了彼此间共同的兴趣、偏好和利益,意识到了他们与其他群体尤其是成年人群体之间的心理隔膜和现实差异,并最终形成了更能制约他们的意识和行动的同侪群体及其亚文化"。[15]这种相互之间的群体认同对青年学生自身的主体性建构可能比学校教育更为重要。他们在建立起高度认同的同时,增进彼此之间的理解、情感,以一种"镜中自我"的形式直接影响到个体的自我形象的构建。而且还能够通过交往时间,成为塑造年轻一代的重要社会力量,达成一种与社会文化的交流情境。因此,不能把这种群体认同仅仅视为"反叛"或青春期的某种"偏离",正视其对学生的主体性形成的影响并加以引导是现代教育活动的重要使命。也基于此,教育才能够形成一种个体、群体、社会之间的双向循环系统,为受教育者的主体化建构的交往实践活动创造自由的社会生态环境。

**参考文献：**

[1][2][3]雅斯贝尔斯.什么是教育[M].邹进,译.北京：生活·读书·新知三联书店,1991：3,3,36.

[4]夸美纽斯.大教学论[M].傅任敢,译.北京：教育科学出版社,1999：63.

[5]福柯.规训与惩罚[M].刘北成,译.北京：三联书店,1999：206.

[6]雅斯贝尔斯.时代的精神状况[M].王德峰,译.上海：上海译文出版社,1997：42.

[7]李泽厚.李泽厚哲学文存[M].合肥：安徽文艺出版社,1999：629.

[8]哈贝马斯.重建历史唯物主义[M].郭官义,译.北京：社会科学文献出版社,2000：8.

[9]邓恩.现代性文化中的教育困境——与麦金泰尔的对话[A].金生鈜.教育：思想与对话（第1辑）[C].北京：教育科学出版社,2005：4.

[10]伊恩·伯基特.社会性自我——自我与社会面面观[M].李康,译.北京：北京大学出版社,2012：93.

[11]金生鈜.规训与教化[M].北京：教育科学文献出版社,2004：155.

[12]艾伦·布鲁姆.走向封闭的美国精神[M].缪青,译.北京：中国社会科学出版社,1994：162.

[13][14]倪胜利.大德曰生——教育世界的生命原理[M].桂林：广西师范大学出版社,2006：40,150-151.

[15]周晓虹.大学、同侪群体和现代性的建构[OL].http://www.aisixiang.com/data/106258.html.

# "对话"与"责任"：当代中国教育伦理重构应有的两个维度

胡军良

（西北大学　哲学系）

　　当代社会彰显了这样几个趋向：一是从总体性的"同质社会"渐次走向了多元化的"市民社会"，在此语境下，人们一改在思想、道德、宗教等方面备受外在权力、等级权威约束的状况，转而推崇"公共领域"、拒斥"独白"、崇尚"对话"；二是道德怀疑主义和虚无主义盛行以及社会发展呈现高度风险化。面对如是的生存境遇，"伦理责任"的定位与诉求得到前所未有的强调；相应地，根植于社会系统之中的中国教育伦理要实现自身的伦理精神在当代的重构，理应以"对话"与"责任"为基本维度。因为唯有将教育伦理视为一种以超越诉诸权威与权力话语之伦理建构方式为旨归的对话伦理以及关涉"责任命令"的责任伦理，才能使其所涵涉的主题、诉求与旨趣打上"时代性"这一鲜明的烙印与获致"当代性"这一重要的标识。

## 一、当代中国教育伦理重构的"对话"维度

　　如前所述，当代社会已大踏步朝向民主公共意识和文化发展多元化的态势前行，"平等"与"自由"业已成为社会秩序的新基础，"宽容"、"理解"、"尊重"与"对话"也渐次

---

作者简介：胡军良，西北大学哲学系教授。

E-mail：haisihu@163.com

成为时代的强音,权力话语渐趋弱化,公共领域日益勃兴。凡此种种映射到道德立法领域,那就是崇尚独白、排斥对话交往的权威型伦理让位于以共识为取向的对话式伦理,[1]"主体性"让位于"主体间性","先验理性"让位于"交往理性"。

因为,在传统形上学基础被削弱、宗教权威被瓦解的当代社会,人们对源自于形上学基础、超验上帝、少数精英人物以及权力强制的道德律令不免心生疑虑,这样一来,不仅人们的认知权威发生了转移,而且以超验的创世主和救世主的存在与作用为前提来解释和证明的具有普遍约束力的道德法则的有效性的理由将不复存在,即哈贝马斯所谓的"宗教的有效性基础崩塌之后,道德语言游戏的认知内涵就只能依靠其参与者的意志和理性加以重建"。[2]如是,我们就既不能如传统那样诉诸风俗习惯、精神风貌来寻求和确保规范的正当性基础,也不能依凭传统的宗教权威来请回业已退位的神祇,更不能采用形而上学的纯理论的方式与通过外在的强制或者某种权力机制来对普遍性的伦理规范加以建构,而应该让合理性的理性论辩(论证)、交往商谈成为现代社会有效性伦理规范的基础与来源。就此而言,当代中国教育伦理的重构,存在这样几个方面值得我们聚焦与躬行:

其一,从"依凭权力机制自上而下的教育伦理立法"转向"社会主体民主化的教育伦理建构"。我们知道,中国传统教育所奉行的是一种国家主义的教育理念,如此一来,教育伦理立法也就很容易沦为一种权威主义的外在强制,或者说沦为一种自上而下的道德强制。所谓"仁者,天之所以与我而不可不为之理也;孝悌者,天之所以命我而不能不然之事也"(《论语或问·卷一》)。由于该道德强制把包括教师在内的社会民众排斥于伦理立法程序之外,因而社会民众只能被动地接受那些依凭外在权威所规设与制定的道德准则与伦理规范,以致道德理想变成道德高压,其结果反而是精神的低迷、道德的滑坡、伪善的横行。比如,有些社会成员迫于道德高压可能会在公共场域中对道德规范屈从坚守,但是在私下场合却可能会对之逆反抵触,继之而起的结果是人们道德感的弱化与道德虚无主义的泛滥。而教育领域与教育生活中的"一切向钱看"、"重利轻义"、"只求索取不讲奉献"等日渐抬头的做法与思想即为道德怀疑主义与虚无主义泛滥态势下的不良产物。

当代中国教育要走出这种因道德高压独白性所致的伦理困境,一个重要的方式即是要从"依凭权力机制自上而下的教育伦理立法"转向"社会主体民主化的教育伦理建构"。事实上,伴随着现代社会从总体性的"同质社会"到多元化的"市民社会"的转向,教育生活的民主化已是现代社会转型的大势所趋。与这种民主化进程相适应的是教育角色需重新作出诠释、教育责任与教育德性需重新奠基于一个新的社会背景之中。[3]进而言之,教育伦理的建构在如是的进程中也就应该弱化对国家与行政权力的依赖和依附而走向民主化的道德立法,具体方式如下:

一是要发展出一种具有语言性、开放性、程序性与可错性等特质的交往理性,使得教育伦理的生成机制(建构方式)从少数社会主体依凭自上而下的权威式独白,转变为多数社会主体立足于交往理性基础上的民主式对话。如果动辄限制公众(包括教师)参与教育伦理的规设和教育政策的制定,将会使他们产生冷漠、漠不关心的态度,并会相应地降低他们的责任心,同时,教师也很可能会有意无意地把这种同样消极的态度,或把由于受专横对待所产生的情绪传染给学生。[4]如果个体与社会之间没有平等自由的对话,就无法推行"善"的社会性标准,或者不可能达成社会共识。没有人们之间的自由交流,就不能形成真正的伦理判断。[5]

二是要在制度层面上重构学校组织,使得学校组织形态能够容许学生、教师、家长及社区代表共同参与教育伦理规范的决策过程。教育主管部门、学校应该营造出哈贝马斯所言的毫无强制的"理想对话情境",在此情境中,每位参与者须有平等的机会持续沟通、作出论断、提供建议、给出解释以及挑战种种辩护[6];在此情境中,学校规范性的要求不是自上而下给出的,而是通过理性的实践论辩达致的,由于基于实践论辩的教育伦理规范较符合实质的民主精神,因而也就较易贯彻落实,同时学生也可在参与实践论辩的过程中,发展其交往理性,涵育其民主气质,这样一来,也就较易促进健全的民主社会之实现。[7]

其二,从"教育专家的伦理独白"转向"公众与教育专家的平等对话"。如果说经由国家权威主义建构出的教育伦理规范因其外在强制的特质而会遭遇预期效果弱化的尴尬,那么把教育伦理立法权交给教育专家是否会带来教育伦理收效上的改观呢?答案显然是否定的,因为,它与自上而下的国家权威主义的建构方式并非迥然相异,而是本质趋同,即都流于一种中心化、主体性独白的伦理建构方式。现实地看,教育专家拥有强势的话语权力已是不争之事实,拥有知识与信息占有量的教育专家也无疑会获得优于一般公民的权利与地位,而如果普通大众不能开启那个由专业知识所构成的"黑箱",那么,其面对难以企及的教育专家所拥有的领域也往往只有马首是瞻、俯首听命之份。故而单纯基于教育专家而建构出的教育伦理同样还是一种独白伦理。

虽然公众与教育专家在知识的占有量上存在差距,且这种差距一时难以消弭,但是转向公共领域的对话毕竟为当代中国的教育伦理的重构彰显了新的可能性和开辟了一条新的进路。在这条进路中,教育专家的话语权力被消解,教育伦理建构基础一边倒的态势被遏制;在此态势下,公众与教育专家之间的高低强弱之分、尊卑贵贱之别化为乌有,彼此的观点、生活经验、言论自由、利益偏好都会得到空前的尊重。问题是,当代中国教育伦理朝向公共领域的论辩如何成为可能呢?笔者以为,应当具备这样两个条件,一方面教育专家要弱化甚至放弃不利于教育伦理共识达成的专业语言和特殊代码,应当具有自我批评的精神,以非专业人员为取向,而不是使自身的工作沦为自恋式的自我表现。[8]另一方面公众要以一种自我认同与公共性意识积极参与合理的公共伦理决策过程(而不是对之置若罔闻),或者说要以独立自主的伦理主体身份,以不偏不倚的理性态度,将自身的伦理需求和利害考量,引入公共伦理决策的对话论辩过程,以形成合理化的教育伦理共识。

其三,从"以教育者为中心的教育人伦结构"转向"教育者与受教者和谐互动的教育伦常秩序"。众所周知,中国传统社会所奉行的伦理是一种宗法家庭(族)伦理,而宗法家族伦理所强调的是家(族)长至高无上的权威,且全体社会成员有着严格的上下、尊卑、长幼与亲疏之别。相应地,中国传统社会中的教育人伦结构所奉行的模式必然是一种"教师中心、学生边缘"的人伦模式,它所依凭的叙事语言则是"述谓型、父子型"而非"交互型、伙伴型"语言,所谓"师道尊严",所谓"一日为师,终身为父",所谓"弟子事师,敬同于父"。

很明显,中国传统教育通过这种"中心—边缘"的教育人伦模式和"述谓型、父子型"的叙事语言从伦理和知识的层面维护了教师的主宰与权力地位,侧显了家族伦理观念的基本特质。其所致的后果有:一是学生处于依附和服从的地位。具体言之,即是中国传统教育从伦理层面预设了这样一种价值取向,那就是依凭父子型语言建构的师生关系中的教师拥有真理的裁量权和道德的评判权。相应地,学生则成了真理合理性与道德正当性的接收器,其对教师必须保持一种被动依附与绝对服从的关系和态度。这样一来,教育也就偏离了自身所要求的培养学生自主人格和独立思维能力、增强受教者自律和批判意识的旨归。二是消极性道德语言的泛化。由于教师在师生关系中处于主宰与支配地位,那么其在道德立场上自然也就具有优越性与优先性,以及掌握道德评判或价值评判的话语权,同时可以表达出一种具有情感主义症候的价值性道德语言,比如,通过蔑视型用语对学生学习能力进行不良描述,或者通过讽刺型用语对学生前途进行恶意预期等等。这种在价值观中预设强者对弱者支配的教育伦理无异于黑格尔所言的主奴逻辑型伦理和尼采所说的强权意志型道德,同时,这种教育伦理又很容易致使受教者产生羞辱感与不安全感,[9]使教育者与受教者遁入两极对立的伦理态势之中。要改变这种态势,就必须变革上述师生伦理关系,对教育者的消极性道德语言予以深刻的伦理检讨,从而实现"以教育者为中心的教育人伦结构"到"教育者与受教者和谐互动的教育伦常秩序"的转向。具体言之:

一是实现师生伦理关系从"功能性关系"(为了满足某种外在的个体或社会的功能性目的而建立起来的社会关系)到"存在性关系"(一种依凭本源性真诚和信任、着眼于存在意义的共在关系)的跃迁。[10]在前一种关系中,由于师生之间是一种"我—它"关系,即"一种考察探究、单方占有、利用榨取的关系"[11]故而,学生自然也就容易沦为纯然的客体(有待加工的对象与器物)、对象性存在、服从某种需要的工具或手段;相反,在后一种关系中,师生之间是一种"我—你"关系,即"一种亲密无间、相互对等、彼此信赖、开放自在的关系"[12]在这种关系中,师生之间是平等的主体间的关系,或者说是作为教师的人与作为学生的人之间的关系。如果说功能性伦理关系所着眼的是一种中心化的"唯我主义"与"独白话语"(即教育者的主体中心与权力话语),那么存在性伦理关系所聚焦的是一种去中心化的"对话交往",或者说悬置中心、不分轩轾的"互动论"(即师生之间的平等相处、真诚相待)。

二是对教育中的消极性道德语言予以伦理检讨。在既定的教育伦理结构中,教育者与受教者开展其道德交往行为,达致某种道德交往关系的主要媒介无疑是道德语言,而道德语言的积极与否又直接决定教育者与受教者的伦理交往关系建构能否走向成功与圆融。很明显,如果教育伦理关系的建构能够诉诸一种积极性抑或艺术性的道德语言,那么师生之间的伦理关系就会走向良性的发展态势,相反,则会遁入破坏性境地或者步入对峙性的僵局之中。因此,要在师生之间建构出成功的伦理交往关系,就必须悬置消极性道德语言的使用并对其作出深刻的伦理检讨,其具体方式就是一改道德语言功能的逻辑方向,彰显道德语言的艺术性,并在道德语言的使用上更多地变"祈使句"为"疑问句",变"大声训导"为"暗示性语言",变"平淡的提名"为"鼓励性的称谓",[13]唯有如此,才能触动学生的心灵而不致使学生成为充满攻击性的反叛者,才能齐奏出一部动人心弦的多声部教育交响乐,才能依凭一种平等自由的师生伦理关系而使自身走向真正和谐的伦理互动。

## 二、当代中国教育伦理重构的"责任"维度

教育伦理既是一种"对话伦理",又是一种"责任伦理",因为教育从本质上说乃是一种涵涉高度责任感与使命感的实践行为,同时教育学也是一门从负责任的教育者立场来思考(负责的自我反思)且能折射出教育者之意愿和信仰的学科,[14]因而教育伦理的建构自然也就离不开"责任"这一根本的伦理维度。就此而言,当代中国教育伦理的建构无疑要从根本上把全新的责任主体意识与责任应答(担当)意识内化于自身的伦理运思之中。

众所周知,"责任"一词业已成为一个重要的道德哲学范畴,康德、列维纳斯等伦理学家对此都作过深入的探究。诸如,在康德那里,"责任"被视作是使人的道德行为具有像自然事件那样的必然性的东西,是全部道德理论的基础。因为以康德之见,只有出于责任的行为才具有道德价值;一个出于责任的行为,其道德价值不取决于它所要实现的意图,而取决于它们所被规定的准则。它们不依赖于行为对象,也即意欲达到的目标或目的的实现,而依赖于行为所遵循的意志的原则;责任就是由于尊重道德法则之规律而产生的行为必要性,[15]责任是道德的最牢固的支柱,是绝对命令的唯一真正的源泉。[16]无独有偶,当代伦理学家列维纳斯也对责任概念作了独特与深入的探究,在列维纳斯看来,责任首先是"为他的"而不是"自为的"(过于"自为"会导致强制与专制),它遵循一种"我—他"结构,因为唯有把"他者"置于"我"的考量之中,纳入到"我"的视界中,"我"的责任才能由于充分尊重了他者的权益而具有道德合理性,也才能避免"我"的绝对化所导致的"自我中心主义"。[17]循此理路,当代中国教育伦理的建构要嵌入"责任"这一伦理维度,理应强调责任的"为他性"和"目的性",而非"自我强制性"与"工具性",强调教育共同体的伦理维度而非单纯的学术维度。因为作为教师的我们注定是或本质上是一种道德存在,即我们不得不面对他者的挑战,面对着为他者承担责任的挑战。[18]因为教育共同体本质上是一个道德责任、社会责任的共同体,而不单纯是一种学术共同体,故而教育伦理的建构自然也就不能让为他性责任主体、育人的责任意识以及社会责任的担当意识付之阙如。具体言之,如下:

其一,从"自为性责任主体"转向"为他性责任主体"。当代中国教育伦理的建构应

该确立新的责任主体,实现自身从"自为性责任主体"到"为他性责任主体"的转变。如果说前者所强调的是责任的"我—我"结构(主体为自身立法、对自身的行为负责),那么后者所强调的就是责任的"我—他"结构(指向他者的责任践履);如果说前者凸显的是责任的主体性维度,那么后者彰显的就是责任的主体间性维度。

就教育伦理的自为性责任主体而言,它所关涉的是一种主体性的"为己之责"(强调责任来源于人自身通过理性审慎的自主),比如在伦理规范层面要求教师以身作则、为人师表、率先垂范、仁慈威严、恬淡守节、谦和笃实、知德并修等等;与之相较,为他性责任主体所指涉的是一种主体间性的"为他之责"(强调责任注定与他者相关联,为他者而存在),它要求教师不断倾听和回应来自作为他者之学生的责任命令,要求教师在切实的行动中对他者担负起实实在在的责任,要求教师把自己所从事的职业活动视为一项超功利的事业,以一种真正超然的态度、超越的精神,通过勤勉敬业、尽忠奉献的工作,在入世的热诚中展现出世的情怀,[19]从而实现"立德""立功""立言"等伦理期待的融通一体化。

强调中国教育伦理建构的为他性责任主体的转向,并不是要截然否定自为性责任主体的合理性,而是旨在凸显教育伦理责任为他性维度的转换。事实上,为他性责任较之于为己性责任是一个更为宽泛的概念,因为,为他者负责的观念已经预先假设了"我"是一个可以担负责任也有能力负责的主体。[20]因为,处于教育实践关系流中的教师主体性并不是事先存在的,而是在伦理关系中彰显而出的,是在责任行为中构建起来的,而教师只有为他者(学生)负责、视他者为一个值得尊重的独特主体(不同性别、不同价值取向、不同家庭出身、不同身份认同的他者),才能凸显出自我的人性与伦理之维,才能反证出自我的存在与实现自我的主体性。况且,在教育伦理的当代建构中确立为他性责任主体,既有助于确立教育伦理构建中的关系范式、平等范式和凸显作为他者的学生的主体性地位,又有利于解决教育领域中的道德冷漠。

其二,从"成材之教的责任承担"转向"成人之育的责任承诺"。责任之于教育的重要性不言而喻,因为它犹如一道康德式的"绝对命令"。不过,检视当代中国的教育现状,容易发现,其中充斥着过于强烈的成材之教的责任承担意识,而成人之育的责任承诺意识则在前一种意识的高扬独尊、张扬夹逼下渐趋衰微、失语缺位。在此态势下,教育日渐沦为服务于某种特定目的(社会功用)的工具,或者说变成功利主义的一时之需,比如,变成经济的扬声器、政治的传声筒和文化的守护场等等;相应地,功利主义教育生态中的学生则被造就成一种实用性人格和一种物化的、被自然情欲所操纵以及丧失生命激情的人,他们不是被当作"人"来加以对待,而是被作为有待加工的原材料以及对象性和有用的"物"来加以塑造,以至于我们的教育过多地注目当下、醉心功利、遗忘未来、失却崇高,越发遮蔽自身的人文本性、偏离自身乃"成人之学"的基本旨趣。当代中国教育要纠此偏狭,需在教育伦理建构层面嵌入"成人之育的责任承诺意识",具体言之:

一是坚守教育所固守的"善"的价值,让教育回归"人性"。在教育的本义问题上学界虽异见迭出,但这样一个维度却不容否认,那就是教育旨在使我们的本性得以完善,旨在使每个人都得到他所能达到的充分完善,[21]以及使儿童(或每个人)变得善良。[22]所谓"以善先人者谓之教"(《荀子·修身》),所谓"修道之谓教"(《礼记·中庸》),所谓"教也者,长善而救其失者也"(《礼记·学记》),所谓"教,上所施下所效也","育,养子使作善也"(《说文解字》),诸如此类的论述可谓俯拾皆是。而西方教育思想史的"全人"、"绅士"、"自然人"的教育理想追求也无不表征着教育之"善"这一本然的价值,因为"全人"也好,"绅士"也好,"自然人"也罢,此三者归根结底,都不过是该时代、该环境中的"善人"的社会形象。[23]而之所以要坚守教育所固有的"善"之价值,从根本上说,乃是旨在让教育回归"人性",因为,作为"万物之灵"的人之所以为人的判据固然在于其能在理智层面成就出知识,更在于其能在实践理性层面坚守善的价值:自强不息、行己有耻,明白自家的尊严。[24]明乎此,我们也就不难理解,为何在教育学完全从哲学上独立出来以后,人们在极大程度上仍然广泛地认为,教育目的必须从伦理学中衍生出来,教育学在某种意义上就是应用伦理学。[25]

二是坚守教育自身的内在目的,让教育超越"实然"。教育不能只考虑作为"工具的人",也应该考虑作为"目的的人";不能只考虑如何提高人的生存能力,也应该考虑如何增加人的存在的意义,[26]不能只注重"材"的培养和选拔,还应注重对"人"或"人性"的尊重和教化,不能将教育视为一种仅着眼于"生存"层面的实然性事件,还应将之视为朝向"存在"维度的应然性行动。唯其如此,才能让教育回归自身的内在目的,而不是一味被某种工具性的外在目的牵着鼻子走并迷失自身,才能让教育在实然的层面有所超越,从而实现当代中国教育在工具理性和价值理性上的深层和解。明乎此,也就不难理解教育哲学家杜威为何会百般强调:"教育除了自身没有任何外在的目标,这反而挽救和保障了更多的教育。"[27]因为,"制定教育之外的目标和标准,将会剥夺教育过程的很多意义"。[28]

其三,从"学术责任的应答"转向"社会责任的担当"。当代中国教育的一个突出表现就是过于强化学术责任意识的应答,而弱化了社会责任意识的担当。说它过于强调学术责任意识的应答,指的是其过于钟情教育的智识层面,从而落入唯智主义的单维度聚焦之中(或者说沦为一种纯智性教育)。这种以智识与学术为取向的教育固然能顺应工具理性独超众类、轻狂僭越的时代风潮,能够增强人们认识、改造世界的信心,但是,毕竟知识(理性)并非生活的唯一目的,求知也并非人生的不二使命,因为人不仅要有"宁愿找到一个因果说明,也不愿获得波斯王位"的求知(求真)意识,同时还要有"为天地立心,为生民立命,为往圣继绝学,为万世开太平"以及"先天下之忧而忧,后天下之乐而乐"的社会责任抱负。

与此相应,教育当然不能将自身压缩为纯智性教育,其在强调对学术责任意识应答的同时,还应强调对社会责任意识的担当。如果教育所造就的社会成员动辄缺乏积极参与社会事务、公共生活的意识,缺乏强烈的社会责任担当意识,而只会沉溺于"象牙塔"和抱守"独善其身"的人生态度(比如变成权力的附庸、金钱的奴隶,失却知识分子应有的良知与正义),那么它就会彻底偏离自身作为实践科学的学科旨归。因为教育的最终目的并不是把人培养成单个的原子似的个体,而是把人引向与他人、民族国家和世界的共在,在更高的层面培育人的奉献意识,把个人的命运与他人、民族国家与世界统一起来,增进个体生命的内涵,充盈人生的目的。[29]

就此而言,当代中国教育要在伦理层面嵌入社会责任的担当意识,一个重要的维度当是要注重对社会公共精神的引领。之所以如此,乃是因为,当代中国社会公共精神的缺失可以说业已成为一个不争的事实,或者说一个普遍的问题,作为社会大系统的重要构成性要素的教育同样不能幸免,教育的公共性日益为工具性认知与碎片化的专业与学科所侵蚀与遮蔽,以至于其自身在社会公共关怀的维度上渐行渐远。如果说一个健全的民主社会不仅要保障公民的私人领域不受侵犯,同时还要培育个体对公共领域的认同,那么,一种成功的教育当不仅要以传播知识、追求真理与意义为鹄的,更要以对时代的价值理念、社会的公共精神的引领以及对人类前途命运的终极关怀为要务。唯有如此,教育才能获致自我完善的"内驱力"与"润滑剂",经由这种教育理念影响与浸润的受教者也才会积极介入社会公共事务与参与社会公共生活,才会渐次习得知识分子应有的公共理性、公共情怀与忧患意识。正所谓"士不可以不弘毅,任重而道远"。正所谓"每个人都必须真正运用自己的文化来造福社会。谁也没有权利单纯为自己过得舒适而工作,没有权利与自己的同胞隔绝,没有权利使自己的文化于他们无益……如果他不愿由此给社会带来利益,他就是从社会攫取了社会的所有物"。[30] 凡此种种不正从文化层面透显出教育应有的公共性指向、社会关怀维度与社会责任担当意识吗?

**参考文献:**

[1] 张世英.天人之际:中西方哲学的困惑与选择[M].北京:人民出版社,1995:215.

[2] 哈贝马斯.包容他者[M].曹卫东,译.上海:上海人民出版社,2002:13.

[3] 樊浩,田海平.教育伦理[M].南京:南京大学出版社,2000:64-65.

[4] 杜祖贻.杜威论教育与民主主义[M].陈汉生,洪光磊,译.北京:人民教育出版社,2003:65.

[5] 杜普伊斯,高尔顿.历史视野中的西方教育哲学[M].彭正梅,朱承,译.北京:北京师范大学出版集团,2008:122.

[6] Seyla Benhabib. Critique, Norm and Utopia: A Study of The Foundations of Critical Theory [M]. Columbia University Press, 1986:285.

[7] 杨深坑.沟通理性·生命情怀与教育过程——哈伯玛斯的沟通理性与教育[M].台北:师大书苑有限公司,2000:85-86.

[8] 哈贝马斯.生产力与交往——答克吕格问[J].曹卫东,班松梅,译.天津社会科学,2001(5).

[9] [13] 王腾.现代市场化语境下的教育伦理新理念[J].教育评论,2007(4).

[10] [26] 石中英.教育哲学导论[M].北京:北京师范大学出版社,2005:93,92.

[11] [12] 马丁·布伯.我与你[M].陈维纲,译.北京:生活·读书·新知三联书店,2002:125.

[14] [25] 布列钦卡.教育知识的哲学[M].杨明全,宋时春,译.上海:华东师范大学出版社,2006:217,171.

[15] 康德.道德形而上学原理[M].苗力田,译.上海:上海人民出版社,1986:49.

[16] 古留加.康德传[M].贾泽林,侯鸿勋,王炳文,译.北京:商务印书馆,1981:164.

[17] 张广森."生命伦理责任":生命伦理学的本体论承诺——以有缺陷新生儿的处置为例[J].哲学动态,2009(6).

[18] 鲍曼.流动的现代性[M].欧阳景根,译.上海:上海三联书店,2002:152.

[19] 贺来.现代人的价值处境与"责任伦理"的自觉[J].江海学刊,2004(4).

[20] 顾红亮.责任与他者——列维纳斯的责任观[J].社会科学研究,2006(1).

[21] 张人杰.国外教育社会学基本文选[M].上海:华东师范大学出版社,2009:2.

[22] [23] 大河内一男,海后宗臣.教育学的理论问题[M].曲程,迟凤年,译.北京:教育科学出版社,1984:317-318,320.

[24] 郑昕.康德学述[M].北京:商务印书馆,2001:8.

[27] [28] John Dewey. Democracy and Education[M]. Princeton:Princeton University Press,2001:60,117.

[29] 刘铁芳.走向生活的教育哲学[M].长沙:湖南师范大学出版社,2005:243.

[30] 费希特.论学者的使命[M].梁志学,沈真,译.北京:商务印书馆,1984:33.

## 教育伦理视域下的竞争教育

朱 勇 何云峰

（上海师范大学 知识与价值科学研究所）

　　教育是一个重要的话题，人类的文化传承离不开教育，社会的发展进步离不开教育，个人的发展也离不开教育。教育有学校教育、家庭教育、社会教育等形式，但作为人们讨论最多的学校教育，由于其教育资源的有限性导致一定的教育竞争的存在，比如高考、硕士研究生入学考试、博士研究生入学考试。特别是优质教育资源的稀缺性，在一定程度上导致了教育竞争的过度，这种过度主要表现在以下几个方面：一是幼升小、小升初、初中升高中阶段对重点优质学校的竞争。虽然在义务教育阶段免试入学、就近入学，但优质的小学、中学毕竟还是少数。家长们为了能使孩子升入优质中小学各显神通，有的购买学区房，有的送孩子去参加校外补习、培训等等，这种状况加剧了教育竞争。二是高中升大学阶段对重点大学的竞争。虽然现在的大学招生人数有所增加，但"985"、"211"工程的大学毕竟还是少数，这在一定程度上也加剧了高考的竞争。三是不能输在起跑线上的竞争。有些家长在周围的家长为孩子报了多种兴趣班、培训班、补习班的影响下，也盲目跟风为自己的孩子报了很多班，理由是：不能让孩子输在起跑线上。面对教育竞争过度的现实及其背后一些不良竞争观的影响，我们有必要关

---

作者简介：朱勇，上海师范大学知识与价值科学研究所特聘副研究员；何云峰，上海师范大学知识与价值科学研究所所长、教授、博士生导师。
E-mail：youngor8718@sina.com；yfhe@shnu.edu.cn

注学生竞争教育方面的问题,帮助学生树立正确的竞争价值观,正确开展教育竞争。

## 一、竞争教育的内涵

对竞争教育的概念进行分析和界定,有助于我们更好地展开论文的写作。笔者认为,"竞争教育"是关于如何对待竞争、如何平等地竞争、如何合乎道德与法律规范地参与竞争的教育。竞争教育的内涵至少应包含以下几个方面:

一是竞争教育主要应该是教育孩子要学会社会化生存。竞争教育可以划分为出人头地的竞争教育和生存性竞争教育,出人头地的竞争教育所强调的是个人的获胜,可以理解成我们常说的"单赢",这种竞争教育过于注重竞争的结果。只要竞争结果是"成为胜者"即可,不重视与他人的合作,这种竞争观很容易导致个人形成极端利己主义——只注重个人的利益获得,而不关心他人、社会的利益。同时,这种出人头地的竞争观只是一味地强调超过他人、胜过他人,不利于个人与他人的合作共赢。所以,我们所倡导的是一种生存性竞争教育,生存性竞争教育所强调的是个人如何在社会中生存和发展,主要涉及的是个人如何根据自己的实际情况来发展自己的优势以使自己能够在社会中生存,正确处理个人与他人、个人与社会的关系以及个人与个人自身的关系。实际上,生存性的竞争教育所强调的是"合作共赢",一个人的生存和发展总是离不开人类社会,人在实践中总是会形成多种社会关系,我们可以从马克思在《关于费尔巴哈的提纲》中对"人的本质"的论述中得到启示:"费尔巴哈把宗教的本质归结于人的本质。但是,人的本质不是单个人所固有的抽象物,在其现实性上,它是一切社会关系的总和。"[1]社会中的人是离不开相互合作的,因为人总是人类社会中的人,虽然个人的分工不一样,但都离不开合作,从整个人类的视角来看更是如此,也正是由于各自的分工不同,才使得每个人都或多或少地依靠着彼此的劳动,这也是一种合作。除了强调在竞争中合作共赢,生存性竞争教育还有一个重要指向,那就是发挥好自身的优势,在认识自己的前提下找到自己的方向,用自己的优势参与竞争与合作,以实现个人的生存和发展。

二是竞争教育的目的是要树立正确的竞争价值观。价值观对一个人的行为具有导向作用,竞争教育的一个重要指向就是要培养学生形成正确的竞争价值观。有了正确的竞争价值观的引导,学生们才会在思想上、行动上表现出正确的价值取向,通过培养学生的竞争思想进而使学生的竞争行为合乎竞争伦理价值观的要求。正确的竞争价值观主要是平等竞争、公平竞争、依法有道德地竞争。平等竞争主要强调的是在机会面前人人平等,竞争机会均等,不能设定一些不合理的条件来限制别人参与竞争的机会。公平竞争主要强调的是竞争过程及竞争方式的公正性,在竞争过程中要做到诚信竞争,不能作弊,完全凭自己的能力、水平去获得竞争结果,竞争方式要符合竞争规则的要求。依法有道德地竞争主要强调的是竞争的行为要符合法律法规、道德规范的要求,实际上,之所以要求竞争行为要符合法律法规、道德的要求,正是为了能使竞争结果公平、公正。竞争可以有很多方面,任何一个方面的竞争都有属于它自身的详细的、具体的竞争法规和道德要求,每种竞争的具体法规、道德规范在各自的竞争领域都具有普适性,只要是参与了同种竞争的人都必须严格遵守这个领域的竞争法规、道德规范。在不同的竞争领域中,具体的竞争法规可能会有所不同,但不同竞争领域中的道德规范可能具有同一性,因为道德之"善"具有一致性,诸如诚信、公平等等。

### 二、竞争教育的现状和问题

为了更好地开展竞争教育,有必要分析竞争教育的现状和问题。竞争教育的现状和问题主要表现为不良竞争观的存在,具体表现在以下三个方面。

#### 1. 过于强调出人头地

过于强调出人头地的竞争观所强调的是在与他人竞争中获胜,现实中的唯分数主义正是它的体现。唯分数主义是这样一种价值观:对孩子教育结果的评价只以考试分数作为唯一的标准,分数高则说明考生是人才;同时人们也以学生的考试分数来评价师资和学校,学生考试分数高就说明师资水平高、学校是优质学校。无论是学生、教师、家长、学校,还是整个社会,都很重视分数,都以分数作为评价的重要标准。唯分数主义的主体是多方面的,从作为主体的学校来看,学校为了追求升学率和优质学校的称号,只重视学生考试成绩,在教育导向、教学安排方面就会只重视那些考试科目的教学和时间安排,而忽视了学生的全面发展。"长期以来,中小学校在应试教育制度的影响下,考试分数成为学校教育成功与否的衡量标准,成为学生和家长追求的首要目标,造成了人才培养的畸形发展,过分注重分数,忽视道德养成,部分学生不重视文明修身,不懂做人、做事道理。"[2]从作为主体的家长来说,在过于强调出人头地竞争价值观的影响下,也会一味要求孩子考试得高分,从而忽视孩子的健康成长,这也是为什么有那么多的家长送孩子去参加校外补习、培训的原因。这里并不是要用"唯分数主义"来反对以分数作为人才筛选的考试制度,因为考试制度在确保教育竞争公平方面的确发挥了一定作用,不能完全否定。"在教育运行过程中,'分数面前人人平等'的基本功能,就在于确立了一套适用于一切受教育者的'教育机会平等'规则,以保证他们获取非基本教育权利之机会有一个不偏不倚的标准。"[3]"分数面前人人平等的招生制度,相对来说是最为公平的。可是,我们为了公平所付出的代价也是非常巨大的,那就是牺牲了一代人的自由和谐的发展。为了在考试中名列前茅,忽视智育培育的单纯训练普遍盛行。"[4]

考试本身就是一种筛选人才的工具,"考试从本质上说是一种甄别和选拔人才的测度手段,虽然设立考试的目的多种多样,但甄拔人才是考试最重要的目的"。[5]但是,当人们过于看重考试分数,在价值观方面以分数作为评价人才的唯一标准,则会导致异化。"曾几何时,考试分数展现其强大的颠倒乾坤的功能,由为人服务的工具嬗变为主人,人反倒成了它的奴隶。人在考试分数面前被彻底异化了,这不仅扭曲了人与考试分数的关系,更给考试分数戴上了神秘的光环,成为人顶礼膜拜的对象。"[6]考试分数仅仅是人才评价的一个方面,而不是全部,当然,要改变人们的唯分数主义,除了竞争价值观方面的教育,还需要在制度和实践层面改善和推进人才评价的多维视角和方式,以使对人才的评价更加的科学合理。

### 2. 不择手段的机会主义

机会主义一个重要的特点就是投机,只要有成功的可能性,就会不择手段,只看重竞争的结果,不顾及竞争的过程,实际上是违反竞争规则的竞争,违背了"公平竞争、依法有道德地竞争"竞争价值观的要求。在现实的考试竞争中,较典型的机会主义竞争有非法代考。考试竞争在竞争主体上是有范围的,只有符合考试条件的主体才具有考试竞争的资格,而代考实际上是在竞争主体上进行了替换,弄虚作假,这种替换使得本来不属于同一范围内的竞争主体参与了竞争,这种替换竞争主体的行为在最初的考试报考条件上就不符合,或者是不具有考试的资格(因为没有报名参加考试而不具备考试资格)。总之,代考在考试主体的资格认定上就通不过,没有资格的主体也来参与竞争,显然是不公平的。同时,代考对于真正应参与考试竞争的那些机会主义者来说,是为了将代考者的成绩作为机会主义者的成绩来参与竞争,将不属于自己的成绩作为自己的成绩这种弄虚作假的手段显然违背了竞争的公平原则、竞争的依法依规及竞争的伦理道德。由此可见,代考这种机会主义行为从最初的考生资格认定到考试的过程及结果的认定都是不合法规、伦理道德的。这种机会主义的不良竞争观只重视结果,为了在竞争中获胜不择手段。实际上,我们可以从机会主义竞争观中看出机会主义竞争者的一些典型特征:如学习能力不强、不诚信等等。

### 3. 精致的利己主义

精致的利己主义这种不良竞争观只顾个人目的的实现,不顾及他人感受,不关心社会,在处理个人与他人、个人与集体的关系时只以个人自身的利益为重。在参与竞争中只个人利益为价值标准。"精致的利己主义,或是工于心计、圆滑世故,一举一动都笼罩着利益的影子;或是把利益当做唯一驱动,原则、信念都可以为了利益让路;或是吃透规则甚至潜规则,善于钻空子、找漏洞达到自身目的。所谓精致,不过是为绝对的利己主义,穿上了一件合情合理的外衣。"[7]精致的利己主义过于看重个人的利益和个人目的的实现。"如果把生命的意义局限于一己之私,难免会哀叹生命的限制,裹足于小小的得失。精致的利己设计得再巧妙,也无法突破个人的狭小格局。帮助他人的快乐、承担责任的充实、坚守理想的笃定,才可能让我们拥有更丰富更完美的人生。"[8]"跳脱精致的利己主义,并不是要让每个人都变成'无我的圣人'。只是说,我们可以少一些自我中心的计算、少一些斤斤计较的敏感、少一些小肚鸡肠的狭隘,在问'值不值'的同时,也问一问'该不该';在考量'性价比''回报率'的同时,也考量心灵之得、精神之获,这样或许才能拥有更饱满的意义、更珍贵的价值和更丰盈的人生。"[9]

## 三、如何有效地开展竞争教育

在孩子的成长过程中,总会遇到教育竞争,教育竞争是每一位有过学校学习经历的学生都会经历的事实。教育竞争伴随着孩子的升学之路，是孩子学习阶段的一个组成部分，因此，竞争教育也要伴随孩子的成长，必须引起学校、家庭、社会的重视。竞争教育主要应该是教育孩子学会社会化生存、平等竞争、公平竞争、依法有道德地竞争。如何有效地开展竞争教育正是本文的题中应有之义，主要包括以下几个方面。

1. 学校的竞争教育要以"立德树人"为中心

"全国高校思想政治工作会议12月7日至8日在北京召开。中共中央总书记、国家主席、中央军委主席习近平出席会议并发表重要讲话。他强调，高校思想政治工作关系高校培养什么样的人、如何培养人以及为谁培养人这个根本问题。要坚持把立德树人作为中心环节，把思想政治工作贯穿教育教学全过程，实现全程育人、全方位育人，努力开创我国高等教育事业发展新局面。"[10]学校在开展竞争教育的过程中，必须以"立德树人"为中心，要在"立德树人"的教育实践中培养学生的道德品质。实际上，对学生进行正确竞争价值观的教育和培养都离不开"立德树人"的教育实践，只有以"立德树人"为中心和导向，才能使学校的竞争价值观教育沿着正确的方向前进，才能使竞争价值观教育取得良好的教育效果。

2. 学校的竞争教育要注重理论与实践相结合

学校是开展竞争教育的重要场所，学校的竞争教育直接关系到学生的健康成长。虽然学校教育以课程教育为主，但实际上，学校开展竞争教育有着不可替代的优势，即学校的师资队伍以及相关的教育场地、设备等资源，这些都有利于开展对学生的竞争教育。学校的竞争教育应将理论课堂与实践课堂相结合，理论课堂要在理论上培养学生的正确竞争价值观，实践课堂要在实践中培养学生的正确竞争价值观。

一是可以采取专题形式来开展竞争教育。学校可以就相关的教育竞争话题来组织专题写作比赛、演讲比赛，可以规定一个学期至少要举办一次与教育竞争有关的专题活动，比如说以"教育竞争与个人成才"、"教育竞争的道德要求"等为主题面向全体学生开展短文征稿、演讲比赛等活动，学生的参与有利于提高其对正确教育竞争观的认识。

二是要充分利用好体育课进行教育。体育课是一门实践性很强的学科，在竞争教育方面,可以充分利用体育课的优势,因为体育活动很多都是集体性活动,一方面强调竞争,另一方面也强调合作,这对培养学生正确的竞争观和引导学生形成正确的竞争行为等方面都有积极作用。我们可以在体育课的教学过程中教给学生正确的竞争知识,培养学生正确的竞争观,同时,还要与实践相结合。这种实践就是要求学生参加各种体育活动,如各种小团体之间的体育比赛活动,可以是乒乓球小团体赛、分组篮球赛等等,以小团体为单位活动可以提高学生的合作能力,正确对待竞争与合作的关系。在具体的体育比赛实践中教育学生如何平等、公平地竞争,如何依法有道德地竞争。这种既有理论又有实践的体育课教学形式将会对学生的教育竞争观产生积极影响,有利于学生正确竞争价值观的培养和养成。

### 3. 家庭的竞争教育要从课外补习、培训着手

家庭教育的教育者主要是父母,父母都希望孩子成才,都希望孩子能升入优质学校,将来能够出人头地,可以说大部分家长都有"出人头地"这种竞争观,看看那么多父母将孩子送去参加校外补习、培训就能理解。但实际上,最重要的应该是教育孩子学会社会化生存。父母对孩子的竞争教育要从课外补习、培训着手。

第一,父母要正确看待优质学校。虽然能上优质学校对孩子的成功有一定的帮助,但一个人的成功不完全只是取决于学校的教育,还与个人的努力、兴趣、持之以恒等多方面的因素有关。同时,优质学校毕竟是少数,不可能所有人都上优质学校,父母要认识到如何培养孩子的学习能力和优秀品质才更为重要,要教育孩子学会社会化生存,懂得与人合作。父母要以正确的成才观教导孩子,要让孩子知道即使没能升入重点学校也一样能通过努力而成才,成才之路并非上重点学校不可。

第二,父母要尊重孩子的意愿,要知道适合孩子的才是最好的。现实情况是大多数孩子参加校外补习、培训都是在父母的要求下进行的,大部分是"要我学",而不是"我要学",这将影响孩子学习的积极主动性,不利于孩子的长远发展。"记者近日做了个调查,在20位珠海学子中,有16人表示自己学了一门才艺,但是有14人表示并非他们本意,是家长'逼'着去的。记者又随机采访了20位家长,只有1位家长表示,是孩子主动要求上的美术班。"[11]同时,被动学习也不利于孩子形成良好的竞争观,因为一旦孩子厌恶学习,就会逃避学习、逃避竞争,甚至害怕竞争,这对孩子需要面对的教

育竞争来说,连竞争意愿都没有,就更别谈什么正确竞争观的培养和形成了。所以,父母要尊重孩子的意愿,要按照孩子的意愿、兴趣来报补习班、培训班,让孩子更好地认识自己,更好地在教育竞争中给自己定位。这将有利于孩子找准自己的优势,对孩子的社会化生存也至关重要,因为社会化生存在强调平等竞争、公平竞争、依法依规有道德地竞争的同时也需要个体具有一定的生存能力,这种生存能力需要个体发挥好自身的优势。

### 4. 社会的竞争教育应当重在"规则意识"的培养

参与竞争离不开竞争规则,有了规则,还需要每位竞争者都能遵守规则,否则,将会影响竞争的有效开展。培养学生自觉地遵守规则,"规则意识"对学生树立和践行平等竞争、公平竞争、依法有道德地竞争这些正确竞争价值观是十分重要的。当然,规则意识的培养也需要学校、家庭等多方面的共同参与和配合。这里之所以突出社会对学生"规则意识"的培养,是因为在现实的社会生活中,学生在很多方面都离不开相关的规则。比如说:交通规则之红绿灯、公共交通工具的使用、社会公共场所的行为规范等等。虽然说学生的主要活动场所是学校、家庭,但社会公共活动也是学生活动的一部分,同样需要引起重视。社会在对学生进行规则意识培养的过程中,主要方式是积极引导。有些学生可能一开始并不了解公共规则,这时我们的相关工作人员、社会公众都可以对学生进行公共规则的讲解,并对学生的不合规则行为进行及时提醒和教育。同时,社会公众也要带头遵守公共规则,对学生进行行为示范、引导。比如说过马路时遵守"红灯停、绿灯行"的规则,大家都在绿灯亮时再通过马路,将会对学生(特别是未成年学生)产生示范、引导作用,有利于学生对公共规则的遵守及规则意识的养成。"规则意识"的养成有利于学生树立并践行正确的竞争价值观。

### 5. 竞争教育要跟市场经济的特点结合起来

开展竞争价值观的教育,要跟市场经济的特点结合起来,因为市场经济要求每个主体平等和依法有道德地参与市场竞争。竞争是市场经济的特点,但市场经济的竞争强调它的合法性、合伦理性,市场经济的竞争价值观也强调要平等竞争、要公平竞争、要依法有道德地竞争。我们可以结合市场经济中的竞争现象来开展对孩子的竞争价值观教育,可以根据孩子所属的成长阶段,选取他们能理解的竞争现象来展开教育,利用一切可以利用的机会,比如说家长和孩子一起去超市购物,就可以结合超市的运营和在市场经济中的竞争来对孩子进行竞争价值观的教育,可以从超市的经营要符合相关法律法规的要求、超市的诚信经营、超市商品的质量要求、对消费者权益的保护等多方面来谈市场竞争的规则,使孩子在生活实践、社会实践中形成正确的竞争价值观。学校在具体的教学实践中,可以结合书本中的市场竞争知识来谈竞争价值观,也可以由教师结合社会生活中的实际情况来谈竞争价值观,与学生在课堂上展开关于市场经济竞争观的讨论,从而更好地对学生开展正确竞争价值观的教育。总之,竞争教育的开展要结合市场经济的特点,选取现实中的市场竞争现象来进行教育,以更好地达到竞争教育之目的。

## 四、结语

在教育竞争过度的背后存在着一些不良竞争观,如:过于强调出人头地,唯分数主义正是它的体现;不择手段的机会主义,较典型的机会主义如非法代考;精致的利己主义,这种不良竞争观只顾个人目的的实现,不顾及他人感受,不关心社会。在这种情况下,我们有必要加强竞争价值观的教育。竞争教育主要应该是教育孩子学会社会化生存、平等竞争、公平竞争、依法有道德地竞争。学校在开展竞争教育的过程中,必须以"立德树人"为中心,要在"立德树人"的教育实践中培养学生的道德品质。只有以"立德树人"为中心和导向,才能使学校的竞争价值观教育沿着正确的方向前进,才能使竞争价值观教育取得良好的教育效果。学校的竞争教育应将理论课堂与实践课堂相结合,理论课堂要在理论上培养学生的正确竞争价值观,实践课堂要在实践中培养学生的正确竞争价值观。父母对孩子的竞争价值观教育,最重要的应该是教育孩子要学会社会化生存。父母要尊重孩子的意愿,要按照孩子的意愿、兴趣来报补习班、培训班,让孩子更好地认识自己,找准自己的优势,发挥好自身的优势以获得社会化生存的能力。社会要积极引导和培养学生的规则意识,使学生养成自觉遵守规则的意识,"规则意识"对学生树立和践行平等竞争、公平竞争、依法有道德地竞争这些正确竞争价值观是十分重要的。开展竞争价值观的教育,要跟市场经济的特点结合起来,因为市场经济要求每个主体平等和依法有道德地参与市场竞争。同时,要对那些违反正确竞争价值观的行为进行相应的处罚和批评教育,以更好地引导学生树立和践行正确的竞争价值观。

**参考文献:**

[1] 马克思恩格斯选集(第1卷)[M].北京:人民出版社,2012:135.

[2] 方年根,戴黎桐.立德树人与大学生文明修身教育[J].思想教育研究,2017(3):112.

[3][4][6] 李江源,王雄.考试分数:一种人学的阅读[J].湖南师范大学教育科学学报,2011,10(5):75,79,79.

[5] 郑若玲.考试与平等——基于罗尔斯正义论的分析[J].江西社会科学,2006(10):34.

[7][8][9] 张铁.警惕"精致的利己主义"——我们时代需要怎样的价值之一[N].人民日报,2012-6-12(004).

[10] 张烁.习近平在全国高校思想政治工作会议上强调把思想政治工作贯穿教育教学全过程 开创我国高等教育事业发展新局面[N].人民日报,2016-12-9(001).

[11] 罗慧敏.过度教育竞争后的"教育恐慌"[N].珠海特区报,2012-9-19(015).

# 教育伦理学中的理性与情感

江 虹

(中山大学 马克思主义学院)

教育是对"真""善""美"的追求,教育的最终目的是"人",促进人的能力全面发展,培养社会主义的"四有"新人。因此,"人"、人自己以及人与他人的关系应该成为教育的焦点。但是在现代化进程中,工具理性和科技理性大行其道,在功利主义和物质主义风靡社会的同时,教育领域也深陷其中。"现代教育将教育的关注点从'人事'转向自然,由人文探问转向科学知识。"[1]从此,科学技术知识在学校教育中逐渐占据支配性地位,而情感等非理性因素因为不能直接给人们带来好处而被搁置一旁,造成理性与情感在教育结构中所占比例的严重失衡。人是理性与感性并存的统一体,而教育实践活动离不开理性原则和情感原则的综合指导。但事实上,情感在现代教育中备受冷落,"人类的情感世界由于缺少了应有的教育滋养而日趋萎缩"[2],造成人类情感的失落。事实表明,情感世界的贫瘠乃至畸形会造成大量的社会道德和情感问题,如2013年复旦大学研究生寝室投毒事件,2017年翟欣欣骗婚事件等,这些事件让我们不禁质疑:我们的教育怎么了?为何受过高等教育的人会做出如此不可思议、令人震惊的荒诞之举?因此,重新审视现代教育,研究在育人过程中理性和情感究竟占据何种地位以及二者之间的关系,成为当代教育实践亟待解决的问题。当代教育必定要建基于一

---

作者简介:江虹,中山大学马克思主义学院在读研究生。
E-mail:791025561@qq.com

定的伦理学基础之上,而教育伦理学就是将教育学和伦理学相结合而产生的一门新兴学科,"教育伦理学作为一门从伦理道德的视角对教育活动进行价值分析和行为导向的交叉学科"[3],意在赋予教育活动合理性和伦理性、理性化和情感化,使其真正成为回归人本身的一门教育实践活动。

## 一、教育伦理学的两种维度:理性与情感

### 1. 从人的本体论存在略论理性和情感

教育伦理学的主体是人,是"现实的、活生生的人"。教育伦理学的有效开展离不开对人的本质的考察和发展规律的探寻,因此,"认识人"是教育实践展开的前提。从根本上来说,人是情感与理性的统一,既是"有激情的存在"也是"理性的存在"。人首先是"情感的存在",情感是人的本质显现。马克思在《德意志意识形态》中指出,人是"有激情的存在","人作为对象性的、感性的存在物,是一个受动的存在物。因为它感到自己是受动的,所以是一个有激情的存在。激情、热情是人强烈追求自己的对象的本质力量"[4]。马克思的这段论述实际上揭示了情感是人的最初本真样态,是人的本质力量的显现。人活在各式各样的情感之中,既有对最基本的生理和安全的情感需求,又有对高层次的爱、尊重和归属感的情感渴望。

人除了是感性的动物,还是理性的存在物,"人的本质是理性"[5]。人凭借理性力量并依靠理性来指导自身活动,理性是为人所特有的。人的本性中所具有的理性将人的活动与动物的本能性活动区分开来,"有意识的生命活动把人同动物的生命活动直接区别开来"[6],确定了人之所以为人的依据。人的本质是理性,一方面表明人之为人所区别于动物的标志,另一方面表明人的对象化活动、本质力量的实现是在理性的指导下完成的。从某种意义上来说,"人的自我认识的深化与主体性的发展主要归功于人类理性精神的成熟"[7]。人是理性与情感的结合体,因而从理性与情感这两个维度去展开教育伦理学的研究是符合人性的。

### 2. 从教育功能的作用略论理性和情感

理性,从词源的本义来讲,一般指形成概念,进行判断、分析、综合、比较、进行推

理、计算的能力,是通过符合逻辑的推断而非依靠表象而获得一种客观、规律性的理性思维和理性认识。理性思维是人类思维的高级形式,是人们把握客观事物本质和规律的能力活动。教育伦理学作为一门学科,要把握这门学科的本质和教育规律,理性形态当然是最切合的,"学问或学科本身就是理性的,就是抽象化、概念化、体系化的,没有这个过程,就谈不上一门学问或一个学科"[8]。理性的作用在于运用科学的逻辑和方法,将存在于教育与人的发展过程中的普遍规律和一般法则揭示出来并使之概念化、体系化。关于理性在教育过程中的作用研究历史已久,从古希腊"教育的价值是要唤醒人的理性,帮助人去掌握概念"[9],到近代"理性就是发现真理或谬误","康德认为教育的主要目的在于教会人们理性思考"[10],再到现代提倡的理性教育"培养人的理性意识、理性能力和理性精神的教育"[11]。理性在现代教育话语体系中占有十分重要的地位,尤其是对理性精神和科学知识的重视与培养。

情感作为人存在的另一种形态,是人在社会活动中根据自身需要的满足程度而呈现的一种主观体验。但这种体验并不是单向度、受动的过程,而是一种有目的、反思性的应对世界的社会行动。当我们受到限制和制约的时候,"感到自己是受动的",我们就会在非反思的水平上,通过改变和调节我们自身情感的认知模式来实现人的本质力量、改造现实世界。情感在教育活动中具有重要作用。一方面,情感是教育活动的内容之一。教育的对象是现实的人,其目的是培养完整、全面发展的人,培养人的情感是教育的应有之义。尤其是在当今社会,越来越多的情感问题带来的悲剧教训呼唤着情感教育的出场。另一方面,情感也是教育活动的方法之一。情感来源于人的主观能动性的部分,具有强烈的内在驱动力,故而在教育过程中受教者的认知和实践都离不开情感的激发和诱导。"情感可能有一种人类生活大多数其他方面所欠缺的强烈的推动力"[12]。

人是教育的主体和目的,因而教育伦理学的发展离不开人。人的理性和情感犹如两个车轮,共同推进教育的向前发展。教育不仅要"晓之以理",还要"动之以情",才能从"知"转化为"行",真正落实到个体的行动中去。因此,从总体上来看,理性与情感在教育实践过程中应该是相辅相成、和谐统一的关系。

## 二、教育现代性困境:理性与情感的断裂

审视中国的教育现状,我们不得不承认在整个教育发展的过程中,从理论到实践,

教育中的理性和情感的关系发生裂变。情感在现代教育体制中备受冷落,相反,理性开始逐渐占据支配地位,教育在理性主宰机制下发生质变,教育成了一种"谋生术"[13]。为什么教育会沦落到如此地步?这与社会的理性化进程分不开。自"上帝死了"之后,理性悄然成为人类所信仰的"新上帝"。现代社会在科学技术以及建立在科学技术发展之上的技术理性的推动下以前所未有的速度发展,从根本上改变了人类的生存面貌。整个社会也由此陷入了"理性的癫狂"。"理性曾经成功地祛除了世界的神秘性和形而上学之'魅',但理性自身也染上了神学和形而上学的痼疾。"[14]理性开始扩张到人类社会的各个领域,教育领域自然不可避免。其中,教育的功利化和技术化是理性在教育领域作用的结果,同时也是情感教育缺位的原因所在。

"当今学校的主要任务是为生活实践及未来就业做准备。一切教学内容今天均被置于'是否有用'的标尺之下,这里的'有用'一般被理解为是否能为个人带来物质利益。"[15]人们接受教育不是为了提升自我修养,而是为了获取生存保障的技能,寻求一种谋生之道。从这种意义上来说,教育成为一种具有功利主义色彩的技术教育。在学校层面,升学率、上线率等量化数字成为衡量一所学校实力强弱的首要指标;在学生层面,在分数论排名的评价和考核体系下,学习的驱动力逐渐趋于功利,尤其在市场竞争激烈的情况下,选择热门、实用的专业成为潮流。功利化的教育摧毁了教育的本真,扭曲了教育的目的,把人塑造成了钱理群先生所说的"精致的利己主义者"。除此之外,教育的"技术化"也成为当代教育的痼疾之一。理性尤其是技术理性对教育的"征服"是全方位的,从教育内容的单一化到教育程序的机械化,将教育简单理解为知识的输出和接受,"理解为动物反射性、程序化的行为规范训练"[16],教学成了一种机器化的操作活动。只要你学习和掌握了这一系列的操作程序,你就获得这门学科的技能。因此照搬和复制,成为了人们唯一的操作,人在此变成了"单向度的人"。夸美纽斯的"教育印刷术"就是在这样的场景下成立的。在这种教育样态下,人变成接受知识的容器,下降到物的层面,不再是具有向真、向善、向美内在动力的精神存在。教育在技术、功利这两种力量的推动下,也被整合进了理性主宰的社会结构之中,成为现代理性压抑人、统治人的"帮凶"和工具。

另一方面,在理性主宰教育领域、教育中的功利主义与技术主义盛行的时代,教育对情感的研究微乎其微。由于人们二元对立的思维模式,人的情感和个性被当作是对理性的巨大威胁和干扰,是需要被祛除或搁置的因素。学校教育只注重对学科知识的理解和记忆,很少去关注学生在学习过程中的情感体验;师生之间只有"教与学"的关系,感情交流日益减少;同学之间则充斥着激烈的竞争关系,相互之间缺乏配合和协助……这些都使教育过程中人文特性大大削减。其结果是人们虽然获得知识,掌握谋生技能,但他们的情感世界和人格发展却没有得到同步发展。这种唯理性主义的单向度教育,造成人类情感的失落,甚至在一定程度上衍生了人的畸形情感和情绪泛滥。一个人情感缺乏所引起的情感畸形,往往比知识的贫乏而导致的无知更令人害怕、更具有社会危害性。这种情感畸形发展的典型症候有:对生命的冷漠,如复旦大学研究生投毒室友事件;对道德的无视,如关于"扶不扶"问题引起社会讨论热潮;还有都市白领的"爱无力"现象,觉得自己没有能力再去爱别人……畸形情感的持续发展会带来负面情绪的泛滥,人们感受不到情感的正能量,生活因为社会的日益冷漠和扭曲而失去了意义与价值,激情与诗意不复存在,剩下的是空虚和寂寞。长此以往,这些负面情绪得不到及时有效的引导和梳理,就会突变为破坏性力量,它不但会引发各种社会问题,而且还可能从根本上伤害自身,如因抑郁而导致的自杀现象。

理性的膨胀、人文的衰微造成情感失落,从而引发各种社会问题,在一定程度上反映了当代教育中理性与情感的失衡,昭示了人类情感世界正走向荒漠化,折射出了教育体制中情感的缺失。因此,重新审视理性与情感的关系,探究情感在育人过程中的作用,是现代教育亟需面对的问题。

### 三、教育发展新态势:理性祛魅与情感回归

在审视理性与情感的问题上,人们会不自觉陷入对立的二元思维之中,囿于理性主导的框架,从理性的对立面去揭示情感的作用,情感被淹没在理性的光辉中。但我们业已认识到缺乏情感维度的教育是一种空洞形式化、没有温度的唯理性至上的教育,成为新的压抑人性的异己力量。而教育作为人类文化自觉的活动,是人类追求真、善、美的领域,理应响应人的精神需要,为现代人走出理性构造的教育牢笼奠定思想基础。因此,理性祛魅与情感回归,是未来教育发展的新态势。

破除理性与情感的二元对立的刻板化印象,树立理性与情感的和谐统一的新理念。人既是理性的存在物同时也是情感的存在物,是理性与情感融合的本体根基。同时,理性和情感在教育功能中的互补性质是理性和情感得以融合的基础。理性着重于

对普遍法则抽象化,其优势在于对普遍性的把握,劣势在于其形成的概念、体系较抽象冰冷,很难俘获人心。情感关注的则是人的具体需要,其优势在于其鲜明的个性,具有很强的感染力,不足之处则在于感性化与碎片化,无法把握事物的真正本质。忽视理性,教育将会陷入无方向、无制约的盲目、泛滥的状态;忽视情感,没有情感的共鸣和认同,受教者很难达到内化的效果。在教育体系构建过程中,采取理性与情感的"融合"的方式作为教育基础,即理性与情感克服自身的缺陷努力走向对方,既能使教育保有一定的知识含量和理论高度,又能避免技术化教育带来的抽象、冰冷,让受教者感受到情感的温度,内化于心。

  理性祛魅与情感回归。理性祛魅并不等于丢掉理性,理性仍然是促进现代社会向前发展的力量源泉。理性祛魅,是指将理性重新从"天上"拉回"人间",理性不再是教育领域的唯一作用因素,它将向情感展开双臂,迎接情感的重归。情感回归,主要表现在两个方面:其一,情感作为教育内容的回归。情感虽然是人的主观意识形态,但也有其自身发展的特点和规律,培养受教者的情感能力和情感品质是情感教育的主要内容。在情感教育实施过程中,首先要切实了解学生的情感需要所在,这是满足其情感需要的前提。对于生活在不同的社会文化、教育环境的独特个体来说,其情感需要的内容、层次、深度也是有差别的,这就需要教育者在深刻观察个体情感需要之时,有针对性地满足个体的情感需要。其次,要培养、调节受教者的情感。不仅要培养社会性情感而且还要培养人们日常的正当情感,调节人们的负面情绪。"提及情感教育,人们自觉不自觉地视积极的社会情感培育为情感教育的全部。而作为人的情感的有机组成部分的基本情感,如愤怒、痛哭、悲伤、恐惧,人的复合情感如爱情、亲情、友情等很少被提及。"[17]社会性情感的培养固然对整个社会的团结和进步具有十分重要的作用,但是情感教育如果只是单一考虑社会性情感的需要,而忽视了人的日常基本情感的话,就很有可能发生情感链条的断裂。人的情感世界是极其丰富的,这意味着情感教育的内容应该是多姿多彩的,既有社会性情感也有日常基础性情感,既有积极情感也有消极情感,人的喜怒哀乐都应包括其中。这样才能使受教者拥有一个健康、良好的情感世界,情感教育才能真正发挥它的作用。

  其二,情感作为教育手段的回归。情感包含着人的感性体验,人的情感体验越强烈,情感共鸣越多,人们接受教育的效果就越明显。从这种意义上来说,情感可以作为一种加强教学效果、提高受教者学习兴趣的手段和方法。情感如何使教育内容贴近人的心灵,从而产生心灵共振,是情感作为教育手段需要解决的问题。"情感"和"情感体验"在新颁布的《全日制义务教育语文课程标准(实验稿)》中出现的频率很高,课程总目标中明确标出"注重情感体验"的要求。情感体验教育注重互动式对话,更多关注在教育过程中人的情感需要以及情感表达,唯有如此,教育才能深入人心。生活是产生人的情感体验的沃土。人是生活世界中的人,是现实的人,只有在真实的各种际遇和场景中,人才会有各种各样的情感体验,在丰富的体验中感受人生的意义和价值。因而,情感体验来源于生活,教育要回归生活。在以往理性逻辑组织下的课程教育,"生活气息"不浓厚,与人们的日常生活之间存在距离感,受教者很难进入课程设计之中,无法与所教学的内容产生共鸣。教育回归生活是教育手段发展的一个新指向,包含两个层面:一是把"'生活事件'作为教材的基本素材来组织教材"[18],在教育材料选择的过程中,选择生活事件作为教学材料,通过这些生活事件,把受教者带回到自己的生活情境之中,让他们有身临其境之感并切身体验其中的美好与遗憾。通过这种做法,可以让受教者从教材的"他者"转化为"我们",从而更能明白其中的情感体验和教育意义。二是让受教者真正切身参与实践活动,在活动中以主体的身份,以自我的视角去体验教学内容背后的情感。比如,课堂上经常会听到"红军长征精神",但对于受教者来说,红军长征这种历史事件,对他们来说是一种"不在场"的存在,因而很难感同身受,从内心体会那种精神。于是,就有不少学校或教育者发起"重走长征路"红色体验之旅。人们通过亲自模拟、体验红军长征所经历的苦难,一下子就明白了长征之苦、之难以及长征精神的真正内涵。这是生硬的课堂讲授完全给予不了的情感体验和教育效果。这种身临其境的实践活动,一方面可以使人感受到生活的真谛,另一方面也丰富了人的情感世界,提升了其精神境界。

　　人是理性和情感的统一体,教育要想实现人的自由全面的发展离不开理性原则和感性原则综合指导。理性认识是教育工作顺利展开的逻辑基础,教育的规范和评价机制在很大程度上是理性行为,无视理性的引导和制约作用,教育就会陷入无方向的混沌状态;而理性认识是在感性经验基础上形成的,情感这种非理性因素直接影响人们对教育的态度和认同,如果重理性而忽视情感的建设维度,导致受教者内心产生抵触情绪,教育就无法达到内化效果。因此,完善教育内容,使其既富于理性又渗透情感;在理性原则的指导下实施有效的情感教育方法,只有这样,受教者才有可能经由这种良善教育而成为"有理性的情感人"。

**参考文献：**

[1][13][15] 高德胜.论道德作为现代教育之代价[J].高等教育研究,2013(10).

[2] 刘期彪.人类情感教育的伦理审视[J].佳木斯大学社会科学学报,2010(3).

[3] 糜海波.我国教育伦理学研究综述[J].伦理学研究,2006(2).

[4][6] 马克思恩格斯文集(第1卷)[M].北京：人民出版社,2009：211,162.

[5] 袁周南.试论亚里士多德关于人的理性本质的判断——基于马克思人的本质理论视角[J].新西部,2016(11).

[7] 何涛.理性与情感：社会学研究的议题之辩[J].陕西学前师范学院学报,2015(4).

[8][18] 高德胜.叙事伦理学与生活事件：解决德育教材困境的尝试[J].全球教育展望,2017(8).

[9][10] 于伟.现代性与教育[M].北京：北京师范大学出版社,2006：54,56.

[11] 李国庆.对理性教育的思考[J].高等教育研究,2005(10).

[12] 乔恩·埃尔斯特.心灵的炼金术：理性与情感[M].郭忠华,潘华凌,译.北京：中国人民大学出版社,2009.

[14] 方向红.理性自身的启蒙——阿多诺"祛魅"观重构[J].江苏社会科学,2000(4).

[16] 高德胜.生活德育：境遇.主题与未来[J].教育研究与实验,2012(3).

[17] 张淑燕.我国当代情感教育的现实思考[D].东北师范大学博士学位论文,2008：48.

## 善的求索：教育伦理的价值追求

李 杰

（宜春学院 马克思主义学院）

教育是培养人的活动。培养什么样的人，如何培养人，需要有明确的价值引领。教育伦理学就是使教育向善的一门科学，什么是教育的善，如何使教育向善，就成为教育伦理学的应有之义。所以，教育伦理既包含对"好教育"的本体论追问，又蕴含如何使教育向善的价值追求，教育伦理是整个教育的价值基础。

### 一、"好教育"的本体论追问

教育的任务是培养人，好的教育就是要培养一个真正的人、一个完善的人。何谓"真正的人"？苏霍姆林斯基说："你作为一个人生了下来，就要成为一个大写的人，真正的人要有一种精神——人的精神，这种人的精神会在信念与情感、意志与追求之中，会在对待他人和自己本人的态度上，会在分明的爱与憎，在善于看到理想并为之而奋斗方面表现出来。"[1]一个真正的人是一个大写的人，一个精神丰富的人，一个灵魂丰盈的人，一个完善的人。好教育就是教人成为一个合格的人的教育，就是"使人作为人而成为人"的神圣而高尚的事业。教育作为一项培养人的工程，必须建构在对人的认识的

---

作者简介：李杰，宜春学院马克思主义学院副教授。

E-mail：Ljlunwen2006@163.com

基础之上。因此,弄清好教育的内涵,必须对"人是什么""人是谁"进一步作出回答。

人是教育的主题和实质。人是什么,成为理解教育的阿基米德点。从苏格拉底提出"认识你自己"开始,哲学家们一直在对人进行形而上学的追问,亚里士多德说"人是理性的动物",拉美利特说"人是机器",帕斯卡说"人是能思想的苇草",卡西尔说"人是文化的符号"……上述流行定义是根据人的事实性、并把人作为空间中的一个(存在)物来对"人是什么"这一问题的回答。这些答案仅停留在"思想""文化"的层次,尚未触及"哲学—形而上学"之根基。海德格尔认为,追问人,不能简单地问:"人是什么?"并依此问题所框定的方式给人下定义,对人作出概念的规定。这种从存在者的角度即从客体的角度去理解人、把握人的方式,只关注存在着的事物,而遗忘了存在者的存在。那么,如何才能作出对人的科学追问呢?海德格尔从存在论的层面对这一问题作出了回答,他指出,追问人的独特的存在的问题必须从"人是什么?"这种形式变成"人是谁?"这种形式。[2]人是谁? 这是从人的角度和人的标准出发而不是从物的角度出发来追问人的问题。它既蕴含着人的历史维度,指向人从哪里来,将到哪里去,又内含人的目的论向度,指向着做人意味着什么,所以,赫舍尔说,人是谁? 这个问题是一个价值问题,一个关于人在万物秩序中的处所和地位的问题。

从人的历史维度来看,人是生成性的存在。狄尔泰认为,"人是什么,只有历史才能告诉你"[3]。人在历史中生成、活动、发展,时代展示了人的发展状况,人在时代中认识自我,进而发展自身。卡西尔也指出,人并没有与生俱来的、一成不变的永恒人性,人的本质是永远处在劳作(work)之中的,它只存在于人不断创造文化的辛勤劳作之中。在宇宙万物中,"人被宣称为应当是不断探究他自身的存在物——一个在他生存的每时每刻都必须查问和审视他的生存状况的存在物。人类生活的真正价值,恰恰就存在于这种审视中,存在于这种人类生活的批判态度中"。[4]因此,从历史的维度来认识人,也就是从人的创造性、不确定性、可变性的视角来理解人。人的创造性、不确定性、可变性恰恰源于人的自由本性。康德称卢梭是另一个牛顿,因为牛顿完成了外界自然的科学,卢梭完成了人的内在宇宙的科学,正如牛顿揭示了外在世界的秩序与规律一样,卢梭则发现了人的内在本性——自由。存在主义者之所以坚持"存在先于本质"的原则,就是因为人是一个自由的存在,人的存在是去存在、去生存、去创造,人是面向未来的存在,"草木在,但它不存在,石头在,但它不存在",人不同于草木,源于人有自由选择性,而草木、动物等则没有。荀子说:"水火有气而无生,草木有生而无知,禽兽有知而无义；人有气，有生，有知亦且有义，故最为天下贵。"自由，乃是人之为人不同于万物的本性。可见，人既是一个自然存在，又是一个自为的存在，人与物的区分恰恰在于人的自为性。也正是马克思主义所说人具有两重性：自然属性和社会属性，而人的本质在于其社会性。

人的生成性、自由性导致人的未来性，人的未来是好的未来，还是一个坏的未来呢？两者都有可能。作为一个真正的人，应该争取一个好的未来而不是坏的未来，所以，人又具有目的性的一面。"如果说从存在论中能够生长出价值根据，那么只能是目的论。人有着作为人的目的，做人就是实现人的目的，一个实现着人的目的之人即道德的人，所以说，做人就是去符合人的概念。只有在人性目的论中才能揭示人的存在是怎样使存在具有比存在本身更多的意义，换成日常的表达则是，只有人性目的论才能表明生活是如何使生命具有比生命本身更多的意义的。人的存在就是有价值的存在，无价值的生活就是对生命的否定。"[5]人的存在是生活而不是仅仅生存（自然存在），人的生活应该是有目的、有意义的生活，也就是有道德的人的生活，也就是真正意义上的人的生活，否则，则不是"人"的生活，这就叫行尸走肉。所以，真正意义上的人，是一个精神性的存在，一个道德性的存在。难怪梁启超说，"你在学校里头学的什么数学、几何、物理、化学、生理、心理、历史、地理、国文、英语，乃至什么哲学、文学、科学、政治、法律、经济、教育、农业、工业、商业等等，不过是做人所需的一种手段，不能说专靠这些便达到做人的目的，任凭你把这些件件学的精通，你能够成个人不成个人还是个问题"。一个真正的人，不是一个器、一个工具，而是一个"有气、有生、有知亦且有义"的人，一个精神丰富、灵魂丰盈的人。人之为人正在于人的目的性、道德性，这也是人与物的本质区别之所在。

## 二、好教育的伦理本性

如何使人作为人而成为一个真正的人，这是教育所承担的功能之所在。康德在《论教育学》一书中指出：在世间万物中，"人是唯一需要教育的一种存在"。按康德的看法，人之外的动物只需以本能的方式来运用它的天性，无需像人那样经受教育的过程。在此意义上，也可以说，教育使人与其他存在（包括动物）区分开来。也即，教育以"使人成其为人"作为它的内在指向，它的使命就是"人的完成"。所谓"人的完成"，一方面意味着使人成为具有社会品格的人或"社会意义上的人";与之相联系,另一方面,教育也是使人成为文化意义和文明意义上的人的前提和必要条件。人是唯一必须受教育的被造物。教育是使人成为人的事业。恩格斯指出,人的发展、成长要经过两次"提升":一次是人在物种关系方面把自己从其余的动物中提升出来,因为"人来源于动物界这一事实已经决定人永远不能摆脱兽性,所以问题永远只能在于摆脱得多些或少些,在于兽性或人性的程度上的差异";[6]一次是人在社会关系方面把自己从其余的动物中提升出来。这表明,人的不断提升、不断生成,要通过不断接受教育才能实现,人在教育中不断塑造和完善自己。

通过教育,实现对人的自然本质的超越和提升。教育是塑造人性的艺术,教育就是人作为人而成为一个真正意义上的人的过程,所以,在本性上教育即道德,伦理性是教育最为根本的属性。英国教育学家约翰·怀特在《再论教育的目的》一书中通过对"什么是受过教育的人?"的回答,清晰地论证了这一问题。他认为,"受过教育的人从拓展的意义上考虑他的自身幸福,他把个人幸福推及他人,把幸福溶入一种道德高尚的生活之中。这不同于把拥有知识作为受过教育的人之主要特征的观点,它把美德放到中心位置。受过教育的人是这样一种人:他倾向于某些行为方式而不倾向于另一些行为方式;他具有诸如审慎、关心个人利益等一般性的品质(也包括派生出的诸如勇气与克制等品质)。如果从更广泛的角度考察,还应该包括那些更具有道德意味的品德,如仁慈、公正、诚实、宽容、讲信用"。[7]可见,在怀特看来,教育是一项充满人文底蕴的事业,具有鲜明的伦理性。著名教育家赫尔巴特说:"道德是教育的最高目的。"[8]美国教育家杜威在《我的教育信条》一文中指出:"一切教育都是通过个人参与人类的社会意识而进行的。……由于这种不知不觉的教育,个人便渐渐分享人类曾经积累下来的智慧和道德财富。他就成为一个固有文化资本的继承者。世界上最形式的、最专门的教育确是不能离开这个普遍的过程的。"[9]在杜威看来,"让人分享人类的智慧和道德财富",这是教育的职能和本质。我国台湾教育家陈迺臣认为,教育虽然包含教导和学习的因素,但有教有学的行为或活动,不一定就是教育,因为教育本身是一种价值性活动。"教育是一种善意(良善之意向)的活动。"[10]实际上,教育的伦理性这一理念在我国很早就得到了践行。在儒家经典《大学》中就强调:"大学之道,在明明德,在亲民,在止于至善。"这就点明了教育的目的和宗旨在于弘扬人性中光明正大的品德,使人摒弃邪恶,达到最完善的境界。

对教育的伦理本性的论证在黑格尔那里最为明显。黑格尔在《法哲学原理》中,通过对"法—权利—道德—伦理"展开递进的分析,详尽论述了教育的伦理品性。黑格尔说:"教育学是使人们合乎伦理的一种艺术。它把人看作是自然的,它向他指出再生的道路,使他的原来天性转变为另一种天性,即精神的天性,也就是使这种精神的东西成为他的习惯。"[11] 黑格尔认为,社会个体是外在的偶然性或特殊性的存在,教育的使命就是使人从他的蒙昧状态不断地靠近精神这一普遍性本质,就是培养人的第二天性,即精神的天性,这种天性符合普遍性,也就是达到了伦理的要求。所谓伦理,就是自由,是客观,是普遍性。在黑格尔看来,整个人的生活安排都要合乎伦理的规约,伦理是自在自为地存在着的神,对于这种永恒的正义力量,个人唯有安首俯命。这样,教育就成为使人达到伦理的一个环节,教育的最终目的是使人达到普遍精神,所以,教育肩负着完善人类本性的重任,是一项滋养人类精神成长的神圣事业。在此意义上,黑格尔将教育视为个体灵魂的改造活动。黑格尔进一步论述了社会个体是如何获得伦理上的教育的问题,他指出,社会个体首先是在家庭接受伦理精神和理性精神的培育,这时的孩子——作为家庭中的成员之一,被教育者灌输伦理原则,确立了伦理生活的基础。但个体不能永远生活在家庭中,当孩子们具有脱离家庭的自然统一性的能力时,走出家庭迈入社会就成为个体成长的必然选择。所以,黑格尔说:"教育的绝对规定就是解放以及达到更高解放的工作。这就是说,教育是推移到伦理的无限主观的实体性的绝对交叉点,这种伦理的实体性不再是直接的、自然的,而是精神的,同时也是提高到普遍性的形态的。"[12] 可见,黑格尔认为,教育的本质就是"解放",也就是伦理的解放。教育把人的伦理精神从自然质朴性中解放出来,使人摆脱行为的主观性、情欲的直接性、偏好的任意性,一步步从家庭中的一员走向市民社会的成员,最终走向国家的公民。伦理总是浸润渗透于教育之中,教育又始终蕴涵着体现着伦理。杜威说:"教育即生活。"生活总是要呈现人与人之间的伦理关系、伦理规范、伦理秩序。这就是说,教育伦理是教育生活的内在律令,教育道德生活为教育伦理学的构建提供了历史根据和现实"土壤"。教育是伦理的,伦理是教育的,教育的伦理旨在实现伦理的教育。[13]

## 三、善的求索:教育伦理的价值追求

教育是属伦理的,教育的伦理就是追求至善的教育,至善的教育也就是好教育。

好教育是培养有道德的人的教育,是使人作为人而成为人的教育。在当今这个实利主义和工具主义盛行并甚嚣尘上的时代,在金钱崇拜和物欲横流的环球热潮之中,教育领域也不可避免地被熏染,好的教育如何实现?

好教育的实现依靠好教师。教师是教育的载体,教育任务的承担者和推进者。好教育需要有好教师,好教师要具备良好的素养,其中最重要的是教师的教育价值观,教育价值观决定着教育的走向和未来,教师如果没有正确的教育价值观,很难想象教育的结果。所谓教育价值观,即是指对教育的概念、立场和观点的总的看法。如果一个教师仅把教育当作传授知识、技能,获取功利或者谋生的工具,这就是工具理性的教育价值观,这样的老师就是中国古人所说的"经师",即传授各种专业知识的老师,所以,又有人用"业师"来代替古人所说的"经师";如果一个老师把教育看成教人如何做人、如何提高人的思想道德素质和提升人的道德人格的事业,这既是价值理性的教育价值观,这样的老师古人称作"人师",古人认为,教育学生最为根本的目的,就是要"改变人的气质","学做贤人和圣人",因此,"人师"在德行和学问上都应当成为人的表率,道德和人格的高尚是成为优秀人师的一个最重要的条件。正确的教育价值观应该是价值理性和工具理性统一的价值观,好教师应是"经师"和"人师"双重身份统一的老师,而且"人师"是更为根本的身份。也就是说,只有拥有高尚的道德情操、良好的人文素养的老师,才能教出一个有道德的学生,培养出一个有道德的人,造就一个真正的人。陶行知先生认为,教人变好是教育者的神圣职责,是教育的最终目的。怎样教人变好?在陶先生看来,首要的一条是教师要注重以人教人,用自身高尚的道德修养和人格魅力感化和教育学生。没有爱,没有亲密的师生关系,没有教师的榜样作用,就不可能有好的教育。教师的人格魅力会像春风化雨,润物无声,潜移默化地影响、滋润、浸染着自己的学生,学生形成了好品行,又会相互感化、相互感染,起到以智慧启迪智慧,以人格塑造人格的作用,这样就会形成一个好的教育的良性循环效应。良好的素养还包括"以生为本"、爱无差等教育理念,还包括超功利的情怀和对学生无私的爱,敢于担当、乐于奉献的精神,以及深谙教育教学规律、学生成长规律和因材施教的技能等。用中国古人的智慧来说,好老师就是要有"志于道、据于德、依于仁、游于艺"的气度和胸怀。所谓"志于道",是为学和为人的根本,是基础,是立场,要求老师坚持立德树人的大道,以教书育人为根本,有了这个东西,方向才能明确,心里才能踏实;"据于德"是说对道的坚守必须落实为德性的养成,缺德无从体道,无德必定无道,道不虚玄,就在德中,道是贯通万有的大道,德是内在一己的修持,教师要从教书育人的大道中孕育出相应的美德,即教师的良好素养;"依于仁"是说,道德寄寓人心,发于仁爱,道和德都不是无情物,不是冷冰冰的东西,在这里是指老师要有无限的大爱精神,像爱迪生的母亲一样宽容,像富兰克林的父亲一样仁慈,但爱有厚薄,有远近,有久暂,有恒易,甚至有对错,故仁须以德为据,有德之爱才是真爱,才是纯爱,才是正确的爱,才是可靠的爱;"游于艺"是说,仁爱不是空洞的,不是软弱的,不是几滴同情的眼泪和几声无力的叹息,它应当有本事,有力量,起作用,出成效,而这一切都依赖于技艺的学习、掌握、锤炼和出神入化,无艺之仁,有心无力,爱莫能助,没有艺,德是枉然,道为空谈,在这里是指一个好老师要不断地学习,练就一身本事,在教学中才能游刃有余,但这里的"艺"不是目的,"艺"的高低不是衡量好老师的最高准则。好老师追求"艺"的用心要端正,动机要纯良,要"依于仁"。[14]

好教育的实现依靠社会的正义。好教育是培养具有好道德的人的教育,好道德的培养不仅要依靠好教师,更要依靠社会,因为人都是在社会中生存的,人的教育深受社会的影响。"美德与一种好的社会相联系。"尼布尔在《道德的人与不道德的社会》一书中提出了"道德的人"、"不道德的社会"的概念,他认为社会以"公正"(正义)为价值,道德以"无私"(仁爱)为价值,正义以"自利"为出发点,仁爱以"无私"(利他)为出发点,自利是"不道德的",利他是"道德的",二者间有着"某些不可调和"的尖锐紧张,尼布尔试图基于有限"人类本性"寻求一种"政治方法",以最大限度地调和个人道德与社会正义间的冲突,他指出,社会冲突的真正根源在于社会权力分配不公正和由此而产生的经济分配的不公正,不消除这些不公正,就不可能消除社会的不道德,仅依靠教育启迪理性、行为矫正或调和冲突等是不行的。[15]

黑格尔在《法哲学原理》一书中明确区分"道德"与"伦理"。他所言的"道德"指向个体道德自律、自我立法、良知,"伦理"则指向的是社会的自我立法,是社会共同体秩序的正义。道德是主观精神操守,伦理是现实生活世界及其秩序,不是主观精神决定现实生活世界及其秩序,而是现实生活世界及其秩序决定道德(主观精神)的内容。道德精神(良知)不仅仅以客观伦理精神为内容,而且还要在现实的伦理关系及其秩序中认识、发现、实现自身,它要创造出一个真实的伦理关系及其秩序。伦理的现实生活世界及其秩序,既是精神的、主观的、又是客观的,它是客观化了的主观(社会精神)。黑格尔强调"道德"以"伦理"为内容并在"伦理"中实现,其目的之一是要揭示:只有在正义的社会秩序中,个体的理性能力才能正常发挥,自我立法,道德自律。这意味着,一方面,不可将个人美德与社会秩序正义相混淆;另一方面,个人美德良知的普遍彰显须以社会正义秩序为前提。这样看来,道德建设、社会成员道德品德操守的养成,关键在于建设一种"现实生活世界及其秩序",否则,就是伪善、嘲弄、虚伪、欺骗。如果一个社会面对重重社会问题,不是首先注重客观伦理关系及其秩序建设,而是首先诉诸个体道德,那么,就是本末倒置。[16]正如黑格尔研究专家多梅尼克·洛苏尔多所说:"在政治制度失效或缺失的地方,在伦理实体不能具体地实现自身的地方,也就是只有道德流行的地方。"[17]好的道德,离不开好社会、好制度。好的教育是培养好道德的人的教育,因此,好的教育离不开好的社会环境,离不开正义的制度。其实,在这一点上,现代政治哲学的奠基者马基雅维利具有开拓性,他首先走向与古典政治哲学决裂的道路,提出德行与社会的关系出现了一个根本性的颠倒的观点:好人不再是好社会的基础,德行也不再是社会的基础,而是相反,好社会才是好人的基础,社会才是德行的基础。无独有偶,社会对道德的影响思想,在卢梭那里也有明确的论述,卢梭在《忏悔录》中写道:"我发现,一切都从根本上与政治相联系;不管你怎样做,任何一国的人民都只能是他们政府的性质将他们造成的那样;因此,'什么是可能的最好的政府'这个大问题,在我看来,只是这样一个问题:什么样的政府性质能造就出最有道德、最开明、最聪慧,总之是最好的人民?"卢梭的意思很明显,一个国家的公民具有良好的道德,那么这个政府就是好的政府。因为好道德的公民源于好政府,罪恶的社会环境却使人变坏。

  康德一直信奉的信条是"位我上者,灿烂星空;道德律令,在我心中",但是,到了晚年,康德对人性本身改进不抱多大希望。他认为,自古以来,人性大抵如此,善恶皆有,变化甚微。人能做的只能是抑制人性中恶的部分,并尽可能使善的方面显现。康德通过对历史与自身所处时代的观察发现,战争会刺激人性中恶的部分,人类所面临的问题是如何避免战争、争取永久和平,以便充分彰显人性中善的部分。康德试图告诉我们:人的固有本性无法改变,我们能够改变的是人性显现。这样,关于人性向善的问题,也就变成了如何有效抑制人性中的恶、并使善的部分尽可能显现的问题。康德寻求避免战争、建立永久和平秩序的进路,事实上是将视野与思路指向了建立一种规范性秩序,通过规范性秩序使人性善的部分得以"显现"。"显现"的实质其实就是"塑造"。这是社会性塑造,是主体那个日常生活世界、历史性社会生活方式及其背后所存在着的深层文化的塑造,"塑造"的是人的"第二天性",这是一个潜移默化的历史过程。

康德的发现在美国当代著名学者威尔·杜兰特(Will Durant, 1885—1981)那里得以证实。杜兰特夫妇花了50年的时间写成11卷本的堪称传世经典的《世界文明史》，因为《世界文明史》卷帙浩繁，1968年杜兰特夫妇又完成了《历史的教训》一书，该书浓缩了11卷《世界文明史》的精华，在《历史的教训》这本书中，历史一再重演，文明也在不断地周期性兴起与衰退，历史真的有进步吗？在历史的过程中人类的本性并没有实质性的改变，"进步"的观念也令人质疑。我们尚没有培养出足以阻止我们贪婪、自私、好斗本性的道德规范。我们认为在人性方面并无本质上的改变，所有科技方面的进步，都必须只能视为是完成老目的的新方法而已——货物的取得，两性的互追，竞争的取胜，战争的格斗，莫不如此。在我们觉醒的时代，有一个令人失望的发现，乃是：科学是中立的……我们行走的速度二倍、三倍、百倍地增加，但是也丧失了行走的勇气。就像是我们用两条腿每小时行二千里，但我们仍是穿上裤子的猿猴。看来，改造社会，才是造就好人、实现现代化的方向。马克思尽管一生献身于为人类的自由、解放而奋斗，他的事业和著作(《资本论》实际上是一篇社会伦理学的论文)都充满着人文关怀，但没有留下一部伦理学著作，因为他避免明确的道德理论，痛恨道德的说教，他一生致力于社会的改造，他深信，经济基础决定上层建筑，只有建立一个公正的社会，才会有良好的道德的呈现。

斯坦福大学社会心理学教授津巴多曾做过一个著名的实验，从心理学上验证了社会的制度环境对一个人行为的影响。实验从42名应征的志愿者中挑选出24名，这些被选中的参试者，心理测试结果显示他们都是守法的、情绪稳定的、身体健康的正常普通人。研究人员把这些选出来的志愿者随机分成两组，让他们在真实的监狱场景里扮演狱警和囚犯角色。实验监狱设在斯坦福大学心理系所在的乔登大楼地下室，在这个模拟监狱情境的环境中，那些扮演狱警的学生，在原来的生活中本来是些反对暴力的好孩子，但在监狱中却富有攻击性，甚至暴虐成性。而那些扮演囚犯的学生，原来心理都非常稳定，可是在这所监狱里没过多久，就出现了不正常行为：他们被动地屈从于命运，面对不公对待听之任之。津巴多写道：模拟监狱情境的力量，在狱警和囚犯心中，都创造了一个新的社会现实，一个功能完备的真实监狱。由于这一情境太有力，太具破坏性，研究者不得不在模拟监狱刚刚开始六天，就中止了这项本该实施两周的实验。这个实验启发我们捐弃"善良自我"能够打倒"恶劣情境"的简单化观念，使人们意识到，在善恶之间，并没有一道穿不透的藩篱。邪恶的不仅仅会是"他们"，也可能会是

"我们"。一个人为什么会做坏事,会害别人?如果把一个好人放进一个坏地方,这个人究竟是能够战胜环境,还是让环境影响他?通常的看法是,这取决于一个人的内在禀性:遗传基因、性格特质和道德修养以及从小所接受的教育。可在这项后来被称作斯坦福监狱实验的著名社会心理学研究中,津巴多教授得出一个相反的答案:在某种强大的社会情境中,人的本性会出现戏剧性变化。通过这个实验,人们看到,当情境力量加诸一个人时,好人会突然变身成狱卒般邪恶的加害者,或如囚犯般病态的消极被害者。这个实验告诉我们,追求我们想要的幸福生活,建设一个公平正义的和谐社会,只靠道德教化和个人修养是不够的,还必须努力改善我们所处社会的制度环境。从这里所讨论问题的角度看,一个好的制度环境,其实就是对人性的最好呵护。在一个道德混乱甚或沦丧的时代,不能诉诸人们热衷的传统道德,也不能去找一个抽象的形而上学理论来论证他的思想。恰如在一个恶棍横行的年代,一个淑女越是打扮得漂亮,越是容易受到蹂躏。一个人如果致力于做善事,但他周围的人却并非善良之辈,这个人定会遭到毁灭。

当然,有人会说,自古出污泥而不染者有之,不错,你可以出污泥而不染,你可以抵御"名利钱权"之诱惑,但是一个人的力量必定有限,自古道德圣徒也不乏其人,苏格拉底、佛陀、孔子、耶稣、特蕾莎修女⋯⋯不过,正像罗素所说:"在各个时代里,总有能看清什么是善的人们,但他们并不能成功地改变人们的行为方式。佛和基督一样教诲博爱,但是最后印度移民仍旧喜欢湿婆。圣·弗兰西斯在理论上是温和的,但是他的嫡传弟子却在极为野蛮的战争中成为征募的军士。在人性中有一种趋向,它如此强烈地意欲于更残忍的激情,以至于那些反对这种激情的人们几乎总要招致仇恨,而且整个道德和神学体系的创造都是被用来使人们感到野蛮是高尚的。"[18]更悲观者叔本华则说:"教人有德性就跟教人成为天才一样是不可能的。期望我们的道德体系产生出有德性的人和圣徒,就跟期望美学能产生诗人、雕塑家和音乐家一样是愚蠢的。"[19]尽管叔本华的观点有些极端,但他的这一观点也从一定层面反映了道德教育的艰难性。尤其是在一个功利滔滔的世界上,保持着"世人皆醉、唯我独醒"的姿态,谈何容易?何况自古以来对于名与利的追逐、钱与权的向往,都是人们难以挣脱的束缚和逃脱的诱惑。西汉司马迁说:"天下熙熙,皆为利来;天下攘攘,皆为利往";西汉刘向说:"争名者于朝,争利者于市";五代长乐老亦有言:"名者皆虚,利者惑人,人所难拒哉。"我们这里谈的好教育,其所培养出的人绝大多数应该是有道德的,所以,不得不考虑社会对教育的影响。

  好的教师、好的制度,这些还只是实现好教育的外部条件,真正实现好的教育,还需要对教育本身的规律的不懈探索和对不断变化着的社会伦理道德事实的深入研究。教育、伦理、道德都是处在一定社会中、一定历史中的事件,社会、历史都在不断地运动、发展变化着,好的教育要不断探索新时代教育教学的新规律,只有认识和掌握了教育教学新的规律,并在自觉遵循这些规律的前提下,充分调动人的积极性、主动性,发挥人的创造性,才会收获好的教育。同时,好教育是培养好道德的公民的教育,而伦理、道德是随时代的变化而变化的,道德是一定社会的灵魂和血液,只有深入一个社会的内部,对社会的道德事实进行深入研究,才能获得其中的道德真理。涂尔干说:"表示行为是好是坏的那种赞成或不赞成的感情是整个社会舆论所决定的,而不是社会中的个人决定的。"所以,"人类行为的各种事实比伦理学理论更重要。一个人必须先知道人们在实际上是怎样行动的,然后才可能对他们该如何行动发表任何有意义的议论"。[20] 可见,道德理论来源于社会,道德律不是任性的产物,不是一位高居万民之上的君主或一种不可控制的"内在声音"的专横命令,而是人类生活的内在规律的表现。[21] 在认清了一个社会存在的道德事实之后,再进一步探讨在此之上与之相适应的伦理秩序和公平正义制度,这样的制度才能被人们所接受,才能被有效地执行,正像涂尔干指出的那样:"只有在法令法规得到信念的支撑时,才能与现实取得关联。"而"理想是不能通过立法的形式就变成现实的"——那无疑是本末倒置[22]。找到了一个社会的好道德,建立了与好道德相一致的好制度,教育也不会自然变好,还需要这些好老师们乘着社会公平正义的春风乘风破浪、奋勇前进,把好的教育思想落实在教育的行动中,即要做到言行一致,表里如一,知行合一。

  总之,教育是人类一项杰出的道德事业。好的教育在于培育有道德的、健全的、完善的人,而不是造就国家和社会的齿轮,作为一个教育工作者,我们要牢记自己的职责,致力于人类完善,坚持把全人类的完善作为我们的最终使命。把"提高整个人类道德风尚作为我们每一个人的最终目标",[23] "我们不仅要用言教,我们也要用身教,身教的说服力大得多"。这就是要我们以身作则,身体力行做道德楷模,成为时代道德最好的人。"他应当代表他的时代可能达到的道德发展的最高水平,如果最优秀的分子丧失了自己的力量,那又用什么去感召呢?如果出类拔萃的人都腐化了,那还到哪里去寻找道德善良呢?"[24] 因此,作为从事太阳底下最光辉事业的教师,"应当成为他的时代道德最好的人,他应当代表他的时代可能达到的道德发展的最高水平"。[25]夸美纽斯说,老师站在讲台上,就像一尊太阳,把阳光洒向学生;老师的话就像一泓泉水,浇在学生的心田。好教育是培养好道德的人的教育,需要道德最好的人去练就。

**参考文献:**

[1] 苏霍姆林斯基.苏霍姆林斯基选集(第2卷)[M].蔡汀,译.北京:教育科学出版社,2001:196-197.

[2] 海德格尔.形而上学导论[M].熊伟,王庆节,译.北京:商务印书馆,1996:143.

[3] 冯建军.当代主体教育论[M].南京:江苏教育出版社,2004:2.

[4] 卡西尔.人论[M].甘阳,译.上海:上海译文出版社,1985:8.

[5] 赵汀阳.论可能的生活(第2版)[M].北京:中国人民大学出版社,2009:44.

[6] 马克思恩格斯选集(第3卷)[M].北京:人民出版社,1995:442.

[7] 约翰·怀特.再论教育的目的[M].北京:教育科学出版社,1997:11.

[8] 张焕庭.西方资产阶级教育论著选[M].北京:人民教育出版社,1985:259-260.

[9] 赵祥麟,王承绪.杜威教育名篇[M].北京:教育科学出版社,2006:1.

[10] 陈廼臣.教育哲学[M].台北:心理出版社,1990:223-224.

[11][12] 黑格尔.法哲学原理[M].范扬,张企泰,译.北京:商务印书馆,1996:170-171,202.

[13] 糜海波.伦理的教育与教育的伦理[J].教育理论与实践,2014(28):48-51.

[14] 徐长福.谈谈学术的德性[J].江汉论坛.2010(3):121-126.

[15] 尼布尔.道德的人与不道德的社会[M].蒋庆,等译.贵州:贵州人民出版社,1998:8.

[16] 高兆明.黑格尔法哲学原理导读[M].北京:商务印书馆,2010:84.

[17] 洛苏尔多.黑格尔与现代人的自由[M].丁三东,等译.长春:吉林出版集团,2008:297.

[18] 伯特兰·罗素.伦理学和政治学中的人类社会[M].肖巍,译.石家庄:河北教育出版社,2003:115.

[19][21] 弗里德里希·包尔生.伦理学体系[M].梁志学,译.北京:商务印书馆,2010:27,19.

[20] 宾克莱.理想的冲突——西方社会中变化着的价值观念[M].马元德,等译.北京:商务印书馆,1986:8.

[22] 涂尔干.宗教生活的基本形式[M].渠东,汲喆,译.北京:商务印书馆,2011:13.
[23][24][25] 费希特.论学者的使命人的使命[M].梁志学,沈真,译.北京:商务印书馆,1984:45-46.

# 教育激励的伦理限度

袁燕婷

(广州大学 马克思主义学院)

教育是培养人、塑造人的活动,是一项伟大的道德事业。在现实教育实践中,不难发现教育激励作为一种常规化有效化的教育手段,广泛地应用于教育领域。但目前对教育激励的研究,更多地体现在教育学、管理学和心理学等视域,缺乏伦理学维度的思考。教育激励要在伦理限度内激发受教育者的主动性和积极性,这是教育内在的伦理要求。

## 一、教育激励的伦理意蕴

在伦理学视域下,教育激励包涵着丰富的伦理意蕴,在某种意义上它是一种道德激励,并且发挥着积极的道德效应,具有重要的道德意义。

### 1. 教育激励是道德激励

"满足人的正当需要是激励的出发点;调动人的积极性是激励的主要任务;自我实

---

作者简介:袁燕婷,广州大学马克思主义学院在读研究生,主要从事思想政治教育理论与实践研究。

E-mail: 1012350633qq.com

现是激励的终极目标。"[1]由此看出,教育激励实质包涵着驱动力和积极性的价值取向。所谓教育激励,就是教育者为了满足学生的需要而创设各种激发学生动机的条件,调动其积极性和创造性,使其朝着所期望的目标努力前进[2]。"从逻辑上说,教育是一个道德概念;从事实上说,教育是一种道德实践。""教育实践与道德实践有着天然的联系,教育实践本质上是一种道德实践。"[3]可见,教育活动本质上总是充溢着一定的道德。诚然,教育教学过程中的教育激励这一教育手段同样具有道德的性质,如教育激励在目的、手段、内容、形式上的判断和抉择,都存在着善与恶,必然影响着受教育者个人的道德生活。在这种意义上,教育激励实质渗透着大量的道德因素,包涵着道德激励的伦理意蕴,即教育激励是道德激励。也就是说,在特定价值目标导向下,教育者运用一定的激励活动,实质在于通过道德的教育感化作用,来激起受教育者的道德需要、激活受教育者的道德动机、激发受教育者的道德行为。在此,"道德"意味着对"教育激励"的限定与修饰,要求教育激励这一行为是合乎道德价值判断的,是正当的。

2. 教育激励的道德效应

效应即结果。教育激励的效应指教育者通过一定的激励活动作用于教育对象所产生的结果。[4]教育者对受教育者实施教育激励,不管这种激励手段是否得力,都会对受教育者产生一定的激励效应。任何教育激励都会产生伦理后果和道德效应。就榜样激励而言,榜样是我们生活中践行道德规范的参照坐标,容易产生感情共鸣,激起效仿动力,自觉形成践行德行的内驱力,从而培育受教育者的向善心,促使道德规范外化为日常行为。再如目标激励,目标是激活动机的诱因,是行动的驱动力。目标一旦被确立下来,能够有效地指导受教育者的行为,促使其追求更高的道德境界。"激励是一柄双刃剑"[5],教育激励的道德效应也有正负、大小之分,合乎伦理限度的教育激励往往能激发受教育者的主动性和积极性,否则会适得其反。实施教育激励的根本目的是为了实现正效应的最大化。教育激励措施合乎道德性,是充分发挥教育激励道德正效应的前提。教育激励积极的道德效应主要体现在价值导向效应上,是教育者通过一定的激励因素作用于受教育者所产生的效果或影响,主要表现为激起受教育者的道德动机和道德情感,塑造受教育者的道德习惯与道德行为,使其坚定地追求和选择善。

3. 教育激励的道德意义

杜威主张:"使道德的目的在一切教学中,不论什么课程,处于普遍的和统治的地位。"[6]赫尔巴特也认为:"道德被认为是人类的最高目的,因此也是教育的最高目的。"[7]可见,教育激励的道德意义是肯定的。教育激励是道德激励,能产生积极的道德效应,同样,它也具有一定的道德意义:一是有利于激活道德动机,激发道德情感。根据道德心理学中关于人类道德行为规律的观点:人践履德行的根本原因在于道德动机的激发和推动。但是,如果道德动机仅仅潜藏在受教育者内心深处是不足以形成德行的,还要通过外在的激励因素来刺激或激活,促使这种内驱力外化为道德行为。而教育激励恰恰是通过对受教育者施加外在的积极因素,激活其内在的道德动机,促使其培养一定的道德情感。二是有利于催生道德行为,提升道德境界。实施合道德性的教育激励是为了不断激活受教育者的向善动机。只有保持动机的道德意蕴,受教育者才能坚定地履行道德责任、追求和践行善。善,作为一种高尚的道德价值取向,是推动受教育者不断追求高尚的道德境界的精神力量,具有满足受教育者高层次精神需求的特殊道德意义。教育激励通过对受教育者的善的引导,让善的价值由可能走向现实。

## 二、教育激励的伦理过度

在现实教育教学实践中,很多教育激励并非都是合乎伦理的,超过伦理限度的教育激励主要表现为功利过度和道义过度。

1. 教育激励的功利过度

教育激励的伦理过度一方面表现为功利过度。长期以来,人们普遍把物质刺激与教育激励混为一谈。特别是在社会主义市场经济体制下,功利主义也在不同程度地侵蚀着教育领域,导致教育激励在实施过程中受到深深的影响。主要表现为采取功利主义的策略,过分重视激励载体的物质化,以各种名目的物质奖励措施来激励或导向受教育者,教育者设置的教育激励围绕着暂时的物质、功利需求,如给表现优秀者颁发奖学金、授予纪念品等。虽然倡导物质与精神相结合的激励方法,但在具体操作时,似乎只有物质激励方有实效。不可否认,这些物质激励在一定程度上固然能激励受教育者的行为,但往往会导致功利过度,从而忽略了教育激励行为背后的价值伦理问题。功利主义者边沁主张人的行为总是有目的的,对行为的评价要从结果来判断;过程并不重要,重要的只是目的的实现,只是结果。这种过分重视物质激励、过分看重效益、总是以利益为中心、以效益性作为评判事物好坏是非的做法必然会导致人的行为在强大的利益诱导下趋向功利化。可见,物质激励手段在具体实施过程中的不恰当操作往往导致受教育者重结果效益性,轻过程合理性;重物质需求,轻精神需求。教育激励的功利过度容易误导受教育者过度追求物质利益、现实利益,从而产生拜金主义、享乐主义等错误倾向,这不仅不利于教育激励的功能实现,更不利于受教育者形成正确的人生观和价值观。

### 2. 教育激励的道义过度

教育激励的伦理过度另一方面表现为道义过度。一是超越受教育者道德心理承受能力的道德期待。道德心理承受能力在这里指的是受教育者承载道德责任的心理能力。而道德期待是一种特殊的社会道德心理现象,在这里反映的是教育者对受教育者在多大程度上能够满足伦理应然规范要求的预期。认知发展理论揭示出人的道德发展具有阶段性,要依次发展,不可逾越,但并非每个人都能达到最高水平。依据维克托·弗鲁姆主张的期望理论,教育者应该根据受教育者的实际情况适当地确定期望概率。但现实教育教学中许多教育者给予受教育者的道德期待超越了其个人的心理需要和承受能力。如教育者在激励受教育者树立宏大的"中国梦"时,也要看到受教育者的"个人梦"、"家庭梦"。二是超越受教育者道德实践能力的道德责任赋予。"道德责任是指道德上意识到的对他人、对社会的道德义务、道德使命。道德责任本质上是对外在的道德义务的内心认同。"[8]很显然,现实中受教育者因道德实践能力的不成熟而难以承担起教育者赋予的道德责任。如宣扬小英雄赖宁为扑救山火而英勇献身的精神,虽然能激发受教育者见义勇为的热情,但山林火灾因受天气、地形、山林等条件的影响,情况极其复杂,危险性极大,扑救人员须具备一定的扑火知识和能力。可想而知,受教育者(特别是处于中小学阶段的受教育者)参加扑救山火的这一见义勇为的举措是十分危险的,是不明智也不可取的,这明显超越了受教育者的道德实践能力。

**三、教育激励的伦理不及**

教育激励伦理失当的另一方面是达不到伦理限度,主要表现为教育激励动机、过程和效果的伦理不及,这都不利于教育激励目标的实现。

1. 教育激励动机的伦理不及

教育者激励受教育者的动机缺乏伦理意义上的高品位。一是教育激励内在动力错位导致伦理不及,即忽视了受教育者的内在需要。根据马斯洛的需要层次理论,教育激励措施的运用必须充分考虑受教育者的现实客观需要,必须符合社会合理正当的需要,才能契合教育的伦理要求。"合理需要是指符合社会现行道德规范并与社会生产力发展水平一致的需要,反之就是不合理需要。"[9]然而实际教育教学中大多数教育激励的动机主要是为了提高受教育者的考试成绩,实现升学。把成绩作为"主标签",仅仅以考分激励受教育者,这与素质教育的整体目标有着严重偏差,远离了教育的价值性追求。二是外在动力错位导致伦理不及,即教育者对受教育者道德修养的促进力不足。部分教育者忽视了对受教育者进行符合伦理限度的教育激励,虽然也开展了一些激励性活动,如"评奖评优"活动,但在实际操作中则主要以学业成绩作为评选标准,疏忽了受教育者的思想道德层面,因此削弱了教育激励的外在动力。现今功利主义的重利性在很大程度上侵蚀着教育领域,导致教育者过分看重效益而忽略教育激励的根本目的以及这种行为背后的价值伦理问题。教育者偏重于评价受教育者成绩的好坏和名利上的满足等工具性目的,与社会价值相背离,往往容易导致受教育者被物化,成为急功近利、唯利是图的人。

2. 教育激励过程的伦理不及

教育激励过程的伦理不及主要表现为激励过程缺乏公平、有失公正。一是激励对象的非平等性。如:大多数教育者在开展"评奖评优"活动中采用按人数比例分配或按班级平均分配的办法执行,这种奖励分配指标表面上看似乎是公平的,究其实质却是有失公正的,因为优秀者和先进者并不是平均分布在各个班级中。"评奖评优"活动本应是重要的有效的教育激励手段,但在真正实施过程中却变了味,导致激励的对象并不是处于平等的地位。二是激励标准的非统一性。部分教育者实施不同的激励标准,倾向于以个人观察、喜好或以学业成绩或学生干部、党员身份等作为激励标准。例如,绿领巾和红校服事件、按成绩排课室座位、按成绩分重点班等,都是对受教育者划分等次,没有把每一位受教育者放在同一水平的地位上对待,这有违教育公平的理念。可想而知,诸如这些有失公正的教育激励容易在激励过程中无形地挫伤受教育者的积极性,这与教育激励的伦理要求产生矛盾,不仅起不到教育激励应有的效应,更会使教育激励产生负面效应,直接影响教育激励的实施效果。

### 3. 教育激励效果的伦理不及

教育,承载着激发受教育者积极学习科学文化知识、养成个体道德品行的重任。相应地,教育激励理当充分激发受教育者努力学习科学文化知识、养成个体道德品行的积极性。但是,从教育尺度来看,知识性效果不及。不少教育者为了达到最后的教学成果,往往直接向受教育者灌输知识。为了应对学业考试,受教育者也只能被动接受、机械掌握知识,甚至变成一个模式出来的学习机器,只有知识装备,没有知识认同,缺乏对知识的批判力与创造力。从伦理尺度来看,价值性效果不及。教育以育人为价值目标,以促进受教育者的全面发展为价值旨归,具有鲜明的价值性。教育激励的价值性效果主要表现为激发受教育者增强道德素质和提高道德水平。然而,现实中不少教育者实施教育激励更多是为了分数,而不顾育人。再如,从正激励看,"评奖评优"虽然激发了受教育者的学习热情,提高了其参与志愿服务的积极性,但存在一定的伦理不及:部分受教育者想要提高成绩、参与志愿活动,也许并非出于自觉,而是道德动机不纯,有的是为评上优秀,获得物质上的满足;有的是为受到表彰,获得个人的荣誉;有的是为了入党或当上学生干部。可见,对培养受教育者道德人格的促进作用并不理想,容易忽视对受教育者的价值观引导,从而严重影响教育激励的价值性效果。教育激励应当调动受教育者的内在潜能、上进心,如果只满足短期目标、物质目标,没有长远目标、没有精神上的高度,那么教育激励的价值性效果将远远不够。

### 四、教育激励的伦理适度

为有效解决当前教育激励存在的伦理过度和伦理不及的困境,让教育激励的目的更好地达成,就应把握好教育激励的伦理适度:一是坚持教育激励的道义与功利平衡;二是坚持教育激励的进取与协调并重;三是坚持教育激励的伦理与心理统一。

#### 1. 教育激励的道义与功利平衡

当前,开展教育激励过程中往往带有功利性色彩,若教育激励仅停留于外在功利层次上,是无法从实质上培养与塑造受教育者高尚道德品质的,这与教育的伦理价值指向产生了深刻矛盾。教育激励往往要以一定的外在激励形式而体现,例如物质的奖励、社会舆论的褒扬、荣誉称号的授予等。功利性教育激励可以激励受教育者为了赚钱而努力学习,但是我们讲道德的目的不是为了赚钱,而是为了使得每一个人生活得自由自在、和谐幸福,这就是道义性教育激励的目的。因此,教育激励还必须同时具有内在的道义性。其实适当地满足和保障受教育者对于物质方面的需求在某种程度上是有利于充分调动其积极性的,但是这种做法却容易忽视受教育者高尚的道德情操。教育者应该多激励受教育者为国争光,为社会效力。因此,对于认为具有高尚道德价值的善行义举应当注重给予精神鼓励和引导,不能过度予以物质报偿,否则将会有违教育激励的道义性。可见,功利性教育激励与受教育者的物质需要、物质生活相关;而道义性教育激励则与受教育者的心理需要、精神生活相关。从受教育者的道德生活看,两种规范教育激励具有同等的价值、同等的意义。"利以养其体,义以养其心。"[10]从人性上来说,道义性教育激励与功利性教育激励并驾齐驱,缺一不可。因此,必须重视功利性教育激励和道义性教育激励平衡的问题。这就要求教育者既要努力满足受教育者合理的物质需要,又要努力丰富受教育者的精神生活,使其精神世界更加充实,道德更加高尚。这才应和了教育激励的价值目标。

#### 2. 教育激励的进取与协调并重

道德具有进取性与协调性的双重性质。邓小平同志要求人们"勇于思考、勇于探索、勇于创新"[11],像勇敢、顽强、勤劳、热情、自信等开拓创新精神,就是一种进取性教育激励,可以激发受教育者充满自信、锐意进取、追求更高更远的目标,能促使其形成有胆有识、大智大勇、坚忍不拔的高贵品质,不断奋发进取,发挥个人才能和内在潜能,促进自身的发展和进步。例如,教育者常常用"高分数"来激励高考生,这一目标的确能激励高考生积极奋进,争取更高的成绩。但是,仅仅用分数来激励高考生,很有可能会导致其只看成绩,不注重人际关系,不协调各种关系,从而变得自私自利。受教育者的共同进步必然会带来人与人之间的互相合作,带来人际关系在伦理上应有的和谐平等。因此,在实施进取性教育激励的同时,要注重协调性教育激励。协调性教育激励包括团结友爱、和谐相处、自由、平等、博爱等,能激发受教育者积极协调各种关系,促使每位受教育者的创造性、主动性在推动自身全面发展的目标下协调起来,并保持一定的秩序和稳定性。这就要求教育者必须结合不同的环境和条件,重视教育激励的进取与协调并重,不能因为教育激励调动了一部分人的积极性却破坏了一群人的和谐。教育激励要在协调中进取,在进取中协调。

### 3. 教育激励的伦理与心理统一

受教育者既是伦理者,同时也是心理者。至今仍有教育者借用拿破仑的这句名言"不想当将军的士兵不是好士兵"作为励志警句来激励受教育者努力学习,争当第一名。假定班上的全部受教育者都将这句话当真,那没有考到第一名的就会失望甚至绝望。事实上,在这里绝大多数受教育者被逼向了心理的死胡同。当教育者仅仅将受教育者作为伦理者对待时,可能会给其带来心理伤害。因此,教育激励要达到伦理与心理的统一,教育者既要注重受教育者的潜能激发,亦要考虑受教育者的心理承受能力。一是承认受教育者的"伦理者"身份。亚里士多德认为,"既然灵魂的状态有三种:感情、能力与品质,德性必是其中之一"[12],"人的德性就是种使人成为善良,并获得其优秀成果的品质"[13]。教育激励内容应该包含着伦理德性,让受教育者受到社会共同体的行为方式、价值态度的熏陶和感染。"我们总是先有潜能,然后把这种潜能运用到行为上。"[14]德性就是人本身具有的特殊功能,教育激励就是要挖掘和激发这种特殊功能,使人自觉规范自己的德行,成为善人。二是认可受教育者的"心理者"身份。将受教育者同时作为心理者来对待,表达教育者对受教育者的关怀,注意倾听受教育者的意见,了解他们的内心世界,让他们感受到温暖和"爱",这样就会产生亲和力,就会"信其道"。通过人文关怀和心理情感,实现以情感感动受教育者,受教育者在心理上才会认可并乐于接受教育者的指导和教育,这样更有利于帮助受教育者在人生的重要阶段树立正确的人生观和价值观,促进其全面发展和自我完善。

**参考文献:**

[1] 申来津.精神激励的权变理论[M].武汉:武汉理工大学出版社,2003:76-81.

[2] 李祖超.教育激励刍议[J].中国教育学刊,2003(5):2.

[3] 黄向阳.德育原理[M].上海:华东师范大学出版社,2000:30.

[4] 颜震华,王绍海.教育激励的理论与实践[M].长春:吉林大学出版社,1992:135.

[5] 周小榛.试论激励机制在学生管理中的运用[J].党史文苑,2007(11).

[6] 赵祥麟,王承绪.杜威教育论著选[M].上海:华东师范大学出版社,1981:98.

[7] 张焕庭.西方资产阶级教育论著选[M].北京:人民教育出版社,1979:250.

[8] 罗国杰.中国伦理学百科全书[M].长春:吉林人民出版社,1993:341-342.

[9] 许平.当代大学生需要心理的对策研究[J].北京青年政治学院学报,2005(14).

[10] 苏舆撰,钟哲点校.春秋繁露义证[M].北京:中华书局,1992:263.

[11] 邓小平文选(第2卷)[M].北京:人民出版社,1983:143.

[12] 亚里士多德.尼各马可伦理学[M].廖申白,译.北京:商务印书馆,2003:42-43,36.

[13] 亚里士多德.尼各马可伦理学[M].苗力田,译.北京:中国社会科学出版社,1999:35.

[14] 周辅成.西方伦理学名著选辑(上卷)[M].北京:商务印书馆,1996:291.

# 教师道德理论研究

# 社会转型进程中教师道德的文化断裂及其重建

蔡辰梅

（河北师范大学　教育学院）

　　社会转型作为一个复杂而深刻的社会进程,影响着群体和个人生活的各个方面。教师作为教育领域中的关键性主体力量,其道德状况在社会转型进程中面临着巨大挑战,也暴露出严峻的问题。如果不能对这一社会和文化转型进程中的特定问题给以客观完整的解释,以形成正确的认知,就无法正确面对并解决这一引发社会广泛关注,对教育的健康发展构成威胁的问题。在对教师道德问题的长期关注和思考的基础上,笔者认为,需要从社会转型进程中出现的文化断裂的视角对教师道德问题进行更为深刻和开阔的分析和解释,需要郑重而明确地提出社会转型进程中教师道德的文化断裂及其重建的问题。因为,道德离不开深厚优良的文化滋养,就道德论道德,无法解决教师道德的根本问题,也使教师道德的重建成为无源之水,无本之木。而这一问题提出的重要性在于改变当下存在的两种对教师道德的片面归因,找到真正的根源和症结所在。在当下的社会情境中,当社会和其他群体怨责教师的道德问题时,往往仅仅将其视为个体人格问题,令教师个体背负所有的失德之责,而忽视了教师的道德问题有可能是整个文化的裹挟所致,作为个体无力抗拒,无法挣脱。与此同时的另外一个面向则是,当教师个体在面对自身的道德问题时,又常常会抱怨,"整个社会风气就是这样

---

作者简介：蔡辰梅,河北师范大学教育学院教授。
E-mail：cai772@163.com

的,凭什么要求我超凡脱俗?"或者"制度就是这样的,我一个普通老师有什么办法?"将个体遭遇的道德问题或者个体的道德失范问题推向整个社会文化,如释重负地解放了自己,就这样甘于让自己成为道德河床中的随波逐流者或者甘于将自我淹没于平庸世俗的道德文化之中,而放弃了应有的积极主动、勇敢独立的主体性道德立场和选择。这两种认识和对待教师道德问题的方式都有着自身的缺陷,而导致这种缺陷的根源就在于对文化与个体道德之间关系认知的偏差,对整个社会转型过程中,个体道德与文化之间的关系的反思缺席与认识混沌。事实上,道德既可以指向宏观层面的社会习俗和传统,也可以指微观层面的个体人格特征。作为习俗的道德本身就是文化的一部分,而作为个体人格的道德则与笼于其上的文化有着互动、辩证的关系。个体道德可以被动承受文化的熏染,也可以主动改造周围的文化,开风气之先,引领文化的发展。为此,教师道德问题的解决或者说更加积极、健全的教师道德精神世界的重建,就需要对个体道德与转型中的文化之间的关系的澄清与认知的重建。进而,找到教师道德问题的文化根源和教师道德重建的文化路径,开辟教师道德问题认识和解决的新视域和新理路。

## 一、道德与文化的关系梳理

就人类的发展进程而言,包括道德在内的所有的文化都是人的创造,正是通过文化的创造,人类的聪明才智才得到了不断发展,才形成了不同的民族和国家。在这一过程中,每一个人都可以参与文化的创造和改变,这正是作为主体的人自我展示的核心层面。然而,作为符号和行为系统的文化一旦形成,就对身处其中的个体具有一种强大的客观先在性。对于某一个具体的人而言,他总是被抛入特定的文化环境中,不知不觉而又无法挣脱地被熏染。人总是被先在性的文化化育而成的。就双重含义的道德而言,作为习俗意义上的道德,是协调人与人之间的利益以及规范人的行为的准则,天然属于文化的一部分。而作为个体人格和心性品质而言的道德,则存在着与文化之间的辩证关系,既身处其中,又可超然其外。在被抛入文化洪流的那一刻,个体的道德必然要去获得生存性的适应,而在适应之后,具有强大主体性的个体就有可能去改变不合理的道德习俗,将更具先进性的道德理念引入到文化体系之中,移风易俗并化民成俗。在这一过程中,个体道德从强大的文化系统中挣脱出来,成为一种改变旧有格局和束缚的力量,同时也可能是一种自我价值观念重构和更新的力量。这种个体道德力量正是促使新的文化形态诞生的力量,而这种新文化的形成又可能作为一种强大的外部性力量形塑其中的个体的道德,席卷那些柔弱而不具理性抗拒力的个体道德世界,从而成就看上去无法抗拒的强大的文化力量和形象。

1. 文化对道德的涵育滋养和规约限制

对于"文化"可以有客观意义上的理解,也可以有主观意义上的理解。本研究采用亨廷顿给出的主观意义上的文化定义,"指一个社会中的价值观、态度、信念、取向以及人们普遍持有的见解"[1]。而本研究中的道德,也主要指向个体的道德人格而非外部的道德习俗。因此,对于个体的道德人格而言,文化是一种背景性的、侵入性的系统影响因素。美国人类学家拉尔夫·林顿,在其著作《人格的文化背景》中系统阐述了文化对人格形成的影响。他指出,"文化构成了人格内容的深层结构","文化必须被视为各社会建立人格类型及社会特质的各种身份人格系列的支配因素"[2]。他具体提出了"基本人格型"[3]和"身份人格"[4]两个重要的概念框架来解释文化对人格的影响机制。所谓"基本人格型"(Basis Personality Type)是指一个社会中共同的人格因素一起形成一个紧密结合的综合结构。这个综合结构的存在,提供给社会成员共同的理解方式和价值观,并且使社会成员对相关的价值情境作出一致情感反应成为可能。而一个社会中与身份相关联的反应综合结构可以称作"身份人格"(Status personality)。身份人格对于社会的正常运转极其重要,因为只要身份得到提示,社会成员就有可能在此基础上进行成功的交流互动。即使是两个完全陌生的人,只要确认对方的社会地位,就可能预测对方在大多数情况下的反应。任何社会认定的身份人格都是添加于基本人格之上,并与之相融的。也就是说,每个个体的道德都是在特定文化模式下形成的,同一文化会塑造出基本相同或相似的价值观念和道德情感,个体的道德在此过程中得到涵育滋养。这种日日濡染而不自知的状态,恰恰反映出人对于文化的必然的适应性。或者可以理解为,文化相对于个体道德的强势和必然,个体会身不由己地形成具有普遍性的"基本人格型"。因此,个体道德可以在内涵积极价值观的文化中变得正向,也可能在内涵消极价值观的文化中朝负向发展。此时,我们不能将个体道德的偏差完全归结于主观,而要看到客观存在的文化的结构性规约和限制,普通个体在其中有可能面临的无力和无助。然而,在获得"基本人格型"的基础上,每个人还有自己的"身份人格",这种身份人格赋予了个体道德一种基于身份的特殊性或者说区分性,是一种特定价值观的承载标志。对于教师而言,现实社会生活中的主流文化会影响并形成其"基本人格",而职业文化则会形成其"身份人格"。因此,对社会转型进程中教师道德问题的理解,需要放在文化的背景下,基于文化特质而形成完整的理解。理解文化对于教师道德人格的深刻并抵达深层的影响,进而寻找教师道德重建的文化路径,基于文化的重建实现对教师道德的根源性重建。

2. 个体道德对文化的主体性创造或被动性适应

道德在本质上是人的主体性最集中、最核心的体现。个体道德在文化中的功能和价值,基于不同的哲学观会有不同的理解,于不同的现实个体而言,其主体性发挥的程度也有很大差别。在儒家文化传统中,作为伦理本位的文化特别重视人之德性力量。而作为新儒家重要代表的唐君毅则对这种文化内核在现时代进行了更为系统而深刻的哲学层面的阐发。他提出:"道德之实践,内在于个人人格。文化之表现,则在超越个人之客观社会。然而,理想不现实化,内在个人者,不显为超越个人者,则道德自我不能成就他自己。而人如不自觉各种文化活动,所形成之社会文化之诸领域,皆统属于人之道德自我,逐末而忘本,泥多而废一;则将徒见文明之现实之千差万别,而不能反溯其所以形成之精神理想,而见其贯通;徒知客观社会之超越个人,而不知客观社会亦内在于个人之道德自我、精神自我;则人文世界将日益趋于分裂与离散,人之人格精神将日趋外在化、世俗化。"[5]这种强调超越性的道德自我作为各种文化产生的本源性力量的道德哲学观在当下社会转型中的中国具有重要的精神启示和现实意义。

虽然人皆有主体性,然而这种主体性之现实发挥程度不同,甚至也有可能在客观环境之下丧失其主体性。个体的道德自我在文化之中的创造性发挥在不同的现实文化样态中会有不同的具体表现。如果文化环境是宽松的,文化本身是先进的,个体主体性道德可以在这样的文化体系中自由发挥作为文化创造者和德性力量释放者的价值,使文化更加丰富多元,也更具人文内涵和伦理力量。如果文化环境是抑制性的,文化本身是落后的,个体的主体性道德力量便表现为对落后文化的积极改造,对违背人性和道德的文化要素的推翻或修正,从而在改变外部文化的过程中,也提升个体的道德担当和道德勇气,成就自我的道德主体性。与之相反,倘若丧失了这种内在的充满德性光辉的主体性,个体就会沦为外部文化的被动适应者,在文化的强大力量面前,不断怯懦退缩或任由摆布,失却了道德立场和基本的道德方向感,从而也就会失去在文化冲击下寻找和发现意义的能力。

对于教师的道德重建而言,更是需要发现和确认个体道德自我的主体性力量,并且在强大的文化压力下富有勇气地实现这种超越性的力量。这需要的是一种无论艰难险阻,都无比坚定的对道德自我力量的信任,这需要的是哲学观层面的信念。这种信念的建立需要在各种困难阻碍之下,拨云见日,从谬误的"幻觉"逼近真理。正如唐君毅所言,"吾人之创造文化之活动,恒觉有一客观外在之环境,为吾人理想之限制,使吾人创造文化之精神,感一桎梏或束缚或不自由。由此而使吾人亦生一幻觉,即吾人之精神或创造文化之活动,亦如非吾人之精神自我或超越已成现实之超越自我所自发。然实则在吾人文化活动中,所生之受限制桎梏,或觉束缚不自由之感,正反证吾人之精神或文化活动之生起与创发,全由于吾人之精神自我或超越自我之自身"[6]。教师在各种文化潮流冲击之下的道德重建,最根本的是要发现和重建内在的具有超越性的道德自我。相信自我的道德主体性力量,作为一种信念去相信个体道德在文化中的积极作为,并且在实践中充分发挥出这种不为潮流所动,不为风气所染的精神气质和品格操守,从而能够真正实现教师在整个社会道德文化中"德为模范""行为世范"的崇高地位和价值。

## 二、社会转型进程中教师道德文化断裂的现实表征

社会转型进程中,教师道德的文化断裂意味着教师的道德失去了一种固有文化的支撑而另一种新的文化支撑尚未建立,于是出现了在个体道德方向上的迷失,道德失却其根基。这种断裂在不同的文化层面上显示出来。传统文化与现代文化,神圣文化与大众世俗文化,职业群体文化与个体文化,这种文化的断裂导致教师道德失去其内在的一致性,面对着冲突矛盾,面临着无所适从。也就是说,在宏观层面的道德文化断裂中,微观层面的教师个体道德本身也在发生着断裂。

1. 既拒绝"神圣",又不甘于"世俗"——拒绝传统文化中的神圣道德而追求大众文化中的世俗道德,却又在淹没于世俗之后怀恋曾经的尊崇

在传统文化中,教师自愿接受高人一等的道德要求,愿意在整个社会中扮演化民成俗、行为世范的道德榜样的角色。所以,才会有扬雄的"师者,人之模范也"。并且不把这种崇高的道德要求看作是外界的强加,而是作为自我的一种道德要求和荣耀。甘愿"君子固穷",自愿"洁身自好",这是师者内心在道德上的自觉自律,是其心心念念想要去保有的道德形象。这种自觉自愿、自以为荣的高尚道德的需求,是维护并赢得"师道尊严"的前提条件。正是因为教师能够以身载道,以自己模范的言行去实现"传道受业解惑"的神圣使命,正是因为有了这种以自身庄严之德而承载道的神圣追求,才赢得了属于师者的尊重,甚至是敬重,那是不可侵犯、不可亵渎、不可轻视的道德形象。这正是丰子恺所描绘的李叔同先生的形象,散发着光芒。"他受人崇敬,使人真心地折服的就是他的人格。他做教师,有人格做背景,好比佛菩萨有'后光'。所以,他从不威胁学生,而学生见他自生畏敬;从不严责学生,而学生自会用功。他是实行人格感化的一位大教育家。"[7]

然而,伴随着大众消费文化的盛行,"享乐即为世界,即为人生"[8]。在这样的时代和文化中,"对物质的要求超越了人道主义的责任,需求超越了德行,享乐也超越了行善","人与物的关系要胜于人与人的关系成为了人们的理念特征"[9]。这样的道德世俗化的现代进程,"绝不强迫也不鼓励人们为了实现某种崇高理想而奉献自己,因此,责任只是仅供人们自由选择而已","自己做主的个人主义文化占领了道德领域"[10],人们进入一种"既无约束也无惩罚的道德"的时代。对"师道尊严"的传统文化的拒斥和疏离,现代教师更愿意投入轻松快乐,众神狂欢的大众文化的潮流之中。因为在这样的潮流之中,他们可以选择做普通人,可以一股脑抛开所谓的"为人师表",让自己不带任何框架和束缚地进入到世俗道德之中。于是,很多教师理直气壮地声称,"教师是人不是神,凭什么对教师的道德要求那么高,那么多呢?!"就这样摆脱了"神"的困扰,走向了人的自由。然而,就这样回归世俗之后,在大众文化的喧嚣中,教师不但融入了世俗文化中,而且在"道德松绑"之后,教师在世俗的道路上走得比想象的更远。他们运用自己手中可能变现的所有资源,去兑换成利益,从而希望自己在以金钱为衡量标准的世俗社会里赢得尊严和地位。然而,吊诡的是,人们对教师的尊重

从来都不是来自于他能够赚钱,而是他能够无私地教授知识,教育学生。人们对教师的尊重来源于他是真正意义上的师者。也就是说,是源于教师这一身份意义实现的尊重。然而,教师在世俗的社会里恰恰抛弃了这一身份的本意,转而追求其他,成为"他者"。"成为他者的过程,是自我这一道德空间被重新构造的过程。期间,个人的自我理解出现了断裂,而非简单地改变个人好恶。成为他者,可被界定为个人自行转变为他者所带来的道德重构。"[11]在自我的道德空间中完成了一次转换,从追求"教书育人"转而追求"发家致富"。这种转换即使没有改变显性的教师身份,也改变了教师内部的精神追求和道德世界。于是有了很多身在学校却以教书为副业的教师,身在课堂心却惦记着辅导班招生的教师,身在办公室心里却想着自己的复印店的老师。即使教师运用各种资源改变了物质生活条件,但相对于商人和企业家,相对于资源比自己更加丰富的公务员,却仍然无法成为阔绰的富人,在某种程度上仍然是捉襟见肘的"穷人"。同时显得贫穷的还有其道德精神世界中因为放弃了神圣和崇高而泯然于众人的庸俗。

正是在这样的外部文化催生和内部自我道德空间转换之后,人们心目中的教师逐渐成为"以灰色收入发家的人",成为"天天想着自己赚钱哪有时间管学生的人",因为教师选择了世俗,于是,人们也看到了他们的世俗,并用世俗的眼光来打量他们,用世俗的标准衡量他们,用世俗的语言形容他们。曾经的"师道尊严"在教师心中倒塌的同时也在大众心中倒塌,反过来,当大众不再给予教师曾经的"尊崇"时,教师却感觉到了莫大的失落。"现在的人们,根本不把老师放在眼里!原来的学生和家长多尊重和信任老师,现在,根本没人把你当回事儿!"教师无法享受到曾经尊重和信任的目光,无法享有到由内而外的敬重和托付。在拒绝接受"爱自己的孩子是人,爱别人的孩子是神"的神圣道德之后,转而追求"工作是别人的,孩子是自己的",在自己放弃神圣和崇高之后,别人也不再把神圣和崇高给予自己,在自己转而追求世俗的利益和诉求之后,自己得到的也必然是自己所追求的。因此,教师既因为放弃对传统文化中师道尊严的维护而失落了尊崇,又因为自己在走向世俗的过程中放弃了为师之道而得不到尊重。无法回到过去,又难以安放自己于现实,在文化转型中道德据以依存的文化支撑的断裂,导致了教师在道德上的迷失,在道德世界里空洞和空虚。

2. 既无法担当而成为"士"又难以精进而真正"专业"——放弃了传统的"士"阶层文化的责任伦理而现代"专业人员"文化的专业伦理却未能确立

梁漱溟在对中国文化本质特征的揭示中指出,中国社会中没有对立的阶级,人群以职业而分途。[12]士农工商这四种基本的职业之中,"士"因为承载着文化传承的使命而获得了尊重并且形成了自身的文化形象和内涵。从孔子所倡导的"士不可不弘毅,任重而道远"到张载豪迈宣称的"为天地立心,为生民立命,为往圣继绝学,为万世开太平",这一阶层的责任担当意识就成为其厚重的身份文化中的核心旨归,从而代代传承。在近代的私塾中,很多教书先生是有这样的情怀和担当的。他们虽身在私塾,但守望的却是"士"的道德,怀抱的往往是家国天下,所以才可能有少年周恩来在学堂中挺立而言的"为中华之崛起而读书"。传统文化中的教师虽只有束脩之礼,却仍然自视为"士阶层""读书人",超越着眼前之利,超脱着卑微之身,保持着精神上的高远和道德上的高贵。也就是说,在传统的士阶层文化中,教师道德有着宏远辽阔的责任感、使命感,对于自我之外更为广阔的社会生活的关切和承担。"先天下之忧而忧,后天下之乐而乐"绝非是范仲淹一个人的道德写照,而是一个阶层的道德特质。

然而,对于身处现代文化中的教师而言,"士阶层"的道义担当未免太过沉重,伴随知识界的学科专业分化而进入到专业生活和专业标准之下的教师,开始越来越局限于狭窄的专业领域,而日渐遗忘或者放弃了传统的身份意象和道德境界。然而,专业身份的建立绝非一蹴而就,专业意识的淡泊,专业知识的匮乏以及对源于西方的专业文化的"水土不服",都使得教师的专业道德的建立面临着源自内外部的各种制约。一方面想要摆脱"不打不成才"的传统严苛教育文化的影响,另一方面又无法基于专业文化的熏陶而确立对学生人格的平等尊重;一方面不愿摆其传统教书先生的"架子"而维护教育权威,另一方面又无法完全接受西方专业文化而真正实现与学生的民主平等。既无法像传统文化中的知识分子一样在广阔的社会生活中实现价值和担当,获得道德上的荣耀和满足,又无法彻底享受狭窄的专业文化中的专业道德而自信和欣慰。既不愿像传统文化中的知识分子那样背负家国责任之重,又无法像真正的专业人员那样在专业领域之中获得意义和价值的满足。旧的身份已经放弃,包括这一身份所承载的道德意义,而新的身份却尚未确立,尤其是道德意义上的自我胜任和完成。这正是教师在这一身份文化断裂中,面对的道德断裂的现实和困境。

3. 既无法说出"我们"也不能认同"自己"——属于群体文化的教师集体伦理无法内在认同,而属于个体文化的"道德自我"也未能独立构建

任何一个职业群体都在其漫长的发展过程中形成了自身特定的文化特征。教师作为知识群体更是如此。而更具特色的是,教师群体的文化具有更加浓厚的道德色彩,或者说其文化的核心就是道德。这种群体文化同时表现为两种类型:一是作为理想层面的规范文化,如"学博为师,身正为范";一是作为现实层面的每个教师践行的德行文化,如"上好每一节课,关爱每一个学生"。也就是说,教师的道德是对群体文化规范层面和实践层面的完整体现。当一个教师意识到并且确认"我是一个教师"的时候,就代表着其愿意在规范和实践层面认同教师的群体文化。日常生活中,老师们常常用"我们当老师的"来自我表达,这就是一种集体身份和文化的确认,而这种确认意味着将"我们教师"这样一个群体称谓所内涵的道德形象内化在自己心中,背负起一份维护群体道德形象的责任。"我是当老师的,真的要为人师表,不能让别人说'你就这样啊,你还当老师呢'。"这正是积极的群体文化认同所产生的个体自我的道德要求。

然而,在社会转型和变化的过程中,一些教师却羞于说出"我是一个教师",对整个群体的道德文化产生出一种轻视和耻感。这是因为教师群体中个别教师的师德失范抹黑了教师群体的道德形象,被称为"眼镜蛇"的教师,被称为"虐待狂"和"敛财者"的教师覆盖了教师群体的道德印象。于是,一些教师会说:"出去都不愿意说自己是老师,觉得很丢人!""现在有那么多缺德的老师,还指望别人尊重你?!"这样的群体道德体验令教师个体轻视自己所在的职业群体,因而,无法因为"我是一个教师"而骄傲,无法因为这个群体的高风亮节而光荣。从而对群体文化不再有由内而外的认同,不再引以为荣反而以之为耻。

群体的道德状况影响到了每个教师个体的道德体验,反过来,作为个体的文化是否能够涵育卓然独立的"道德自我"呢?答案是否定的。在轻视这个群体的道德文化现实的同时,教师个体的道德世界其实也是一塌糊涂。一边义愤填膺地批判"群体中的老鼠屎",一边自己又身不由己地背叛或者盲从。作为个体的文化的贫瘠或者散乱,也无法支撑起一个足够独立的道德自我。没有深沉的意义支持系统,而形成坚定的道德立场,从而能够坚持"出淤泥而不染,濯清涟而不妖"的高洁;没有厚重的使命和责任的确认,从而形成"铁肩担道义"的侠义精神。既无法借由认同集体道德来充实个体的

道德世界,也无法经由个体道德世界的高洁风范而改善群体道德,在集体文化与个体文化的双重脆弱中,教师的道德无以获得支撑而挺拔坚韧,高洁出群。

### 三、社会转型进程中教师道德文化断裂的原因剖析

#### 1. 对传统文化中优良道德传统的误解或拒斥

传统的就是"封建的",传统的就是落后的。懒得回到故纸堆去看那些老掉牙的东西,成为一代人对待道德文化的态度和方式。而事实上,我们在根本不了解的情况下就已经误解了,在根本没有走近的时候就已经开始拒斥了。我们没有给自己敞开心怀走近传统文化,拨开误解去全心地了解传统文化的机会。这不能不说是一种巨大的悲哀和浪费。我们失去了发现和传承瑰丽而深厚的传统文化,尤其是传统道德文化的机会。这不是个人的错,而是"五四"、"文革"等一次次激进主义的否定传统文化运动给传统文化蒙上了阴影,也在年轻一代的心中埋下了拒斥传统文化的种子。于是,传统文化精神的断裂就成为一种无法逃避的必然。

这种文化断裂所形成的对传统文化的误解或排斥,导致教师无法从厚重的传统文化中汲取优良道德传统的滋养,无法让千百年来代代传承的中华传统道德文化在自己的文化血脉中继续流淌。这种精神文化上的无依无靠,这种道德世界中的匮乏空虚,导致教师只能就事论事地处理职业生活中关乎道德的问题,而无法获得足以成为道德信仰的坚强支持。失去文化支撑的道德世界是脆弱无助的,因为缺乏了坚定的目标方向,从而导致来自任何一个方向的风都可以将其摇晃。所以才导致了教师道德生活领域中各种"拜金主义"、"享乐主义"、"利己主义"道德潮流肆无忌惮地侵入,而教师群体的抵御和抗拒却虚弱无力,甚至可能连抵御和抗拒都不曾有。这不是某一个教师的错,也不是教师群体之过,而是社会发展转型进程中整体性的文化断裂在教师道德领域的折射。在这样的文化断裂的现实中,需要反思的是如何回到传统,传承传统文化中足以成为道德信念以抵抗各种不良道德风气影响的精神支柱,进而重建教师道德传统文化支持系统,使整个教师群体在本土丰厚的道德文化土壤中,生长起强大的道德精神支柱。

2. 对现代文化中专业伦理精神的轻视或逃避

社会从传统走向现代的过程,也是教师职业的专业化水平日益提升的过程,教师的道德也随着文化和职业的变迁而发生着改变。然而,这种改变可能是被动的,也可能是主动的,可能是被迫的,也可能是自觉的,更有可能是在原有经验道德的基础上依赖着经验惯性而逃避改变,轻视进步和发展的。尤其是诞生于西方现代文化中的教师专业文化对于中国教师而言属于外来文化,会产生一种本能的排斥,而更多情况下则是一种专业伦理层面的惰性和懈怠。教师更愿意在既有的文化轨道上依赖于经验道德,而不愿在改变已有和现有道德惯习的基础上学习和吸收新的专业道德。一方面不屑于继承传统文化中的道德精髓,另一方面对于现代文化中的专业精神又不能主动回应和培育,于是,教师的道德就处于一种文化支撑的虚空状态而无所倚赖。对于很多教师而言,他们更愿意不费力气地本着"原来怎么做现在就怎么做"、"周围的人怎么做我就怎么做"的原则顺流而下,躺在经验主义的河床上舒服自在,而不愿学习更多的专业伦理知识,不愿意对已有的教育行为和现实作更多的道德反思。于是,他们懈怠地满足于惯习而逃避面对专业性的挑战。"不打他们,根本就镇不住,镇不住,别的什么都别谈!""不会就罚抄,最简单有效!"正是这种良莠不分的经验主义的思想惰性和道德麻木,才会有屡禁不止的体罚和变相体罚,却没有更具专业伦理的教育惩戒知识和策略的产生。教师道德陷于消极经验主义的泥沼,逃避寻找现代专业文化的有力支撑,逃避深入到专业领域中的学习和探索,基于专业知识的解释和支持而改善专业行为,提升专业能力。

逃避也好,轻视也罢,教师道德都无可避免地进入现代专业文化之中,需要得到专业伦理知识和专业伦理策略的科学支撑,需要对自我的专业伦理发展有更多反思和关注,需要对学生的心理发展规律有更多科学的认知。这都需要拿出勇气,去直面已有教育惯习中的道德缺陷,去揭示已有教育经验中的道德偏差,以更为自觉和主动的姿态进入到专业伦理知识的学习和研究中,为现代文化之下的教师专业道德建立更为坚实的支持系统,以应对教育发展的客观需求。

3. 对个体文化中道德自我主体性的抑制或放逐

教师对神圣道德的拒斥,在世俗道德中的迷失,在各种文化潮流冲击之下的混沌,本质上都是个体自我道德主体性的缺失或抑制造成的。每一个教师都是一种特定个体文化的创造者和拥有者，而这种个体文化孕育着道德自我的主体性，这种主体性突出表现在对各种文化价值观的判断和选择，对各种文化潮流的反思和取舍。然而，在席卷一切的市场经济潮流和大众消费文化的影响下，在"物质至上""娱乐至死"的漩涡中，个体的道德自我会被放逐，道德自我的主体性思考和批判会被无形抑制，或者说"及时行乐是重要的，道德靠边站吧"、"赚钱是第一位的，谁跟你讲道德啊"的价值选择，将道德的声音弃之一旁，良心的声音不被倾听或者微弱到根本听不清。

这种个体自我道德主体性的存在状态既可以归因于外部文化强大的侵袭力，也可以归因于主体自我的道德主体性不够强大坚定。随波逐流的教师放弃对自我身份所承载的独特道德使命的确认和坚守，放弃对正确明朗的道德方向的寻找和追求，放弃对自我日益庸俗的心性和行为的反思和叩问，放弃对内心深处良知的声音的倾听和回应。所以，教师道德的文化断裂在教师内部是主体性的折损。失去主体性的教师道德自我，令教师无法回到传统文化所尊崇的"尊严以载道"，在让自己淹没于世俗之中后却也会茫然若失，找不到一个教师在世俗之中应有的道德高度和人格品位。因此，教师个体想要在各种文化交汇的时代，保有自我的道德，就需要找回并重建自我的道德主体性，在批判反思和独立坚守中找到一条属于教师的道德之路，而后任凭风雨，慨然前行。

### 四、社会转型进程中教师道德文化重建的实践路径

1. "回到传统"——对传统"师道"文化精髓的自觉传承与现代化发展

在人类高歌猛进走向现代化的过程中——科技的发展，物质的丰裕，自由的扩张，欲望的满足——在取得所有这些伟大胜利的同时，却将自己抛入了更深的存在困境之中。泰勒将其描绘为现代性的"隐忧"，其中最深的忧虑在于个人主义的黑暗面所导致的生活的平庸化和意义匮乏。原本，"在古老的道德视野中"，我们都是"伟大的存在之链"的一部分，我们把自己看作一个较大秩序的一部分，从而赋予世界和社会生活的行为的意义。我们挣脱了这种传统，抛弃了那个曾经存在的框架，于是，我们失去了意义的参照和目标的追求。"个人除了失去了其行为中的更大社会和宇宙视野外，还失去

了某种重要的东西。那就是生命的英雄维度的失落。人们不再有更高的目标感,不再感觉到某种值得以死相趋的东西。"[13] "人们在民主的时代往往寻求一种'渺小和粗鄙的快乐'","他们的生命中不再留有任何抱负,只有'可怜的舒适'"。[14] 正是这种赖以安身立命的崇高而富有道义的精神支柱的倒塌,才使人们想要回到"古老的传统",去寻找生命摆脱孤立的自我,承载更大使命的朴素的道德救赎之路。而在众多的传统文化中,中国传统文化中强调的家国天下、道义担当、圣贤之道等核心价值体系恰恰是解决现代性道德文化困境的良方。所以,才会有全世界75位诺贝尔奖获得者于1988年在巴黎聚会时达成的共识,"在21世纪,人类如果要过上和平幸福的生活,就应该回到2 500年前中国的孔子那里去寻找智慧"。

对于教师而言,回到传统,尤其是回到中国传统文化中的师道文化传统更具现实迫切性和必要性。当下迷失了身份使命感和意义系统的教师,需要在传统师道文化中找到这一身份的灵魂所在。在中国传统文化中,"道之所存,师之所存",教师是因道而生,为道而生的。在整个文化和政治系统中,"师"因为"闻道在先",因为"传道解惑"而获得地位和尊严。因为能够用自身所承载的"道",发挥"建国君民"、"化民成俗"的社会责任才赢得了"师道尊严"。正是因为这样的"载道"、"传道",甚至"道成肉身"、"舍身取义",才有了"天地君亲师"的莫大尊崇,这一身份才获得了神圣的道德内涵,才有了意义,才有了光芒,才有了厚重感。因此,今天的教师想要找回曾经的尊崇,获得曾经的尊严,就需要回到传统师道文化中,深刻领悟"道"对于"师"之重要,领悟高尚道德对于教师身份的特殊意义,进而重新确立教师身份的崇高维度和神性所在,在超越世俗的平庸,摈弃物欲的侵染中,找到师者应有的道德境界和方向,重塑师者应有的道德高度和形象。在这样的过程中,尊严其道,高贵其身,把道义责任扛在肩上,而不至于让自己的肩上轻飘飘而无所承载,让自己的内心空洞洞而无所充实。如此,便可实现梁漱溟先生所描绘的人生状态,"使人自尽其心而涵厚其德,务郑重其事而妥安其志。人生如此,乃安稳牢韧而有味,却并非要向外求得什么"[15]。

需要说明的是,这里的"回到传统"并非简单线性、不加辨识和选择的回归,而是螺旋式上升的传统文化理解和审慎批判性的继承和发展。发展传统文化中那些能够在现代社会中给人以积极的启示,救人于现代性困境中的部分。取传统之丰富道德意蕴,滋养现代教师贫瘠的精神世界;取传统之深厚文化根基,充实教师飘摇不定的价值支柱。总之,是依据教师现实的道德发展需要而回到传统,同时将传统进行现代性的发展以适应现代教师道德的发展之需,这是一个双向互动、相辅相成的过程,是文化与人的互动过程,也是传统与现代的对话过程。如此的"回到传统"才更具现实意义,才能对现代人的道德生活发挥更大的影响力。

2. "走向专业"——对现代专业文化中教师伦理精神的体认发挥与本土化建构

现代文化的精细化分工以及各种职业的专业化发展,决定了只有更加专业,才能更加道德。只有在专业文化的整体支撑之下,专业道德才会有更为完整和健全的支撑,才能得到更为彻底的实现。而走向专业,并非仅仅是一种宣言和激情,而是需要教师对现代文化中的教师专业伦理精神有更深刻的学习体认。与此同时,由于现代教师专业伦理主要源于西方,教师专业道德在中国教育土壤上的现实确立还需要完成对西方专业伦理的本土化改造和发展。

一个世纪以前,社会学家涂尔干就提出,"在高等社会里,我们的责任不在于扩大我们的活动范围,而在于使它们不断集中,使它们朝着专业化的方向发展"[16]。因此,职业专业化成为一场现代社会的建设性"运动",也成为现代社会的重要特征之一。专业化的过程,是一种职业在现代社会赢得相应地位的过程,也是专业文化形成并确立其专业伦理精神的过程。对于教师职业而言,专业文化中的丰富的专业伦理内涵决定了其能够为教师道德的重建提供重要的文化支撑。因为,专业一方面指精湛的学识、卓越的才能,另一方面指服务或奉献的专业道德。英文中的"profession"不仅仅指"专业",还有韦伯所谓的"志业"的内涵,强调一种"内在的专业信仰",是一种"诺言"、一种"责任"。[17]就是说,专业文化中包含着深刻的道德内涵和倾向。美国教育学家舒尔曼曾言:"一个专业首要的社会目的就是服务。专业工作者应是那些接受了教育并且利用其知识和技能为不具备这些知识和技能的大众服务的人。他们内心要有为大众提供服务的倾向,有义务以道德理解为起点来运用复杂的知识和技能,并通过提供实际工作以表现出公正、责任感和美德来。"[18]芬斯特马赫更是基于教师专业的特殊性,分析了"教师作为一种专业所具有的道德层面的独特性"。"第一,医生、律师等其他专业的知识具有独有性,教师则需要与学生共享知识,才能实现知识传递的目的;第二,其他专业身份并不涉入对象的个人生活,而教师却需要了解学生生活的各个方面;第三,其他专业的对象往往处于被动、服从的状态,教师和学生之间则需要双方的持续努力。"[19]教师专业生活的这些显著特征决定了教学作为一项提升人的发展的职业本身所具有的道德性,这样的道德性需要教师以更多的情感、智力和道德主动性投入其中。也就是说,越是深刻地理解和体认教师作为专业的特征,就越是能够深刻领会教师道德的必要和重要,这是重建教师道德的专业性认知基础,或者说是一种重要的专业意识基础。而这种意识的确立具有极为重要的意义,这是由专业意识在教师实践中的前提性、统领性作用所决定的。因为,"通常说到实践,总会强调实践能力,以为能力是可以与实践相匹配的属性特征。我们的理解与此的不同之处,在于看到意识处于比能力更为根本和原初的位置。实践无疑是要有能力的,但实践不仅仅是能力,也不是能力在孤立地施展,实践是人的全部力量未经分化的绽放。知识、情感、意志、能力、经验,以至智慧、体力,人的全部生命力量,都还未曾分化地汇聚着在实践中绽放,这个未曾分化的形态,是意识。意识孕育了这一切,伴随、觉察和支配着它们的生长,而它们的生长,无论可以多么宏伟壮阔,都依然要体现于意识的层面,以未曾分化的意识的形态绽放出来,在这样的意义上,它们才是实践性的存在"[20]。

具体而言,走向专业的教师道德,需要摆脱意义的迷失和责任的漂浮,以专业精神和专业使命感成就积极而郑重的道德姿态。在美国学者对"动态教师"特征的描述中,清晰的专业使命感和矢志不渝的职业责任感是他们突出的特征。"他们之所以选择这一职业,是因为他们相信,每个孩子都应该得到多种多样的机会来理解和验证在这个世界中生活的意义,他们把教学的目的视为帮助孩子们过上具有丰富意义的生活。"[21]正是这样的使命感,激发了他们强烈的责任感,"他们要求自己和同事对学生高度负责,他们拿出勇气通过行动和探究不断审视自己的知识基础以及对学生及其家庭的教育责任和更广阔的社会的责任"[22]。走向专业的教师道德,需要摆脱经验主义的窠臼,以专业知识成就专业美德。因为,所谓专业就是指在获得专门性的知识、技艺、实践智慧的基础上将原本凭借经验无法妥善完成的以更为高效、更为人道的方式卓越完成。这样的专业需要专业知识和能力做现实的支撑。因为,"一种职业转化为专业需要一种可以识别的知识基础"[23],这是一种基础性的必要条件。这里需要特别强调的是支撑教师专业道德的"伦理型知识"的重要性。因为,虽然教学在本质上是一种道德努力,但很多教师仍然没有认识到,甚至没有意识到他们自己行为和全部实践的伦理意义。因而,常常处于一种"无反思、无意识和无道德意图的状态"。因此,教师需要清晰的伦理知识,"以帮助他们理智地从道德意义的角度反思应该说什么和不应该说什么,以及能做什么和不能做什么"[24]。如此,教师才具备了专业道德的自觉和克服复杂职业生活中的"道德怯懦"的知识支持和力量给予,进而能够努力在各种压力和困境之下坚持做成一个"道德的教师"。走向专业的教师道德,需要将西方专业文化与本土传统文化有机融合,实现有效的本土化改造。走向专业的教师道德,需要探讨和研究,进而建构并形成具有中国本土特征的教师专业伦理文化。直接拿来的、水土不服的西方教师专业伦理文化很难在中国的教育土壤中生根,也无法真正对教师道德实践产生实质性的影响。如何基于中国的教师道德文化,改造具有先进性的西方教师专业伦理文化,这是严峻的现实挑战。

3. "重建自我"——对个体文化中教师道德主体性的确立与引领性传播

现代性的重要成就就是"个人主义"的诞生,而它同时也成为现代性的困境所在——"人们获得了前所未有的自由,却也陷入了空前的意义迷失"[25]。人们自视为原子式的孤立个体,切断了与他人和社会的有意义的联系。人们深信,"一个人可以外在于社会而成为一个完全胜任的人类主体"[26],然而,事实却是,"只有当他嵌入一个更大的社会整体之中,才可能是一个适当的道德行动者"[27]。因此,教师道德的重建就是要避免现代化进程中产生的绝对的极端化个人主义的危害,充分发挥内在的道德主体性,发现作为个体的道德责任和担当,能够在"道德共同体"的视域下审视和发现主体的道德力量并充分发挥这种力量。

首先,教师要重建自我的"道德理想",进而自觉承担道德责任,从而摆脱"责任自由漂浮"的无意义状态。鲍曼在《现代性与大屠杀》中明确指出,现代社会的官僚主义文化已经造成了一种"自由漂浮的责任"[28]的状态,每个人在庞大运行的官僚机器中失落了对自我责任的意识和担当,从而造成了阿伦特所谓的"平庸之恶"[29]。因此,教师道德的重建就是要找回自己肩上应负的责任,找回真实而沉重的意义感,这就需要找回高处的道德理想。这种理想是泰勒用于对抗现代性困境的"真实性理想"。泰勒认为,道德自我主体性的确立是在追寻一种理想,"一种自负其责的、自我控制的推理的理想","一个关于自由的理想,关于自主的、自我生成的理想的理想"。[30]这种道德理想要求"做(道德上)正确的事,重要的标准之一就是要与我们内在的道德感保持接触,而不是游离。道德不只是迫于外界压力去做正确的事,而是与内心良知相契合"[31]。也就是说,"我们的道德拯救来自恢复我们对自己内心真实的道德接触,只有这样,才有理由要求人们为自己的行为担当道德责任"[32]。而这种源于西方的认识,却与我国新儒家的代表人物唐君毅对"道德自我之建立"的内在主体性有着惊人的一致。"我深信道德的问题,永远是人格内部的问题;道德生活,永远是内在的生活;道德命令,永远是自己对自己下命令,自己求支配自己,变化自己,改造自己。人必需要在自己真切的求支配自己,变化自己,改造自己时,才能有真正的道德意识之体验。"[33]这种"向内用力"的道德主体性,具有浓烈的中华传统道德文化的特征。"当下的你负担着你之道德生活及整个人生之全部责任。当下的你之自觉之深度、自由之感之深度,决定你的道德生活,及你整个人格的伟大与崇高。认清当下的你之责任,认清当下一念之重要,你会知道从当下一念可开辟出一道德生活之世界,当下一念之翻转,便再造一崭新之人生。"[34]处于社会转型进程中的教师,所需要的正是这种不抱怨外部社会,不抱怨教育制度,不抱怨学生和家长,而回到自身,去反思和寻找一种借由与自己内心的对话,借由自我道德精神性的重建而影响和改变他人和周围世界的道路。这是一种强大的道德理想和信念的火种在教师内心的点燃,这是身处道德困境之中,被困于"不道德的学校"和"不道德的制度"之中的教师实现道德重建的主体性方案。

其次,教师要借由自我道德主体性的重建,重建集体意义上的道德,发现自我道德重建的共同体意义,进而重建作为教师群体的"我们"的道德,实现道德自我主体性的引领性传播。这种集体意义上的道德重建,一个前提性的条件就是教师个体对"我"和"我们"之间,"个体善"和"集体善"之间的关联的理解和确认。黑格尔曾言,"一个我,那是我们,一个我们,那是我"[35]。然而,在社会转型进程中,我们失落了"我们"。"我们虽在,但意义已经无法经由我们表达。"[36]在教师群体中,很多人忽略了个体道德对群体道德声望的影响而肆意妄为,于是,"一块肉坏了满锅汤",社会生活中的个体往往将他们具体接触到的一个教师道德状态推及整个教师群体。这样一种道德印象建立方式,决定了每一个具体的教师都直接影响到群体的道德形象。反过来,当每个人都不顾及集体道德形象的时候,每个人都会背负污名。人们会把对教师群体的负面印象投射在每一个与他们相遇的教师个体身上。这种基于个体的"群体放大性"和基于群体的"个体覆盖性",使教师的个体道德和集体道德处于恶性的相互影响中。因此,教师道德的重建,需要每一个教师建立起"共同体"意识,以共同体一员的身份自居,以自我道德的主体性重建实现对教师群体道德的深切观照。因为,"个人的善不可与共同体的善分离开来看待。人们是在一个共同体中,对共同善的共同追求使人们获得了相应的利益和善。而德性是这样一种获得性的品质,它们有助于人们实现这个共同体的成员的共同利益。如果缺乏这类德性,或有着相应的缺点,则对于共同体的联结起着破坏性的作用"[37]。因此,教师道德在社会转型中的重建,必须实现从"我"到"我们"的超越,进而基于"我们",而更好地发现和定位"我"。因为,"人们在使用'我们'一词时,往往带有强调的意味。它以集体性为前提,暗示了一定的社会或政治位置。'我们'指明了作为集体性实体的集体认同的存在。这种集体性由'我们'的性能来界定,'我们'包含着一个实体,被用以谋求政治或社会团结。这要求采取'我们必须'如何的行动,由此'我们'被赋以集体的能动性。此外,'我们'一词还表示出人们对自身位置的自我意识,或者说对作为集体的'我们'的自我意识,即'我们知道我们是谁'"[38]。所以,基于"我们"的道德重建,是一种集体道德意识的唤醒,一种发现"我"和"我们"之间在道德上的休戚与共。这就要求教师个体不仅仅完成对个体自我的道德重建,更要关心和致力于教师群体的道德重建,把群体道德重建的责任扛在自己的肩上,对教师群体充满共同体意识的关切,以期唤醒周围每个教师的"道德自觉",实现对周围教师个体道德的引领性发展。进而,基于作为教师个体的道德重构去重建"我们教师"的道德形象和道德尊严,在以"我"为起点和中心的道德完善逐步实现"我们"教师群体的道德完善和发展。

关于社会转型进程中的道德困境,鲁洁曾有一段深刻而精辟的论述:"现代化中道德的困境还来自于现代化过程中价值的离析与断裂。现代性首先是一种时代意识,通过这种时代意识,该时代将自身规定为一个根本不同于过去的时代,为此,现代性必定'要谋求与过去的决裂,并将这种决裂作为自己的起点'。这种与过去的决裂首先是价值层面上的。为此,在现代化的过程中,发生价值上的断裂自是难免的。它不仅来自于关于现代性的观念,同样也来自于现代化的实际过程;它既来自于感觉层面的变化,同时也来自于深层精神的变化。这种价值的断裂为道德的新生开创了新的可能性空间,但它也同样酿成了一场道德灾难。"[39]我想转换一种表述方式,来表达我对教师在社会转型中面临的道德问题的积极理解。"这种断裂会造成道德的迷失并降低其高度,但它同时也提供了新的起点和可能,提供了重建的机会和变得更好的空间!"这就需要教师群体和群体中的每个个体有更郑重的道德承诺,有更深刻的道德自觉,有更强烈的道德期待,有更强大的道德勇气,如此,教师道德必定会在文化的重建中崛起,在整体道德形象的重塑和道德境界的提升中,找回失落的尊崇,重获应有的师严道尊!

**参考文献:**

[1] 塞缪尔·亨廷顿,劳伦斯·哈里森.文化的重要作用——价值观如何影响人类进步[M].北京:新华出版社,2010:9.

[2][3][4] 拉尔夫·林顿.人格的文化背景:文化、社会与个体关系之研究[M].于闽梅,陈学晶,译.桂林:广西师范大学出版社,2007:117,102,102.

[5][6] 唐君毅.文化意识与道德理性[M].北京:中国社会科学出版社,2005:3,6.

[7] 丰子恺.给我的孩子们[M].北京:中国青年出版社,2012:134.

[8][9][10] 吉尔·利波维茨基.责任的落寞——新民主时期的无痛伦理观[M].倪复生,方仁杰,译.北京:中国人民大学出版社,2007:36,39,45.

[11][36][38] 流心.自我的他性——当代中国的自我谱系[M].常姝,译.上海:上海人民出版社,2005:120,104,154.

[12][15] 梁漱溟.中国文化要义[M].上海:上海人民出版社,2005:124,101.

[13][14][25][26][27][30][31][32] 查尔斯·泰勒.本真性的伦理[M].程炼,译.上海:上海三联书店,2012.4,18,10,22,9,124,13,13.

[16] 涂尔干.社会分工论[M].渠敬东,译.北京:生活·读书·新知三联书店,2000:359.

[17][23] 刘捷.专业化:挑战21世纪的教师[M].北京:教育科学出版社,2002:62,52.

[18] 李·舒尔曼.理论、实践和教师的专业化[J].王幼真,刘捷,编译.比较教育研究,1999(3).

[19] 芬斯特马赫.关于教学作为专业化职业的道德思考[A].约翰·古德莱德,等.提升教师的教育境界:教学的道德尺度[C].汪菊,译.北京:教育科学出版社,2012:115.

[20] 宁虹.教师教育:教师专业意识品质的养成[J].教育研究.2009(4).

[21][22] 莎伦·拉里斯,等.动态教师——教育变革的领导者[M].侯晶晶,译.北京:北京师范大学出版社,2006:5,61.

[24] 伊丽莎白·坎普贝尔.伦理型教师[M].上海:华东师范大学出版社,2011:1.

[28] 齐格蒙·鲍曼.现代性与大屠杀[M].杨渝东,等译.南京:译林出版社,2002:214.

[29] 汉娜·阿伦特.艾希曼在耶路撒冷[M].安尼,译.南京:译林出版社,2017:252.

[33][34] 唐君毅.道德自我之建立[M].桂林:广西师范大学出版社,2005:2,69.

[35] 张汝伦.自我的困境[J].复旦学报,1998(1).

[37] 龚群.自由主义的自我观与社群主义的共同体观念[J].世界哲学,2007(5).

[39] 鲁洁.德育论著精要[M].福州:福建教育出版社,2016:92.

# 教师德性养成的本质释义

李清雁

(北华大学　教育科学学院)

本质作为一个事物是其所是的规定性,对把握一个事物的全貌和了解这个事物发生发展的规律具有前提性的基础作用。教师职业进入专业化发展阶段以后,对教师道德的要求有了进一步提升,教师不仅要具备专业的伦理精神,同时还要发展专业的道德品质;对教师伦理的研究也进一步深化和细化,逐步形成一个交叉学科的体系,沿着"伦理学—教育伦理—教师道德"和"教育学—道德教育—教师道德"的双向并轨的态势前行。教师德性是教师伦理体系的核心概念之一,是教师专业的核心素养之一,教师德性养成是教师伦理实践关照的基本点。因此,对教师德性养成所包含的各个概念进行本体论的释义,从而明确概念的所指与能指,知其所传达的核心要义和涵盖范围,既是教师伦理体系理论建构的需要,也是教师伦理实践的议题;教师德性养成是每一位教师在其职业生涯中所面临的现实功课。

---

基金项目:"吉林省教育厅科学研究项目资助"阶段性成果(JJKH20170083SK);北华大学博士科研启动基金支持。

作者简介:李清雁,北华大学教育科学学院副教授。

E-mail: jilinrene@sina.com

## 一、德性的本质释义

词源上关于德性的释义,可以从中西德性的字义看出其本质性的意思。许慎在《说文解字》中写道:"德,外得于人,内得于己也。"所谓"外得于人",就是"以善德施之他人,使众人得其益"。所谓"内得于己",就是"以善念存诸心中,使身心互得其益"。许慎《说文解字》对"性"就作了这样的解释:"性,人之阳光,性善者也。"将"性"与人心密切联系起来,通常指人性、人心,并且成了道德自觉的主题。《中庸》首次将"德"与"性"联系起来,提出君子要"尊德性",就是指君子要尊奉先天的善性、道德之性,无论是"仁者爱人"中的"爱",还是"义利之辨"的"义",都是和人的德性相关的概念。德性和道德是不可分离的,德性之人首先就表现在对道德的遵从。"道"首次出现在金文里,最初意义是人、物所行走的道路。《释名·释道》有言:"道,一达曰道路,道,蹈也;路,露也,言人所践蹈而露见也。"后来"道"引申为人的合理行为与思路。孔子讲:"志于道,据于德,依于仁,游于艺","道"引申为人类社会生活中人们必须遵循的规范和原则。从词源上看,"德"的最初意义有直视行走的意思,意义扩大后,一切正直的行为都可称为"德"。"德,得也,得道之谓也","德"指的是得道之人,由于拥有了运行于世间的道而形成了对他人的"支配力",是影响他人的内在能力或意向,有德也就成了对人的一种美称,从而获得了道德的意义。较早将"道德"合并在一起使用的是《周易·说卦》:"观变于阴阳而立卦,发挥于刚柔而生爻,和顺于道德而理于义,穷理尽性以至于命。"荀子在《劝学》篇中说:"故学至乎礼而止矣,夫是之谓道德之极。"赋予了"道德"这一概念较为确切的意义,即是人们在社会生活中所确定的道德品质、道德境界和调整人与人之间关系的道德原则和规范,如果一切都按"礼"的规定去做,就算达到了道德的最高境界。

古希腊语境中的"德性"(希腊文"arête")最初被用作指称每一种自然存在展示其"固有能力"而显现的优秀或卓越。德性最早出自于苏格拉底,他讲"德性就是知识",将德性与智慧相等同,苏格拉底所说的德性并不表示一个具体的德目,而是所有德目的通称,德性在苏格拉底这里是表示一切道德行为的本质称谓。柏拉图认为"德性是心灵的秩序",把德性看作是与人的天赋相适应的品位,德性是评判平衡的标准。亚里士多德认为"德性是善的习性",那些被称赞的或可贵的品质就是德性,"德性的目的是高尚",缺少了它们就会妨碍人向目的的运动,因而德性是内在于人类活动本身的,德性是一种既使人或事物状态好,又使人和事物的活动完成得好的品质。康德认为"德性是一种道德的力量",康德心目中的德性在于能够制定和执行绝对道德命令,德性作为一个普遍原则是存在于一个人心目中的道德命令,内心道德原则表现出来的是外在的道德行为,是一种向善的道德力量,把责任的"应该"转变成现实的力量,这种力量就是在责任的恪守中人的意志的道德力量。当代西方著名的伦理学家麦金太尔提出关注"实践的内在利益"的德性实践的观点,因此德性是一种个人内在的、在外界环境与内在体验中所形成的一种心理品性。

通过梳理中西方对德性的理解,发现对德性作一本质性的描述与解释是非常困难的事情,人们感知到了德性的存在,却无法用精确的语言将德性内涵表达出来。诸多研究对德性有这样的共识:"德性是不同于一般行为习惯的意向(心理定势)或品质特性;德性是公认为好的、优良的或值得赞扬的品质;德性不是与生俱来的,也不是自发形成的,而是在环境的作用下通过智慧选择形成的;德性不只是体现在行为方面,而且体现在认知、情感、意志等活动及态度方面。"[1]不妨把德性理解为存在于人自身的追求卓越的形成性品质,进一步考察德性会发现其还具有以下共同特性:德性存在于个体身上,所有德性都是人的德性,而且所有德性都是个体化的,德性只有存在于个体身上,才具有了存在的合理性;德性不是一成不变的而是一个动态生成过程,德性总是让人向好,总是在已有的德性状态向更高更好的状态进发,在德性从无到有和从低到高的发展性养成中,德性受到外界环境的影响是具有起伏波动的,也可能逆向生成,但受到认可的德性具有超越性;德性不是目的本身,但德性都表现为人的一种目的性朝向,而且这种朝向是让人向好的,即德性追求完满,终极目的在善和幸福,恶的指向不是德性而是魔性,德性告诉人们如何认识自己的生活目的,对人生的方向有一个清晰的认识,并为实现一种善的生活的内在目的而培植自我的内在品格,德性要帮助人过美好生活;德性是人的多种因素共同作用的结果,与认知相关的聪明,与情感相关的同情,与意志相关的执着等德性的内在要素,可以形成德性的外在表现,如智慧、友爱、公正、善良、节制、忠诚、勇敢、慷慨、责任等,一般称之为德目,这些德目在个体身上的表现不是均衡的,一旦形成具有相对的稳定性,而且这些德目具有一定的普适性,在很多民族和不同文化之中,都有人类所共同认可的德目,人的知识、情感、技艺、理性和意志等心理要素都对德性养成产生重要影响,不管德性处在哪一种状态中,德性都是当下那个时段的身心统一;德性是自律性的和有责任感的,需要通过人的活动表现出来,德性的这种实践属性与人的生命息息相关,是让自身感到愉悦的内在品性,也是和生命共始终的,生命是不停歇的实践,实践还表明德性不是义务,但是德性具有规范的意向,一旦人自身形成了某种德性,人就受德性的支配而不由自主地去实践,德性的实践是自发的,不需要理性的驱动,不需要意志和规范的强制。

根据上述对德性的共识和对德性特征的分析,可以大致把握德性的一般含义,其一,德性不是中性的,是人指向幸福和善的好的品质;其二,德性是人内在的一种建构性品质,是养成过程,是处于不断提升的动态过程中的品质;其三,德性是人的能动性反映,表现形式多种多样,支配个体的道德生活。因此,我们对德性可以作出这样的描述性规定:德性是人根据过上美好生活的追求需要,运用心理机制与外界交互过程中逐渐养成的对人的活动起支配定向作用,并在实践中具有外显表现的获得性的道德状态下的品质。

## 二、教师德性的本质释义

教师德性是一个交叉融合学科的概念。教师是教育学的基本概念,德性是伦理学的基本概念,教师德性的上位概念应是教师伦理,教师伦理的上位概念应是教育伦理,教育伦理的上位概念应是伦理学,依从这个思路,教师德性研究应属伦理学科。但是实际上,对教师德性的研究一直沿着另一条思路,教师德性的上位概念是教师道德,教师道德的上位概念是学校德育,学校德育的上位概念是教育学,教师德性研究实际归属于教育学的德育论研究领域。此外,从教师管理的现实出发,管理学也将师德建设作为一个重要的研究领域,这样对教师德性的研究就形成了伦理学、教育学和管理学三者的融合研究之域。

教师德性的释义有多种观点和不同角度。一是对教师德性进行界定,有学者将教师德性定义为品行:教师德性是教师在长期教育实践过程中形成的精神品质、良好品行,它不仅意味着主体具有一种好的品德,而且表现出一种善的行为,是教育实践获得成功的道德基础。[2]也有学者将教师德性定义为道德标尺:教师德性是教师伦理体系中的,教师个体身上所具有的不断自我完善、不断追求更高境界的内在道德标尺,具有最高标准和理想的成分。[3]还有学者将教师德性定义为专业品性:"教师德性是指教师在教育活动中历经反复的道德实践而生成的专业品性。"[4]综合性的观点将教师德性定义为：教师在教育教学过程中不断修养而形成的一种获得性的内在精神品质,既是教师人格特质化的品德,也是教师教育实践性凝聚而成的品质,是一种习惯于欲求正当之物并选择正当行为去获取的个人品质。教师德性的基本表现应该是无害、无欺、公平、有益,在于满足教师自己和他人的精神需要。[5] 二是对教师德性内容与结构的研究,比如从公正、良心、仁慈、幸福和义务等伦理范畴对教师的德性作了系统的研究,认为德性只能从内而外地生成,教师要有德性并过德性的生活;[6] 有学者认为教师德性要从教师的职业性质来看,教师德性的主要内容为教师关怀、教师宽容、教师良心和教师责任。[7] 还有学者想要探明教师德性的内在结构,不仅有助于从深层上把握教师德性的本质与功能,而且十分有助于教师德性的涵养和生成。如果从教师特有的专业性质上来分析,教师德性结构的核心要素主要包括：教师的爱心、教师的善良、教师的宽容、教师的公正、教师的理解、教师的角色敬畏。[8] 三是对教师德性价值与作用的研究,将教师德性的价值分为内在价值和外在价值,借用麦金太尔的研究成果,将实践获得区分为内在利益和外在利益,德性作为获得性人类品质,使人获得内在利益,进而强调教师德性的内在价值主要体现在教师德性对于教师个体生命的浇铸、对于教师职业发展的支撑、对于学生教育的影响等三个主要方面。[9] 教师德性的作用体现在教育教学环境中会成为教育的工具和手段,同时具有示范性特征,是学校里最重要的师表,是直观的最有教益的模范,并可以使教师享受职业幸福。还有其他一些学者从哲学视角以及制度视角等对教师德性进行了研究,这些对教师德性的认识都抓住教师德性的一部分特质,而没有全面地反映出教师德性的内涵和教师德性的特殊性。正如有学者指出："已有研究基本都不太注重对教师道德的学理分析,即从教育本身的特性论证教师应该做什么以及其内在机理。在教师'应该'和'必须'的道德说教中,教师显然没有任何选择的自由,而成为一个有待被社会塑造的'机器',当这架机器被制造出来后,就利用它来制造产品——千人一面、毫无个性的学生。他们大多成为精致的利己主义者,而缺失德性的修养,这是现实教育的困境,让人悲哀。"[10] 由此可见,教师德性研究任重道远,给教师德性下个定义也是比较困难的事情。

理解教师德性需要厘清三个问题：第一,教师德性与职业道德的关系。教师职业道德是群体道德,遵循涂尔干的职业伦理思想可以看出教师的职业道德在于创构职业群体的基本秩序,具有普遍意义,但这种底线伦理本身难以引导教师的实践达到一种理想的状态,实质上是把人生理想和价值观念排除在外,教师德性有被淡出教育生活的危险,教师职业道德水平的提高一方面依赖于职业道德规范的约束,另一方面也离不开教师个体的道德努力;教师德性是教师的个体道德,是教师个体的道德自律,以"应当"的内在命令形式表现出一种道德自觉;因为教师职业的特殊性,二者关系表现在两个方面,一方面教师自身的个体德性对职业道德的形成有重要的奠基作用,另一方面教师职业道德的特殊内涵对教师自身的全部个性品质有很深的影响,教师职业道德的形成也会影响教师个人的人格品质。第二,教师德性在职业生活中的地位。教师的职业生活有道德领域和非道德领域之分,教师职业道德只能调节教师职业生活中的道德领域,但教师德性却可以调节教师的整个职业生活,从这个角度来说,教师德性对教育事业和学生的发展都更有影响力。教师行为中有违法行为和不违法行为,不违法行为中有不道德行为,应当受到舆论的谴责和良心的制裁,不违法行为中还有不一定不道德但却是不宜行为,这就和教师的个人修养有关。教师德性能杜绝不道德行为的发生,德性高尚的人是注重自身修养的人,也是自我控制能力较强的人,能减少不宜行为的发生。教师职业道德关注教师教育教学秩序的建立,对教师提出职业要求和工作方式要求。道德规范虽然为教师行为提供普遍准则或者起约束限制作用,但行为总是发生在具体的情境中,而一般规范往往无法穷尽一切具体的情境,离开具体情境的分析,规范对教师行为的作用难以发挥,因而教师德性是教育教学活动的精神财富,教师德性关注教师个体道德人格的高尚和精神境界的圆满,是教师的自我发展与自我完善,它体现的是教师职业生活的存在方式与智慧。第三,教师德性在职业生活中的作用。一方面,教师德性是教师的本体价值的标志,使教师得以提升和涵化个人修养,麦金太尔将德性看作是人的内在利益,它是道德实践本身内在具有的,不能通过其他活动获得。内在利益既是一种产品的卓越,也是追求卓越过程中的一种有意义的生活,它是内心的充实,是一种生命实践的好生活。另一方面,教师德性又具有工具价值,教师的工作对象多是未成年的人,教学过程是人与人的交流,是生命与生命的对话,教师自身的性格、修养、学识、生活价值观等都可作为工作的手段和资源,对学生产生影响,教师德性是教育活动中的无形资产,给学生以深刻的影响和启迪,借由教师德性所形成的人格魅力,对学生的影响力是无穷的。

根据以上分析,可以判断教师德性至少涵盖了教师的职业意义、精神归属、教育方式,以及对教育伦理精神自觉体认后所形成的精神品质和道德境界等方面,教师德性应该是教师个人内部状态与外界环境交互作用的产物,在教育教学实践中逐渐修炼而成。首先，教师德性是职业性的道德要求在个体身上的表现，是教师在长期教育实践活动中所获得的一种专业品性，能使教师个人担负起其教师角色的品质。教师的实践活动对象是一个个有思想情感的、生动鲜活的生命个体，决定了教师的专业角色包含了教师善、教师爱、教师公正和教师责任四个方面的德性内容。其次，教师德性是在履行教育教学责任和义务的过程中所体现出来的道德力量，能使教师承担起"教书育人"角色的内在精神品格。教师德性一旦形成，它往往就会成为一种积极的推动力量，能促使教师全身心地投入到教育实践活动中去，更好地促进学生的全面发展和健康成长，它能保证教师在任何情境下都遵循德性行事，做出道德的选择，表现出一种道德意志力。因此，从职业精神、职业追求和职业品德三个层面对教师德性进行界定：教师德性是建立在个体德性之上的职业德性，与普通人德性相比具有职业特殊性，是教师根据教育教学活动要求所形成的获得性内在职业精神品质，是指向教师职业道德生活的能动性内在力量，并以职业品德状态表现出来的职业人格特质，是教师在职业生活中逐步养成的追求卓越的职业品性。

### 三、教师德性养成的本质释义

养成是培养而使其成长之意，是在长期反复的行动中逐渐获得的过程，养成不是固定化，养成本身就意味没有终点，伴随人的终身，德性是和人生相伴的一种品性，德性养成就意味着德性是人需要获得的东西，德性的形成、发展和变化说明人的德性始终处在养成之中，因为德性没有止境，人在追寻德性的道路上是无限向上的，与人的道德境界相通，德性养成亦无止境，是养成之上再养成的提升过程。对德性养成的思考经历了传统的外塑内生论、现代内化论和后现代建构论的思想演变与发展历程：外塑论强调外部要素在人的德性养成中的作用，认为人的德性养成要靠社会习俗的教化，靠教育的灌输和影响，靠行为习惯的训练和培养；内生论强调人本身在德性养成中的作用，认为人的理性和人的主观性是德性养成的本源，人总是在总结个体道德经验的基础上，让道德逐渐成熟起来的，个体德性养成也是对人生意义的探求，重视良心、情感和修行在德性养成中的作用；所谓内化，指的是道德主体把外部的道德要求通过认知与情感的结合而变成内部需要的过程，德性养成表现为道德作为个体的存在方式，是社会道德规范通过主体的内化而表现出来的行为结果；所谓建构，指的是道德主体基于道德知识和道德经验生成对道德意义的理解和建构后而养成个体德性的认同过程。个体德性不具有原初性质,是后建立起来的,人的德性具有个体性的特点,对先于自我而存在的道德伦理规范,人们先探索它的意义与价值,在探索过程中对其认同,建构主体的德性。

传统德性养成是在关系中建立起来的。中国传统文化的伦理范式将道德作为文化中心,以"人的依赖关系"为出发点,将天、地、人并立为三才,人在天地之中是最重要的。在讲人和宇宙的关系时,要求"天人合一",一方面用"人事"去附会"天命",孔子讲,"尽人事,听天命",让人去体现天道的流行;另一方面又把"人"的道德性付之于"天",使"天"成为理性的道德化身;在讲人和人的关系时,人总是处在一定的关系之中,由家庭而家族,由家族再走向国家,整个社会就用君臣、父子、夫妇之间的关系以宗法原则组织起来。但是不能就此将传统道德仅仅理解为调整人和人之间的行为规范的总和,道德还有另一层面的内涵,就是作为人把握世界的一种生活方式,即个体的德性,先自己"得道"再"由己推人",最后达到"克己复礼",将个人的德性纳入社会的道德体系之中,个人德性服从于社会的规范;在讲人和社会的关系时,强调社会本位,这种思想一直影响着中国道德的价值取向,具有强大的惯性,即使在近现代西方道德思想对中国道德思想有很大冲击的情况下,社会本位的价值取向几乎没有什么改变,这不能不说是传统伦理型的文化力对道德所具有的一贯制约和定型作用。

传统德性养成以人性论为前提。先秦儒家道德思想以人性论为基础,荀子从性恶论出发,提出"化性起伪",遵循社会的外部礼制达到对人的本性的约束,通过"隆师、道问、强学、积学"等过程,整治人的恶之本性,使之合乎礼义。程朱理学发展了荀子的思想,从其性体论出发来论述德性养成的思想,程颐认为"在天为命,在人为性,论其所主为心"。[11]朱熹认为"心与理一,心与性为体"[12],心是人的本性,代表着天理的社会道德规范,表现在人的身上就是"性",要"化心为性",变求得肉体物欲满足的"人心"为从天理和道义出发的"道心",德性养成要靠外在力量的灌输和权威的教导,要确立人的理性本体地位,从"理"出发,化气质为义理,化个体性为普遍性,具有本质主义的特点,这一派学说代表了中国传统道德教化的大方向,是"外塑论"。孟子从性善论出发,认为人皆有先天的恻隐、羞恶、恭敬、是非之心,只要努力发挥这四个善端,人就能够去除私弊,成为圣人。正所谓"尽其心者,知其性也;知其性,则知天矣。存其心,养其性,所以事天也"。[13]人的心中就有天理,道德规范和人的主体意识在本源上是同一的。王阳明心学继承了孟子的思路,提出"心即理",心是道德主体的代表,理是道德之理,人之所以为人之理,"心外无理",德性养成要靠人的"致良知"。从道德主体出发来讲道德本体,指出二者本源的同一,道德主体具有个性化和感性化的非理性因素,尊重人的个体性和差异性,突出了个体的道德情感和道德自主,是"内生论"。

西方伦理思想史上柏拉图提出"善理念"理论,认为人来到世界以前,具有先在的理念知识,降生以后受到肉体各种欲望、冲动、情感的玷污而遗忘了先在的知识,如果人能超越肉体的限制,就可以重新寻找到善的理念,而善理念是可见世界中一切美好事物的源泉和创造者,善理念是正义、勇敢、智慧等德性的根源,一个具有美好德性的人是因为他寻找到了善理念。柏拉图将道德的知识和道德的品性视为先在的,德性就是对善理念的追求使其发扬出来而形成的,是由内向外的。亚里士多德则认为,灵魂有两个部分,理性部分和非理性部分,人的德性是灵魂中理性部分和非理性部分的协调与融合,使得灵魂处于一种优秀的状态,德性乃是理性对非理性的控制,它不是天生的,而是在社会生活环境中,形成的行为和情感上的正当与适宜。"德性的养成既不是出于自然,也不是反乎于自然的,自然赋予我们接受德性的能力,这种能力通过习惯而完善。"[14] 由此可以看到亚里士多德所持的德性养成观点是由外向内的。后来的德性养成思想转向了情感主义,亚当·斯密认为情感是决定人的道德行为的主要力量,人的美德形成离不开人的情感因素,同情心、愤怒等人的情感是德性养成的基础,情感之所以能对人的道德产生影响,是因为人和人之间具有情感共鸣,它出自于人的自然本性。情感主义的道德具有强烈的主观色彩,容易将道德变成个人的诠释,以此来保证社会的道德秩序是不可能的,以情感主义道德为宗旨的德性养成必然也是纯粹出自个人情感而失去了德性的共通性,个体美德也就陷入争议之中。与情感主义相反,康德认为道德律令来源于人的纯粹理性,理性为自身立法,这个法则具有普遍性,康德主张"在道德上的善良不在于他随从激情和利己之心而行动,而是遵循一种超乎人的对别人和自己都同样有效的原则而行动,这就是道德的本质"。[15] 普遍的道德法则如何能成为自身的内在法则,康德认为这就是道德的自律性,有理性的人有能力按照道德法则规定自己的行为。理性不但为自身立法而且在实践中还能够按照自身的法则而行动,这就是道德主体的自律,人通过意志自由摆脱了欲望和爱好的束缚,服从自己为自己确立的普遍的道德法则,获得了只有人才有的价值和尊严,才会有责任和道德,德性养成是人的理性作用的结果。康德的道德自律强调了人的主观性,但却抽掉了道德的社会历史内容,似乎对一切人都能发生效用,对人的德性养成有普适性,但是离开了时代性和民族性的规范和要求,却又对任何一个人的德性养成都没有效用。

现代德性养成的观点强调由外向内转化。个体德性养成是由他律转向自律的过程,将外在规范内化为自我约束的结果。由于现代性观点认为理性是人的本质,是人认识世界的标准,重视秩序的建立和稳定,必然重视认知和训练在德性养成中的作用,忽视对意义和价值的揭示。现代德性养成的内化观是建立在一种确定性基础上的,道德的时空是确定的,道德的内容和规范是不变的,在价值取向上,追求普遍性、客观性、必然性,个体的偶然的独特的道德经验、情感和意义是不在考虑范围之内的。主客二分的方法论,把德性养成的主体看成是教育的对象,从而将德性从道德自我的属性中分离出来,成为与道德主体相对、外在于道德主体的存在。内化论奉行以一致的道德秩序和道德准则来规范道德主体的日常生活行为,所遵奉的是道德一体化秩序的道德约束,是以纪律为形式的强制的训诫、评价和奖惩,体现为一种道德的管制,并把这些手段看作是道德内化的必要性存在,是道德内化促进个体德性养成不可缺少的外部环境的制约要素,从而有意或无意地遏制个人德性养成的主体性。现代德性养成的内化观看起来强调了道德个体的主观能动性,但在实际运作中是把道德主体当成了被动接受和转化的工具,其潜在意图是把道德主体训练成或塑造成能遵守特定秩序的,具有特定功能的,失去反思、判断、自主的理性能力的道德工具人。马克思主义的德性养成观既看到个体德性是对社会道德准则内化结果的本质,重视个体的主观能动性,又看到了社会道德是不以人的意志为转移的客观社会关系的要求,在社会实践中养成人的德性是马克思主义的基本观点。在影响德性养成的内外因关系上,强调外因是条件,内因是根本。

后现代的建构观让我们只能在具体的情境中实现道德作为,普适化的道德伦理规范并不适合于任何具体情境,道德规范在某种具体情境下也可能是反道德的,后现代讲究德性养成的"关联性、生态性、对话性等特征,坚信事物的表面亦包含着一个深层结构,后现代主义是直觉性和解释性的,对生命的真谛所固有的可能性保持一种开放的态度"。[16]后现代将个体德性放到具体的生态环境中去考量,只有当道德主体把自身置于道德之场当中的时候,德性才是真实的、具体的、实在的,才能真正触摸到生活的实际道德状况,道德主体才能弘扬道德的主体性。后现代主义认为,生活始终拥有其整合性,我们要学会怎样与世界相处,而不是将世界变成我们想要的样子,因此个体德性养成是出于对自我对道德的认同,是内在框架对道德生活的一种选择和建构。

教师德性是教师需要获得的东西,教师德性包含了教师对职业生活各种要求的认同,是从内心对教师身份的体认与自主建构,从这个角度说,教师德性养成是由内向外的建构。教师德性养成不仅包括认知成分,还包括情感和行为成分,教师的认知方式会对教师德性养成产生影响。随着教师职业年限的延长,教师德性养成也会表现出阶段性的特点,教师所处的社会价值环境的差异产生教师德性养成的差别,在不同的价值背景下,教师德性养成有不同的特点,教师个体的道德水平和人格特点都会造成教师德性养成过程中的巨大差异。

教师德性的养成有哪些途径?教师德性养成遵循人的德性养成规律,建构既然是后天建构的,它就要有一个建立的根基,这个根基就是教师的职业身份。有学者从教师专业发展角度阐释,认为教师德性养成是教师道德发展的自律境界,也是教师自主发展的表现;[17]还有学者从休闲的视角提出见解,认为必须重视其闲暇生活的建构,闲暇生活以其自由与和谐的本质与个体德性的根本发展指向相一致,闲暇生活的质量对于教师德性的提升具有重要影响,教师的闲暇生活存在时间缺乏、质量缺失以及意识和行为上的偏差,会对教师德性养成造成损害;[18]另有学者从心理学的角度对教师德性养成的影响因素及其作用机制进行了研究,认为影响教师道德的客观因素有社会期望、职业声望、现实地位等宏观因素,也有学校管理体制、人际关系、群体观念、集体目标等微观因素,而主观因素则包括职业社会知觉、职业角色意识和个人特质三个方面,并认为角色意识起更重要的作用。[19]这些研究都指向了教师德性养成的外部因素,但是根本的是教师德性养成的内在动因,教师德性养成是以身份为基点的,身份认同是教师德性养成的内源性基础,身份认同是主体的自我建构过程,在这个建构的过程中,主体本身是开放性的,不仅有来自于主体本身的自我认同,也有来自于与主体发生关系的他者认同和确认主体性质的群体认同,主体所面对的生活世界也是开放性的,不仅有教师确立道德自我的意义世界、现实世界,还有确定教师归属的符号世界。总之,教师德性养成是在身份认同的框架下进行自主建构的过程。

**参考文献:**

[1] 江畅.德性论[M].北京:人民出版社,2011:30.

[2] 糜海波.教育伦理向教师德性生成的实现机制[J].教学与管理,2015(6):21-24.

［3］石峰.论教师德性[J].教育探索,2007(5):89-90.

［4］黎琼锋,吴佩杰.论教师德性与教育幸福[J].山西师大学报(社会科学版),2008(2):23-25.

［5］陶志琼.关于教师德性的研究[J].华东师范大学学报(教育科学版),1999(1):38-44.

［6］檀传宝.教师伦理学专题——教育伦理范畴研究[M].北京:北京师范大学出版社,2003.

［7］宋晔.教师德性的理性思考[J].教育研究,2005(8):48-52.

［8］张典兵.论教师德性的意蕴与结构[J].教育导刊,2015(10)上半月:14-17.

［9］杜国民,杨丽丽,王露.论教师德性的内在价值[J].教育与职业,2009(2):67-68.

［10］杨建朝,易连云.当代教师德性研究述评[J].中小学德育,2014(1):31.

［11］程氏遗书·卷十八.

［12］朱子语类·卷五.

［13］孟子·尽心上.

［14］亚里士多德.尼各马可伦理学[M].廖申白,译注.北京:商务印书馆,2003:36.

［15］康德.道德形而上学原理[M].苗力田,译.上海:上海人民出版社,2005:115.

［16］大卫·杰弗里·史密斯.全球化与后现代教育学[M].郭洋生,译.北京:教育科学出版社,2000:148.

［17］刘宗南.论教师专业发展的德性之维[J].教育研究与实验,2010(6):40-43.

［18］申明.闲暇生活与教师德性之提升[J].教育科学研究,2010(3):70-73.

［19］马娟,陈旭,赵慧.师德发展的影响因素及其作用机制[J].教师教育研究,2004(6):23-28.

## 论教师的善性伦理及其实现

赵虹元

（洛阳师范学院　教育科学学院）

个体生命以追求幸福为己任，其最高境界就是个体善，作为生命的群体种属，教师善何以体现？其与教育活动的目的有何本质关联？这既是对教师职业活动和自身存在的本体性思考，也是教育活动目的实现的基础性审问。作为生命存在，教师无疑在追求个体的幸福，但作为理性存在，教师也在追求职业价值实现，二者的结合是谓至善。实践中，教师正是经由对教育的理性认知和在教育活动中的情感体验，形成价值判断，进而作出合乎教育活动需求的行为选择，在此，教师善与教育善有机统一，个人幸福谋取与学生健康发展共同达成，实现圆善。然而这一过程并不平坦顺畅，道德与信仰、世俗与神圣、本己与外在、应该与应当之间的矛盾错综复杂、相互交织，使教师善的展现常处于纠结与羁绊之中。

---

基金项目：2016年度河南省哲学社会科学规划项目"中小学生生命教育研究"（2016BJY017）阶段性研究成果。

作者简介：赵虹元，洛阳师范学院教育科学学院副教授、博士。

E-mail: zhaohongtony@163.com

## 一、教师善及其与教育善的关系

1. 何为教师善

善是伦理学研究的基础和核心问题,G·E·摩尔甚至把对"什么是善"的回答视为科学伦理学构建的首要任务。古往今来,人们从不同的视角对"善"作出了多种阐释,如亚里士多德认为,"'善'这个词,或者指每一存在物中最好的东西,即由于它自身的本性而值得向往的东西,或者指其他事物通过分有它而善的东西,即善的理念"。[1] 孟子言:"可欲之谓善,有诸己之谓信,充实之谓美。"(《孟子·尽心下》),冯友兰认为,"人生而有欲,凡能满足欲者,皆为之好,谓为善亦可,不过善字的道德意义太重,而道德的好,实只好之一种,未足以尽好之义"。[2] 尽管不同时期的人们对善的理解不尽相同,但善的价值属性已得到公认。简言之,善是好的一种,它更多体现为道德价值,是"价值马背上的骑手"(马克斯·舍勒语)。善外在表现为行为善,用以满足社会和谐发展的需要;内在表现为人格善,用以实现主体道德的自我完善。

某一社会活动中的善的价值往往既具有普遍性,又有具体的指向。对社会而言,教师善是公民道德的典范,体现着社会正义和主流价值观。对个人而言,教师在追求善的过程中,不断实现个人幸福和人格完善。但教师善的最大价值无疑体现于教育实践活动之中,在此,教师以培养社会所需之人为目标,以积极的情感体验为动力,以职业道德规范为制约,形成合理的价值判断,并依此控制、调节自身的行为,促成教育活动的应当。可以说,教师善是教师责任伦理、规范伦理、美德伦理的融合与统一,既是教师伦常生活追求的终极目的,也是对教师进行道德评价的最高原则。

教师善可简分为善知与善行。善知即教师对善的认识和理解以及在此基础上形成的善的观念与善的人格;善行即教师在具体生活情境、教育情境中展现出的善的行为。善知是善行的前提与动力,善行是善知的具体表现。教师的善知与善行是在其教育生活和社会生活中逐步形成和丰富的,内部受到教师自身的理想信念、道德情操及价值追求的影响,外部则与其实践活动中的各种利益关系密切相连。影响教师善的内部与外部因素之间既相互关联,又彼此独立。一方面,外部的利益关系会影响教师的价值判断和行为表现,但另一方面,理想信念笃定、道德情操高尚的教师对外部利益关注有限甚或会舍弃个人利益,他们更多追求自我价值的实现。

## 2. 教师善与教育善的关系

教师善与教育善的关系呈现一致性与差异性并存的特点。二者的一致性是由教育活动的性质决定的,在主客体对立的社会劳动中,主体在成就客体的同时却失去了自我,正如马克思所言,"工人把自己的生命投入对象;但现在这个生命已不再属于他而属于对象了。因此,这种活动越多,工人就越丧失对象。凡是成为他的劳动的产品的东西,就不再是他自身的东西"。[3]与之不同,教师与劳动对象(学生)之间呈现为主体间性关系,教师善在成就劳动对象的同时,也获得了自身的满足。

教育活动旨在培养具有符合社会发展要求的价值观念、理想信仰、道德品格、行事规范及劳动能力的人。就学生个体而言,教育善即是促进学生德智体美的全面发展,实现学生个体生命的健全、和谐成长;就社会整体而言,教育善即是通过以立德树人为根本任务的教育活动,促进社会公平正义的实现。教师作为立教之本、兴教之源,以笃定的教育信仰、高尚的道德情操、扎实的教育能力和广博的仁爱之心,助力教育善的实现。可以说,教师善是教育善的基本前提和必要条件。另一方面,"对任何一个有某种活动或实践的人来说,他们的善或出色就在于那种活动的完善。同样,如果人有一种活动,他的善也就在于这种活动的完善"。[4]教师的善也就在于教育活动的完善,教师善也须经由教育善的实现得以映射和印证。反之,离开了教师善,教育善将只是一种理论构想,成为无源之水;而离开了教育善,教师善也将陷入狭隘的个人主义和功利主义泥沼,二者都不可能真正实现。

从共同善的视角看,教师善与教育善在总体上是一致的,但从个体善的视角看,二者的差异性却是显性存在的。在人性的本源上,对幸福和快乐的追求是人生活的根本动力,功利主义的倡导者边沁甚至宣称"快乐本身便是善,撇开免却痛苦不谈,甚至是唯一的善"。[5]并由此提出,"整个伦理可以定义为这么一种艺术:它指导人们的行为,以产生利益相关者的最大可能量的幸福"。[6]而在众多利益相关者当中,行为主体自身无疑是最直接的利益相关者和最大利益的获得者。尽管功利主义的观点受到了学界的猛烈抨击,但不可否认,个人对幸福、快乐、利益的追逐既是人性使然,也符合社会客观现实。

我们必须正视教师善与教育善的差异存在,鼓励和支持教师对个人幸福生活的追求,反之,"一个人如果一味地陷入禁欲主义的观念之中,就意味着他将逐渐远离日常生活,因为在他的理念中,最神圣的职责就是如何超越世俗的伦理界限,达到更高的道德水平"。[7]这种人只能是僧侣,而不是普遍意义上的社会人。事实上,也唯有教师实现了个人善,才能更好地实现教育善,那种过于强调教师伦理道德的言行无疑是对教师的道德绑架,不仅降低了教师的劳动乐趣和职业幸福感,也会最终阻碍教育善的实现。

## 二、应该与应当:教师伦理道德实践的实存交织

一定意义上,每个人都是道德的立法者,也都通过个人的道德判断进行行为抉择,但个人的道德行为最终必须接受社会道德标准的衡量。那些经由主体价值判定的"应该"行为,能否成为经由道德价值判定的"应当"行为,不仅受到主体利益的影响,更受到社会公共利益的影响。而教师作为教育活动这一最复杂的人类劳动的行为主体,其道德行为不仅受到劳动对象及社会多元因素的制约与评判,也受到自我良心的拷问,这使得教师伦理道德实践呈现出复杂的实存状态。

### 1. 道德指向的本己性与对象性交错,教师善面临利益选择

为人还是为己?这是伦理学中最基本也是最重要的一个问题,它决定着人的道德行为的价值取向和评判依据。说到底,这是一个利益取舍问题。伦理学研究领域,功利主义者相信善标准优于正当标准,注重的是行为对主体自身的价值;义务论者相信正当标准优于善标准,注重的是行为对社会及他人的价值。现实是,由于人与劳动对象之间的关系并非完全的二元对立,因而对人的实践行为的价值判断往往难以依据单一的标准,不能简单地确定一种行为究竟是为人还是为己,正如康德所言:"尽管通过最无情的自我省察,除了责任的道德根据之外,我们找不出任何东西能有力量促使我们去进行这样或那样的善良活动,去忍受巨大的牺牲,但并不能由此就确有把握地断言,在那表面的理想背后没有隐藏着实际的自利动机,作为意志所固有的,起着决定作用的原因。"[8]

在不同性质、不同类别的社会劳动中,没有哪一种劳动如教师的劳动那样,劳动者与其劳动对象之间显现出如此错综复杂的利益关系。一方面,教师通过教育行为和个

体人格促进学生发展,同时也满足了自身一定的物质和精神需求,实现了利益共享、价值双赢。但另一方面,受社会经济文化等条件制约,教师个人利益(物质利益、社会地位等)还无法满足生活实际所需。在此情况下,教师对自身行为的价值判断将面临利益选择,是坚守职业操守,辛勤孕育桃李,选择"饭疏食饮水,曲肱而枕之"(《论语·述而》)的圣人之乐,还是选择优先满足个人利益,提升个人的生活幸福指数。在此,我们无意对作出不同选择的教师进行比较和评判,正如我们不能断定留守乡村教育的教师就一定比转投私立学校的教师的人格更高尚,因为,以生存感为特征的生活体验和以道德感为特征的精神体验,是个体整体存在不可分割的两个方面,完全肯定或否定其中一个方面,都不是现实意义的人。尽管如此,由于"德性总是不可避免地内含着对个体感性生命的必要的节制和超越,由此而导致德性与个人幸福体验之间的分隔和随之而来的裂缝"。[9]教师时常要面对由本己利益与学生利益冲突带来的自我与外在的挑战,面对挑战,有的人选择两种利益的共同实现,有的人则选择其中的一种,前者是我们的期求,是少数,后者是实存状态,是多数。

2. 价值判定的应当性与有用性冲突,教师善面对两难困境

一个行为是否应该做,取决于对该行为的价值判定,那些被判定为"好"的行为,就会引起人们的欲求和行动,而对于什么是"好"的行为的判定中,"一般而言,有用性这个因素具有最强大的效能,最完全地控制着我们的情感。因此,它必定是相当大一部分可归于人道、仁爱、友谊、公共精神以及其他这类社会性的德性的价值的源泉"。[10]以有用性作为行为价值判定的依据在各种社会活动中广泛存在,甚至连讲求"百年树人"的教育活动也未能幸免。

教育活动中,有用性在广义上是无可厚非的,那些凡是能够促进学生身心全面发展的事物都可称之为有用。但在狭义上,有用性则更多体现为功利性,那些能够为学生、教师带来直接利益的事物,更易受到教师、学生甚至家长的认可。因此,中小学教师以提高学生的学习成绩为己任,非考试范围不讲,非考试内容不练,这样做的结果是,学生升入好的学校,教师成为"名师"并因此获益,学校成为"名校",表面看来是皆大欢喜。但这种功利性教育的弊端也是有目共睹,学生的核心素养难以养成,退变为考试机器;教师失去了独立思想和创造性,变成了考试培训师;学校育人功能丧失,成

了考试工厂。此情境下,教育的应当性在功利性面前显得柔弱无力、不堪一击,归根结底,这是由以考试成绩为单一价值判断标准所致。

是该遵从应然的教育规律,还是沿着功利性的路径前行,教师的道德实践时常陷入两难境地。"在人性向善发展的征途中,或人的自我实现过程中,'正当'与'应当'是辩证统一的。现实中的人性向善发展既有'正当'需要,也有'应当'的追求。"[11]应该说,入职初期的教师有着"师之善端",它包含了教师"正当"的实体需要和"应当"的价值追求,"师之善端"犹如孟子所言的人之"四端"(恻隐之心、羞恶之心、辞让之心、是非之心),均属于"与生俱来"的品性。遗憾的是,当"师之善端"不断遭遇功利性的现实挑战之后,其"应当"的价值追求渐行渐远。由此我们看到,尽管广大教师仍恪守职业美德,不遗余力地教书育人,但其道德行为正越来越窄化为功利性的善。

3. 道德意志自由与主体知能错位,教师善遭遇现实羁绊

教师善在实践中的显现和发展是由善知到善行、再到善知、再到善行的循环过程,这一过程的中介是道德意志,随着道德意志向自由状态发展,教师也不断向"从心所欲不逾矩"的道德实践自由靠近。

教师道德意志的发展首先受到其认识能力的影响和制约。马克思主义认为,意志自由是借助于对事物的认识来作出决定的能力,"人对一定问题的判断越是自由,这个判断的内容所具有的必然性就越大;而犹豫不决是以不知为基础的,它看来好像是在许多不同的和相互矛盾的可能的决定中任意进行选择,但恰好由此证明它的不自由,证明它被正好应该由它支配的对象所支配。因此,自由就在于根据对自然界的必然性的认识来支配我们自己和外部自然"。[12]教师对事物必然性的认识主要体现在三个方面,其一,对自我职业身份的认识,即能否全面、深刻理解教师职业的意义与价值,并由此产生职业认同感和自豪感。其二,对教育规律的认识,即能否谙熟教育之道、为师之道,形成独有的教育思想和个性化的教学风格,并由此产生职业荣誉感和幸福感。其三,对社会环境的认识,即能否洞悉社会经济文化与教育活动的关联,具有开阔的教育及生活视域,并由此产生职业使命感和责任感。

其次,教师道德意志的发展与其对具体道德情境的分析能力和道德决断能力密切相关。通过对具体道德情境的分析,那些普遍规范自身的超验性逐渐被扬弃,其意

在于,"通过考察规范的作用条件,为自我对规范运用或变通提供依据,并进而克服普遍规范对于道德自我的外在性和异己性",[13]教师得以形成独特、具体的道德判断,其道德水平也逐步由他律发展到自律。例如,在教育惩罚的情境中,教师需要依据学生错误的类型、方式、程度以及对他人产生的影响等,决定对学生的惩罚方式。这样,经过不同教育惩罚情境的分析和决断,教师能够不断提升教育水平,实现道德实践的自觉与自由。

不同发展阶段的教师(新手教师、成熟教师、优秀教师、专家型教师)在认识与能力上的差异,造成了其道德实践方式及成效的差异。教师的知能水平与其道德意志自由程度总体上是一致的,当教师的知能水平较低时,其道德意志的自由度也较低,道德实践表现出"无心无力"或"有心无力"。随着教师教育经验的丰富和生活阅历的增加,义务所蕴含的道德要求与其自身的认识、情感及实践相互融合,外在的道德律令与其内在意愿合为一体,最终实现道德意志与行为自由。

### 三、制度正义与价值导引:教师善实现的路径构思

人性的善在实践中逐渐凝结为一种社会伦理精神和道德规范,如中国的"仁、义、礼、智、信"和西方的"理智、正义、节制、勇敢",而伦理精神的展现和道德规范的遵从是人自身的道德品格与社会环境条件相互作用的产物,二者缺一不可。教师善的实现既需要优良的制度环境支持,也需要职前教育中的职业伦理奠基和教育实践中道德共同体的营建。

#### 1. 完善教师发展制度,构建"教师社会"的良序

人的社会属性决定了人是在一定的社会制度之中的存在,社会制度为人的生存发展提供支持与保障,同时也规约着人的行为方式。历史上,重要教师制度的出台,都对教师的存在方式产生了重大影响,如我国汉代官学的吏师一体制度,给予教师较高的社会地位和便捷的仕途晋升渠道,一时间天下才俊以师为荣;13世纪的欧洲大学教师资格制度,有力推进了教师职业化和专业化进程。改革开放以来,为了提升教师的专业化水平,中国颁布实施了教师培养、入职资格、道德规范、教育教学、职称评审、继续

教育等多项制度,进一步明确了教师的权利与义务,在提升教师社会地位和待遇的同时,也不断规范教师的职业道德行为。

完善教师发展制度的主要目的在于构建"教师社会"的良序,在这样的"社会"中,教师能够体验到职业的价值和尊严,具有为某一价值目标而努力的信念,义务成为教师道德自律的结果,而不是超验的道德律令强制形成的必须行为,教师"对地位的需要由对正义制度的公认,由许多为平等的自由所允许的利益共同体的充实而各异的内部生活,而得到满足"。[14]反之,教师"个人修养苦苦实现和达到的境界,如果得不到制度的支持,一旦与人的物理存在和精神存在相冲突时,立即就会溃堤而消"。[15]现实中,部分教师甚至是名师离开教育岗位或转投待遇更好的私立学校,其根本不是教师职业道德失范,而是现有制度未能满足教师现实需求所致。

建立完善的教师发展制度需要注意三个问题。其一,制度须兼顾教师的权利与义务两方面,避免重义务履行轻权利保障、重勉力奉献轻利益获得的现象。如,既要有学生利益保护制度,也要有教师教育惩戒权利制度;既要有教师敬业奉献道德要求,也要有教师额外工作补助措施。其二,制度须包含教师精神需求与物质需求两方面,前者满足教师的精神情感需要,如教师荣誉制度等,后者满足教师物质生活需要,如教师奖励制度等。其三,制度须涵盖教师的职前培养与职后发展的全过程,为教师的职业选择、资格认证和职业生涯发展提供制度依据和保障,使教育成为教师的终身选择,学校成为教师价值彰显的精神家园。值得注意的是,需要防止教师发展制度成为对教师的禁锢,这里主要指学校层面的制度。一些学校为了提高工作业绩,制订了多种制度,使教师终日繁忙、疲惫不堪,无暇思考、学习,难以体会职业的幸福感和价值,这样的学校制度必须予以改进。

2. 改革职前教师教育课程,培养教育信仰笃定的未来卓越教师

休谟指出,人人都渴望和追求幸福,但成功者却寥寥,"一个相当重要的原因就是缺乏心灵的力量,心灵的力量可以使他们有能力抵御当前的舒适或快乐的诱惑,推动他们寻求更长远的利益和享受"。[16]他所指的心灵的力量就是信仰。对教师而言,"相对于教育教学所需要的知识、技能来说,对于教育的态度,特别是对于教育的信仰,应该是作为一名教师更为根本性的东西"。[17]大学是教师教育信仰养成的起始阶段,在

该阶段,有志于从事教师工作的大学生系统认识教育活动的性质与价值、过程与方法等,并经由教育实习、见习活动,初步形成教育信仰和教育观念,将教育视为终身欲求的事业。但目前中国教师职前培养的课程设置、实施及评价,仍旧以知识学习和技能训练为主,并未真正重视职业伦理道德素养的培养,其结果是,教育信仰缺损的大学生学习动力不足,不仅未能熟练掌握教育教学的知识与技能,在成为教师后还需"再加工",而且容易出现职业信念动摇的离岗流失现象。因而,必须改革现有的职前教师教育课程,培养教育信仰笃定的未来卓越教师。

职前教师教育课程改革可从四个方面着手。其一,改进课程设置,增设教师伦理类课程,使学生深谙教育之理,畅明为师之道,对教师伦理道德形成理性认知,明确其职业价值取向,坚定其教育信念。其二,改进课程实施方式,注重学生对教师伦理道德素养的反思与体验,提升其对教师的职业认同感、责任感与使命感。如,通过对优秀教师的个人生活史进行分析、讨论,激发学生正向的职业价值判断和高尚的道德人格追求;通过教育实习、见习中的学徒式观察和介入式体验,感知教育实践中教师善的表征、价值与力量。其三,开发拓展教师教育课程资源,通过设立讲堂、举办比赛、征文宣传、建立网站等多种形式,营建有利于学生教育信仰养成的育人氛围。其四,改进课程评价方式,重视对学生职业伦理道德素养的考量。建立大学生个人成长档案袋,记录其专业学习、教育实践、道德素养等方面的典型表现,并给定分值或等级,最终形成一份综合评价报告,以作为将来教师入职的重要参考依据。

3. 构建教师道德共同体,丰富教师善的理性与实践之维

教师善在学校教育实践中发展和体现,而"教育本身的性质决定了学校作为一个伦理结构的特征",[18]学校本身就具有道德共同体性质,教师不仅是学生健全成长的指导者和促进者,也是社会道德价值、规范的示范者和引领者;教育过程不仅是师生知识与能力的教学相长,也是彼此精神共生、道德相映、人格互衬的过程。构建教师道德共同体意在促使教师通过与学生、同侪的交往,对职业伦理道德的规范与要求、意义与价值的理解更为清晰准确、践行更为充分严谨、体察更为透彻深刻,进而形成教师群体的伦理道德习性。

其一,建立教师集体认同的道德价值观念和目标,以此作为教师的行动价值指引。

涂尔干认为,职业伦理发展中最具价值的是共同的信仰、集体的期望、公共的传统以及用来表达它们的符号,它一旦被个人接受,"个人会高兴地、果断地成为用来维护与其没有直接关系的目标的工具。他将被纳入到社会大众之中,顺从于社会的压力,并让自己的一切服从于集体存在的命运,而没有丝毫的牺牲感"。[19]教师集体认同的道德价值观念和目标会使教师自觉扬弃个人主义狭隘的利益追求和价值偏好,主动欲求个人利益与他者利益相结合的共同善。

其二,形成道德契约,实现教师道德他律与自律的统一。教师善的实现是制度环境和自身道德人格共同作用的结果,其中,制度通过外在的程式或言辞对教师进行约束,如国家、地方教育法律法规及学校制度等,教师对制度的遵循是基于职业义务的道德他律。教师自身道德人格的发展完善则源于教师对道德契约履行状况的反思与改进。与制度的外在规约性相比,教师对道德契约的遵循是基于职业良心的道德自律,教师通过对自我行为的检视和与道德规范的比对,不仅自明个人的道德身份,约束自身的道德行为,更多是慎思和拷问对他人的道德责任。

其三,彰显学校仪式活动的伦理价值,提升教师的道德责任感。仪式作为人们之间卓有成效的交际形式,是一种交流社会信息的语言,它在促进补充社会的集体情操。[20]依据对象指向,学校仪式活动可分为两类,一类是针对教师的仪式活动,如新教师入职宣誓仪式、教师节表彰仪式等,这类仪式中,教师对仪式象征符号和仪式展演过程的理性认知、情感体验以及反思体悟,能够促升其职业的认同感、责任感。但这类仪式活动样式较少,亟待丰富。一类是针对学生的仪式活动,如开学典礼、升旗仪式、教学仪式等,这类仪式往往聚焦于学生的行为表现,而忽视其对教师的要求。事实上,这类仪式对教师职业伦理道德同样产生着重要影响,同时也需要教师展现应当的教育行为。如,开学典礼既是向学生表明新学年或新学段的开始,也是对教师职业责任感的一种提醒;课堂上学生举手发言既是对学生尊师重教的礼仪要求,也是对教师职业神圣感的一种昭示。

其四,实行民主化管理,赋予教师价值判断和行为选择的自主性权力。教师的善知和善行是通过对多种多样的教育事件、道德情境的判断与处理而逐步提高的,换言之,教师的教育经验世界越丰富,越有利于其职业伦理道德的认知与实践能力的提升。马克思关于自由的理论揭示了衡量人的全面自由发展的三个标准,即自由时间、自主活动和自由个性。因而,实行民主化管理首先要赋予教师更多的判断、选择与表达权力,彰显教师的道德主体地位。被赋权的教师将更加主动地反思自身的道德观念与教育行为,积极寻求教育创新,自觉追求教育之真、之善、之美。其次,创设公平的道德环境,使善的观念和行为成为每一位教师的价值欲求。正如罗尔斯所言,"有正义感的人们对一个合作体系的服从是基于这样一种确信:即别人也要尽他们的一份职责。由于这一点,当公民相信或者合理地怀疑其他人不会尽职时,他们就会想法躲避作出自己的一份贡献"。[21]公平的道德环境可减少教师对他人的"怀疑"和因此产生的心理抗拒,从而使追求善、达成善成为教师的内心意愿。

对善的理解和实践是一种价值选择,并逐渐形成一种"偏好","谁'偏好'高贵甚于适意,他将经验到的善业世界就会完全不同于那个没有作此偏好的人"。[22]教师善本身不是实在,但却是教师一切行动的原因,教师也从善行中得到其存在的方式和价值的实现,获得了精神满足和职业幸福。教师善的实现是教育善的基础,也是其福祉。

## 参考文献:

[1] 亚里士多德.亚里士多德全集(第8卷)[M].北京:中国人民大学出版社,1994:243.

[2] 冯友兰.三松堂全集(第1卷)[M].郑州:河南人民出版社,1985:349-352.

[3] 马克思恩格斯选集(第1卷)[M].北京:人民出版社,2012:51-52.

[4] 亚里士多德.尼各马可伦理学[M].廖申白,译注.北京:商务印书馆,2003:19.

[5][6] 边沁.道德与立法原理导论[M].北京:商务印书馆,2000:152,282.

[7] 马克斯·韦伯.新教伦理与资本主义精神[M].北京:电子工业出版社,2013:105.

[8] 康德.道德形而上学原理[M].苗力田,译.上海:上海人民出版社,2012:19.

[9] 刘铁芳.追寻生命的整全:个体成人的教育哲学阐释[M].北京:高等教育出版社,2017:406.

[10][16] 休谟.道德研究原则[M].北京:商务印书馆,2001:55,90.

[11] 陈根法.德性与善[J].伦理学研究,2003(2).

[12] 马克思恩格斯选集(第3卷)[M].北京:人民出版社,2012:492.

[13] 杨国荣.伦理与存在——道德哲学研究[M].桂林:广西师范大学出版社,2015:121.

[14][21] 罗尔斯.正义论[M].北京:中国社会科学出版社,2009:431,263.

[15] 张康之.论伦理精神[M].南京:江苏人民出版社,2012:209.

[17] 石中英.教育信仰与教育生活[J].清华大学教育研究,2000(2).

[18] 金生鈜.为什么要塑造学校的道德文化——学校作为一个道德共同体的再道德化思考[J].西北师大学报(社会科学版),2005(4).

[19] 涂尔干.职业伦理与公民道德[M].北京:商务印书馆,2015:62.

[20] R·沃斯诺尔,等.文化分析[M].上海:上海人民出版社,1990:115.

[22] 马克斯·舍勒.伦理学中的先天质料(上)[J].学海,2001(5).

# 论教师社会性格及其价值意蕴

王　婷　车丽娜

（山东师范大学　教育学部；安庆师范大学　教育学院）

  作为一种社会群体而存在，教师的生活以及职业发展必然会受到社会政治、经济、文化等方面的影响，这些影响渗透为教师内在的性格态度、思维方式、价值信念等，并呈现为教师外显的行为方式等。因而教师研究不应是仅局限于教育学视野下的教师教育研究，更需要从社会学、心理学、人类学、文化学等多学科视角来对教师进行全方位的理解。教师社会性格正是基于社会心理学与文化人类学的研究，将教师置于复杂的、现实的社会历史情境中去考察，从分析教师群体内在的心理作用机制入手，研究教师与社会结构以及文化环境的作用方式、类型结构以及表现特征等。为了探明教师社会性格的形成机制、作用方式、结构类型、行为特征等，首先必须将性格从传统的性格心理学说的范畴中离析出来，在社会、文化的视域中理解其丰富内涵及价值。理论上对教师社会性格的清晰界定是教师社会性格研究的逻辑起点，有必要明晰究竟何为教师社会性格，它有哪些基本特性和价值意义。

---

作者简介：王婷，山东师范大学博士生，安庆师范大学讲师，主要从事课程与教学论基本理论研究；车丽娜，山东师范大学教育学部教授，硕士生导师，主要从事教学理论和教师教育研究。
E-mail：chelina@sdnu.edu.cn

### 一、教师社会性格的内涵

"性格"(Character)是心理研究领域的一个重要范畴。尽管东西方语境中对这一概念常有不同的理解,西方心理学界通常把性格与个性(或译人格)看成是同义词,[1]而我国心理学者则倾向于将性格定义为"对现实的稳定态度以及与之相适应的习惯化的行为方式,是人格的一个重要方面"。[2]但是综合而言,性格主要是指表现在人对现实的态度和相应的行为方式中的比较稳定的、具有核心意义的个性心理特征。目前教育活动中对教师性格的研究,如教师性格的类型与特征、教师性格与教学活动(教学行为、教学效果等)的相关性、教师性格对学生性格的影响、教师良好性格的特征及培养策略等,正是基于心理学意义上教师个体的性格特征来研究教师及其教育教学活动的。那么,相对于教师个体性格,教师社会性格又作何解释呢?

"社会性格"(Social Character)的概念,是20世纪40年代美籍德裔人本主义哲学家和精神分析心理学家埃利希·弗洛姆率先提出的。作为一名精神分析心理学家,弗洛姆一直致力于对弗洛伊德性格分析学说的批判和发展,社会性格学说正是其结合社会学、哲学—人学,尤其是马克思主义关于人的全面发展的学说,并在充分吸收经典性格学说养分的基础上逐渐形成的。弗洛姆认为,"弗洛伊德承认性格特性的动力性,承认人的性格结构代表一种特殊的形式,在这种形式中,能量被引入了生命的过程","他把性格特性的动力性解释为源于力比多的表现"。[3]与弗洛伊德不同,弗洛姆认为人本质上不是孤立的个体存在,而存在于人与他人、人与自然、人与自己的关系之中。因此,性格的产生必须被理解为是通过各种联系,即性格的根本基础并不在各种类型的力比多中,而是在特殊的人与世界关系中。[4]性格的特质不是各种形式的性驱力的"升华"或"反应形式",而是"性格取向或特定组织中导出的特征"。因此,弗洛姆认为,不同的社会环境会形成个人不同的性格特点;即使在相同的社会文化背景之下,由于个体体验和文化体验的不同,每个人的性格特点也会呈现差异性。同理,在同一时代、相同的社会环境之下,人的性格可能会有相同之处;即使时代不同,但由于文化影响的延续性,人也会产生某些共性的性格特征。由此可见,弗洛姆所理解的性格概念既具有个体差异性、特殊性,但在某种程度上也具有一定的群体相似性、共同性,性格由此可以分为"个体性格"与"社会性格"。弗洛姆说:"在论述个人性格时,我们指的是一个人的全部特性,它们以其独特的构造构成了这个或那个人的人格特性。而社会性格仅包括部分特性,它们是一个团体的绝大多数人的性格结构的基本核心,是作为一个团体共有的生活方式和基本实践活动的结果而发展起来的。"[5]通过对弗洛伊德性格动力理论的批判,弗洛姆将人置于宏观的社会环境下来考察其性格的形成机制与社会功能,并对性格进行了类型区分——个体性格与社会性格。"个体性格"描述的是个体相对于他人的性格特殊性,而"社会性格"描述的是由个人所组成的群体的性格相似性。社会性格到底是什么意思?弗洛姆用这一概念指的是,在某一文化中,大多数人所共同拥有的性格结构的核心,社会性格的概念不是指某一文化中大多数人的性格特征的简单总和,从这个意义上讲,社会性格的概念不是统计学概念。[6]

在弗洛姆之后,文化人类学家和社会心理学家从不同的角度对社会性格进行了探讨。美国精神分析学家艾布拉姆·卡丁纳(Abram Kardiner)提出了文化与人格交互作用理论,卡丁纳将文化描述为稳定社会中具有持续性和传播性的规范、技术、态度等,它涵盖了社会生活的所有方面和所有层面,诸如习俗、信仰、习惯、规范等。并在《个人及其社会》《社会的心理疆界》等著作中,将社会成员因共同的教养文化而形成的共同的心理或行为的总和概括为"基本人格结构"。卡丁纳所指的"基本人格结构"这一概念不同于性格的概念,性格是指同一风俗背景中个人人格的独特特征,而基本人格结构则指同一风俗中每个人都具有的共同的人格特征。文化与"基本人格结构"交互作用,"基本人格结构"是文化塑造的结果,反过来,已经形成的"基本人格结构"又决定个人对周围事物的反应,从而导致现存文化的改变与创造。从中可以看出,卡丁纳的"基本人格结构"类似于弗洛姆所提的"社会性格"概念,都强调从社会性、群体性、相似性的角度研究性格,只不过卡丁纳更侧重从跨文化比较研究的角度研究文化与性格的交互作用。而曾与卡丁纳深度合作的人类学家R·林顿(R. Linton)又根据社会人类学的概念——身份和角色,发展出"身份人格结构"的概念作为"基本人格结构"的补充。林顿认为,每个民族虽有其基本人格结构,但一个民族或社会中,不同地位和身份的人各有其应扮演的角色,由于角色的不同,遂形成不同的人格结构。相较于卡丁纳的社会文化视角,林顿的理论侧重从社会角色身份的视角研究性格。20世纪60年代美国社会学家大卫·理斯曼(David Riesman)又对社会性格理论作了进一步的研究,他在其著作《孤独的人群》一书中提出:"社会性格是特定社会群体间共享的那部分性格,正如大多数当代社会学家界定的那样,它是群体经验的产物。"[7]影响社会性格形成的主要因素包括父母、家庭、学校和大众传媒,而社会性格最终通过工作、生活娱乐、子女教育等社会活动表现出来。理斯曼基于人口学的研究方法,将社会性格分为传统导向型、内在导向型和他人导向型三大类,重点探讨社会性格以及不同地域、时代和群体的人们在社会性格上的差异。另外一位社会心理学家艾利克斯·英格尔斯(Alex Inkeles)则从"心理—社会"以及人的现代化的角度提出了"现代性人格"概念,并勾勒了12种"现代人"应该具备的基本心理特质及测量指标。"现代性人格"概念的提出与弗洛姆所提出的"生产性取向"社会性格是相通的。国内学者陆续翻译、介绍了上述有关社会性格的研究成果,当然也有一些学者作了与社会性格相关的本土化研究,主要集中在对民族性格(或称国民性、国民性格)的研究,从特定的社会历史背景出发,考察文化作用以及历史变迁下的国民性格特点等问题。尽管概念与社会性格的提法不同,但是内涵却极其相近。总之,学者们从不同的学科视野出发,对社会与性格的关系、作用方式、类型特点、行为表现等作了相关研究,提出了关于"社会性格"不同层面的理解。

物以类聚,人以群分,人总是在一定的群体中生活和工作。桑德尔和麦金太尔认为,要理解个人的行为,必须把个人置放于社会、文化和历史的背景中来考察,把个人放在社群和与他人的关系中来研究。[8]教育活动的特点以及教师职业的社会属性都决定了教师无法独立于他人或者社会环境而存在,教师不可避免地具有群体属性。教师通过群体与社会发生联系,社会政治、经济、文化等通过教师职业规范、教师角色要求、教师文化等形塑教师,教师也通过与群体成员的沟通、互动与合作,建构自己的教育思想与教学观念,在教师共同体中促进自己的专业成长,最终形成共同的价值观、群体认同感与归属感。但是,教师群体又绝非个体的简单相加,它建立在教师共有的性格特征的心理基础上,并呈现为共同的教育目标、价值观念、思维方式、行为表现等。换言之,这种共有的性格特征也正是社会结构与文化形态作用于教师群体的心理中介。因此,根据对"社会性格"不同视角的释义以及对教师群体心理特征的分析,我们认为,教师社会性格是在相似的生活背景和职业经历基础上形成的,为大多数教师所共有的性格特征。

**二、教师社会性格的基本特性**

教师社会性格不是教师性格特征在数量上的简单总和,而是社会结构与文化形态作用于教师的群体心理表征。因此,理解教师社会性格必须考察教师群体与其外部社会环境的复杂联系。韩庆祥曾提出"社会心理隐性决定论"的观点。这一理论认为,人的选择活动受双重影响:一是经济政治因素;二是人的社会心理及社会性格。经济政治因素是通过人的社会心理和社会性格而对人的选择活动产生影响的;人的社会心理和社会性格又对经济政治因素具有中介作用;人的社会心理和社会性格是文化的积淀,当文化积淀、融入并内化为人的观念时,就形成了社会心理,并最终形成社会性格,它直接影响甚至时常通过潜意识,隐性地决定着人的选择活动。用公式表示就是:经济政治—人的社会心理、社会性格—人的选择活动。[9]这一理论有助于我们理解教师社会性格的形成,即社会政治、经济、文化因素影响教师社会化过程中的性格结构并在一定群体中形成社会性格,教师社会性格影响教师生活方式的选择,影响其教育活动和社会行为。用公式可以表示为:社会环境(政治、经济、文化)—教师社会性格—教师社会行为。教师社会性格这一形成结构蕴含着其独特的内在规定性。

1. 社会历史性

教师社会性格不是先天预设而成的,而是在一定的社会历史环境中形成的,因而首先具有社会历史性。社会性格考察的是教师心理和行为方式的社会性,或者说是共同性、普遍性,即在相似的社会背景和职业经历基础上形成的,大部分教师所共有的在价值观、态度、认知、情感、自我意识等方面所表现出的心理特征,有别于更多关注教师个体的、特殊的、差异性特质的"教师性格"概念。正如马克思所言:"人的本质并不是单个人所固有的抽象物,在其现实性上,它是一切社会关系的总和。"[10]教师不是作为一个抽象的概念而存在,而是作为一个完整的社会人,客观存在于一定的社会结构与社会关系之中。不同的历史时代下,社会的政治、经济结构、文化模式都存在一定的差异性,这必然会导致生活于其中的个体及群体的生产生活方式以及社会关系形式的差异性。教育活动是历史和社会的产物,教师肩负着教书育人的社会责任和历史使命,教育培养目标一定程度上反映着社会对人的具体要求,因此相对于其他社会群体而言,教师的工作具有特殊性,教师的教育教学实践及社会生活直接受到社会结构的影响与制约。

诚如哈利斯所言:"教师从来都不是处在仅仅从事教育职业的位置上,在从事一种职业的同时,就是从事一件具有社会意义或社会功能的活动。"[11]古往今来,教师职业一直以文化传承为使命,教师本身也常作为社会文化的传承者与创新者而存在,是社会文化知识的载体和精神文明的代言人。教师社会性格是在特定的社会文化与政治、经济结构的共同作用下形成的,是教师对特定情境中具体社会存在的一种主动的反映,并会随着社会历史的发展而发展,在不同的时代表现出不同的类型特点与行为表现。因此,教师社会性格的产生和发展始终具有明显的社会历史性,这也是教师社会性格差异性的根本原因。比如说,在漫长的封建社会时期,由于特定封建专制制度以及保守型文化传统的制约,中国古代的知识分子往往缺乏独立自主的意识和竞争进取的精神,对政权具有很强的依附性,正如毛泽东所说的那样,他们不过是一张皮,依附在哪个阶级,就为哪个阶级服务。[12]因此,这一时期的教师群体呈现出因循守旧、保守依附、软弱退缩的性格特征。而随着近代社会政治、经济结构的改变,科学民主、平等自由、积极进取等社会意识逐渐通过教师的社会生活与教育实践活动内化为教师新的性格特征,可见教师的社会性格鲜明地打上了时代的烙印。总之,不同于教师个体性格单纯从心理层面对教师个体进行研究,教师社会性格则是从社会结构和文化环境的作用下透视教师群体的共性性格特征,具有明显的社会历史性。

2. 相对稳定性

教师社会性格是为大多数教师所共有的性格特征,而性格本质上是人对现实的态度和行为方式中比较稳定的个性心理特征,因此除了社会历史性,教师社会性格还具有稳定性的特点,但是这种稳定性又是相对的,当其动态适应的过程中某些因素发生较大变化时,这种适应可能会突破极限导致失衡。教师社会性格产生于教师个体与其现实世界的复杂联系之中,是社会存在与社会意识作用于教师的"润滑剂"或者说是"中介",它将社会对教师的各种或显性或隐性的制度规范、价值伦理等方面的要求内化为教师的心理体验,并在这一过程中影响和制约着教师性格的形成和选择,使教师的教育活动及日常生活与社会要求保持一致,并形成主动性的行为习惯。正如弗洛姆所言,"人的特征及不可改变的、最深层的习惯和意见是性格结构的产物;习惯和意见是特殊的表达形式,在这种形式中,能量通过性格结构而得到诱发。性格体系可以视为人对动物本能器官的替代物"。[13]由此可见,社会性格在一定条件下具有稳定性的特点,使人在社会生产生活中所表现出的态度与行为保持一定的惯常性和无意识性,个人难以意识到社会结构对人的社会行为的支配,即所谓"不识庐山真面目,只缘身在此山中"。例如,古代知识分子对自身性格中的依附、退缩、保守的倾向往往很难自我认知,就是因为在长期封建专制的政治结构与保守取向文化模式的作用下,知识分子们已经将其内化为个体的主观认同,在无意识的状态下形成了一定的社会性格类型,并形成了稳定的社会态度与行为。

当然,教师社会性格的稳定是一种相对的稳定,是相对于特定历史文化时期及社会条件而言的稳定。在特定历史文化时期内,一定教师群体中大部分人所共有的性格特征以及相应的行为方式是稳定的、习惯化的,是缓解教师与社会冲突的"润滑剂"。当历史不断推进,社会结构、文化环境不断发展变化时,教师社会性格也会相应地产生变化。尤其当处于社会历史变革时期时,二者发展的速度差异会变大,教师群体的性格变化可能更加剧烈和明显,甚至会影响社会结构。诚如弗洛姆所言,"只要这个社会和文化的客观条件没有变,这种社会性格就会依然起着支配和稳定的作用。如果外在的条件发生了变化,即当这些外在的条件不再符合传统的社会性格的时候,那么就会出现一种停滞的现象,往往使性格的功能变成了一种崩溃的因素、一个充满爆炸性的研钵(mortar)"。[14]比如,中国近代"五四"时期,知识分子基于强烈的社会责任感,拉开了近代思想启蒙运动的序幕,不断探索救国图强之路。这一时期知识分子身上独立自主、内省批判、自由平等的社会性格成了挽救民族危亡,加速新旧社会转型的催化剂。

3. 动态适应性

教师社会性格具有社会历史性,其产生和发展受外部社会环境的影响,但这种作用并非单向模式的决定性作用而是双向模式的交互作用,教师社会性格具有一定的动态适应性。性格是人的心理结构与社会结构相互作用的结果,社会性格更像是"社会经济结构与社会意识形态之间的润滑剂",[15]也可称其为社会结构与社会意识的"中介",它向人们展示了"人的能量是如何在特定的社会秩序中被传导,并成为建设性力量"。[16]如果社会群体的多数成员的心理能量都指向一个方向,他们就会拥有同样的动机,接受同样的思想和意识。[17]

社会性格与社会结构、社会意识之间的关系不是静态僵化的,而是一个持续的动态适应的过程,其中任何一个因素发生变化,都会引起相关因素的联动改变。变化的社会环境导致社会性格的改变,继而产生新的需求和焦虑。新的需求产生新的思想,这些新思想又反过来趋于稳定并强化新的社会性格,决定人的行为。换言之,社会环境以性格为媒介影响意识形态现象;另一方面,性格并非对社会环境的消极适应,而是或者以人性中固有的生物天性,或者以在历史进化过程中成为人性固有组成部分的因素为基础的动态适应。[18]当教师作为一种社会存在,生活于一定的社会结构之中,其教育行为和生活方式必然会受到社会制度的规约与文化传统的影响,形成个人的性格特点。当教师性格在政治、经济结构的作用下呈现出众数性与相似性,逐渐形成社会性格时,教师的行为动机、思想观点、情感态度、价值取向等就会趋于一致,产生共同的社会意识。而社会意识一旦产生就会发挥其主观能动性,促使教师通过性格进一步选择观念与价值。教育本身就是一种培养人的活动,工作的特殊性也决定了教师群体应该具备主动性、进取性和适应性等性格特质,教师社会性格正是在被动塑造与主动改造的循环往复中进行着教育实践的改进以及对社会结构的更新与创造,其本身带有强烈的主观能动性。

### 三、教师社会性格的价值意蕴

教师社会性格反映了教师群体在特定社会环境下所呈现的稳定态度和行为特征,是教师文化的心理积淀,也是教师行为的内隐向导,是一个国家或民族国民性格的典范表征。

1. 教师文化的心理积淀

人不是抽象的存在物,人是社会的人,也是文化的人,对其社会性存在的考察更多地需要从其生活的文化环境来考察。一定意义上说,文化与人交互作用,文化的实质是"人化"与"化人"的统一。[19]教育作为一项重要的社会活动,无法独立、抽象于文化之外,教育对文化的选择、传承与创新天然赋予了教师文化工作者的合法性社会定位,与文化的密切联系是教师职业的内在规定性要求。作为一名社会人,教师与其他人一样,其成长、发展不可避免地受到社会文化的规约,教师基于其特定的职业角色而形成的独特的价值观念和行为模式构成了教师文化的主体。[20]也就是说,教师文化作为一种群体性的存在,需要经由教师个体内部的价值观念与外部的行为活动来表征。那么,教师在社会文化的影响下是如何对其进行选择并构建所属群体文化的?换言之,教师文化形成与作用的内部心理机制是什么?其实,文化、社会心理与人的选择问题一直是人文社科领域所关注的焦点问题,尽管哲学、心理学、文化学、社会学的学者们基于不同的视角对此有不同的理解,但是可以肯定的是,社会心理客观存在,它影响着文化的生成以及人对文化的选择,是文化作用于人的内部心理机制,而社会性格正是其核心的心理特征。

相较于其他社会群体而言,因教师职业内在的文化属性以及教师自身优秀文化代表的知识人身份,教师在文化的选择与建构的过程中具有更强的主动性和认同感,教师文化既体现了社会主流文化对教师生活方式的规约,也反映了教师群体独特的社会生活方式中所蕴含的文化特殊性。当文化的核心如思想观点、价值取向和思维方式等在教师的教育活动和社会生活中长期积淀形成传统,并为大多数教师所认同时,就会固化于教师的精神世界,从而形成一定的社会性格。这种共同的社会性格特征不仅使教师的行为符合文化形态的基本要求,而且可以使教师在此过程中获得一种群体的归属感和满足感。因此,教师文化生成的同时也塑造了稳定的群体性格结构,教师社会性格是教师文化的心理积淀,教师文化是教师基于一定的社会性格对文化环境的动态选择。

2. 教师行为的内隐向导

众所周知,任何行为的产生都不是单纯的"刺激—反应",而有其复杂的心理作用机制,在诸多影响因素中,性格由于其相对稳定性而在行为发生过程中起着重要的导向作用。教师社会性格是大多数教师所共有的核心性格特质,对教师的教育行为以及日常行为具有一定的导向、调适、规范作用,使大部分教师在行为动机促发、行为方式选择到行为结果评价等方面符合社会的要求。当然,社会性格对教师行为的导向作用不是外显的、强制的、以某种具体行为规范的方式呈现的,而是以一种潜在的、内隐的、"集体无意识"的方式影响其教育行为和日常行为的,即所谓的"蕴蓄其内,形诸其外"。

社会性格对教师行为的影响存在于日常生活与教育活动中,在教师行为的整个流程中发挥着内隐向导的作用,教师行为是教师社会性格的动态、外显表现。首先,影响教师行为动机的选择。教师在行为发生前面临着诸多复杂动机的选择问题,教师必须选择并确立正确的行为动机。当然,动机的选择与确立必须符合客观社会要求并受具体教育情境的制约,社会性格正是教师群体内形成的对社会环境的动态心理适应机制,当教师进行动机选择时,这一机制便自动发挥作用,肯定并强化符合环境要求的动机,同时抑制甚至否定不符合环境要求的动机,为具体的行为作出路径向导的选择。其次,影响教师行为过程的效率。当教师在动机作用下开始外显的行为活动时,性格结构中的情感、意志等便开始作用于教师行为的全过程。由于社会性格类型的不同,教师在行为过程中会产生或积极或消极的态度,投入情感的强度、稳定性、持久性也各不相同。在此过程中,教师在意志的自觉性、坚定性、果断性、自制力等方面也会有所不同,有的独立进取、锲而不舍、意志坚定,有的怯懦浮躁、优柔寡断、半途而废。可见,社会性格作用下教师的态度、情感、意志等性格特征都会影响教师行为的产生、过程及结果。概言之,社会性格是教师行为的内隐向导,教师在这一相对稳定的群体心理作用下,不断调整对自我、对他人、对社会的认知,并将其内化、表现为一定的态度、情感、意志。它像一只无形的手,制约着教师的社会行为尤其是教育行为,潜移默化地影响着教师的教学决策,并促使教师形成一种群体性的教育行为习惯,是影响教师发展的重要心理因素。

### 3. 国民性格的典范表征

所谓国民性格,学者们对其有不同的理解,有人认为国民性格"是指一个社会成年群体中具有众数特征的、相对稳定持久的人格特征和模式",[21]也有人认为国民性格是"一个民族在长期的历史发展进程中自然形成的其大多数社会成员所普遍具有并持续重复的文化观念、社会心理及行为方式的特征的总和"。[22]尽管表述不同,但大体可以认为国民性格反映了一国国民众数、稳定的心理结构。在世界近现代历史发展中,有关国民性格的讨论不绝于耳,历久弥新。当前全球化、知识化的时代背景下,国民性格日益成为国家软实力的核心要素,成为国家核心竞争力的硬指标,培养现代国民性格问题也再一次成为人们关注的热点。正如美国学者艾利克斯·英格尔斯所说:"一个国家,只有当它的人民是现代人,它的国民从心理和行为上都转变为现代的人格,它的现代政治、经济和文化管理机构中的工作人员都获得了某种与现代化发展相适应的现代性,这样的国家才可真正称之为现代化的国家。"[23]

在社会发展的进程中,教师作为知识分子的典型代表,拥有着有别于一般民众的充裕的教育机会和丰厚的文化积累,一直在社会生活中起着文化引领和行为示范的作用,他们在思想意识、性格特征、行为方式等各方面无不体现出这一群体是优秀国民性格的集中体现者。这些教育家、知识分子在国家民族发展的关键时期激流勇进,通过积极的教育实践主动肩负起唤醒、培养优秀国民性格的重任。教师群体性格的这种典型示范的影响力是无形的,它渗透于社会生活的各个方面,一般社会民众正是在这种文化引领和行为引导下或主动或被动地改变自身的社会性格特征。我们有理由认为,相较于其他社会群体,教师群体更具有文化自觉,教师社会性格是一个国家或民族国民性格的典型表征,正是这群国民性格的典范代表通过自身的教育活动在改造与重塑一个时代、一个民族的国民性格,提升着国民性格的先进性与现代性。

## 参考文献:

[1] 邓兆明.现代人论[M].兰州:甘肃人民出版社,1995:71.

[2] 林传鼎,等.心理学词典[M].南昌:江西科学技术出版社,1986:277.

[3] [4] [13] 弗洛姆.为自己的人[M].孙依依,译.北京:生活·读书·新知三联书店,1988:69,70,71.

[5] [16] [18] 弗罗姆.逃避自由[M].刘林海,译.北京:国际文化出版公司,2007:187,287,200.

[6] 弗洛姆.健全的社会[M].孙凯祥,译.上海:上海译文出版社,2011:63.

[7] 大卫·理斯曼,等.孤独的人群[M].王昆,朱虹,译.南京:南京大学出版社,2002:4.

[8] 任英杰.知识管理视阈下的教师专业发展[M].沈阳:东北大学出版社,2009:207.

[9] [19] 韩庆祥.社会心理隐性决定论:文化社会心理和人的选择[J].哲学动态,2012,(1).

[10] 马克思,恩格斯.马克思恩格斯选集(第1卷)[M].北京:人民出版社,1972:18.

[11] 哈利斯.教师与阶级:马克思主义分析[M].唐宗清,译.台北:桂冠图书股份有限公司,1994:36.

[12] 沙莲香,等.社会学家的沉思:中国社会文化心理[M].北京:中国社会出版社,1998:22.

[14] 郭永玉.孤立无援的现代人——弗罗姆的人本精神分析[M].武汉:湖北教育出版社,

1999:212.

[15] [17] 弗洛姆.在幻想锁链的彼岸——我所理解的马克思和弗洛伊德[M].张燕,译.长沙：湖南人民出版社,1986:78,77.

[20] 车丽娜.教师文化的嬗变与建设[M].北京:中国社会科学出版社,2015:3.

[21] 英格尔斯.国民性:心理—社会的视角[M].王今一,译.北京:社会科学文献出版社,2012:14.

[22] 袁洪亮.人的现代化——中国近代国民性改造思想研究[M].北京:人民出版社,2005:10.

[23] 殷陆君.人的现代化[M].成都:四川人民出版社,1985:8.

# 教师的伦理困顿及对策

徐廷福　刘　惠

（广东韶关学院　省级中小学教师发展中心；广东韶关学院　马克思主义学院）

教师，一个熠熠生辉的字眼，一个担负着"传道受业解惑"任务、以"教书育人"为使命的崇高职业，在市场经济主导下的当今社会，已经悄然发生了一系列的变化。有偿家教、幼儿教师"虐童"、校长带学生开房等事件的不断曝光，使教师这一职业群体受到整个社会的质疑和伦理拷问。作为一名普通教师，也在整个社会的质疑声中道德受损，陷入伦理困顿之中。在已步入互联网＋时代的当今社会，教师为什么会遭遇如此多的道德困境并陷入伦理困顿之中，其背后真正的原因是什么，如何摆脱当前的伦理困顿状态，本文就此谈谈个人的看法。

## 一、教师伦理困顿及其主要表现

困顿一词的本意包含两方面：劳累到不能支持；（生计或境遇）艰难窘迫。[1]本文的理解趋向于后者，即在当前形势下，教师在伦理层面普遍感觉到"艰难窘迫"，主要是感觉到作为教师在维护自身道德形象方面的"应为"和"难为"，从而陷入了认知和行为

---

作者简介：徐廷福，广东韶关学院省级中小学教师发展中心教授；刘惠，广东韶关学院马克思主义学院副教授。

E-mail：xutf66@163.com

双重层面的"困顿"状态。具体说来,教师的伦理困顿主要体现在以下三个方面。

1. 伦理失范的精神困顿

改革开放是一场巨大的社会变革。始于 20 世纪 70 年代末的市场经济体制建设,帮助中国人走向富裕之路,国家也逐步强盛起来。巨大的经济成就引来了全世界惊讶和赞赏的目光,至今为世人称道。但是,必须清醒地认识到,改革开放 40 年取得巨大经济成就的同时,我们也付出了不小的代价。经济转轨也带动了政治、经济、文化全方位的社会转型,表现在思想层面是多元化的观念,在世界观、人生观、价值观层面是世俗化和庸俗化的社会倾向,个人主义和功利主义大行其道,人们普遍感到整个社会的道德水准存在一定程度的滑坡。特别是我国在从计划经济体制向市场经济体制转型、过渡的过程中,原有的思想认识、价值观念、道德观念必然要接受市场经济的洗礼,思想上的荡涤、冲突,必然会冲击人的精神层面,尤其是那些传统思想和伦理道德较为固化的中老年人,以及接受了传统思想和伦理道德的知识分子阶层(教师恰好属于这一阶层),内心的冲突与彷徨尤其突出,伦理困顿在所难免。

2. 职业道德标准滑落的道德迷茫

中国传统的教师职业道德,由于受到"天地君亲师"的伦理定位和"传道受业解惑"的功能定位的双重影响,在伦理要求采取了"取法乎上"的策略,始终坚持"崇高化"伦理标准。实事求是地说,"崇高化"的师德标准一方面塑造了教师崇高的道德形象,也提升了教师在整个社会中的伦理地位,对引领整个社会的道德建设起到了良好的示范作用。另一方面,我们也不得不承认,过分"崇高化"的师德标准,让教师背负起了过高的伦理责任,时时刻刻都要"以身作则"和"为人师表",的确是普通人难以做到的。从这个意义上讲,崇高化伦理标准在某种程度上成为了教师的一种"道德负担"。受此影响,一些人主张应该还原教师作为"普通人"的身份,用"自然人"的道德标准要求教师,为教师"道德松绑"。其实,这样一种观点的背后折射出社会普遍"道德滑坡"的无奈,也有一些"随大流"的自我放逐,从人类理想和当前我国社会主义道德体系建设来说是不可取的。因为,中国传统师德主要是一种"身份伦理",即从外在身份指向上("天地君亲师")来解读传统教师的德性要求。并且,传统教师德性以"道"为魂,具体表现在三方面：一是有"道"是为师的基本前提；二是教师的教育实践在实质上就是一个传道的过程；三是教师传道的最终目的是使学生成为一个人格完满、德性丰盈的君子。[2]试想，如果教师伦理没有了"崇高性"，何以"载道"，继而担负起对整个社会的道德引领与示范作用？

3. 普遍的职业倦怠呈现出的低敬业精神

现代社会生活节奏普遍加快，竞争也无处不在。教师是社会各行各业中竞争较为激烈的。发展市场经济，带来了人的主体性的彰显。但是这种主体性大多是建立在对物的依赖基础上，即人在摆脱了过去对"人的依赖"的同时，又陷入了一种新的依赖——对"物的依赖"。也就是说，"经济与对物质的占有能力，成为衡量一个人的价值的新标准，人和人的劳动在市场中'待价而沽'"。[3]生活在这样的大背景下的芸芸众生都受此影响，教师也不能例外。具体而言：一方面，在"应试教育"的评价体制下，"分数至上"使每一位教师都面临巨大的压力；另一方面，教师付出的辛劳和教师的待遇并不完全匹配，在整体社会都看重回报的商业化氛围中，一部分教师职业精神状态欠佳，往往通过降低贡献率求得心理平衡，导致敷衍塞责时有发生。从整个教师队伍来看，职业倦怠感普遍存在，中老年教师尤为强烈，整个行业呈现出较低的敬业状态，状况令人担忧。

**二、教师道德困顿的必然性**

从社会学的角度看，教师的伦理困顿来源于整个社会对教师职业道德较低的社会评价。据《中国青年报》与腾讯网的联合调查显示："30.9%的公众认为目前师德状况'较差'或'很差'，还有42.4%的公众认为目前师德状况仅停留在'一般'水平，而认为'较好'或'很好'的只占24.2%。"[4]师德状况之所以不佳，原因在于以下几个方面。

1. 社会转型的道德困境

社会转型是一场深刻的、全方位的社会变革。不仅仅是经济领域向市场经济的转型，也是传统文化向现代文化、后现代文化的递进。传统文化的转型，必然伴随思想观念、伦理规范、行为方式等方面的冲突。具体到教师道德层面,社会转型时期的急剧变化,使传统师德观念来不及与现代教师伦理衔接,致使我国当下的教师伦理失去了十分明确而清晰的定位。这样的一个时期可以视为教师伦理的"褶皱期",即一方面作为教师伦理重要层面的传统教师职业道德规范,逐渐失去了标杆作用;另一方面,现代的教师专业伦理规范还未完成整体建构,仍然显得零散而又抽象,很难在实践层面起到道德指引的作用。而在现实社会中,社会其他职业群体和普通民众对教师职业规范的认识基本上还停留在传统意义上,也就是仍然保存着师德"神圣化"的倾向,这在客观上加快了将教师职业规范推入现实困境中的步伐。

### 2. 互联网+时代的道德冲突

步入互联网+时代后,人的生活越来越多地融入了网络世界中。不容否认,网络在丰富人的生活、开阔眼界、拓宽知识面方面给予了许多便利;同时也带来了一些不良影响。首先,虚拟世界的存在更让个体的单子化现象越发严重。步入互联网+时代后,莱布尼兹所谓的"人的单子化"现象愈加明显。人的单子化是指人的个体以一种彼此分离的、孤立的、封闭的单子式生存方式而存在的状态。众所周知,道德本身就是用来调节人与人之间关系的,封闭的虚拟世界割裂了人与人之间的天然联系,在根本上动摇了道德存在的根基,导致道德的重要性降低甚至存在某种程度上的道德虚无主义。其次,互联网+时代的另一个突出的问题就是师德常常被置于道德拷问之中。一直以来,网络媒体中有关教师性骚扰、虐待、体罚等案例不时爆出,让被誉为"人类灵魂工程师"的教师道德蒙羞。尽管我们相信教师队伍总体是好的,但部分害群之马及其师德问题行为的不断曝光,却让广大学生家长寒心、失望,让社会感到愤慨。身为教师,哪怕是一位有良好职业道德修养的教师,也在整个社会的道德质疑声中,倍感压力,陷入伦理困顿之中。

### 3. 功利主义盛行的道德失落

改革开放后,整个社会以经济建设为中心,人们的物质欲望被调动起来。为了个人利益的最大化,在现实利益面前斤斤计较,让人感到整个社会都是"势利小人"或"精致的利己主义者",没有了"谦谦君子",让人感到整个社会出现了一定程度的"道德滑坡"。伴随着改革开放,我国的法制建设不断加强,逐步向法治社会过渡。客观地说,在法治社会中,道德稳定社会秩序的功能相对下降。因为,刚性的法律取代了道德的作用。俗话说,法律无情——法律讲究的是程序和证据,不会因为是某个权威制定和实施的,就更具有威权性。在中国这样一个有悠久"人治"传统的社会里,人的交往圈子大多局限在"熟人社会"。改革开放后我国经济的快速发展和社会的快速进步,带来了劳动力的迁徙,让人们经历了从熟人社会到陌生人社会的生存环境变化。道德这一在熟人社会比较有效的调节手段,在一个陌生人社会里变得少有约束力,此时法律也比道德对"陌生人"更有约束力,从这个意义上说,法治社会的确在某种程度上削弱了道德的影响力。在"有用才是真理"的现实功利主义价值观影响下,道德的失落成为不可回避的现实困境。

4. 过多非专业干预带来的道德迷惘

教育是人类社会一种永恒的现象。社会上的任何一个人,都有受教育的经历(包括家庭教育、学校教育、社会教育),他们作为"过来人",似乎都可以对教育指手画脚,对教师道德问题横加指责,这让教师倍感艰难和道德迷惘。的确,社会发展到今天,教师的专业性得到了广泛认可。既然教师工作具有专业性,教师之外的其他人便不应该随便发表评论,更不应该随意指责。事实上,社会上诸多非专业人士的介入,让教师左右为难,甚至不知所措。正如研究者所指出的:"今天的教师面临着许多非专业化干预,让教师的道德选择变得复杂与困难。许多看上去'为你好'的教育意图,可能实际上只是在很好地服务于学校的升学要求,满足于家长的需要,或者是追求教师自身利益,而教育的本真、学生发展的要求被忽略了,导致教育精神迷失与道德冷漠。"[5]可以说,这种非专业的干预,加剧了教师业已存在的道德迷惘,导致其陷入伦理困顿之中而难以自拔。

### 三、教师伦理困顿的对策

1. 重申教师道德在社会主义道德体系建设中的示范作用

人类社会历经几百万年的漫长进化,才有了今天的发展高度。"人类的进化史不仅是生理学层面上的形态变化,也包括社会学、文化学意义上的群居制度和共生文化。进化伦理学认为,社会行为道德的重要结构也储存于人类的基因中。换句话说,我们可以把我们道德素质中的重要组成部分理解为对进化发展过程的适应结果。"[6]对于选择了群居生活方式的人类来说,道德在社会进化中既担当了人类自身冲突的"调节器",也成为人类复杂人际关系的"润滑剂",在人类进化过程中起到了举足轻重的作用。甚至可以说,道德是每个人来到这个世界上的立身之本,是社会存在和发展之基,也是国家治理和社会稳定之道。因此,社会主义道德建设是我国精神文明建设的重要内涵,是社会和谐发展、百姓安居乐业的精神保障。教师道德历来是整个社会道德的窗口,是道德建设的"风向标",理应成为整个社会的道德表率。正如日本教育学者所述,教师伦理体现在三方面:一是人之范,行之则,乃为师;二是有志于为人之道者,乃为师;三是众望所归而不得不为人师者,可谓真正之师。[7]这是颇具东方德性文化特色的阐释,说明教师职业道德修养是其终身的目标。

## 2. 建构以专业精神为核心的教师专业伦理体系

今天,教师作为传统的神圣化职业的时代已经过去,在已步入专业化时代的背景下,教师在自身专业伦理建设中应当担当起什么样的责任,在整个社会道德重建过程中又应当扮演什么样的社会角色,的确需要认真研究。如前所述,我国教师队伍普遍的职业倦怠,其实质就是专业精神的缺乏,这可以从中美敬业精神表现出的差异得到印证。调查显示,只有6%的中国工作者在工作中达到了"敬业"程度;相比之下,约30%的美国工作者认为自己在工作场所达到了"敬业"程度。[8]尽管美国的整体状况也不理想,但与中国的6%的确不在一个等级。我国教师队伍相较于平均数,可能在整体上会好一些,但敬业精神的不足仍然是一个不可回避的现实问题。也就是说,加强教师队伍职业态度、专业理想、敬业精神的教育,培育出具有专业精神和专业境界的专业化教师队伍,是当前我国教师专业伦理建设的重中之重。教师专业精神的核心,就是培育教师对本职工作的专业价值认同和专业态度,具备教师的专业思维和专业行动能力。

## 3. 建构以和谐校园为目标的教师专业生活伦理氛围

教师职业是知识分子汇聚之地。知识分子自尊心强、要面子,同行相轻的传统习气往往难以避免。为此,在教师专业伦理建构的过程中,应当突出教师专业团体的相互尊重、相互协作的专业精神,在同侪相济、共生发展中建构新型教师专业伦理关系。从教师与学生的关系看,教师服务的机构——学校,本身就是一个学习型组织,教师应当扮演的是学习型组织中"领头雁"的角色,担当起模范学习者的角色,懂学、善学,更擅长激发学生的学习兴趣,这也是教师专业伦理视域下新型师生关系的重要意涵。同时,整个社会也要积极营造尊重教师专业性的风气,教育主管部门、社会教育机构、学生家长应当主动加强与学校的沟通,共同努力形成学校教育的良好社会支持系统,构建以师生和谐为核心的和谐校园氛围,为教师营造一种专业生活的良好氛围,让教师在专业工作中体会成功与幸福。

### 4. 建构教师幸福引领的教师专业生活价值追求和精神归宿

教育是面向未来的事业,教师肩负着"十年树木,百年树人"的神圣使命,不可能毕其功于一役,短时期内难以取得立竿见影的效果。因此,教师如果耐不住寂寞,或者功利心非常明显,都很难胜任。同时,教师的工作具有个体化的特征,每一位教师都是自己课堂的主人,在面向学生时都有相当大的主导权,如果教师急功近利,就会被功利牵制,将对学生的教育变成对学生的"宰制"。所以,教师需要教育情怀,真正潜下心来,认真研究学生学情和教育教学艺术,努力追求专业工作的内在价值,在成就学生的过程中实现自身的专业追求和人生价值,才能从中获得职业的幸福感。事实上,教师职业幸福是教师幸福的重要内涵,也是教师生活幸福的重要保障。教师幸福的实现,正是教师在专业生活中始终坚持"教人为善"的价值追求和"育人成材"的精神旨归。

德者,师之本也。不管社会如何向前发展,任何时候师德在整个社会道德建设中的引领作用都不可忽视。正因为如此,自古以来中国的传统知识分子就特别注重品德修行,讲究"修身、齐家、治国、平天下"的终身道德修为。师德作为教育之本,须固本强基,才能更好地发挥教育作用。确切地说,教师的道德使命就是一方面教师自身要做一个有德性的人,另一方面切实担负起培养学生德性的任务。身为教师,我们要摆脱伦理困顿状态,就不能丧失高远的人生目标,也不能失去完整把握整个社会和教育的思维能力,始终对社会和教育具有一种反思与批判的精神。"我们当然不必动辄谈崇高的理想,或者迷醉于理想主义,但走向另一个极端,陷入过度世俗化的泥淖,对于我们的社会和教育也绝非幸事。"[9]在教师不断的道德追寻和道德担当中,教师的伦理困顿状态自然能够得到消解。

**参考文献:**

[1] 现代汉语词典(2002年增补本)[M].北京:商务印书馆,2002:740.

[2] 毋丹丹.传统教师伦理德性的现代诠释[D].西南大学博士学位论文,2013.

[3] 宋晶.困顿与反思:对我国职业教育的伦理追问[J].职教论坛,2017(19):5-10.

[4] 谢洋."抄袭门"再次引发公众师德争议热潮[N].中国青年报,2008-10-22(6).

[5] 朱水萍.教师伦理:现实样态与未来重构[D].南京师范大学博士论文,2014.

[6] 克劳斯·德纳.享用道德:对价值的自然渴望[M].朱小安,译.北京:北京出版社,2002:6.

[7] 小原国芳.小原国芳教育论著选(下卷)[M].由其民,刘剑乔,吴光威,译.北京:人民教育出版社,1993:323.

[8] 查大伟.提升中国人敬业精神需要培养教练文化[OL].http://www.fortunechina.com/column/c/2013-04/22/content_153017.htm.

[9] 贾新奇.圣人与工匠——教师伦理人格的类型及其他[J].道德与文明,2015(4):28-32.

## 学术性师德：内涵分析与路径探索

曹周天

（北京师范大学　课程与教学研究院）

"师德在教师整体素质中占有统领地位，它既是教师自我素质提高的导引和动力因素，又是教师自我素质提高的重要目标和检验标准。"[1]师德建设是当前教师队伍建设中的重点工作，更是教育崇善的伦理精神对教师职业提出的高远要求，同时它也日益成为促进教师个体道德成长的必然路径。因而，师德问题不容小视，师德建设更应当常抓不懈。然而，每当我们谈起有关师德内涵及其建设的相关问题时，却常常不自觉地陷入一种乏力的状态，即一边是类似于"高头讲章"的宏观倡导或是理想愿景的价值描摹，而另一边却难以寻觅促成教师师德养成的行之有效的方法论路径。正如有的研究者所说的那样，"这些年谈论师德的很多，但大多是一些高高在上的并不实际教书育人的人士，且多数带着一种训诫的口气和倨傲的姿态……高高在上的训诫，顶多只会产生遵从行为，而不会有真正的道德自觉"[2]。这些都给我们理解师德，特别是如何

---

基金项目：教育部人文社会科学重点研究基地重大项目"中国教师教育课程质量研究"（17JJD880002），教育部人文社会科学重点研究基地重大项目"教学伦理学研究"（12JJD880013）阶段性研究成果。

作者简介：曹周天，北京师范大学课程与教学研究院博士研究生。主要从事教育基本理论、课程与教学论、教育伦理学研究。

E-mail：caozt90@163.com

在具体行动中践行师德并追求崇高的师德境界带来了不小的阻力。有鉴于此,笔者尝试提出"学术性师德"这个概念,以期为我们更深刻地思考和领会师德建设的内涵提供新的观察视角,愿与各位同仁共同讨论。

## 一、"学术性师德"的内涵分析

### 1. 学术性师德是一种内生性道德

一般来说,当人们谈起师德问题时,往往都会不自觉地将注意力投放在教师的外在道德行为方面,比如教师是否尊重学生、是否关心学生,等等。这些内容构成了我们观念中对师德范畴的固有认知。"教师只有具备较高的师德素养水平,才有可能坚持不懈地提高自己的知识、技能、心理和身体素质,并能在复杂的环境中正确地选择和把握个人发展的方向。"[3]诚然,师德问题必然要包括教师的各项德行,比如 1997 年颁布的《中小学教师职业道德规范》中就提出依法执教、爱岗敬业、热爱学生、严谨治学、团结协作、尊重家长、廉洁从教、为人师表等教师从业道德规范;2008 年颁布的《中小学教师职业道德规范》(修订版)中共有六大条目,分别是爱国守法、爱岗敬业、关爱学生、教书育人、为人师表、终身学习[4]。这些都是教师履行教书育人职责的底线道德要求。然而,如果我们对教师的道德要求仅限于此,显然不能穷尽一名合格的教师所应具备的道德素养。这是因为单纯依靠这些道德标准,并不足以描摹出教师的完整形象。人们常说的"学高为师,身正为范"就完美地诠释了教师的道德形象,即一方面要有高超的学识,另一方面要有正派的品格,二者缺一不可。这为我们今天来谈论"学术性师德"这个概念提供了理论支撑。由此不难看出,学术性师德是一种内生性道德,它并不是强加在教师身上的某种道德规范与要求,而是一种由其自身所具备的学识涵养所生发出的道德气质与道德人格。学术与师德是不可分割的统一整体,学术性是师德彰显的重要前提和基础。

因此,我们认为,学术性师德是教师在精湛的业务水准层面所自然而然流露出的一种道德品质与道德感染力。这种道德品质与道德感染力的流露并不是刻意为之,而是来源于教师自身学识涵养而外显出来的一种精神气质,它不需要多少外在的刻意表达或是故作姿态。学术性师德的产生完全来源于教师对自己所从事的教育教学本质工作的热爱与虔诚,同时也来源于教师对学生的尊重、关心与爱护。譬如《学记》中曾有言曰:"善歌者使人继其声,善教者使人继其志。"其字面意思是说,善于唱歌者,能使人情不自禁地跟着他一起歌唱,善于教学的人,能使人继承他的志向而努力不懈。它所突出强调的正是教师在教学中由其高超的教学水准所产生的道德感染力。试想,如果一位教师并不具备丰厚的学识和精湛的教学技艺,那么又谈什么师德呢?皮之不存,毛将焉附?我们很难想象一位教学水平一般的教师如何通过他的教育教学活动来展示出他高尚的师德风范。

2."学术性师德"是沟通"知识"与"美德"的桥梁

师德建设中不能缺乏学术性的重要支撑,这是我们提出"学术性师德"的初衷。我们认为,"学术性师德"是沟通"知识"与"美德"的桥梁。通常,我们在谈论师德问题时,总会下意识地把它看作是教师教学活动之外的某种道德行为要求或规范,教师似乎需要刻意地去接受这些外在的道德规范约束。客观来说,师德作为教师从业规范中的重要组成部分,理应是每一位教师都必须恪守的职业道德准则。然而,仅仅把师德看作是一种外在的道德约束,显然会窄化我们对师德问题的全面认知。"学术性师德"这一提法将学术性作为重点凸显出来,有助于我们把对师德的理解拉入到教师的业务工作本身,这对于全面提升教育教学质量,丰富我们对师德内涵的认识是大有裨益的。

王本陆在《论教育的伦理特性》一文中认为,"文化共享和育人成才是人类教育活动不可或缺的两个道德基石。文化共享强调把文化财富传递和传播给他人,让大家共同享有文化进步的成果。育人成才体现着教育的基本宗旨,强调对人发展的关爱和对人成长的促进"[5]。从中不难看出,不论是文化共享,还是育人成才,都无一例外地涉及有关知识层面的问题,知识问题在教育学的语境中就是指教育的内容。在教学过程中对教育内容的把握在很大程度上依赖于教师自身的学术水准和学术造诣。从这个意义上说,突出并强调对人类文化精华的选择与传递同样是教育伦理精神的永恒追求。因此,"学术性师德"的提出,不但不会削减对师德的强调,恰恰相反,它对"学术性"的倡导会让师德彰显出更为饱满与丰富的价值内涵。

## 二、"学术性师德"提法之意义探析

既然学术与师德之间有着如此紧密的联系,那么提出并倡导"学术性师德"便成为顺理成章的事。我们认为,"学术性师德"这一提法对于进一步深入地认识和领会师德的内涵提供了有益的帮助。

### 1. 它科学地阐明了学术与师德之间的辩证统一关系

阐明学术与师德的辩证统一关系,是理清师德建设思路的关键。长期以来,我们每每提及师德问题,多半是与教师的道德品质相联系,其主要落脚点是教师的道德情操。也就是说,我们在评价一位教师是否具备了较高师德的时候,主要关注的是他个人道德思想与行为方面的内容。众所周知,教师对学生的影响通常是通过向学生传授知识技能和关心爱护学生这两方面来共同实现的。然而,不可否认的是,每当我们谈及师德问题时,往往会不自觉地凸显教师在道德层面关心爱护学生的内容,而相应地淡化了其在专业知识技能方面对学生的教导与影响意义。这种倾向性所产生的直接后果便是,我们会割裂地看待学术与师德二者之间的关系,把学术与师德看作是可以区别对待的两部分内容。"学术性师德"概念的提出有助于解决这一认识上的矛盾。

### 2. 它有助于提升教师自身的学术水平和教学能力

与此同时,学术性师德的提出有助于提升教师自身的学术水平和教学能力,它对于提升教师的教育教学境界具有重要的导向作用。提出"学术性师德"这一命题,其用意就在于,它能够有效地引导广大教师,将个人精力更多地用在钻研学术之上。这一点对于教师的个人专业成长具有重要意义。既然学术与师德之间存在着密切的联系,那么我们有理由相信,教师潜心钻研学问,用心对待自己所讲的每一节课,认真批改每一份作业,耐心回答学生的每一个问题,就是对师德精神最为生动的诠释。教师作为在某一学科领域内具有专门知识与能力的专业人才,其必然掌握了关于某一学科的基本知识以及教授这一学科的基本技能。教师的本职工作就是教书育人,而如何才能把"书"教好,把"人"育好,则在很大程度上依赖于教师自身的专业水准。试想,即便是一个道德品质高尚的人,若是他并不精通某一学科的知识体系,那么他无论如何也不可能成为一名合格的优秀教师。从这个意义上说,"学术性师德"的提出与当前正如火如荼开展的教师专业化发展的实践研究活动的宗旨也高度吻合,可以说,它在教师专业成长方面的价值引领作用不容小视。

3. 它是有效破解"师范性"与"学术性"之争的润滑剂

长期以来,在教师教育领域,人们围绕"师范性"和"学术性"二者之间的关系问题展开激烈的争论,其争论的焦点就在于,是否强调了"师范性"就是对"学术性"的弱化与忽视。客观来说,提出"师范性"与"学术性"孰轻孰重这个命题,在某种程度上就默认了二者之间存在着一定的矛盾关系。对此我是不敢苟同的。师范性与学术性其实都指向了一个共同的目标,那就是如何培养优秀师资这个影响着我国教师教育发展的基础性问题,任何一个时代都呼唤着优秀教师的涌现,在这一点上是不存在任何分歧的。叶澜就曾撰文指出,所谓的"师范性"与"学术性"之争是"一个真实的假问题"[6]。尽管如此,在人们的惯常思维中,仍然或多或少存在着这样的观念,即认为所谓的学术性与师范性中所强调的教师专业技能,特别是师德养成存在着一定的矛盾。有鉴于此,我们认为,学术性师德概念的提出可以积极谋求学术性与师范性二者的有机融合,从而成为有效破解"师范性"与"学术性"之争的润滑剂。师范性本身就应包括学术性的特征,并且在师范性语境下来谈论的所谓学术性,更符合教师这一职业的专业性与神圣性。

### 三、提升教师学术性师德的路径探索

如何提升教师的学术性师德,这是师德建设必须直面的问题。从现有的文献资料来看,学者们针对如何培育优良师德的问题展开了热烈的讨论,也产出了一批很有见地的学术成果。比如,有研究者从加强自我修养,塑造师德品质;注重综合素养的提升;在教师共同体中涵养师德;在实践中体验感悟等四个方面探讨了师德养成路径[7]。还有的研究者侧重于从制度建设的层面展开讨论,提出逐步建立与完善教师培养对象选择制度、新教师岗前师德教育制度、严密的教师资格证书制度、教师宣誓就职制度、教师聘用制度、新教师入门指导制度等[8]。这些研究成果对我们进一步深入探讨教师

学术性师德的养成路径具有重要的借鉴意义。综合已有的研究成果,结合学术性师德的内涵与价值,我们尝试从自我努力、学校参与和社会引导三个方面入手,探讨提升教师学术性师德的路径。

1. 自我努力:钻研专业知识,培育教师发展核心素养

这是从教师的自我努力方面来说的。学术性师德的养成首先需要充分发挥教师自身的道德主体性,这样才能真正激励他们参与个体德性养成的实践。我们认为,与现行的师德观相比,学术性师德有两个突出的特点,其一是它强调学术水平的提升对师德养成具有重要意义;其二是它具有较强的可操作性。综合这两个突出特点,我们认为,加强教师的自我努力是提升学术性师德的关键所在。教师的日常工作丰富繁杂,有涉及课堂教学方面的,有涉及学生事务管理方面的,还需要协助学校完成各种行政工作等,但在这些工作中,教书育人是一条永恒不变的主线,把握住了这条主线,教师在教育教学工作中就能够做到有的放矢、驾轻就熟。如何才能做好教书育人的工作,在我看来,首先就是要把书教好,这就要求广大教师钻研专业知识,努力使自己尽可能快地成长为自己所教学科领域内的专家,这是把书教好的重要前提与坚实保障。因此,我更倾向于把"教书育人"理解为是由"教书"而走向"育人"的递进关系。如果连书都教不好,那么"育人"的要求也只可能是一句空话。在钻研专业知识的基础之上,我们还要着力培育教师发展的核心素养,这是促进其学术性师德提升的重要支撑。我们认为,提升师德的关键之处就在于让教师找到合理的抓手,让教师在教育教学的实践过程中获得教师德性的升华,体悟到从教工作的真谛。在师德养成过程中,教师发展核心素养发挥着重要作用,为此,我们要进一步研究教师发展核心素养的关键指标,使之成为切实促进教师专业成长与个体德性养成的助推器和动力源。

2. 学校参与:改进与完善师德评价机制

教师的个人努力固然重要,但若是相应的体制机制建设没有及时跟进,也难以形成强有力的管理与引导机制。"师德评价是调动教师积极性、提高教育质量和教师的政治业务素质、推进和优化教师队伍建设的牵引力。"[9]从目前我们对于教师的师德考量指标来看,外在规范部分仍然占有很大的比重,这在某种程度上并不利于教师学术

型师德的养成。在这种评价机制之下,教师仍然会将师德看作是一种外在的约束,仍然会将养成师德与提升专业水准看成是两件不同的事。这种局面如果不改变,很不利于学术性师德理念的推广与传播。有鉴于此,我们认为,改进与完善师德评价机制,建立健全师德评价新体系是一项必要措施。具体来说,可以从以下两个方面作相应的改进。第一,合理平衡师德评价的内容指标及其比例,对其内涵进行重新界定与评估。进一步增加师德评价中对教师学术业务层面的评价比例,以此来有效地促进教师全面提升教育教学质量,在工作中不断完善并提升师德水准。第二,加强在教研活动中的师德评价。学校要鼓励教师在教研活动中与同行切磋教学技艺,分享教学心得,在与同行的交流、请教与分享中,获得一种道德成长。这种道德成长与过去单纯强调教师个体的道德行为表现相比,更具有群体性与互动性的特征。在活动中开展的师德评价,更有助于形成师德评价的多维性和立体感。

### 3. 社会引导:增强师德观念中的发展性因素

这是从社会舆论氛围的营造层面来说的。众所周知,师德问题之所以成为教育中一个备受关注的热门话题,其原因就在于,人们总是习惯性地做出这样的逻辑推断,即教师的一言一行都将直接对学生产生重要影响,要是连教师的道德都出现了问题,那么又何谈学生的道德养成呢?这样的推论的确有其合理之处,毕竟,教师肩负着社会赋予的教书育人的重任,理应在教育教学过程中发挥模范作用。但其中也存在着一定的问题,即这种对教师道德层面的关注,往往会削弱对其他方面的重视程度。我们在一味地强调教师的道德行为规范的同时,恰恰弱化了对其个体学术提升方面的重视。由于教育问题本身就具有深厚的社会背景,大众舆论对教育问题的关注在很大程度上会影响到教育系统自身的正常运作。这不能不说是当前我国在师德理论建设方面难以有大突破的原因所在。对于教师的师德评判要更趋于全面、客观,要在师德评价过程中重视发展性的维度。当前,我们对师德问题的认识仍然仅仅局限在外在道德行为约束方面,即便有些时候涉及发挥教师自身道德主体性,但那些内容更多地还只是停留在对规范的养成与境界的提升之上,并没有触及与教师日常教学工作相关的学术领域。关注师德中的学术性有助于破解这一难题。师德中的学术性所彰显出的正是一种发展性因素,学术的养成意味着知识的积累,意味着对未知世界不断探寻的脚步,在教师的从教生涯中,唯有不断地吸收新知,钻研学术,才能获得持续的长足发展,并且这种发展才真正有助于个体师德水平的稳步提升。当然,对社会的引导还需要诸如报刊等媒体的通力协作,要想让学术性师德的观念深入人心,还要充分地调动教育传媒参与其中,为学术性师德观念的传播添砖加瓦。

毫无疑问,学术性师德的养成并非易事,它一方面需要广大教育工作者努力提升个体道德修养,以立德树人为最根本的教学准则;另一方面更为教师潜心钻研学问提出了更高的要求。总之,学问与道德这二者对于任何一位教师来说都是相辅相成、缺一不可的。我们之所以提出"学术性师德"这一概念,就是希望为广大教育工作者提升个体道德修养提供一条行之有效的实践路径,从而在自己平凡的工作岗位上努力践行"上好每一节课,教好每一个学生"这一朴素但又极为深刻的教育愿景。这便是"学术性师德"所崇尚的道德境界。

**参考文献:**

[1] 傅维利.简论师德修养[J].中国教育学刊,2001(10):40-43.

[2] 戴双翔,王本陆.教师职业道德养成——做一个温暖的师德实践者[M].北京:北京师范大学出版社,2015:1.

[3] 傅维利.简论师德修养[J].中国教育学刊,2001(10):40-43.

[4] 王永红,王本陆.用心做教师[J].教育科学研究,2016(3):5-8.

[5] 王本陆.论教育的伦理特性[J].教育研究,2003(1):25-30.

[6] 叶澜.一个真实的假问题——"师范性"与"学术性"之争的辨析[J].高等师范教育研究,1999(2):10-16.

[7] 潘新民.关于师德养成路径的几点思考[J].教育科学研究,2016(3):19-22.

[8] 王毓珣.师德建设中有哪些问题,有何对策[N].中国教育报,2005-07-09(3).

[9] 瞿鹤鸣,吴佳.当代师德评价探究[J].广西社会科学,2007(9):184-187.

# 高校发展教师内生支撑力问题的探讨

卫荣凡

（广西教育学院）

高校发展，是关系到民族振兴、国家富强、社会发展、人民幸福的大事，具有极其重要的战略地位和战略作用。改革开放以来所取得的伟大成就，充分体现了高校发展所提供的重要科学支撑、智力支撑和人才支撑的作用。习近平在 2016 年 12 月召开的全国高校思想政治工作会议上讲话中指出：高等教育发展水平是一个国家发展水平和发展潜力的重要标志。实现中华民族伟大复兴，教育的地位和作用不可忽视。我们对高等教育的需要比任何时候都更加迫切。对科学知识和卓越人才的渴求比任何时候都更加强烈。为此，探讨高校发展，特别是探讨高校发展教师内生支撑力问题，把高校发展落到实处，显得尤为重要。

## 一、高校发展教师内生支撑力的实质

高校发展教师内生支撑力，指的是高校教师主体对其所在学校的发展目标、发展的主要任务、发展的阶段与过程的内心认同，自主、自觉、主动、能动、创造性地积极持续参与，爱岗敬业，勤奋努力，顽强拼搏，为学校发展的不断推进竭尽全力，起主力军的

---

作者简介：卫荣凡，广西教育学院教授。
E-mail：Wrf5656@sina.com

作用。其特征主要表现为以下几个方面。

1. 高校发展教师内生支撑力的自觉性

自觉性是高校发展教师内生支撑力的重要特征。这种自觉性不是外在的强制,而是内心的自觉,它的形成受多种因素的影响,但主要取决于教师主体自身内心需要因素。尽管每一个教师主体在学校的环境氛围、精神文化、规章制度和教育引导等方面的影响下,形成的内生支撑力具有不同的特点,但仍有其共性:一是教师主体乐意接受和认同高校发展的目标、发展的主要任务、发展阶段和发展过程的必然性要求,对高校发展的战略地位、战略作用以及社会价值持肯定态度,这种接受和认同已经超越了认识与了解的层次,是经过了价值比较后所选择的。二是教师主体自觉地对高校发展的目标、发展的主要任务、发展阶段和发展过程的必然性要求进行内化,经过教师自身的反思与体验等环节,形成了高校发展的意识、情感、意志和信念,具有了内在的自主的自觉性。三是教师主体自觉地以高校发展的目标、发展的主要任务、发展阶段和发展过程的必然性要求指导自己的实践,即内在的自主的自觉性外化为教师主体的实践活动,以教师自觉的实践活动来支撑和推动高校发展。

2. 高校发展教师内生支撑力的持续性

这种持续性,是教师主体自觉地不间断地坚守为高校发展的意识、情感、意志和信念并付诸行动,能够以自己顽强的意志力、辛勤的劳动与付出,去克服难以想象的各种困难,为高校发展持续性地尽心尽力。这种内生支撑力是教师主体自愿自觉形成的,一旦形成之后就具有相对的稳定性,稳定性表现为其持续性。因此,高校发展就具有了持续的动力性,就能够不断向新的更高的平台发展。

3. 高校发展教师内生支撑力的奉献性

这种奉献性体现在教师主体以高校发展的大局为重,正确处理个人利益与高校发展利益的关系:个人利益与高校发展利益一致时,能够坚守这种奉献性;即使两者产生矛盾时,也能够义无反顾地为高校发展付出自己的努力,坚守这种奉献性。因为,这种奉献性来源于教师主体的内生支撑力,有其自愿性、自觉性、自主性和能动性,是教师主体的职业良心,是教师德性的自律境界。不论在什么环境、什么情况下,教师主体都能够自觉地调控自身的爱好、欲望和兴趣,自觉地服从于高校发展的大局,坚持为高校发展作出自己应有的奉献。

## 二、高校发展教师内生支撑力的价值

高校发展,不论是在人才培养质量的提高、科研水平的提升、社会实践服务的开展及中华文化的传承方面,还是在"双一流"建设等方面,其教师内生支撑力都是关键因素,是根本性的战略性的基础性的可靠性的资源,具有极其重要的现实价值。

### 1. 高校发展教师内生支撑力是高校发展的动力

高校发展需要多方面的资源和条件,如人、财、物等方面,在这些因素中,人处于支配地位,起着主导的作用,这是不言而喻的。由此可知,教师作为高校发展的主导的人力资源因素,对于高校发展起着极其重要的不可替代的作用。可以说,高校发展得怎样,就要看教师的作用发挥得怎样。教师作用的发挥,又取决于教师的主动性、自觉性、能动性和创新性发挥的程度。高校发展的目标、发展的主要任务、发展阶段和发展过程的必然性要求得到教师认同,特别是付诸行为的实践活动,需要有教师的内在动力和学校的外在动力的推动。就这两方面的动力而言,外在动力还要靠内在动力来转化和实现。因此,在高校发展的问题上,教师内生支撑力是高校发展的动力来源,只要充分发挥教师的主体作用,就能够又好又快地推动高校发展。

### 2. 高校发展教师内生支撑力是高校发展的基础

高校发展如同工程建筑,需要有坚固、可靠和稳定的基础,一个工程建筑,如果没有坚实的基础,其危害性后果是难以想象的,高校发展也是如此。高校发展需要多方面的基础,如,物质基础、财力基础、文化基础、人力资源基础等。在这些基础中,最富有弹性和活力的是人力资源基础。人的作用发挥的程度,体现在人的行为实践上,而人的实践活动是受人的意识活动所支配的,所以,如果一个人有自觉的意识、情感、意志和信念,就能够使人的行为成为自觉的、能动的和富有创造性的实践,就能够发挥其最大的效力。因此,高校发展有了教师内生支撑力,就奠定了坚实的基础。这坚实的基础,体现在对高校人才培养、科学研究、社会服务和文化传承等方面的支撑,体现在对高校发展的发展目标、发展的主要任务、发展的主要项目、发展阶段和发展过程等方面的支撑,体现在对高校发展的各个组织和管理环节的支撑。总之,高校发展教师内生支撑力是高校发展的重中之重。

### 3. 高校发展教师内生支撑力是高校发展的保障

高校发展必须有多方面的保障,没有完全的充分的条件和手段来保障,就不可能实现高校发展的目标。在保障的问题上,有的高校往往较重视物质的保障,尤其是财力的保障,有的较注重政策的保障、环境的保障,对这些方面的高度重视固然可取,但更为重要的是教师人力资源方面的保障。因为,一方面,重视教师人力资源的保障作用,尤其是高度重视激发高校发展教师内生支撑力,就可以建设好具有坚定理想信念、爱岗敬业、热爱学生、教书育人、勤奋努力、刻苦钻研、献身科学、严于律己、为人师表、顽强拼搏的高素质的教师队伍,这支队伍是高校发展不可或缺的保障中坚;另一方面,具有内生支撑力的教师才能够使其他保障条件转化和发挥最大效力,这更有利于高校发展目标的实现、发展的主要任务的完成以及整个发展阶段、发展过程的顺利推进。

## 三、激发高校发展教师内生支撑力的路径

高校发展教师内生支撑力对高校发展具有极其重要的价值,那么,如何激发高校发展教师内生支撑力呢?其路径是多方面的,但应该从实际出发,针对各高校不同的问题,采取相应的行之有效的举措,才能更有效地激发其教师内生支撑力。

### 1. 注重高校发展教师内生支撑力的激发与教师发展的联系性

高校发展与教师发展具有不可分割的内在的统一性,高校发展在一定程度上就是教师发展,教师发展体现了高校的发展,并且,教师发展与教师的切身利益相关。由此,在高校发展教师内生支撑力激发的问题上,应该自觉地促进教师发展,善于把高校

发展转化为教师主体的内在需要,通过教师发展来促进高校发展,特别是要注重促进教师内生支撑力的激发。当然,教师发展的内容是多方面的,如教师思想道德素质的不断完善、教学科研水平的提高、教师学历层次的提升、教师职称的晋升,等等。注重教师发展,一是教师发展的方方面面应该有明确的具体的可行的要求,并且使每一个教师认同并持之以恒地坚守自己的发展方向、发展项目、发展目标,以取得应有的成效。二是全力支持教师发展,对教师发展提供尽可能的支持和帮助,创造良好的环境、条件和氛围。三是对教师发展的成效给予组织上的激励,不仅要给予物质方面的激励,更要给予精神方面的激励,并且使这两方面的激励相得益彰,使教师把这些激励转化为内在的动力。这能够有力地促进教师内生支撑力的激发。

### 2. 注重高校发展教师内生支撑力的激发与师德导向的联系性

师德是教师的职业本分,是教师发展的灵魂,是教师发展的动力,可以说,如果一个教师不注重师德,就谈不上有高校发展教师内生支撑力。从实质上讲,高校发展教师内生支撑力是师德内容的重要部分。由此,注重师德导向问题,就能够有力地推动其教师内生支撑力的激发。那么,如何加强师德导向?一是引导教师深刻认识师德的时代要求和价值,如注重师德是弘扬大学精神的要求,是教师人力资源开发的要求,是把学生培养成为高素质专门人才的要求,是和谐校园建设的要求,是推动高校发展的要求,并且引导教师认同这些要求所具有的重大的时代意义与价值。二是引导教师正确认识师德的时代境遇,正确认识时代的真善美与假恶丑对师德的正反面影响,自觉抵制不良社会风气,确立科学的师德价值选择观念。三是引导教师正确对待外在的师德必然性要求,自觉地把师德的必然性要求内化为自身的内在需要,形成师德的内在动力;认真履行师德的必然性要求,加强师德修养,做到师心自律和师行自律,自觉地把高校发展的必然性要求转变为自己的自律要求,努力提升这种自律境界。

### 3. 注重高校发展教师内生支撑力的激发与弘扬教师文化的联系性

弘扬和传承优良的教师文化,让每一个教师在这种环境和氛围中得到陶冶,有利于教师确立社会主义核心价值观,树立职业精神,自觉形成高校发展教师内生支撑力。

由此，应该高度重视弘扬教师文化的相关工作。一是弘扬大学精神。大学精神是大学之为大学的质的规定性，是大学具有强大生命力和凝聚力的原因所在——它是在大学漫长的历史发展过程中，经过积淀和凝练而成的为大学人所认同与践履的理想、信念、价值观及行为准则。弘扬大学精神是弘扬教师文化的重要内容。二是弘扬师德文化。师德文化具有丰富的内容，包括一个学校的师德传统、师德精神、师德舆论、师德风气、师德教育、师德宣传，尤其是师德楷模的树立和传承等。弘扬师德文化，对于铸造高素质的教师队伍的灵魂极为重要。三是弘扬高校的制度文化。高校应该注重制度建设，包括完善教学管理制度、科研管理制度、教书育人制度、职称晋升制度等，尤其是教师激励方面的制度，并且把制度建设作为一种制度文化融入教师管理工作中，形成良好的制度文化，使这种制度能够得到教师的认同和遵守，以推动教学科研等方面的工作上水平、上台阶，促进高校发展教师内生支撑力的形成。四是弘扬创新文化。注重在高校的教学科研等工作中营造创新文化，形成良好的创新环境和氛围，增强教师的创新意识，完善创新素质，提升创新能力。这对于推进高校发展不断跃上新台阶具有重要的作用。

4. 注重高校发展教师内生支撑力的激发与营造良好的学术环境的联系性

良好的学术环境对于培养优秀的学术领军人才和创新团队是极为重要的。营造良好的学术环境和氛围，一方面，应注重大力提倡优良学风，培养和树立科学精神、追求卓越精神、勇于创新精神、团结协作精神、主动担当精神、自主自律精神和爱岗敬业精神。另一方面，注重营造有利于高校教师团队合作共事的学术环境和氛围。在当今时代，培养和建立能够合作共事的学术团队，对于高校教学和科研水平的提升具有重要的推动作用。这一团队为实现高校教育教学改革、科学研究、社会服务等共同目标而奋斗，教师之间既有分工，又有协作，还要相互承担责任。要使这一团队富有成效地开展相关工作，必须有良好的学术环境和氛围作保障。这样，才能够使团队成员自觉践履团队目标，既有利于团队个体自主性、自觉性、能动性和创新性的充分发挥，又有利于团队成员之间的相互协作，以充分发挥教师学术团队"1+1大于2"的作用，否则，就难以提升教师学术团队的战斗力。

总之，高校发展教师内生支撑力的激发是多因素相互作用的过程。一个教师要形成其内生支撑力,除了学校组织等方面的因素外,更重要的是教师主体的能动作用,由此,教师主体应当张扬主体性、能动性、自觉性,增强责任感,勇于担当,在人才培养、教育教学、科学研究、社会服务的实践中,自觉能动地内化和外化高校发展的必然性要求,顽强拼搏,为高校发展作出自己应有的贡献。

# 教师专业伦理的"无边界"困境及其突破

暴 圆

(河北师范大学 教育学院)

## 一、教师责任的无限扩大

家长对学生有着"望子成龙,望女成凤"的期待,社会也需要有知识有文化的精英来开拓未来,因此对培育学生的教师寄予厚望,并且相信"没有教不好的学生,只有不会教的教师",教师对学生教育负有完全责任。随着经济的快速发展,市场上出现大量的辅导机构,家长忙于生计,忽视对孩子的家庭教育。甚至有一些家长价值观念扭曲,认为给学校交了钱就一定要受到好的"服务",把教育孩子的责任全部推给教师和学校,要求教师承担孩子全部的监护责任。"孩子考试成绩差,就找教师麻烦,认为不是上课没好好教就是老师不会教",完全不考虑家长自己的责任。此外,还对教师提出各种苛刻的要求,让教师不堪重负。既要求教师教出好成绩,又要求教师不能给孩子布置作业,防止孩子压力过大。既要求教师多组织课外活动,给孩子丰富的学校生活,又要求教师不能出一点安全问题,否则就会大闹学校。另外,家长将学生的监护责任全部转移到教师身上,以至于学生在校内外出现任何意外,教师都难逃责任,这种多重要求使得教师只能在夹缝中求生存,本属于教师自我主动承担的有限而积极的教育责

---

作者简介:暴圆,河北师范大学教育学院在读研究生。

E-mail: 502748593@qq.com

任,在家长的各种要求之下成为教师被动承受的巨大的"无边界"责任,教师的积极主动在这样的状态下被日益消解,从而不利于教师专业伦理的有效实现。

### 二、 教师权利的逐渐萎缩

教师被视为专业人员,从某种程度上说具有决定个体命运和社会发展的作用,因此社会应支持教师职业的专业化发展,同时赋予教师专业自主权,促使教师更好地提供教育专业服务,实现教育福祉。近些年来,教师专业自主权利的实现与保障情况不容乐观,教师权利正在逐步地萎缩,影响到了教师专业伦理的价值实现。自《未成年人保护法》颁布以来,学生的权利得到应有的保护,而教师手中的"教鞭"则被无情地剥夺,这在很大程度上限制了教师的教育惩戒权,学生用无视教师或者以偏激的方式拒绝教师提出的合理教育要求。学生以法律为盾牌伤害教师的行为,打击了教师的教育积极性,在教育教学实践过程中,教师为了自我保护不得不选择放弃行使惩戒权。教师身陷"管"还是"不管"的困境之中,进退两难。如果行使惩戒权,有可能被学生视为"变相体罚"而遭受惩处;如果不惩戒,行为顽劣的学生就得不到有效管理,正常的教育秩序难以保证,教育目的就难以达成。教师"无权"惩戒影响了教师内心教育信念和教育目的的实现,造成一部分教师的"明哲保身"和另一些教师的"行无止度"。教师无法确信自己是一个"好老师",教师在权利的折损中无法实现良知所召唤的教育,从而陷入专业伦理实现的困境之中。此外,教育行政部门对教师时间自主权、休息权、隐私权等个人权利的侵犯,也影响到教师专业伦理的实现。大量行政事务的干扰,使教师没有时间充分备课、与学生交流,从而产生愧疚感和不安感,觉得耽误了学生的学习。

### 三、 "作为教师的人"和"作为人的教师"的道德重叠

教师首先是"作为一个人的教师"而存在,其次是"作为一个教师的人"。这两种身份的不同也就决定了不可以用同一尺度来衡量其标准。虽然二者之间有交叉,但不可等量齐观。教师个人道德和教师专业伦理是不同领域的道德要求,前者是一种私人道德,代表的是个体,而后者是用来约束教师作为专业人员的行为规范原则,一般只适用于教师专业领域。教师作为人的形象与一般社会成员作为人的形象出现了严重背离

的现象,一般社会成员是"社会人",而教师往往只被当作"道德人",是社会的道德楷模,学生学习的榜样,这种想当然的价值取向造成教师形象的模式化现象。日常生活中对教师行为的评价常常将个人道德和教师专业伦理相提并论,加重了教师的生活负担,严重影响教师的生活。

人并非"圣贤"。教师应当回归日常生活中去,过普通人的生活。"作为一个人的教师"所扮演的不仅仅是"教育者"的角色,他还承担着社会生活和家庭生活中其他角色的扮演。但是在日常生活中,经常有人用教师专业伦理来评价作为普通人的教师。"两个正常人在平常在私下说话,比如你突然之间有一句话带脏话,我们自己感觉很正常,人家就说你什么素质,就你这样的还教学生呢,你能教出啥样的学生。"教师是"人"不是"完人",教师也会犯错,也会困惑不解,也应当有改正错误的机会。并不能因为教师是教育者而无限放大错误,将教师专业伦理凌驾于教师个人道德之上。"我们也是人,上班那8小时之内是属于国家的,8小时之外是我们自己的。"这也就是说,教师们认为衡量教师的专业伦理是否规范应该在教育教学实践过程中考察,离开了教育场域,教师就是一个普通人。教师作为一种专门的职业,承担着社会和家庭施加的传播知识、教书育人、促进人的健康成长和全面发展的任务。教师作为教育者的形象出现,就应当建立并恪守一种专业伦理规范。但面对生活和工作中的挑战与烦恼,教师同样需要得到社会各界的关怀与理解,不能因为教师是教育者而求全责备,用教师专业伦理捆绑作为人的教师。

### 四、教师专业伦理"无边界"困境的改善策略

完善法律法规,明确教师责任。到目前为止,有关教师责任的法律法规尚不明确。因此,为了更好地明确教师的责任边界,需要相关部门通过实地调查,广泛地收集有关资料,制定出具有可操作性和针对性的法律法规。教师理应承担的法律责任,应由学生、教师、家长以及其他教育利益相关者秉持相互尊重的原则共同制定,而不是以往的由上级部门制定,教师只是起贯彻执行的作用。各方表达出自己对教师理应承担责任的期待,相互讨论,达成共识,并共同遵守相互配合,这样制定出来的法律法规认可度才高,约束力也更强。另外,教育学生需要家长、教师、社会形成教育合力,因此也应明确家长和社会应承担的责任。只有如此,教师才能挣脱道德的枷锁,更好地服务社会。

提高权利意识,维护教师正当权利。首先,教师行使权利的前提是明确自己所拥有的权利,在法律允许范围内行使教育权,用合理的方式参与课堂管理,积极履行教师职业所承担的教书育人的责任。其次,教师也应该注意防止将自己所拥有的专业权利用在生活场域,防止将作为教师所拥有的专业权利与作为社会人所拥有的自然权利混淆使用。最后,教师也需要明确学生所拥有的权利,这样不仅能够更好地保护学生的权利不受侵犯,而且能够在面对学生提出行使自己的权利时采取恰当的策略。

区分专业生活和个人生活,增强道德边界意识。教师的专业生活和个人生活是教师生活中的两个不同领域,在不同的领域有着不同的规则需要遵守,所以教师首先应学会将教育场域和生活场域区别开,切忌不分场合随意教育学生。另外,社会大众也应学会包容、理解教师的工作,教师首先是"作为一个人"而存在于社会,其从事教育工作的目的有一部分是为了更好的生活。因此,对于从事教师职业的人,我们应该以一颗包容的心态去对待,把教师看作一个普通人,对待教师犯下的错误给予宽容和理解而不是格外的苛责。对教师的评价不应用教师专业伦理一把标尺来衡量,把教师专业伦理凌驾于教师个人道德之上的做法是不合理的。

为了改善教师专业伦理的"无边界"困境,应当完善现有的法律法规,制定出可操作性强的规定,明确教师承担的责任,实现教育责任共担,在维护自身权利的同时尊重学生权利,合理地行使专业自主权。另外,教师要区分专业生活和个人生活,注意教育实施的场合,同时社会也应该给教师提供一个优良的环境来保证教师工作的顺利开展,解开教师身上的道德枷锁,减轻来自家长和社会各界的压力,相互配合,扩大社会理解性,用包容的心态去看待教师的缺点与错误。

**参考文献:**

[1] 冯婉桢.教师专业伦理的边界:以权利为基础[M].北京:教育科学出版社,2012.
[2] 檀传宝.走向新师德——师德现状与教师专业道德建设研究[M].北京:北京师范大学出版社,2009.

# 师德关系与师德规范研究

# 论学校教育中的道德关系

钱焕琦　王　燕

（南京师范大学　金陵女子学院；南京师范大学　马克思主义学院）

　　道德关系是人类社会生活中由经济关系所决定，并且按照一定的道德观念、道德原则和规范所形成的一种特殊的社会关系[1]。利益是道德关系的基础，各种道德现象和道德活动都是基于利益关系产生的。正是因为交往双方的行为会涉及如何处理个人利益与他人利益、个人利益与社会利益之间的关系问题，从而可以根据一定的道德准则对其进行道德评价。所以，利益调节是道德关系的核心。与一般的人际调节相比，道德关系中矛盾的特殊性在于，它不是通过强制性约束，而是通过社会舆论、榜样感化等手段，诉诸主体的情感、良知与信念，以自觉地节制或必要地牺牲个人利益的原则和规范来协调利益冲突的。

　　学校作为培养人的专门机构，绝不可能脱离交往而独立存在。从某种程度上说，学校教育的过程是最深切的人与人之间关系的活动过程。它本身就是一个"利益的孕育场"和道德关系的"集结带"。在这里，各个参与者无一例外地都是代表不同利益的主体。学校教育就是这些利益主体相互作用的场所与产物，并同时影响着他们的利益预期[2]。虽然在教育劳动中，各种利益在本质上是一致的，但仍然存在着错误理解和

---

作者简介：钱焕琦，南京师范大学金陵女子学院教授；王燕，南京师范大学马克思主义学院副教授。

E-mail：13505173218@163.com；14124@njnu.edu.cn

处理某些利益关系的可能,如果不能及时有效地加以调节,势必会阻碍教育理想的实现。本文的研究旨在对学校教育中的道德关系进行梳理,通过对具体关系的"应然"模式与"实然"状态的探讨与分析,促使人们——尤其是广大的教育工作者们,在对学校教育中的道德关系现状进行反思的同时,自觉地调整道德关系中的矛盾冲突,在和谐融洽的关系氛围中最大限度地维护并满足各个主体的利益需求,从而使教育的现实走向日益趋近人们的教育期待。

笔者认为,学校教育中的道德关系就是学校教育教学过程中的参与者建立在不同利益需求基础之上的,并可依据一定的道德观念、道德原则和道德规范进行善恶评价与调节的一种特殊的社会关系。学校教育是个复杂的系统,利益主体的多元化直接导致了道德关系及其表现形式的复杂性。我们把学校教育中的道德关系分为三种主要的表现形式,即以人际形式出现的道德关系、以制度形式出现的道德关系和以精神形态出现的道德关系。

## 一、学校教育中人际形式的道德关系

以人际形式出现的道德关系是学校教育过程中道德内涵最为明显的"关系"形式。与其他领域内的道德关系相比,学校教育教学过程中的道德关系有明显的不同之处:一是关系众多。有师生关系、生生关系、普通教师间的同事关系、教育行政领导者与普通教师间的上下级关系、教师与学生家长间的关系、教师(学生)与教学辅助人员间的关系等等。二是关系重要。上述各种关系中,任何一个环节的失误都将直接或间接地影响学校的教育过程和教育效果。因此,和谐融洽的人际关系是学校教育顺利展开的必要条件。在这个关系系统中,每个参与者——教育行政领导者、普通教师、学生、学生家长、教学辅助人员等——都有各自不同的利益需求。因而,在实际的运作过程中,基于利益的矛盾和冲突是经常发生的,只不过时而较为隐蔽,时而较为明显而已。蔑视他们各自合理的利益需求,再完美的道德规范都是不道德的。因为,它与人性相悖。正视、尊重利益问题是学校教育及其研究走向现实、走向人间的必要前提[3]。

以师生关系为例。师生关系是整个教育大厦的基石,学校教育的过程本身就是师生关系形成和完善的动态过程。良好的师生关系既关涉学生的健康成长,又关涉教师职业生涯的幸福与快乐。因此,师生关系历来都是中外学者探询教育的主要话题之一。作为学校教育活动的基本参与者,教师和学生都是直接可见的利益主体。对于学生来讲,他们或多或少地都对未来的生活有着美好的憧憬:升学、求知、娱乐、就业,得到教师的信任、肯定和赞誉,培养能力、发展个性、身体健康、心情愉悦……虽需求各异,但只要合理,都有得到尊重和满足的理由。对于教师来讲,在工作远还没有成为生活第一需要的社会中,需要借助所从事的职业提升个人生活的质量(物质的抑或精神的)和拓展个人的发展空间:按时获取工资报酬、自主进行教育教学和科学研究、参加学术交流、参与学校管理、有计划地深造和进修,通过职业生活的锻炼成为一个生活幸福且具有和谐个性的人。师生双方的利益需求是激发其工作和学习热情的源泉,和谐的师生关系应当可以实现不同需求间的互惠共生。但是,通常情况下,我们在思考利益问题的时候,极易将着眼点放在"自我"的身上。教师也不例外。与学生的利益需求相比,教师有时会有意无意地强调自我需求的合理性,并将其作为处理二者关系的出发点。这种思维方式和现行教育评价体制中的弊端相结合,再加上传统文化的某些消极影响,将会导致教师忽略学生作为独立个体存在的意义,缺乏对学生多样利益需求的理解、尊重和肯定。这不仅会极大地压抑学生的求知热情和对学校生活的向往与留恋,也将在很大程度上降低教师的工作热情和职业幸福感。师生关系中蕴涵的巨大的教育力量得不到有效的释放,师生双方各自的利益需求也都将因此而得不到相应的满足。

越来越多的调研数据表明,在现实的教育实践过程中,无论是高等教育阶段、中等教育阶段,还是基础教育阶段,甚至是学前教育阶段,师生关系所展现出来的实然状态同我们所畅想的相互尊重、互为依托的理想状态之间尚存在较大的反差。师生之间的冷漠与疏离已经成了当今校园生态中不容忽视的问题。据上海的一项关于师生关系现状的调查报告显示,有58%的教师说自己"很爱"或"尚爱"学生,可是却只有5.61%的学生明白地感受到这种"爱","不注意,不知道"的占了46.5%[4];有4.24%的小学生不喜欢他们的老师,这个比例在中学高达11.6%,而在大学则升至18%,半数以上学生认为他们与教师的关系淡漠、有隔阂、不亲密[5]。有的教师在与学生相处的过程中,尤其是面对那些所谓的"问题学生"以及"学校处境不利"的学生时,丝毫不顾及学生作为一个活生生的"人"的尊严及其心理与情感的承受能力,嘲弄、讽刺、讥笑、挖苦、批评、斥责、辱骂、殴打,无所不用其极,甚至用"像你这个样子长得又矮又丑,连坐台都没有资格"[6]这样恶毒的语言来"教育"只有十几岁的女孩,有如对待"阶级敌人"般残酷无情。教育者的教育使命与道德操守荡然无存！这里，教育者的"教化权力"已演变为"横暴权力"①。面对如此严重扭曲而又高高在上、不可侵犯的"师威"，学生——原本在关系中就处于"弱势"的一极，则以恶作剧、逃学、离家出走、自暴自弃，甚至是以生命为代价来报复、反抗、回击和捍卫自己的权利与利益！校园师生关系的频频"告急"使人们对学校教育微词颇多，触目惊心的现实不允许我们继续冷眼旁观。而要改变目前的这种紧张状态，我们必须首先意识到：教师——作为师生关系的主要和主导的方面，对这对道德关系的状况具有决定性的影响。尽管国家和各地地方政府已相继出台许多规范和约束教师行为的法规和制度，但笔者认为，基于教师职业的特殊性，最为根本的还是要启动教师心底的"道德资源"。因此，如何在承认并满足教师合理利益需求的前提之下，激发教师的"教育良知"，让每个教师用发自内心的爱去面对一个个前程不可限量的个体，克服对学生利益需求多样化认识的局限性，让"教化权力"转变为"同意权力"，实现师生关系的融洽和通达，这是学校教育中"人际形式的道德关系"研究的重要内容之一。

## 二、学校教育中制度形式的道德关系

学校教育活动的展开是在一定的计划之下、在一定的单位空间中、在教育者的组织管理下进行的，制度的确立是保障其目的性、计划性和组织性的重要先决条件之一。因此，学校教育是制度保障下的生活[7]。当然，本文中所提及的"制度"并非通常意义上所言的作为"教育机构系统"[8]的制度，而是指学校教育要得以正常运作所必需的课程设置、课时安排、考核评定、班级与教学管理、学术研究等具体的运行机制与组织原则。表面上看来，它们似乎与"道德关系"毫无关联。事实上，任何制度都不会自发形成并产生作用，只不过是特定主体为达到相应目标而采取的手段或方式而已。它们本身就源于学校教育过程中的人际交往，担负着将各交往主体间的利益冲突和对立限制在恰切范围内并使之和谐共生的责任。人们之所以遵从某种制度，主要是因为它能够在一定程度上保障或实现人的利益需求（个人的抑或集体的）。因此可见，利益是以上

---

① "教化权力"是费孝通在《乡土中国》中提到的三种社会权力的一种，是"既非民主又异于不民主的专制"的权力。另外两种是横暴权力、同意权力。参见费孝通：《乡土中国》，三联书店，1985年，第65-70页。

诸种制度形式与道德关系同构的价值基础。灵活而富有人性的制度安排能够最大限度地降低由于利益冲突所造成的人际磨损和内耗,从而保证学校教育中各种道德关系的稳定性和有序性。因此,学校教育生活中的各种具体的制度形式本身就具有丰富的道德内涵。它们都是为了人并指向人的,促进人的全面发展应该是其终极的价值追求。一般来说,人们较为关注制度的科学性,而极少会有意识地思考它本身是否合乎"善"的规定。笔者的目的就在于透过表层,通过对制度本身是否合理的道德追问来揭示其内蕴的利益矛盾和冲突,从而进一步丰富对学校教育中的道德关系的研究。

以课程设置为例。课程是学校教育系统的"心脏",学校教育对人的培养和提升主要是以课程为轴心展开的。从关系的维度研究课程,我们关注的不是其技术和操作层面的问题,而是隐含在课程目标、课程内容、课程结构、课程实施、课程评价、课程管理等诸多制度和技术层面之后的丰富而又复杂的道德关系和利益需求。事实上,任何一种有效的课程设置都会有特定的道德关系状态或交往类型与之相一致。而这种关系状态或交往类型则清晰地表达了此类课程设置所蕴涵的价值取向。其中,教师和学生是课程价值关系中最为重要的两极。从动态的角度来理解,课程是师生共同参与探求知识的过程。不同取向的课程设置所体现出来的师生之间道德关系的状态是迥异的。一份真正具有科学性而又能充分彰显其道德价值的课程设置应该能够最大限度地满足师生双方各自的发展欲求。对于学生个体而言,他们不是既定课程的被动接受者,需要充分发挥能动性,用其独有的眼光去理解和体验课程。以服务学生个体发展为旨归的学校课程应该能够做到:面向全体学生,促进全体学生全面而富有个性的发展,并且关照全体学生的完整生活,使"他们不仅过着快乐的今天,而且为美好明天打下坚实基础"[9]。对于教师个体而言,他们也不是既定课程的忠实执行者,而是课程的创造者和开发者。理想的课程设置应该能够尽可能地激活教师的思想和智慧,丰满教师的精神和情感,使其在工作中不断地超越、不断地创造、不断地实现自我的价值,从而体验到职业生命的完满和充盈。教育应当是"使教育者和受教育者都变得更完善的职业"[10]。只有既关心受教育者在教育中作为人的生成,又关心教育者自身在教育中的人格展现与完善的课程才是真正关心人的课程。也只有这样的课程设置才能最大限度地满足师生双方各自不同的利益需求,使师生之间的道德关系臻于和谐顺畅。

我国的学校课程设置长期以来一直是建立在学科课程论(subject-centered curriculum)的基础之上的,这在基础教育阶段表现得尤为明显。学科课程具有明显的

"知识中心的理性主义"倾向,其主要任务就是要求教师把知识和技能按照学科的逻辑结构忠实地传授给学生。这就决定了师生双方因知识占有量的不同而形成一种有着明显尊卑差异的不平等的道德关系形态。在这种课程体系下,教师不仅是教学过程的控制者、教学活动的组织者、教学内容的制定者和学生学习成绩的评判者,而且是绝对的权威。学生则因需要知识而必须静坐在课堂上如同"沉默的羔羊"一般聆听教师的讲解与灌输,无需批判和质疑,只要顺从地"接收"即可。在教师面前,学生"只不过是知识浅薄而有待于加深的人","他的本分是被动的容纳或接受。当他是驯良的和服从的时候,他的职责便完成了"[11]。无论是在课堂内还是在课堂外,师生之间的交流大多停留在知识和技能的层面,较少有情感的沟通。教师呈现在学生面前的是"半个人",学生呈现在教师面前的也只是"半个人",相互之间都不是作为一个完整的精神个体而相遇的。学生在教育中感受不到意义的充盈和生活的完满,全面发展受到羁绊,精神世界残缺不全,世俗生活遭到贬抑。而对指令性课程计划的无条件的完全执行,致使教师的工作方式变得过于依赖和顺从,其独立批判和创造精神逐渐萎缩,自我发展的意识十分淡薄。可见,学科取向的课程设置本身就已经偏离了善的轨道。它不仅无法满足各交往主体的利益需求,而且在客观上使学校教育中的道德关系发生畸变,从而导致整个学校教育陷入危机和迷茫。所幸的是我们已经意识到了问题的严重性,经过多年酝酿和多方努力,新一轮国家规模的课程改革已在新世纪之初吹响号角,并迅速得以推广。新课程本着"为了人,回到人"的价值追求,致力于扭转传统课程偏重知识而漠视个体的倾向。它明确提出教学是"师生交往、共同发展的互动过程"。这意味着课堂中不允许有旁观者,教师和学生都没有缺席的权利。学生是"言说的主体",而非"沉默的他者"。在这里,师生双方不再是两个互不相干的"孤独者",平等的参与和对话既消除了师生之间道德关系的紧张而又压抑的状态,又拓展了彼此精神生活的空间。新课程对学校教育提出的挑战是全方位的,不仅是师生关系,"生—生"关系、"师—师"关系也将随之发生改变。当然,这个过程是极其艰辛和曲折的。但我们毕竟已经走在路上了。相信新的课程体系必将带来学校教育中道德关系的新图景。

### 三、学校教育中精神形态的道德关系

学校教育是在人与人的交往中展开的。人的存在是一种在物质基础上的精神的

存在,因而人的精神贯穿于学校教育教学活动的始终。学校教育活动的参与者对学校教育及自身的利益需求的认识都会以观念的形式在其头脑中折射出来,进而成为影响其教育行为的先导力量。事实上,我们之所以用这种方式而不是用其他的方式来处理自身与他人之间的道德关系,与我们对此种关系及对自身利益的认识是密切相关的。由于受社会历史条件和个体认知能力等主客观因素的限制,如果主体不能对学校教育及自身的利益需求作出正确的判断,就会对各种道德关系的和谐程度产生直接的冲击,从而使学校教育在现实走向和具体运作中出现偏差。因此,从一定的意义上讲,学校的教育教学过程实际上就是人的思想与精神的物化过程。研究"精神形态的道德关系"就是试图通过对办学思想、教育理念、校风学风教风等这些"形而上"的内容进行伦理反思,使其以一种更加人道、更加符合教育本真意蕴的方式来指导和规约现实学校教育生活中错综复杂的道德关系。

以教育理念为例。教育理念是教育主体在教学实践及教育思维活动中形成的对"教育应然"的理性认识和主观要求[12]。它表达了特定主体对理想教育的理解和追求,对学校教育的发展以及主体的教育实践具有指向性和规范性的作用。这里所说的"教育理念"首先指的是教育行政领导者对学校教育的"应然"判断。苏霍姆林斯基曾强调:"学校领导首先是教育思想的领导,其次才是行政的领导。"这正凸显了教育思想和教育理念在学校管理中的作用。由于绝大多数学校在行政体制上实行的是校长负责制,因而校长对学校教育的理解和诠释就成了制约学校发展的关键因素之一。校长是学校办学方向的引导者、教育方针政策的贯彻者、师生员工的教育者、人际关系的协调者和学校运转的组织者。正如陶行知先生所言:"校长是一个学校的灵魂,要想评论一个学校,先要评论它的校长。"作为学校的最高行政长官,校长处于学校领导和管理系统的核心地位。因此,校长的教育理念从整体上决定了学校教育所追求的目标和希望达到的境界。在某种程度上来说,一所学校的成就很难超出校长所期望达到的状态。校长的教育理念既体现在关于学校教育的本质、学校教育的发展方向以及学校培养目标的设定等这些宏观问题的认识上,也体现在对学校教育教学过程具体道德关系的认识上。他必须明确把握各个参与主体在学校教育中的地位和作用,正确对待并积极满足不同主体的合理利益需求,并针对不同群体的特点及时采取恰当的方式协调群体之间和群体内部的矛盾和冲突。只有这样,各个利益主体(个体或群体)才能形成共同的归属感,相互之间心意相近、行为相应,从而在一种宽松、和睦、友善的道德氛围中展开教育教学活动。其中,校长的教师理念(或教师观)就将直接影响教师个体利益的实现、教师工作热情的发挥以及普通教师与教育行政领导者之间道德关系的和谐程度。它集中反映了校长对教师的地位和作用如何认识、持何态度、有何作为的重要问题,这些都是校长教师理念的具体体现。1931年,梅贻琦先生出任清华大学校长时就在就职演说中提出了著名的"大师论","所谓大学者,非有大楼之谓也,有大师之谓也"。他曾经由衷而形象地说,校长只不过是率领职工给教授搬搬椅子凳子的。即便是在办学经费十分紧张的情势下,梅贻琦仍想方设法提高清华大学教师的生活待遇,在较大幅度提高工资的同时,还使每位教授可以独有一幢新住宅[13]。梅先生在担任清华大学校长的17年间,始终如一地对教师的地位和作用予以高度重视并身体力行之,才使得清华成为大师荟萃的场所。因此,教师是学校教育最基本的依赖力量,拥有一支稳定而优秀的教师队伍是一所学校的生命支柱。梅贻琦的"大师论"与清华的崛起就是最好的印证。它对与今天的校长应该确立什么样的教师理念仍然具有重要的启迪意义。

　　但在时下的学校教育生活中,有些校长并没有秉承这种充满人文关怀的教师理念,而是无视广大一线教师在教育中的主力军作用。在管理方式上,或多或少地存在"家长作风"和官僚主义的态度,缺乏民主精神和对教师独立人格的尊重。在遇到矛盾冲突时不能以理服人、以情感人,而是强调个人的职位与权力的影响,或是各种规章制度的控制作用。在评价体制上,一味地向教师要分数、要名次、要科研论文的数量,漠视教师个人的发展需求。单纯"量化"的结果不仅使广大教师激情易逝,过早地陷入职业倦怠之中,而且人为地加剧了教师之间以及教师与学生之间的矛盾冲突。因此,观念或精神虽然是无形的,但对学校教育中道德关系的影响却是实实在在的。事实上,教师这个群体具有明显不同于其他社会群体的特殊性。他们大多接受过正规的高等教育,其知识层次和思想修养都比较高。按照社会阶层的分类标准,他们属于知识分子的行列,因而情感细腻、敏感,具有较为强烈的被人理解和尊重的需要,对自身发展和工作成就的关注度要高于其他人群。所以,一个具有卓越教育理念的校长应该能够领会教师群体的特殊性,摆正自身的角色位置;积极支持教师的合理需求,使其在心理上获得满足感和充实感,并产生积极的情绪体验;用自己的人格魅力而不是冰冷的行政权力来凝聚全体教师的力量和智慧,将自己的教育理想和志向转化为全体教师的"共同愿望",在真挚而又平等的道德关系氛围中,在共同理想的感召下，使学校教育在最大程度上接近理想中的"应然"状态。

## 参考文献：

［1］罗国杰.伦理学名词解释[M].北京：人民出版社，1984：16.

［2］［3］李家成.学校教育是一个利益场——"利益"视角下的学校教育[J].安徽教育学院学报，2003(2)：87-90.

［4］钱焕琦.论师爱之过当与恰当[J].道德与文明，2002(4)：56-58.

［5］姚本先，等.学校师生关系的历史考察与现实思考[J].现代中小学教育，2000(11)：48-50.

［6］重庆"师德官司"今日一审宣判原告称量刑过轻[EB/OL].www.chinanews.com.cn/n/2003-08-24.

［7］李家成.学校教育是制度保障下的生活——对学校教育"制度"的认识[J].当代教育论坛，2003(5)：23-26.

［8］中国大百科全书·教育卷[M].北京：中国大百科全书出版社，1985：187.

［9］黄济，王策三.现代教育论[M].北京：人民出版社，1996：389.

［10］叶澜.教师角色与教师发展新探[M].北京：教育科学出版社，2001：3.

［11］赵祥麟，王承绪.杜威教育论著选[M].上海：华东师范大学出版社，1981：79.

［12］眭依凡.简论教育理念[J].江西教育科研，2000(8)：6-9.

［13］许迈进.大学校长的教育理念对办学实践的影响和作用——清华大学、浙江大学办学历史透视[J].黑龙江高教研究，2001(5)：12-14.

# 论人工智能时代的师生关系

苏令银

（上海师范大学　马克思主义学院）

## 一、教育的技术化趋势

技术和教育之间的联系通常是非常复杂和多方面的，因为技术运用在教育中涉及政治、经济、社会和教育意义。[①] 总的来说，考虑到人们生活在"技术性社会"，必须使用技术来帮助完成教学和学习任务，学习和使用技术必然是课程的重要组成部分。这意味着，全力支持教育事业的技术和项目的发展应该成为当务之急，因为这将导致教育的变革，尤其是教育技术手段的普遍改善。同时，教育技术将会支持那些经常因为传统教育系统而感到弱势的学生，通过使用电脑和互联网来提高他们在学习上的表现。[1] 也就是说，必须注意到还有另一种教育思想，"反对技术革新的人，他们往往对即

---

基金项目：上海市哲学社会科学项目"人工智能发展的伦理规范与法律规制"（2017BZX009）阶段性成果。

作者简介：苏令银，上海师范大学马克思主义学院副教授，法学博士。主要从事人工智能伦理研究。

E-mail：13917603503@163.com

① 例如，教育"技术包容性"的问题，具有深刻的社会、政治和经济影响，比如个人适合加入劳动力市场，为社会的经济发展作出贡献；同样地，"技术排斥"给我们带来了严重的社会、政治和经济问题，比如失业。此外，在教育中使用技术可能会改变教育背景，他们的地理位置以及个人之间的动态。

使是最温和的技术创新也不认同"[2]，而是一味地支持和维护传统的方法和教育手段。这些特征的描述看起来似乎是不公平的，因为它们没有捕捉到细微的差别，但他们确实表明了关于教育技术重要性的终极价值的区别。[3]

然而，这并不是一个讨论教育的问题，因为即使是一支铅笔和一张纸也是一种技术；它们在生活中无处不在，以至于人们往往忘记它们也是科技设备。在过去几十年里，全世界的学校和大学都接受了新技术，如对计算机、互联网等技术价值的重视，这对教育技术的重要性产生了影响。这种在教育中使用新技术的快速增长"并不是人们所说的慢动作"[4]。学校和教育系统的这些变化与进步的概念有关，这可能会让人们问一些问题，例如："谁的进步的想法？发展为了什么？谁从根本上……从这一进步中受益？"[5]。这些都是与教育、政治、经济有关的重要问题，但也有必要提出其他直接与课堂和学校环境变化有关的问题。

这种对教育技术重要性的过度关注，已直接影响到了教师和教师教育，因为他们预计将在全球科技和经济要求社会中，将学生自己的发展——"基本技能"和"卓越的创造力与智慧"相结合。然而，"以技术为基础的培训，再加上不断增长的技术，使个人的创造力、幽默、想象力、智力优势、对话、协作学习、同情心和精神敏感度都黯然失色，而这反过来又削弱了我们作为教师的教育目标"[6]。因此，在当前的教育背景下，发展基本技能和个人的卓越之间的紧张关系还没有得到有效的解决。

这意味着，教育的技术化对教师和教学产生了深刻的影响，因为它把重点放在教育手段上，或者把教育作为一种技能性的学习，损害了教化的教育或者作为角色形成的教育。这严重影响了社会、政治、教育和道德领域，引起了广泛争议。因为在社会中，教化的教育直接或间接地影响一个人的能力，这个人关心人与人、人与社会的各种问题，他知道行为对自己、他人、社会有一个整体的影响。这是布伯讨论的一个问题，他明白指导是一个相对容易的任务，因为一个人可以成功地教另一个人执行各种任务（如解方程、混合化合物）。然而，角色的形成永远不能简单地通过指令来完成。温斯坦注意到："布伯讲述了一件个人轶事，他曾试图对班上最糟糕的说谎者进行诚实指导，写了一篇关于说谎的破坏性力量的文章。他承认他犯了一个致命的错误，那就是在道德上给予指导。他所说的被接受为当前创造性的知识，却没有任何东西被转化为人格塑造的物质。"[7]

所谓的"技术化"过程，是指改善教学应关注丰富的学习环境创建，这种环境通常非常支持各种技术的应用,如使用计算机程序和网络连接帮助学习(如一个帮助学习"逻辑"或"古希腊语"的计算机程序)。这个"学习"的过程也抨击了"老师有东西要教,学生要向老师学习东西"的观点[8]。受建构主义的影响,像布鲁纳和维果斯基这样的思想家,在这种范式转变中很明显;然而,这就导致了教师的紧张和教学所带来的压力,因为教师是一个有东西要教给学生的人,而不仅仅是学习过程的辅助者[9]。与此相关的是,吉列尔梅认为:"布伯提出教育是至关重要的;也就是说,教学行为必须从根本上揭示出隐藏在学生背后的东西。另一方面,重要的是要注意……这一发现并不仅仅发生在教育的层次上,当发现学生掌握了如何成功完成任务的时候(如如何做加法);它也发生在教化层次上,当个体了解到道德的重要性和作为一个道德存在的分量的时候(如说谎的严重后果)。"[10]

因此,作为对教化教育理解减少的后果,技术化趋势未能发掘教师角色的重要性。技术化过程中的教学对师生关系、生生关系有着显著负面影响。这是教育者和政策制定者经常忽视的一点。

一些研究已经证明了师生关系质量的重要性,它可以影响包括个人自尊、学习动机和面对新挑战的信心在内的各种问题,这些都在学术成就中扮演着重要的角色[11]。例如,麦克德维特等人曾指出:"儿童和他们所处的环境之间存在着相互关系。如果父母和老师发展相互尊重的关系,他们可能会交换信息,并加强对孩子的支持。如果家长和老师之间的关系很差,他们可能会因为孩子的局限性而互相责备,结果是没有人负责教导孩子需要的技能。此外,当照护者友善且能及时回应时,孩子们开始信任他们,并对自己的能力产生信心。我们了解到,良好的人际关系有助于孩子们富有成效地表达自己的情感,并绽放出健康、独一无二的个性。最后,我们看到教育工作者可以为儿童健康的情感发展作出巨大的贡献。"[12]

因此,考虑到人际关系在教育中的重要性,教育技术化和它对课堂个性化的潜在影响,没有得到更详细的讨论和哲学上的质疑,这是非常具有讽刺意味的。看来,在某些方面,人们已经准备接受技术在改造教育上的成功,因为它毫无疑问是霸权话语的一部分,从来没有人质疑其可能产生的障碍。因为技术已经成为衡量进展和成功的标准。因此,解决问题的适当方式,就包括了教学的方面[13]。在与这一批评的联系中,华沙等人指出:"在美国学校的计算机和互联网连接的研究中,尤其是在低效教育学校中,教育中没有单一的数字鸿沟,而是一系列复杂的因素,这些因素塑造了科技的使用方式,从而加剧了现有的教育不平等。我们发现存在有效的和低效的使用信息和通信技术的学校,但没有任何证据表明技术正在为克服或减少教育的不平等发挥效用。在实际考察学校之后发现,证据恰恰相反,信息和通信技术在学校的作用是加剧现有的教育不平等的形式。"[14]

在继续讨论之前想强调的是,本文所捍卫的立场不是"不应该使用科技来辅助教学和课堂教学";相反,在运用教育技术开展教育教学活动的过程中,不应该忽视师生及生生之间的关系的重要性。有些人认为,通过提供一整套关于如何沟通和联系个人的选择,技术会使人与人之间的交流变得更快、更容易。然而,关于建立什么样的关系,仍然存在诸多问题,因此,布伯有关"我—它"关系和"我—你"关系的论述,对于理解教育中正确关系的重要性有很大的帮助。当然,本文更加关注的是"我—你"关系而不是"我—它"关系问题。

## 二、马丁·布伯的关键词:"我—它""我—你"关系

什么是"我—它"和"我—你"关系?马丁·布伯在其开创性著作《我和你》中建立了一种分类,用来描述人们参与的各种关系[15]。根据布伯的说法,人类拥有双重的态度,这是由基本的词汇"我—它"和"我—你"所表达的。其基本词汇是"布伯指向的经验质量的语言构建,这种词汇组合寻求意义"[16],这也是本文要强调的。所以,"我—它"和"我—你"被解读为"统一性",表示一个人对于他者、世界和上帝的状态和态度。这意味着,单独的"我"与"你"或"它"的关系是不存在的;相反,存在的是由这些词的统一所塑造的某种关系。阿凡农评论道:"可以总结一下,'我—你'和'我—它'之间的关系的区别是嵌入在这些连字符里的。"[17]"我—你"的连字符表示的是一种相互包容的关系,而"我—它"的连字符指向的是一种与他者不兼容的关系,实际上是一种与他者分离的关系。正如布伯所说:"在独自的'它'中没有我自己,只有我的主词'我—你'和'我—它'……当我说'你'或'它'的时候,这两个关键词中的一个'我'就出现了"。[18]

"我—你"的关系是个体之间的相遇,他们彼此认识。这一关系被描述为人与人之间的对话和一个包容的现实,以及一个人为另一个人(也就是他或她是谁)创造空间的现实。因此,重要的是,任何形式的预先观念、期望或系统的制度化都阻止了"我—你"关系的产生[19],因为它们是一种"面纱",是对他者包容的障碍。在日常生活中,"我—

"你"的关系的例子是：恋人、朋友或老师和学生。

与之形成对比的是"我—它"关系，在这种关系中，一个个体面对另一个个体，并将他或她具体化。也就是说，个人无法建立起对话，并对对方进行包容，这样一来，他自己就会与他者分离开来。正如阿凡农所指出的："我—它"关系中的"我"，表明了自我与所遭遇的事物的分离，并且通过强调差异，"我—它"关系中的"我"经历了一种明显的单一的感觉，因为它是独一无二的，是作为一种受欢迎的主体与现实中事物的另一种形式的分离；有一种心理距离（"我"）会让人产生一种特殊的感觉，这种感觉与"是什么"是对立的。[20]

对布伯来说，"我—你"和"我—它"之间总是有一种相互作用，而与这些基本词汇之间的关系是不同的。"我—你"关系总是会陷入"我—它"关系，因为它太强烈了，但是"我—它"关系总是有可能成为"我—你"关系。这种振荡是很明显的信号，因为它是转化的源泉，通过每一次遇到的"我—你"，"我"都被改变了，这影响了"我—它"关系中的"我"以及未来"我—你"关系中"我"的遭遇。这种"我—你"关系的转变有时很难理解；然而，当人们回顾自己的生活时，可以很容易地将某些特定的个体与其特定的遭遇相联系，从而改变了人们对生活的看法和生活方式。因此，"我—你"关系对于这种转变和个人发展非常重要。

布伯关于"我—它"关系和"我—你"的论述对教育有着深刻的影响，《教育演说》和《品格教育》是他在这一领域最重要的文献。布伯反对当时正在讨论的那种以教师为中心的教育（自上而下的或布伯所说的"漏斗"）和以学生为中心的（自下而上的或布伯说的"水泵"）。也就是说，在以教师为中心的教育中，教师拥有一切权威和知识，以一种预设的规范来塑造学生；而在以学生为中心的教育中，学生则有一个丰富的环境来追求他们的兴趣，只是偶尔向老师寻求建议。以教师为中心和以学生为中心的教育仍在"我—它"关系的范围内。因为关系双方没有真正的对话，既不鼓励师生之间的"我—你"关系，也不鼓励生生之间的"我—你"关系。对布伯来说，教育的重要之处在于，它必须基于对话，也就是说不是在任何一种关系上，而是在与另一方的真正相遇上，即在接受对方的同时，建立与他者的联系。在这种关系中，对方被视为独立的个人，并欢迎所有的多样性。此外，布伯明白，真正的教育是"品格教育"，它直接与教化的"教育"相联系，这是他在教育中最重要的一篇文章的标题。布伯说："教育的价值本质是品格教育。因为真正的教育者不应只是考虑学生的个别功能，就像一个人只想要教别人知道或有能力做某些特定的事情那样;他始终关心的应该是:无论是在现实生活还是在未来生活中,一个人作为整体能成为什么样的人。"[21]

教育技术化趋势下所理解的教育,对当前的教育技术和学习过程产生了负面影响,因为它们往往忽视了师生、生生之间正确的关系(例如,"我—你"而不是"我—它"关系)。此外,教育技术化过程倾向于将对教育的理解降低为单纯的技能学习(例如,"教化"而不是"训练"),这是一个学习趋势的问题,它没有意识到教师在教育过程中所扮演的角色的重要性。在这种情况下,笔者把注意力转到一个思想实验上,试图探究人工智能能否完全取代课堂上的教师。

### 三、一个思想实验

思想实验是一种强大的哲学工具,它利用想象来研究一系列理论问题。它们通常被用于哲学、经济学和科学领域。库恩评论说它们是增强人类理解的有力工具[22]。从历史上来看,它们的角色非常接近于实际的实验室观察和实验。首先,思想实验可以揭示结果是否符合先前的期望。其次,它们可以提出一种特殊的方式,在这种方式中,期望和理论都必须被修改。

人工智能研究总体上采取了两种相互关联的方法。第一种方法非常有野心,它试图开发一种成功模仿人类智能的计算机程序,在此过程中,它试图寻找人类认知的解释模型。第二种方法不那么大胆,寻求开发处理特殊问题的计算机程序(例如,绘画、国际象棋游戏和学习语言),它不涉及人类认知的模型,但却显示出高度智能的行为[23]。前者的目标是使计算机具有智能的优点,有一天能够取代人类,占据武装部队或公司的行政职位。后者设想开发一些朴素的计算机程序,以提高人类的智力,帮助执行某些任务[24]。这意味着可以通过两种方式来理解人工智能:

(1)把人工智能理解成一个成功模仿人类认知的计算机程序——这就是我所说的人工智能的广义概念。

(2)把人工智能看作是一种计算机程序,它以一种非常智能的方式处理知识的特定方面,帮助人类执行特定的任务——这就是我所说的人工智能的狭义概念。

对"人工智能"的广义概念与狭义概念的不同解读,对理解教育有不同的意义。就人工智能的狭义概念而言,在某些国家,特别是在北半球,使用计算机程序帮助教学和学习是非常普遍的。这些项目已经被用于帮助各种各样的教学和学习活动,从帮助学习某一特定学科(如逻辑、古希腊语),到开展体育锻炼和练习(如算术或几何),再到形成总结性测试。这些程序在从小学到研究生层次的各科目中使用,并表征着人工智能的本质:一种帮助学生学习其主题(如运算)的工具。①

早期的人工智能即计算机程序,旨在处理知识的某一特定方面。比如,由艺术家哈罗德·科恩创造的计算机程序亚伦,它被赋予了关于植物、大小和形状的想法以及艺术的平衡和对称等知识。这个程序有成千上万的绘画,它知道它画的是什么,除非被要求否则不会重复。[25]人们可以把它想象成从教学角度向学生讲授绘画的某些方面,比如艺术中的人体和植物生理学,以及构图中的平衡和对称。有趣的是,当被问到亚伦是在创作图片还是创作一种艺术形式时,哈罗德·科恩回应说:"在西方文化中……我们总是有最高层次的责任,对那些在最高的概念上工作的人给予表扬或责备。我们可能会听到贝多芬四重奏的上百种不同的演奏,而不怀疑我们在听贝多芬的音乐。我们记得建筑师的名字,而不是那些建造房屋的建筑师的名字。特别是,我们重视那些把艺术作品留给国家的人去发现它的国家。"[26]与人类不同的是,亚伦只能创造一种特殊的形象,也就是说,它只能在一个集合范例中工作。无法改变其范式,并发展出一种新的创造图像的创新风格。它不能反对或接受对其作品的批评,也不能提供一个理由来解释为什么它选择制作一幅特别的图画,这让人们怀疑它是否真的很聪明。

类似的,上述批评可能也会针对人工智能计算机程序,这些程序目前正被用来帮助学习其他学科,如逻辑、语言、几何等。也就是说,这些程序增加了与主题的联系,帮助访问主题,提高进行练习和演习的可能性,促进在需要进一步工作的领域内的讨论,从而"产生比单独的课堂教学更高的学习效果"[27]。然而,它们不能像亚伦那样与学生进行真正的对话。也就是说,这样的程序不能在争论的焦点上进行真正的辩论,不能反对或接受批评,不能即兴发挥,也不能去追踪学生提出的不同的和有趣的途径,不能改变它的工作模式。

---

① 克里斯滕森指出,在课堂上成功使用科技,高度依赖于教师对计算机的态度,以及他们在技术使用方面的专业知识和经验。参见 Christensen, R. Effect of technology integration education on the attitudes of teachers and their students. PhD Thesis, University of North Texas, 1997.

这意味着对于通过使用人工智能计算机程序自学的学生而言,其教育经历将局限于"我—它"关系,因为学生和计算机程序之间,没有形成真正的"我—你"关系的可能性。但教育不仅仅是一种技能的学习,它本质上是关于性格的形成(即结合剂)。在教室里,如果破坏了老师的角色,老师仅仅被视为"促进者",那么使用人工智能程序将不利于教育目的的达成。相信"技术化"的过程最终将提供所有的答案。当然,有些人认为计算机和互联网是教育进步的表现形式,相信"丰富的环境"对学生学习的重要性,而老师是这个过程的"推动者"。然而,正如本文所指出的,这并没有真正意识到人际关系和人际交往对教育的重要性。我们不是不应该用技术来辅助教学和教学,但同时,我们也不应该忽视师生、生生之间关系的重要性。如果教育过程是丰富的,而不仅仅是教化和发展成人的教育,那么教师和学生就会明白,他们的反思和行动对自己、社会和世界产生了影响。

广义上的人工智能指的是成功模拟人类认知的计算机程序。比如,美国有个研究团队在做一个思想实验,探究人工智能是否可以代替课堂上的老师。迄今为止,试图创建这样一个计算机程序的尝试都是不成功的,但我们可以想象一个成功的程序可能产生的结果。科幻文学和电影可以为我们提供这种人工智能有用的例子,包括《我,机器人》(2004)、《人工智能》(2001)、《机器管家》(1999)和《机械姬》(2015)等电影。在这些电影中,机器人明显有能力进行智能行为和与人类进行有意义的互动,这为讨论提供了肥沃的土壤。

在《我,机器人》中,机器人的角色被赋予了内在的定律,从而阻止机器人伤害人类:(1)机器人不可能伤害人类,或者通过不作为,使人类受到伤害;(2)机器人必须服从人类的命令,除非这些命令与第一定律相抵触;(3)机器人必须保护自己的存在,只要这种保护不与第一或第二定律相抵触[28]。然而,在《我,机器人》中,机器人没有情感,这让人们觉得它是智能的,而不是类人的。此外,由于内在定律在其编程过程中可能性受限,与人类总是可以作出不同的选择不同,人类可以选择在 A 和 B 之间承担责任,并对自己的正确选择感觉良好或对错误选择感觉失望。

我们可以设想一个计算机程序,它叫作 T 教师,拥有与《我,机器人》中机器人相同的人工智能能力。T 教师能够显示完美的智能行为,教学技能非常好,能与学生进行有意义的互动,但它不能够感觉情绪(可以说在教室里是主要的障碍),也不能通过"我—你"关系真正建立与学生的关系(至少对于教育只是陶冶而言,是很有问题的)。

也就是说,当 T 教师无法感知情绪时,它就无法真正地与学生在课堂上产生共鸣(例如,一件事发生了,对学生产生了影响),并且在教学过程中调整表现时,读取这门课中学生的情绪。这个话题可能会被学生们认为是枯燥无味的,但让他们参与其中可能是必要的。这些都是"人类教师在课堂上有效运用的专业策略"的一部分,它们源于日常生活中使用的对话和社交互动技巧,如倾听、激发、引人入胜、劝诱、解释、辩论等"[29]。此外,当 T 教师无法通过"我—你"关系与学生建立关系,那么它所提供的教育始终局限于技能的学习,永远不能够发展成性格的形成和陶冶①。在实际的层面上,由于缺乏情感和"我—你"关系,我们可以设想 T 教师通过使用语音(比如,为了吸引群体的注意,稍微提高声音)、看(例如,瞥一眼注意力分散的学生)和在场(例如,通过自己在课堂上的表现吸引注意力)来控制课堂。这是"与人类专家教师相比"的"教学策略"的核心。[30]

然而,可以想象的是,人工智能程序最终会以与电影(如《机械管家》和《人工智能》)中的主要角色一样的方式发展,并发展出情感和参与"我—你"关系的能力。在这种情况下,上面提出的反对意见是不适用的,但它给人工智能研究带来了严重的问题和挑战,例如,什么是意识?什么是人?弗洛德指出:"没有人真正了解意识。现在,机器人学的目的是要解决一个难题(比如,意识问题),或者一个相对容易的问题(比如,学习问题)。我能感觉到心理学家们在听我这样说的时候感到不寒而栗——这样,一个混合的团队就能在他们的研究中得出真正的科学。因此,机器人学是一种解决沟通问题的方法,因为这一方法不只是让人们谈论哲学、方法论,或者仅仅是简单的热空气。他们必须在物体的设计上谈论一些东西。"[31]

在科幻电影《机械姬》(2015)中,机器人主要的性格是类人的,所以人们同情它,相信当人们面对它的时候,如同面临着一个与自己一样的平等的人。然而,这只是表面上没有任何实质内容,就像电影的结尾一样,机器人只关心继续存在,而缺乏道德指向、道德行为和"人性"。问题的关键并不是像《机械姬》中那样成功地"模仿人类意

---

① 一些学者认为鉴于教育教化的概念,作为性格的形成,可以用政治和意识形态的目的。教育教化的概念,学习的技能是更可取的,因为它将被视为更自然,而不是政治。然而,正如保罗·弗莱雷(Paulo Freire)所教导的那样,"所有的教育都是政治的",因此教育可以被认为是个人和公民形成的关键,而保罗·弗莱雷则主张"银行教育"和"大众的驯服"的形式。参见 Freire, P. Pedagogy or the oppressed. Penguin Books, London, 1996.

识",而是要在机器中实现人类意识的注入。如果这种情况真的发生了,那么对人工智能程序的反对将不再适用于教师和学生之间的关系,这将成为一种真正的可能性。也许,人工智能的新发展,比如:对人类专家教师的观察,从学习理论的理论推导以及人工智能教育模拟学生的经验观察,如专家和激励[32]将带领我们走向这个方向。

## 四、结论

本文评估了当前教育技术化的发展趋势及其对师生、生生关系的影响。本文所捍卫的立场不是"我们不应该使用科技来辅助教学和课堂教学"(否则我们可能还会使用口头技能或蜡片和触笔);只是,"我们不应该忽视师生、生生之间的关系在教育活动中的重要性"。因此需要在教育的技术化和适当的条件之间找到平衡,而这往往是教育工作者和政策制定者们容易忽视的。普斯特曼指出在课堂上引入计算机和技术是很有必要的,但是当被问到"为什么我们要这样做?"时,答案是"让学习变得更有意义,更有趣"。这样的回答被认为是完全充分的,因为效率和利益不需要理由。因此,人们通常不会注意到,这个答案并没有解决"什么是学习"的问题。"效率和利益"是一个技术性的答案,一个关于手段的答案,而不是目的;它也没有提供任何途径来考虑教育哲学。也就是说,教育不仅仅是为了效率或市场利益。教育与人类的心理、社会和政治直接联系在一起,这只能由教化而不是训练来真正实现。[33]

有些人会争辩说,人工智能技术实际上促进了人与人之间的交流,但这是误解了"我—你"和"我—它"之间的关系。劳拉和查普曼指出:"当人们通过电脑网络来构建远距离的人际关系时,这种错觉就产生了,误以为这些关系是全面而深刻的,事实上,它们只是人类互动的多维形式的一部分。"[34]忠诚的友谊和爱的关系依赖于理解、信任和亲密关系的纽带,其中任何一种都不能令人满意地由一个多面人的"单向体验"提供。科技提供的便利并不意味着"我—你"之间的关系仅仅是人与人之间的关系,因为个体之间互相质疑和相互回应,这可能仅仅是基于工具和客观化的关系(例如,对信息的需要)。"我—你"关系在一个更深的层面上,在真正的包容和接受对方的层面上,让对方成为真正的自己。教育工作者和政策制定者不能混淆对话的表象(即,提问—回答)。真实的"我—你"关系,是建立在人与人之间的真实而深刻的联系上的,他们互相尊重并接受对方。问题的关键在于为日益依赖于计算机和互联网等新技术的教育系统提供条件,以改变师生、生生之间关系的培养。也就是说,这些系统必须能够为"我—它"关系提供合适的条件,并通过教化教育将其转化为我"我—你"关系。

**参考文献:**

[1] [6] [11] [13] [34] Laura, R. S. Chapman, A. The Technologisation of Education: Philosophical Reflections on Being Too Plugged [J]. Int J Child Spiritual, 2009, 14(3): 289, 290, 290, 291, 296.

[2] [3] Kritt, D. Winegar, L. Education and Technology: Critical Perspectives, Possible Futures [M]. Lexington, Lanham, 2007: 3, 3.

[4] [5] Apple, M. Teachers and Texts: A Political Economy of Class and Gender Relations in Education [M]. Routledge, London, 1988.

[7] Weinstein, J. Buber and Humanistic Education [M]. Philosophical Library, New York, 1975: 46.

[8] Biesta, G. J. J. Receiving the Gift of Teaching: From 'Learning from' to 'Being Taught by' [J]. Stud Philos Educ, 2013(32): 451.

[9] [10] Guilherme, A. Reflexions on Buber's 'Living-centre': Conceiving of the Teacher as 'the Builder' and Teaching as a 'Situational Revelation' [J]. Stud Philos Educ, 2014, 34(3): 252 - 253.

[12] McDevitt, T. M., Ormrod, J. E., Cupit, G., Chandler, M., Aloa, V. Child Development and Education [M]. Pearson, Frenchs Forest, 2013: 15.

[14] Warschauer, M. Knobel, M. Stone, L. Technology and Equity in Schooling: Deconstructing the Digital Divide [J]. Educ Policy, 2004, 18(4): 584 - 585.

[15] [18] Buber, M. I and Thou. Continuum, London, 2004.

[16] [17] [20] Avnon, D. Martin Buber: The Hidden Dialogue [M]. Rowman and Littlefield Publishers, Lanham, 1998: 39, 40, 39.

[19] Theunissen, M. The other: Studies in the Social Ontology of Husserl, Heidegger, Sartre and Buber [M]. MIT Press, Cambridge, 1984: 274 - 275.

[21] Buber, M. The Education of Character [A]. Between Man and Man [C]. Collins, London, 1961: 123.

[22] Kuhn, T. The Essential Tension [M]. University of Chicago Press, Chicago, 1977: 241 - 261.

[23] [25] [26] McCorduck, P. Artificial Intelligence: An Aperçu [J]. Daedalus, 1988, 177 (1): 68, 65 - 66, 81.

[24] Mirowski, P. McCorduck's Machines Who Think after Twenty-five Years — Revisiting the Origins of AI [J]. AI Magazine, 2003: 136.

[27] [29] [30] [32] Boulay, B. Luckin, R. Modelling Human Teaching Tactics and Strategies for Tutorimh Systems: 14 Years On [J]. International Journal of Artificial Intelligence Education, earlyview, 2015: 6, 4, 1, 2.

[28] Asimov, I. I, Robot [M]. Gnome Press, New York, 1950.

[31] Flood, M. Report on a Seminar on Organizational Science, P - 7857 [M]. The RAND Corporation, Santa Monica, 1951: 34.

[33] Postman, N. The End of Education: Redefining the Value of School [M]. Knopf, New York, 1995: 171.

# 学术性骚扰中的寒蝉效应

周小李

（武汉工程大学　高等教育研究所）

## 一、前言

"自诉人根本没有呼救！"

"为什么不跟友人透露和救助？"

"为什么不采取行为？不开门、不大叫也不跑开？"

上述台词出自影片《不能说的夏天》（又名《寒蝉效应》）中李仁舫教授的辩护律师之口，台词指向的对象（自诉人）是李仁舫教授指导的女研究生白白（白慧华）。白白在遭遇李教授的性侵犯之后，经历了保持沉默、无意识自残等痛苦经历，最后在老师和律师的帮助下将李教授告上法庭。这部影片不仅再现了发生于台湾高校的真实案件[①]，而且应景了另一桩引发我国内地高校教师声誉危机的事件，即 2014 年 7 月×大学教授、博士生导师吴某性骚扰女研究生事件。

---

作者简介：周小李，武汉工程大学高等教育研究所教授，教育学博士，硕士生导师。

E-mail：zhouxiaoli03@163.com

① 台湾的典型案例之一，就是 1994 年台湾 S 大学吴姓女生控诉教授强暴自己的事件。该年 3 月 16 日晚一名身穿黄色雨衣的女生在学校围墙上，以喷漆的方式，控诉该校国文系黎姓教授强暴自己的行为。这一事件在台湾将师生之间"性骚扰"问题推向舆论高峰，并助推了台湾反校园性骚扰立法进程。

《不能说的夏天》的上映以及×大性骚扰事件的曝光,使得一个存在于高等教育界的敏感问题进入公众视野,这就是学术性骚扰。1980年弗朗克·提尔(Frank J. Till)正式提出"学术性骚扰"(Academic Sexual Harassment)这一概念,并将其定义为:"利用权威强调学生的性特征或性认同,这种行为阻碍或损害了学生对于全部教育福祉、教育氛围或教育机会的享有。"[1]学术性骚扰具备性骚扰的普遍特征,即"不受欢迎的性行为或其他以性为目的的行为"[2],其特殊性主要体现为如下三点:其一,特指发生于高校教师与成年学生之间的、教师施与学生的性骚扰;其二,学术权力的滥用是这种性骚扰得以发生的主要原因;其三,对学生的学业成绩或学术发展造成消极影响。

作为学术性骚扰的受害者,无论是电影人物白白还是真实的×大学女生,她们都经历过"寒蝉效应"(Chilling Effect)——在遭遇教师性骚扰之后长时间保持沉默,不控告、不求助甚至不诉说。寒蝉效应原系法律用语和新闻学概念,指的是人们由于遭到压制或因为害怕惩罚而不敢发表言论或对公共事务漠不关心,这一概念现已被广泛使用,其内涵即因为恐惧或处境不利而害怕发声、不敢表达。"寒蝉效应"是学术性骚扰(以及其他类型性骚扰)受害人普遍具有的心理与行为特征。美国大学妇女联合会(AAUW, American Association of University Women)研究发现:"在世界范围内,关于大学校园里的性骚扰是一片沉默。"[3]不仅管理者对其视而不见,受害学生也大多因为害怕而选择沉默。美国曾有调查发现:"如果受到教师或教职员工性骚扰的学生有15%的话,举报的学生也就在7%左右。"[4]而亚洲学者的研究也发现,韩国学生报告性骚扰的比例远远低于实际发生率,而且比美国的还要低;[5]关于中国学生的研究也得出了同样的结论。[6]

"白白"代表着那些遭到教师性骚扰而不敢说出来的女生,"白白"为何"不能说"?这是一个理当引起重视的问题。目前在我国内地学术研究领域,关于学术性骚扰的研究,主要关注其何以发生的原因[7],以及预防与惩处机制[8]。至于学术性骚扰发生过程中受害者何以保持沉默,研究者尚未予以专题分析。从实践的角度看,"白白"的"说"或"不说",是学术性骚扰能否能够得到遏制与惩治的关键——正如×大学性骚扰事件受害者之一"青春大篷车"(网名)最终意识到的:只有说出真相,才能让加害者付出代价,才能让社会对象牙塔中的权力滥用警醒。[9]所以,无论是基于学术研究的发展还是现实实践的需要,学术性骚扰中的"寒蝉效应"都理当得到正视与反思。

## 二、被骚扰学生的个体心理

学术性骚扰中当事双方的人际关系具有如下两点特性,首先,他们是彼此熟悉甚至情感上比较亲近的师生,且教师拥有文化所赋予的渊博、无私甚至高尚的形象,是学生尊敬和仰慕的对象,尤其是大学知名教授。其次,二者之间还存在着不对等的权力关系,学生(尤其是研究生)在学业、生活、经济来源和职业生涯等方面对教授评判权力存在严重依赖。[10]女性主义理论也曾提出,性骚扰者施与被骚扰者何种行为以及被骚扰者作出何种回应,决定性因素之一就是二者之间所存在着的不对等权力关系。[11]置身于这种既包含亲近、敬仰又掺杂着权威、权力的师生关系中,被教师性骚扰的学生往往出现如下若干心理活动,这些心理活动是她们保持沉默的主要内在原因。

### 1."无以名之"或"误认"

面对教师施与但自己并不欢迎的带有性意涵的行为,女性学生往往并不知道这种行为就是性骚扰,同时也无法赋予这种行为以明确的界定,这种心理即"无以名之"——不知如何界定和表述教师的这种行为。伴随"无以名之"心理产生的往往是"误认",即将性骚扰行为错误认定为是另一种行为。当"青春大篷车"被自己的导师抚摸、拥抱时,起初"并不在意",也没有作出明确的拒绝、反抗或逃离反应,因为她并不知道这种行为已经构成了性骚扰,反而将其理解为"长辈对孩子的那种"[12]善意。白白的原型之一、台湾S大学学术性骚扰事件受害人吴姓女生,在第一次遭遇教师性骚扰时,也只是"觉得不喜欢,很奇怪……不知道该怎么想这件事,因为他是平常大家那么敬重的人"。[13]而当性骚扰行为持续进行时,被骚扰学生往往还会误以为这是师生之间特殊的"爱"。当律师质问白白"你为什么自愿与教授发生性关系",白白的回答是:"也许我爱他,我不知道。"而当"青春大篷车"与吴姓教授发生性关系后,她也一度以为自己与教授之间是"男女浪漫关系","老师欣赏自己"[14]。

国外关于学术性骚扰的研究早已发现,学生之所以不报告自己被骚扰的经历,与其不清楚何种行为属于性骚扰存在一定关系。[15]尤其是在性骚扰问题未得到公开宣讲和法律惩治的文化背景中,性骚扰的实施者和受害者可能都不清楚什么样的行为构成性骚扰,以及性骚扰行为将造成什么样的后果。尽管性骚扰已有漫长存在历史,但是直到20世纪70年代这个术语才产生;关于性骚扰的明确定义,20世纪80年代才首次出现于美国平等就业机会委员会(EEOC,Equal Employment Opportunity Commission)。在欧美,出于很多原因,关于哪些行为构成性骚扰这一问题尚存在争议与不明确。而在我国,性骚扰概念出现于大众媒体也就是最近十年左右的事情,而法律体系则至今尚未制定如何惩处性骚扰的条目。整个社会文化对"性骚扰"的迷惘甚至回避,客观上影响到性骚扰被害人的认知。

2. 羞耻感

1995年,美国学者路易斯·费兹杰罗德(Louise Fitzgerald)将针对性骚扰的各种反应归纳为两大类:指向内部的反应和指向外部的反应;指向内部的反应(internally focused responses)是试图对事件相关的情感和认知进行调整的反应,比如忽视、强迫自己遗忘等;指向外部的反应(externally focused responses)是向外部环境寻求解决问题途径和办法的反应,比如寻求他人或组织的帮助。费兹杰罗德等人的研究发现,被骚扰者最少作出的反应就是外部反应中的投诉和控告,其主要原因就是羞耻、恐惧和尴尬。[16]其他研究也发现,女性经常将被骚扰的经历描述成可耻的、令人厌恶的和羞辱的,她们觉得丢脸和无助。[17]中国学者关于性骚扰的早期研究也发现,遭遇性骚扰的学生不报告的主要原因也是因为害羞和感觉耻辱。[18]

遭遇教师性骚扰的学生在社会经验以及性经验方面,都是比较欠缺的,在她们所生活的文化环境中,也基本上不存在公开谈性的习俗。即便是在当今时代,性依然是大众羞于谈论的话题,"性是不可言说的,性是不能指涉的,性是我们社会的一个特殊领域,性是我们应该远离的"。[19]正因为此,电影中的白白才反复提及"我把我妈的脸丢光了",而白白母亲更是无情地训斥她:"你为什么这么不要脸?"

3. 屈从权力

在各级教育阶段,师生所拥有的权力都是不对等的,权力的杠杆往往向教师一方倾斜。"学生和老师之间的不对等权力关系,在学生进入为学术生涯做准备的阶段——研究生阶段之后,变得更加严重。""导师的意见往往决定学生学业进程的速度和成败"。[20]导师权力主要通过如下途径发挥作用,即学术研究指导、学业评价及成果评判、经济资助以及就业帮助;每一种途径都与研究生的生存与发展休戚相关。尤其对于师从学界名师的研究生,其与导师的人身依附关系更为紧密,导师权力的现实效力也更为强大。

屈从于导师权力是"白白"们噤若寒蝉的另一原因。台湾S大学吴姓女生遭受黎姓教授性骚扰甚至强暴后并未立即报案的主要原因,就是慑于该教授"有让我挂掉一门课的权力"。[21]依据×大学性骚扰事件另一名涉事女生"汀洋"(网名)的网帖也可以发现,被指控性骚扰女生的吴某是考古学界的权威以及×大考古学学科带头人,不仅对于学生,而且对于青年教师,吴某的权威和权力都是令人畏惧的。"×大考古就吴××一个博导……什么事情都是他说了算。"这种悬殊的权力关系几乎可以把学生逼至死角。[22]"(吴某)以毕业工作保研保博为名,或利诱或威逼。被利诱威逼成功者大有人在"。[23]"汀洋"被吴某骚扰后历经六年左右时间不将真相公开,也是基于导师掌握着自己能否毕业的强大权力。而"青春大篷车"对于吴某的权力权威曾有过"胆战心惊"的心理反应,并最终意识到了自己要反抗的就是师生之间"某种不公平和控制的关系"。[24]

学术权力的存在及其不当使用是学术性骚扰的本质特征,这种权力催生了骚扰行为,并且扼住了被骚扰者的咽喉,使其不能发声、"不能说"——正如白白的辩护律师所言:"许多受害人因为畏惧加害者的权势而认为自己无能反抗";"(教授)这个核心掌握了每个学生学业事业的生杀大权,在这样的利益结构中,怎么能期待受害人主动吐露心声?"所以,性骚扰当事双方的行为或反应都是从权力出发的。"性骚扰必须放在权力关系中来看待","没有权力关系的性意涵行为,解决起来是比较容易的,可以拒绝、呵斥、反抗,其影响也是在可以控制的范围的。真正让人痛苦、无奈的性意涵行为在权力关系中,我们反抗不得,我们代价沉重。"[25]

4. 斯德哥尔摩症候群

白慧华她有明显的PTSD创伤后症候群的征兆,这是我初步的第一判断。在进一步发掘创伤点的时候,评估受到了阻碍,因为白慧华拒绝向我们透露、甚至保护造成她伤害的来源。这可以判断是斯德哥尔摩症候群的征兆。(律师问：什么是斯德哥尔摩症候群？)是指被害者对犯罪者产生的情感甚至反过来帮助犯罪者的一种情结……只要一提到被告(李教授)，自诉人(白慧华)就会明显出现的恐惧、回避、封闭等现象。

——《不能说的夏天》中治疗白白的医生的法庭证词

白白在遭受教授性侵后因精神恍惚而导致乐团排练出现错误,然而李教授却丝毫不减其学术权威——他愤然摔掉指挥棒、拂袖而去,让白白愈发痛苦无助且尴尬羞愧。来自学术权威的身心侵犯和权力作用,使得白白一步步自愿服从于加害自己的教师,并在辅导老师、律师以及医生面前一度拒绝透露真相。白白身上体现出的这种斯德哥尔摩症候群,是长期遭受强势者性骚扰或性侵犯后可能出现的心理现象。加害者在伤害被害人过程中偶尔施与的恩惠,令受害者心生感激并逐渐在情感上依附于对方,进而出现为加害者辩护甚至提供帮助的行为。据"汀洋"回忆,吴姓教授曾当面对她说："我有什么好尴尬的,跟那么多女生,我们都是你情我愿,各取所需。"[26]事实上,到目前为止,×大学只有两名女生站出来控诉吴某的性骚扰行为,这与吴某所说的"那么多女生"显然存在数量上的不符。斯德哥尔摩症候群是一些性骚扰受害者选择噤声、服从甚至替强权辩护的症结所在。

### 三、骚扰者教师的权力策略

学术性骚扰发生的根本原因是师生之间不对等的权力地位以及学术权力的滥用。被骚扰学生"噤若寒蝉"的种种个体心理现象,与这种权力存在着内在的紧密关联。有研究者还指出,教师对个人权力的策略性运用,是学生难以反抗和举报性骚扰的原因。[27]通过分析典型的学术性骚扰事件,可以发现,骚扰者教师运用其权力的具体策略主要有如下三种。

1. 学术控制

在大学尤其是研究生教育阶段,以学生为客体的教师权力的主要作用点为：组织、督促和指导学生完成规定的学习或研究任务、对学生学业表现给予客观公正的评价。尤其是研究生导师的权力,应主要体现在"指导"研究生学术研究,这也是"导师"这一称谓的本真内涵。然而,学术性骚扰中教师的权力使用却鲜明地体现出了"控制"这一特征;学术控制是学生遭遇教师性骚扰后无力反抗和发声的外部原因之一。

学术控制作为一种权力策略,其具体实施办法又可概括为如下几种主要类型:

一是控制学生入学机会。博士研究生是否能够获得入学机会,基本上取决于博士生导师,而性骚扰往往就在学生争取入学机会的过程中发生。接受过笔者访谈的"Lucy"在考博期间联系上一位"满头银发"的老教授、博士生导师,在第一次去其办公室时,老教授就"乘给我倒水的时候坐到我身边,并突然把手搭在我的背上,还说把我当成孙女,接着紧紧拉着我的手,另一只手比划着,若有若无地点着我的右胸",老教授同时承诺:"你有什么困难都可以跟我说,我一定帮忙。"最后"还要求与我拥抱,让我亲吻他的脸,并不由分说紧紧挨着我的胸脯抱过去"。① 顺从于这种性骚扰的考生有可能获得入学机会,而当场逃离的"Lucy"自然也就失去了入学机会。

二是控制学生接触学术资源的机会。欲达到性骚扰目的的教师往往会策略性地控制学生参加学术会议、接触学界名流或者使用研究设备等的机会。逃避或反抗的学生往往会被人为地疏离甚至隔绝于这些资源,而"听话"或"服从"的学生则更有可能接触到。"汀洋"就是因为"推开"了吴某的"肢体骚扰",而在野外考古中被吴某派往一处缺乏劳动保护的偏远工地,并由此而患病。[28] 另一则学生举报其导师的网帖(未引起公众强烈反应),也揭露了一位企图性骚扰学生但遭其拒绝的导师,是如何百般刁难该学生并最终将该学生赶出实验室的。[29] 而对于屈从的"青春大篷车",吴某偶尔会在与她开完房后带她去见个学者。这种通过控制学生接触学术资源机会的策略,其目的实际上是对学生身体乃至于精神的控制。

三是控制学生学术研究的进程。教师对于学生学术研究进程的控制,在研究生阶段体现得最为显著;研究生学位论文开题、参与外审以及论文答辩,均需得到导师的认可和签字。导师对研究生学术研究进程的控制,其唯一的标准应当是学生的学业成绩尤其是论文质量,但也有滥用这种权力的情况,譬如吴某曾公开表示:"学生能不能毕

---

① "Lucy",女性,2014年毕业于北方某知名大学,文学硕士,现任高中语文教师,积极准备考博。2015年5月先后三次接受笔者网络访谈,并将被骚扰经历写成文字赠予笔者。

业关键还要看老师,老师高兴的话就让你毕业,不高兴的话就不让你毕业。"[30]让吴某这样的导师"高兴",就意味着可能要满足其各种要求,臣服于其意志。

2. 操控同意

性骚扰者身为高校教师,清楚我国法律规定"违背妇女意志"的性行为即强奸,而且明白性骚扰学生的不良后果,因此骚扰者非常在意被骚扰学生的"同意",并采取各种手段让学生"同意"或"认为自己是同意的"。×大学吴某让学生"同意"的惯常做法,一是采取恩威并重的方式让性格温顺内向的女学生先心惊胆战、再"如沐春风",最后将权威导师的性骚扰视为特殊恩惠或关爱;二是在性骚扰得逞后反复向对方强调"大家都是成年人,你情我愿各取所需"[31]。"每次事后他都要强调说:我可没有强迫你啊,是你自己愿意的啊"。[32]这种反复强调试图达到的目的类似于洗脑,就是为了让对方"认为自己是同意的",继而保持沉默、难以发声。

3. 引诱"交换"

过了几天,他就开始给我一些建议,说我建议你写一篇什么样的论文,从哪些角度做。他跟我说了很多参考文献,而且一开始就答应我说你抓紧时间写好了以后,我给你发文章到某某刊物。我就信了……因为急于发文章,我希望我的学术能力能得到肯定。而且他还会跟我说,把你跟业内名学者某某的文章放在一起……他想给我这个学术上的优惠……我只能听从他的意见。[33]

——"青春大篷车"

"青春大篷车"所经历的性骚扰具备"交换型性骚扰"(又称"补偿型性骚扰"或"回报型性骚扰")(quid pro quo harassment)的本质特征,即以个人的职业或学术进步为条件、通过或明示或暗示的方式使得对方满足于自己的性好处;简单地理解就是"如果你为我做什么事我也将为你做什么事"。[34]引诱"交换"策略让"青春大篷车"意识到,导师的提携是自己在学术界有所作为的关键甚至捷径;正是基于对自身学术发展的期望,"青春大篷车"在较长时间内保持隐忍与沉默。

白白的指导教授在实施性侵犯时首先质问白白:"你知道为什么你独奏吹不好吗?"这个问题击中了看重学业成就的白白的内心;同时教授又抛出诱饵:"我会照顾你,我会让你继续留在乐团,我会让你变得很不一样。""你吹出来的每一个音符……(证明)其实你的存在一点意义也没有……你还来得及,我可以救你。"教授明确表示的这种"交换"意愿以及承诺的"交换好处",令白白无力反抗,只能被迫屈服。

引诱看重学业前程的学生用性与自己的学术权力做"交换",其实质并不是平等的性交易,而是性骚扰类型中较为严重的一类——"性贿赂"(或"索取性贿赂")(sexual bribery);同时也是一种利用学术权力与资源满足个人不正当需求的渎职行为。即便性骚扰中存在"物"或者类似于"物"的交换,而且这种交换在一段时间内对被害人产生了一定程度的诱惑力,并使其放弃反抗、逃离及控诉,但这一切并不能改变性骚扰者失德甚至犯罪的本质,也不能改变被骚扰者作为受害人的角色,尤其是在存在巨大权力落差和特殊伦理要求的师生关系中。

### 四、"冰冷"的组织氛围

"白白"们噤若寒蝉的外部原因,还包括所在组织的"冰冷"氛围。这种氛围表现为姑息骚扰者,漠视被骚扰者的申诉以及排斥、曲解甚至污名化被骚扰者,其最终目的就是"噤声",让受害人失去发声的力量。

1. 申诉机制不健全

美国大学妇女联合会在教育报告《学校如何亏欠女生》中指出,校园性骚扰是"被遮掩的事件"(hidden issue),在国际范围内,大多数国家没有采取措施或法律来保护学生免受性骚扰,这就导致个体保持沉默而不想向所在大学申诉。[35]在我国,"从相关法律法规的内容看,高校制定预防和制止性骚扰的机制是有充足的法律依据的"[36]。我国目前明确提及性骚扰的法律法规是《中华人民共和国妇女权益保障法》,这一法律明确宣示了对于性骚扰的禁止态度。关于如何惩治性骚扰虽无专门的法律规定,但是可以依据《治安管理处罚条例》、《刑法》、《民法》等相关内容执行。2014年10月9日教育部颁布的《关于建立健全高校师德建设长效机制的意见》,其内容之一即:"禁止对学生实施性骚扰或与学生发生不正当关系。"此意见的颁布，结束了我国高校针对性骚扰行为的规则缺位历史，为高校防治性骚扰确立了指导性原则。

然而，仅仅依靠法律和指导性原则——如果得不到执行的话——是不够的。如果这些法律法规在高等院校内得不到系统的宣讲以及规范的执行，学术性骚扰依然会发生，而且被伤害的弱势者依然会噤若寒蝉。高校执行惩治性骚扰法律规定的首要措施，就是建立申诉机制——让被骚扰者报告被骚扰事件、说出真相，是预防和惩治学术性骚扰的关键。在国外譬如美国，是否拥有便利的申诉机制（比如通过网络）已成为评估学校反性骚扰策略的主要标准之一。[37] 较之欧美国家和我国港台地区高校常设反性骚扰委员会这一举措，我国高校到目前为止，还没有出现专设受理性骚扰投诉事件的部门机构。虽然高校纪委、学生事务管理部门等亦受理此类投诉，但是如果缺乏必要的专业知识和伦理素养，往往会导致当事人得不到保护甚至遭受第二次伤害。

2. 组织负责人的"息事宁人"

当申诉机制不健全或者缺失时，遭遇性骚扰的学生可能会向所在组织负责人反映情况；如组织负责人本着"息事宁人"的态度做出处理，则会进一步堵塞申诉管道。当"青春大篷车"向所在院系领导诉说自己被骚扰的经历后，"院里的高层开了个会，院长说他以前就收到过举报信，但是有院领导说不能查"。[38] 而"Lucy"向学院院长告知自己被该学院老教授骚扰的事情时，她说自己得到的回复竟然是："他（院长）说人家（老教授）喜欢我，让我去利用他（老教授），利用不上就不要理他了。"这种"息事宁人"的态度和处理办法，其实质是为了避免给学校、学院造成不利影响，但却忽视了当事学生的权益和身心健康，而且长远地看，也助长了教师滥用学术权力的不正之风。

学术性骚扰的投诉一般都首先发生在高校内部，因此多数情况下高校对于这种投诉拥有具体裁量权。尽管这类性骚扰是否成立很难判定，但是学校应当慎重对待学生申诉并积极受理和展开调查。作为高校内部管理机构的负责人，应当重视作为申诉人的学生的权益和感受，不能仅凭个体主观感受或臆断随意处理。遮掩、隐瞒或淡化事件真相，只会进一步恶化高校学术风气，无益于大学及大学教师道德形象的提升。

### 3. 学术共同体的"地方保护主义"

当骚扰者身为知名学者、学科专家或带头人时,其个人声誉的崩塌必然会殃及所在学术共同体的利益。为了维护学术共同体的共同利益,共同体成员组织起来为骚扰者辩护的现象就会发生。面对"汀洋"和"青春大篷车"的指控,吴某门下122名学生公开发表支持吴某的联名信,信中提及两位女生的指控"不仅对吴××教授本人,而且对其所指导的学生们以及×大学考古专业乃至整个×大学,都造成了很大伤害、产生了极恶劣的影响"。强调"吴××老师……在全国乃至世界考古学界都已经成为×大考古的一张名片"。同时证明"我们历届学生并未听闻或经历吴老师任何不适当的行为,所谓的以'发表论文、保研'之类为诱因,实属无稽之谈"。[39]

这种"地方保护主义"的惯常策略,一是强调骚扰者的学术成就、肯定其职业道德;二是夸大被骚扰者自身才能、品质及个性方面的"缺点";三是将师生之间的性关系合理化;最后一点,也是对被骚扰人伤害最大的做法,就是污名化被骚扰人,通常的做法是制造网络暴力,譬如指责受害人勾引或报复教师。这些做法会进一步加重被骚扰学生的身心伤害。

事实上,只要相关法制健全、学校领导依法处理,这种以学术共同体为主体的"地方保护主义"是难敌事实真相尤其是确凿证据的。无论是对于骚扰者还是被骚扰者,"品格证据"的采纳都是相当小心而且其效力也是相当有限的,这一点在国际司法界已成为处理性骚扰问题的共识和普遍做法。

### 五、结语

关于发生在高校师生之间的学术性骚扰,以下三点常识是有必要强调的:其一,在数以百万计的高校教职员工中,正在做这种不恰当甚至丑恶事情的,只是很小很小的一部分;其二,学术性骚扰是一种暴行、是欺凌,也是严重的性别歧视,对于受教育者的伤害非常严重,对于大学以及大学教师道德形象的损害,也极其巨大而且深远——哪怕只有一例出现;最后一点,对于包括学术性骚扰在内的各种性骚扰,目前的国际共识是"一个都多",即哪怕只有一例发生,也是不应当被忽视的,也就是说对于性骚扰,文明社会的态度是零容忍。

高校以及社会应当创建法治、公正的温暖环境,让"白白"们遭遇最初的伤害时,就能够呼救、申诉并得到保护和正义的答复。2014年5月1日奥巴马政府公布防治高等院校性骚扰的新举措,即:今后全国大学排名将与高校防治性骚扰的政绩挂钩;[40] 2015年2月5日,哈佛大学发布声明,宣布禁止该校教师与在校学生发生性关系以及恋爱关系,并附上了一张同样拥护该措施的高校名单[41]——类似于这样的做法,既有助于净化高校学术风气,也能确实保障学生权益,而且也是对教师的一种保护,我国应当积极借鉴。

**参考文献:**

[1] Frank J. Till. Sexual Harassment: A Report on the Sexual Harassment of Students [R]. Published by National Advisory Council on Women's Educational Programs, 1980.

[2] "工作场所中的性骚扰研究"课题组.工作场所中的性骚扰:多重权利和身份关系的不平等——对20个案例的调查与分析[J].妇女研究论丛,2009(6).

[3] [15] [35] Michele Paludi, Rudy Nydegger, Eros Desouza, Liesl Nydegger, Kelsey Allen Dicker. Internation Perspectives on Sexual Harassment of College Students: The Sounds of Silence [J]. Annals New York Academy of Sciences, 2006(1087).

[4] 耿海燕.美国频发"教师性骚扰案"[N].检察日报,2002-06-20.

[5] Cheong Yi Park, Hyun Soon Park, Sun Young Lee, Seung-jun Moon. Sexual Harassment in Korean College Classroom: How Self-construal and Gender Affect Students' Reporting Behavior [J]. Gender, Place and Culture, 2013(4).

[6] [18] Tang,C., M. Yik, F. Cheng,et al. How do Chinese College Students Define Sexual Harassment? [J] Interpers, 1995(10).

[7] [10] [20] [27] 李军.学术性骚扰的共犯性结构:学术权力、组织氛围与性别歧视——基于国内案例的分析[J].妇女研究论丛,2014(6).

[8] [36] 张永英.关于高校建立预防与制止性骚扰机制的探讨[J].妇女研究论丛,2014(11).

[9] [12] [14] [24] [32] [33] [38] 李若磐、罗瑞雪.对话"青春大篷车":我只想说出真相[EB/OL]. http://zhenhua.163.com/14/0807/13/A3251K9U000465TT.html.

[11] Rebecca A. Thacker, Gerdd R. Ferris. Understanding Sexual Harassment in the Workplace: The Influence of Power and Politics within the Dyadic Interaction of Harassment and Target [J]. Human Resource Management Review, 1991(1).

[13] [21] 联合报.师大强暴疑案当事女生自述[EB/OL].(1994-04-16)http://www.feminist.sinica.edu.tw/push/push1-1994.04.21.html.

[16] 埃托奥,布里奇斯.女性心理学[M].苏彦捷,等译,北京:北京大学出版社,2003:220-221.

[17] 克劳福德,昂格尔.妇女与性别——一本女性主义心理学著作[M].许敏敏,宋婧,李岩,译.北京:中华书局,2009:848.

[19] [25] 沈奕斐."性骚扰"概念的泛化、窄化及应对措施[J].妇女研究论丛,2004(1).

[22] [26] [28] [30] 厦大性侵案爆料者汀洋:说出那些不得不说的秘密[EB/OL].(2014-10-21)海峡导报.http://www.aiweibang.com/yuedu/2431943.html.

[23] [31] 汀洋.考古女学生防"兽"必读[EB/OL].(2014-6-18)http://weibo.com/p/1001603722865064165191.

[29] 发怒的羔羊.亲身经历遭遇潜规则:北大女研究生的读研噩梦[EB/OL].(2008-09-01)http://bbs.tianya.cn/post-free-1491830-1.shtml.

[34] 海德、德拉马特.人类的性存在[M].贺岭峰,等译.上海:上海社会科学院出版社,2005:507-508.

[37] Lauren F. Lichty, Jennifer M. C. Torres, Maria T. Valenti, NiCole T. Buchanan. Sexual Harassment Policies in K-12 Schools: Examining Accessibility to Students and Content [J]. Journal of School Health. 2008,78(11).

[39] 122名学生联名"伸冤" 厦大博导未承认诱奸[EB/OL].(2014-07-24)http://lady.163.com/14/0724/17/A1UGSCKL002649P6.html.

[40] 苏红军.美国政府新举措:把防治校园性骚扰与大学排名挂钩[N].中国妇女报,2014-06-10(B02).

[41] 哈佛发声明:正式封杀"师生恋"及"师生性关系"[EB/OL].(2015-02-09)http://edu.163.com/15/0209/09/AI0J25Q200294IIH.html.

# 论生命教育伦理与政策法规统一性问题

李耀锋

（浙江传媒学院　社科部）

在 2008 年汶川大地震中，四川成都一中学教师范某弃学生于不顾、率先逃脱之后，在网上发表了如此自白："在这种生死抉择的瞬间，只有为了我女儿我才可能考虑牺牲自我，其他的人，哪怕是我的母亲，在这种情况下我也不会管的。"他的这一言论在网上发表后掀起轩然大波，范某一夜之间成为网络上的众矢之的，道义上的讨伐汹汹不绝。事实上，据记者调查，在"5·12大地震"中逃跑的远不止范某。当时有的老师没有招呼学生，擅自离开自己的教学岗位，不辞而别，其主要情节跟范某相似，即叫学生不动，自己先到教室门外去看一下，根据学校离地震中心带的远近，可以想象他们在门外会看到什么景象，然后，再没有回来。这种令人难堪的情况，在受访的学校中屡见不鲜。在具有毁灭性的大地震面前，毁灭感、绝望和无助扑面而来，每个人的命运都是不可控的。在这个意义上，他们都是范某，是"某跑跑"了。事后范某在网络上为自己行为理直气壮地辩护，将原本本能的行为赋予了不道德的行为动机。英国《每日电讯报》评论文章认为，范某言论是"愚蠢的道德表现"。《悉尼时报》指出，范某也许可以有

---

基金项目：国家哲学社会科学基金项目"公共政策视阈下的社会道德治理研究"（15BZX111）阶段性成果。

作者简介：李耀锋，博士，浙江传媒学院社科部讲师。

E-mail：13761764150@163.com

自己的想法,但是无法原谅他继续做一位人民教师,"范某的行为已无法去说服孩子"。在 2016 年第五届海峡两岸大学生命教育高峰论坛会议(洛阳)上,台湾有学者认为,在台湾少有类似于范某行为举动事件的报道,更多的是教师尽力保护、呵护学生生命的事例。但在实际生活中,任何个人或组织都不能强迫其他个体牺牲自己生命以帮助他人。同时,台湾学者指出,就范某而言,他说出了自己的真实想法,网络言论真实地表达了他的内心感受,他应该是一个诚实的教师。而就在范某事件之后不久,安徽一中学教师杨某在上课期间有两学生打架,他没有及时阻拦,导致一个学生倒地吐白沫后,因抢救不及时而不幸身亡,该教师被指称为"杨不管"。有人指出,"杨不管"甚于"范跑跑"。从上述事例可以看出,面对生命教育问题,人们往往会认为生命教育属于个人责任、家庭责任、学校责任和社会责任,而其中一个不可回避的核心问题是制度责任,尤其是教师职业伦理与对学生生命关爱的边界及其限度在今天依然值得厘清,同时,迫切需要对生命教育伦理从政策法规上加以确证。

## 一、教师职业之生命教育伦理性

师者,传道、授业、解惑者也。教师不仅仅是知识的传授者,更是立身为人的精神养成者和构塑者。古希腊的德谟克利特认为,徒增知识,而无德性,其造成的罪恶更大。有学者提出,"教育是有意识的以影响人的身心发展为直接目标的社会活动"[1]。"教育之所以是道德事业,是因为它同时也是一项社会事业。"[2]英国教育学家约翰·怀特在《再论教育目的》一书中提出,衡量受过教育的人的核心标准是美德。从伦理意义加以阐发,这种美德纵贯人类道德长河,不仅包括古典伦理意蕴的正义、节制、勇敢、诚实等美德,还包含从此而衍生出的诸多道义伦理。[3]美国实用主义哲学家杜威指出:"所谓道德,潜在地包括我们的一切行为。"[4]上述思想呈现出"以伦理为规约是教育的人文精神得以张扬的基本法则"指向。19 世纪德国教育家第斯多惠认为,"一个真正的教育者,根据他自己和别人的宝贵经验,他知道,通过你是什么样的人要比通过你知道什么,可以获得更大的成效"。[5]教师德性是优化教育质量的重要参数,一代代教师的质量成就了大学的前世今生,教师的质量关系到一个学校的未来,并对学校、社会风气起到至关重要的作用和影响。就学校而言,学校的一切行为都具有道德的意义。教师职业伦理是当前高等教育人才培养工作所面临的重要课题。

教育者作为人的一般道德要求是一种大众化的道德体现,而作为教师职业的特殊性,又存在着与其他人群所不同的应当具有的道德素养。教师自身应当存在具有差序格局的道德划分,从个体生活与社会生活方面可以划分为日常道德和非常道德。对于个体的人,不同场景具有不同的道德表现,可以有两种基本状态:一种是在突发事件或特殊情境中的表现,一种是日常表现。两者可能一致,也可能不一致。平常人可能在不同的情境下作出不同的道德选择。理想的儒家君子或圣人,平日有严格道德操守,遇到大灾难才能从容不迫,临危不惧。依照道德侧重点不同,道德可划分为小节与大节两个方面。事实上,地震中范某所在学校并没有师生死伤,被范某抛弃的学生可以说是幸运的。可以说,作为教师的范某"大节"未失。但另一方面,从社会道德主体来看,教师职业道德在社会角色中占有重要位置。范某作为一名教师在地震来临之际,弃学生安危于不顾,又是一种不识大体的行为,应当受到道义上的批评与谴责。

## 二、国内政策法规中有关赋予教师生命教育伦理的责任和义务

教师有没有牺牲生命去换取学生生命的义务?教师是灵魂工程师,这种提法究竟是善意的褒扬还是道德绑架?范某的理由是,《教育法》并没有要求一名教师在地震中拯救自己的学生。当人们在道义和良知上作出判断时,政策法规则是在责任和义务上以明示的方式提供支持。汶川大地震3个多月后(2008年9月1日),教育部正式发布实施新修订的《中小学教师职业道德规范》,明确提出教师"要保护学生安全",该条款在意见征集阶段就因范某事件引起广泛关注。

就已有的政策法规来看,教师对应的一般义务规范还是有迹可循、有法可依的。《教师法》第8条规定了教师应当履行的义务,其中包括了教师对学生关心、爱护的责任义务;第37条中规定了教师被行政处分或解聘的情形。《中华人民共和国义务教育法》第29条规定,教师应当尊重学生,维护学生的人格尊严,不得侵犯学生合法权益。虽然教育部等10部委颁布的《中小学幼儿园安全管理办法》第55条规定,强调了在突发性的自然灾害和重大治安、公共卫生突发事件面前,保障学校安全和师生人身财产安全的重要性,但对于师生之间的安全保护存在差异性没有明确涉及。在《未成年人保护法》第6条中,规定了保护未成年人是国家、政府、社会组织和公民的共同责任;尤其是该法第40条规定,在面临突发事件时,优先救护未成年人是学校、幼儿园、托儿所

和公共场所实施救护的基本原则和要求,《未成年人保护法》中的规定将未成年人置于优先保护地位。教育部《学生伤害事故处理办法》第 32 条规定,在学生伤害事故中,明确学校及其管理人员应当负有的责任。

根据上述国家政策法规,教师具有关爱学生生命的伦理责任和法律责任,但在实际教育实践中,我们依然面临诸多困惑。汶川大地震后,教育部发布实施新修订的《中小学教师职业道德规范》,明确提出教师"要保护学生安全",试图弥补国家已有的政策法规中的缺陷和不足。究其原由,关键在于政策法规内容上的过于宽泛,导致具体操作上产生无所适从的困惑。因此,国内法律在生命教育及其安全保护方面,虽然有一些明确的教师主体的法律责任,但在法律责任具体落实上存在如何实现的路径缺陷。

### 三、他山之石的经验借鉴

其他地区或国家的生命教育政策、法规、经验,可以为我们提供一些参考。《尚书引义》(卷五)中指出:"生以载义,生可贵。""珍生"是"载义"的基础,人们应当珍惜自己的生命。随着高等教育日趋大众化、普及化,生命教育已经成为高等教育的基本内容。在中国台湾地区,随着教育事业的发展,生命教育在教育过程中的重要地位日益凸显,属于德性、艺术、人文教育的生命教育,它的重要性并不亚于知识教育、理性教育。1997 年,因当时台湾社会自杀率居高不下,台湾教育部门在全台推动中等学校生命教育计划。2000 年 8 月,台湾正式成立"推动生命教育委员会"。2001 年被台湾教育部门确立为"生命教育年",提出台湾教育部门"推动生命教育中程计划(2001—2004)",生命教育活动成为九年一贯课程"综合活动学习领域"的重要内容。2008 年初台湾教育部门颁布,自 2010 年起,高中生命教育类选修课从单纯的选修课改为高中生必选课程。2014 年台湾教育部门提出"生命教育推动方案(2014—2017)"。自 1992 年以来,台湾地区先后在台湾大学、台北健康护理大学等大专院校推动生命教育,以通识教育中心为依托,开设相关生命教育课程或设立相关研究所和研究中心,推动高校生命教育品质的提升。[6]香港教育部门则在各类学校教育过程中提出建议,"透过生命教育或安排适切的生活体验,让学生提升自己的能力感和信心,从中掌握抗逆力、正向及多角度思考和解难能力"。[7]

二战后,日本学校以敬畏生命、尊重人为道德教育的核心,以培养身心健康,具有自主、自为、自立、自新的国际人为目标。1954年,日本政府通过立法颁布《学校给食法》,规定了中小学实行严格的营养午餐制度,并定期开展学生营养生理状况调查,不断完善营养需求量评价标准,将生命教育"寓教于餐",树立健康身体的教育是生命教育的基石这一基本理念。而体验式的生命教育是生命教育实践的重要途径。对生命教育的重视以漠视生命问题为切入点,政府部门以政策法规为策略来应对可能出现的各种生命问题。20世纪70年代,日本政府颁布的心灵教育政策主要针对的是校园暴力等各种不良社会行为。到了20世纪80年代,日本在心灵教育政策基础上进一步明确了生命教育的主题,也对道德教育的目标作了清晰定位。尤其是针对青少年自杀等漠视生命的突出问题,1989年日本修订《教学大纲》,提出以"尊重人的精神"和"敬畏生命"为核心价值理念,明确道德教育的目标。20世纪90年代,日本中央教育审议会提出培养"生存能力"的思想,文部省发布的《关于展望21世纪的我国教育的应有状态(第一次咨询报告)》为日本教育未来发展指明了方向。其中,道德教育政策内在地包含了生命教育价值理念,将人与生命的态度、基本伦理观念和社会责任义务等内容确立为道德教育政策的核心。进入21世纪,日本政府不断完善生命教育理念,探索生命教育的新方法并付诸实践。2001年,日本制定《21世纪教育新生计划书》,强调生命体验教育的重要性,通过自然体验和社会生活服务活动进行教育,充分体现了"教育即生活""从做中学"的实用主义教育思想。2004年,日本教育部门制定《社区儿童教室促进计划安全管理手册》,安全、放心的基础设施环境是生命教育的基本保障。2005年,日本文部省以"活出生命力的心与身"为主题,通过出版物推介国家新的文化教育政策。[8]

加拿大法律文化的重要特点是道德观念法律化,即尽可能用法律手段来解决社会问题。在突发事件发生的情况下,加拿大法律对学校和教师的责任都有非常明确的规定,对于没有触犯刑律的失职教师,国家一般不能按照刑律进行制裁,但不能免除其民事法律责任。教师的失职行为一旦导致学生受到伤害,除非受害人家庭不借助法律手段维护自己的合法权益,否则就要受到法律追责和承担赔偿责任。根据法律规定,加拿大每年定期对大中小学进行突发灾难演习、应急救护等常识培训或训练。尤其针对公共场所的安全防护人员,每年必须定期进行突发灾难演习、组织管理和应急救护等常识培训或训练。加拿大法律明确规定了教师在紧急情况发生时的责任:在具体面对突发灾难(包括地震)的情况下,教师应当负有的是责任,而不是义务。任课教师首先要做的是,迅速疏散学生至足球场或篮球场等空旷场所;其次,陪伴学生,维护学生秩序并清点学生人数,直到校园秩序恢复正常。上述规定明确了教师在突发事件中的责任,也是家长起诉学校和教师的依据。[9]

美国学校也有计划周密的"灾难演习",在教师签署的合同里,明确声明学校职员有责任保证学生的安全,而且每一位老师都要保护自己的班级。在学校保护章节,专门规定了学校的安全责任。在校园内和校园周边,如果发生侵害学生人身、财物安全的行为,学校、教师和其他教育工作者应当予以制止或者及时向公安机关报告。学校还应当根据需要,制定应对各种灾害、传染性疾病、食物中毒、意外伤害等突发事件的预案,配备相应的措施并进行必要的演练。以美国教师职业道德规范为例,全美教育协会(NEA)1975年制定的《教育专业伦理典章》指出:"保护学生的学习、健康和安全,免受不利因素的影响。"可见,保护学生的安全是教师的责任。美国《教育专业伦理典章》对教师高位目标要求和低位目标要求都清晰可见,教师在这样的规范下对自己的职责不可推卸,这是值得我们借鉴的。

### 四、生命教育伦理的实践路径

1. 提高道德认知能力,加强社会道德实践

汶川大地震之后,对范某的社会道德责难值得教师群体不断反思,任何一个教师都不能置身其外,因为教师职业伦理是教师职业价值取向的一个基本性的命题。而道德认知在道德辩论过程中得到提升,是社会道德进步的进阶之梯。只有通过不断的学习和演练,促进无限制的交流和沟通,才能提升公众的辨识能力和社会智慧。就范某事件而言,范某既是大地震的受害者、灾民,也是本次事件精神意义上的伤员。由于地震发生之后,相关信息被遮蔽的事实,人们仅仅通过不完全的信息便作出某种价值判断或道德评判。但是,随着相关信息逐渐全面显现和不同观点之间的辩论和交锋,以及社会心理学家的理性参与和解读,范某的言行所具有的特殊性才为社会所认可,而某种偏执的道德审判则可能因其伪善不为人们所信服,因此,也就有了宁愿支持"范跑跑",而不赞同"郭跳跳"的反转。

## 2. 明确生命教育理念

生命教育伦理缺失,人权意识淡薄,对个体生命的漠视,虽然显现的只是个案,但其社会影响力极大,值得引起普遍的关注。2015年3月,中国留学生在美国参与绑架斗殴,先后两次涉案。2016年2月,南加州3名中国留学生施虐同胞案在洛杉矶波莫那高等法院宣判,三人被判6年到13年的监禁。其中,涉案人共有12人,其中有数人逃回中国,试图逃避有关法律的制裁。近年来,国内校园暴力事件对于学校正常的教育秩序所产生的影响极广,对社会风气的影响也是直接的,因此,应当及时出台相关反校园暴力的法规和修订《未成年人保护法》,发挥政策法规的教育功能,以维护学校教育秩序的正常运转,帮助未成年人树立法治意识和法治责任。公共意识淡薄、公共安全责任缺失,最终可能导致重大的社会风险和社会悲剧。譬如,2014年12月31日晚,上海外滩陈毅广场发生拥挤踩踏事故,致36人死亡,49人受伤,伤亡人员中许多都是学生。在公共领域,公民安全防范意识以及对生命的保护责任,应当成为大中小学教师和学生的必修课。此外,根据统计数据,中国每年因为交通事故伤亡的人数达数十万,造成了严重的经济和财产损失,并给数万家庭带来难以弥合的痛苦,建议把道路交通安全及交通法规纳入小学教材,交通安全教育从小抓起。

从上述事例可以看出,生命教育理念需要更进一步的明确。首先,生命教育伦理最基本的底线是自救、自我防护教育,是克服心理压抑的心理健康教育;其次,生命教育伦理是学会学习、学会生存、学会生活的教育;第三,生命教育伦理是生存、避险教育,是与公共安全治理紧密结合的教育。生命教育伦理的意义在于,它是全人教育的重要组成部分,既是全人教育的基础,也是全人教育的最终目标。为了增强国民生命安全教育,建议在国家安全日基础上设立国民安全日,以国家确立节日的形式切实提高每个公民的生命安全意识,提升公民生命生活质量。

## 3. 从教育政策制度方面营造良好的社会环境

对于教师作为个体的人,其身份角色所具有的伦理责任,有的基于社会道德层面进行认定,有的着眼于师德范围,还有的把两方面结合起来。师德问题并非教师职业领域内的单一活动,它与社会的政治、经济、文化环境密切相关,制度环境具有强大的支撑作用。曾在成都中学任教的范某回顾自己的人生,说他的中学时期是"英雄幻想的青春年代",将多余的精力、太多的幻想憧憬和情感热血全部投射到了武侠小说上,几乎看完了整个县城能找到的所有武侠小说。后来提起往事,他说:"为什么就没有读到一本对我的精神发育和思想启蒙有价值的好书呢?这个时候如果有一个好老师或者朋友将我领进思想和精神的世界该有多好。"而北大四年则是"精神分裂中的痛苦觉醒。"[10]可以说,"网络舆论对教师不加克制的道德驱赶",突破了基于事实的批判,伤害的不仅是教师、学校,也是我们的学生和孩子。

另外,一个不容忽视的重要现实问题是,根据统计数据,中国多达6 100多万留守儿童,需要整个社会的关注,他们在生理、心理以及在人生态度等方面需要全社会的关注和帮助。其中,家庭和社会组织是重要的影响因素。日本通过《家庭教育手册》对家庭成员进行有关生命教育方面的指导和提醒,政府以基金资助的方式提高民间组织参与生命教育的积极性和热情,通过《青少年育成施政大纲》立法,将地方公共团体及相关组织纳入生命教育体系之中,为青少年营造良好的社会环境氛围。社会、父母、学校、教师等方方面面是一个责任共同体。同样是教师杨某被指称"杨不管"的这所中学,曾发生轰动一时的血案,一名班主任仅仅因为批评迟到的学生,就被砍断4根手指。法律如何保护教师的合法权益,使其免受学生及其相关者的非法侵害,值得深思。教师既要"负"责,也要"赋"权,教师应有对学生教育惩罚的权力和责任。"但道德规范是在道德层面的行为约束,关键还要通过《教师法》对教师的权利和义务进行一定的明确。"在出台教师新道德规范的同时,也应出台新的政策措施,切实维护教师应有的教育和教学权利。针对课堂危机管理以及危险应对方面,通过政策保障和机制,规范教师教育教学活动。教育主管部门应在教师职业培训中,增加消除安全隐患、应对突发危机情况的方法和基本手段。特别是在教师入职教育方面,提高教师公共卫生健康素养,普及急救知识并进行技能培训。在学校硬件设施及其人员配备方面,制定相关政策法规,完善生命教育的基础保障。对于距离医院相对较远的学校,为了提高学校救治防护能力,应配备专职的健康教师。学科设置上,设置公共健康卫生课程,为学生的健康成长助力。此外,课堂上教师对患疾病学生或受伤害学生的责任和义务需要明确界定。某些学校出现的学生因体能测试而猝死的事例,值得教育管理部门提高责任意识,加强生命安全防范制度保障,防止意外事故发生。

## 五、 结语

师德的底线要求,有的已被写进国家的法律、法规,在《义务教育法》《教育法》《教师法》以及《未成年人保护法》等政策法规中都有明确规定。坚守师德底线,迫切需要增强教师生命教育伦理责任意识,促进不同生命体之间的社会交往,以叩问人生的意义。通过政策法规,将生命教育伦理融入公民教育之中,系统梳理有关生命教育伦理的经验教训,借鉴一些国家、地区的有益举措,可以促进生命教育伦理理论的提升和实践的进步。

**参考文献:**

［1］叶澜.教育概论[M].北京:人民教育出版社,1998:8.

［2］古德莱德,索德,斯罗特尼克.提升教师的教育境界:教学的道德尺度[M].汪菊,译.北京:教育科学出版社,2012:169.

［3］约翰·怀特.再论教育的目的[M].李永宏,等译.北京:教育科学出版社,1997:138.

［4］赵祥麟,王承绪.杜威教育论著选[M].上海:华东师范大学出版社,1981:237.

［5］张焕庭.西方资产阶级教育论著选[M].北京:人民教育出版社,1979:350.

［6］李坤崇,林堂馨.2015年台湾大专校院生命教育内涵调查分析与展望[A].第五届海峡两岸大学生命教育高峰论坛论文集[C].2016:4.

［7］欧阳康.两岸四地生命教育的探访[A].2015年两岸大专校院生命教育高峰论坛、第五届海峡两岸大学生命教育高峰论坛暨台湾生命教育深度之旅纪实[C].2016:50.

［8］曹能秀.当代日本中小学道德教育研究[M].北京:商务印书馆,2007:292-302.

［9］薛丽.加拿大法律如何限制"范跑跑"[J].青年参考,2008(7).

［10］"范跑跑"前传[OL].http://www.infzm.com/content/13693.

# 教师伦理：惩戒在教育活动中的位置

卢世林  李曙林

（湖北大学  教育学院）

## 一、何为惩戒

"惩戒"与"惩罚"是一对近义词。从字面意义上看，两者差异不太大，在实践中也常被人们混同。惩罚在古汉语中是分开使用的，《诗经·周颂·小毖》中有"予其惩而毖后患"，"惩"的意义与现代汉语中的"惩戒"相似，指因受打击而引起警戒或不再干。"罚"则有处分、责罚之意。惩罚的英文单词是 punishment，指施与个人或集团的处罚，旨在制止某些行为或鼓励其他行为。惩戒应用于教育中，只是意义更加具体化。其范围在教育上从体态语言到口头指责、课后留校、罚做作业和其他强迫措施，以至于体罚、停学，甚至开除学籍。《教育大词典》中对"惩罚"有两种解释：在教育学意义上，指对个人或集体的不良行为给予否定或批评处分，旨在制止某种行为发生；在心理学意义上，指为减少某种行为的重现概率，而在此行为后伴随的不愉快事件。

由此可见，"惩戒"与"惩罚"的差别主要在于前者的字面意义凸显了"惩"的目的是"戒"，后者则强调了"惩"的手段为"罚"，就汉语的字面意义和教育的根本目的而言，

---

作者简介：卢世林，武汉大学哲学博士，湖北大学教育学院副教授；李曙林，湖北大学教育学院教育原理专业 2016 级研究生。

E-mail: 1325225380@qq.com；575401257@qq.com

"惩戒"一词比"惩罚"更易于被人接受,这也是本文使用这一说法的主要原因。

1. "惩戒"的矛盾性存在

惩戒作为一种"声音",在我国当下教育讨论热潮中处于十分敏感又颇受争议的尴尬境地。由于近年来和谐教育、激励教育等一系列"和平教育"倡导的不断兴起,"惩戒"某种意义上似乎已经成为了"非人道主义教育"的代名词,在实施的过程中伴随着各方的质疑,甚至是谴责。其根本原因在于"惩戒"本身在法理以及伦理层面上的概念均十分模糊。

一方面,国内现有的教育法律条文并未给出明确严格的"惩戒"定义,涉及"惩戒"方面的内容也多是寥寥数笔,以"体罚""变相体罚"等字眼或警告的形式衬托隐现。如我国《中华人民共和国教师法》第二章第八条教师应当履行的义务指出:"制止有害于学生的行为或者其他侵犯学生合法权益的行为,批评和抵制有害于学生健康成长的现象。"《义务教育法》(2015年修订版)第四章第二十九条指出:"教师应当尊重学生的人格,不得歧视学生,不得对学生实施体罚、变相体罚或者其他侮辱人格尊严的行为,不得侵犯学生合法权益。"《中华人民共和国教育法》中的相关内容有第三章第二十八条:"学校及其他教育机构行使下列权利:(四)对受教育者进行学籍管理,实施奖励或者处分;(六)聘任教师及其他职工,实施奖励或者处分。"在这些重要的教育法律法规中,不难发现有关教育惩戒的字眼基本没有出现,而与"惩戒"相关的规定也是"剑走偏锋",采取极端的做法,即要么归为"体罚"和"变相体罚"一类,从而交由民事、刑事法处理;要么归为一般类别,具体处理则依据学校自己设定的规则行事。由此可见,从法理的角度,国内现有的成文法中并未给予"惩戒"一个正统的法律席位。

另一方面,国内学者对于"惩戒"存在的合理性莫衷一是,但近些年来教育惩戒的支持声似乎有高涨的趋势。支持教育惩戒的研究者们基于自身的研究角度和价值取向,从伦理的层面提出了自己关于"惩戒"的看法。如张永的"教育惩戒体验说",即"惩戒是学生成长过程中身心发展必不可少的一种体验,没有批评和惩戒的人生是没有的,不能正确对待批评和惩戒的人生是不健全的"。王建宗认为"惩戒是自然法则社会化",即"人和物相互平衡的关系,是人作为类的进化物通过多次相互争斗、相互'惩戒'而最终达成一致的结果。而人与人关系的处理也要遵守人与自然关系的法则,互相要有制约,要有维系关系的惩处手段"[1]。宋晔则指出,"惩罚在任何时候都不应该是单纯的行为,感情赋予惩罚以生命,这种感情就是教师对学生生命的眷顾和对学生成长的预期"[2]。这一观点更是将"惩戒"上升到人文关怀的高度。另外一批学者则结合法理与伦理给出了关于"惩戒"的具体概念,如陈胜祥按照形式逻辑的定义规则给教师惩戒权下了一个定义,即:"教师惩戒权是教师在教育教学过程中依法拥有的对学生的失范行为进行处罚,以避免失范行为的再次发生,促进合范行为的产生与巩固的一种权力,是教师的职权之一。"[3]管娣基于对权力、职权和权利的区别,得出结论:"教师作为专业职业,是受国家和社会委托,对学生进行教育的职业个体和群体。'权'应该是国家权力的延伸,是教师的职权之一,'教师惩戒权'应该界定为教师因职业特殊性而具备的特有'权力'。"[4]而这一点也与劳凯声关于惩戒权对于教师权力意义方面的观点相契合。张婷也给出了惩戒的定义:"所谓惩戒是指教师对学生违反规范行为所采取的某种限定性的惩罚措施,促使其改正错误,达到矫正目的。"[5]

不论是法理规定上的不完善、不全面、不清晰,还是学术伦理上的争论和补充,都显示出"惩戒"在国内教育层面上的矛盾:教育是否需要惩戒以及惩戒界限何在?而这种矛盾思想本身便已经扭曲了"惩戒"的应有之义。不论是法律界定,还是学术界定,无外乎已经认定了这样一种事实:在学校教育系统中,教师是判定和实施惩戒的直接行事者,而学生则是接受判决和承受惩戒的人。这一事实所造成的直接误导便是一不小心就将一个简单的惩戒过程视为教师为"刀俎"、学生为"鱼肉"的不平等关系的发生,而由此引发的种种悲剧,从相关的社会新闻中可见一斑。这便陷入了一个死循环,惩戒的矛盾存在产生了社会群体对于惩戒本身的误导性评价,从而加深了其存在的矛盾性。

## 2. 教育惩戒中的主体问题

要解决"惩戒"的尴尬境地,首先就要摆脱上述的刻板印象,摆脱谈"惩戒"则色变的心理。正视"惩戒"的首要一步便是重新审视教育惩戒中的主体。现有的研究论述中,惩戒活动有主客体之分,主体是学校中的教师群体,客体便是学校中的学生;而相关的教育法律法规中也将惩戒在师生中的界限划定得十分显著。这种以人为划分界限,形成对"惩戒"本身的偏见的做法,显然是不公平的。就"惩戒"本身的意义而言,其主体对象并无师生之分,如在《辞海》中惩戒被定义为"惩治过错,警戒将来";《现代汉语词典》中关于"惩戒"的释义为:"(1)以前失为戒;(2)惩罚之以示警戒。"由此可见,"惩戒"一词本身的涵义并未从主体上作出明确的对象划分,所以主体既可以是学生,也可以是教师,这其中是无差别的;而其真正的客体对象则是"违规之事",一旦打破秩序,违反规定,那么无论主体是教师还是学生,则都需接受惩戒。但现实中的"人为界限"不仅在一定程度上有庇护教师之嫌(如学校对于违反规定但情节不严重的教师采取口头警告或书面检讨的方法,往往会流于形式,无法起到惩戒的效果),另一方面也着实夸张了成年人与未成年人在成长发展过程中的差别(对于学生的违纪行为格外重视,而对教师群体为人处世的态度、认知、价值观形塑方面则重视度不够),这种情况在学校教育中就公平而言也是说不通的。

从人类社会的产生与发展来看,"惩戒"存在的本源意义是为了促使社会更加的稳定而紧密。人类因合作和团体扩张的需要而组成一个个团体,这些团体又因为某些自然的因素不断走向融合,而他们融合的衔接点便是人类制定的一项又一项规则。人类作为理性与非理性的矛盾体,也在遵守与破坏规则中不断寻求和谐与稳定,由此"惩戒"便应运而生,即运用手段警告破坏规则者,从而"磨平"不和谐的"棱角",使得团体乃至社会趋于稳定和谐,而这种状态则是绝大多数人类在生存、发展过程中的幸福所在。就这个层面而言,"惩戒"是面向"人"这个主体的,因此不论是谁都无法在其生命的长河中摆脱被惩戒的命运,即使有幸被赋予惩戒他人的权力,也不可恣意妄为,忘记"惩戒"本身的意义所在,不论具体的事情而随意对惩戒对象作出伦理道德层面的价值判断。

## 二、惩戒与教育的关系

### 1. 教育内涵——不断扩展的主体性

惩戒与教育相伴而存在,殊途而同归,当"惩戒"成为教育活动的组成部分,或者说不可或缺的一环时,就不得不首先阐明与"惩戒"相配合的教育的内涵。狭义的教育指学校教育,这属于制度化的教育;广义的教育指一切有助于个体知识的增长、认知的完善、人格的塑造的活动或行为,这属于制度之上的教育,因为这种教育活动可以由个体自发完成,而不一定需要制度性的程序。

就制度化的教育而言,随着民主思想的不断深入,教育由以教师为主体、学生为客体,发展到学生为体、教师为辅,进而发展到教育的主体间性,即肯定了教师和学生的双主体性。不难发现,在这一点上,教育不断模糊师生在角色地位上的绝对差别,注入民主的成分,减弱教师历来"居高临下"的权威性,增强学生在教育教学活动中的话语权。如在班级管理中,教师更多地放权给学生,形成民主小课堂;在教育活动中,教师为学生提供探索方向,将探究知识和展示成果的机会交由学生。

而制度之上的广义教育,则随着终身教育、全民教育等思潮的渗入,其社会影响也在不断扩大。人们通过网络、图书或是公共讲座、公开展览等形式接触到各个方面的知识,吸纳并传播着不同的认知观念和思维判断模式,每个人都是知识的主动接收者,也是知识的积极传授者,因此就这个意义而言,教育的主客体已不再是人与人之间的区分,而是人与物的区分。正如爱因斯坦对教育的定义那样:教育是什么?当你把受过的教育都忘记了,剩下的就是教育。当然,这并非否定制度教育的意思,而是进一步强调制度之上的教育使人与人之间不再因"传道授业解惑"的主体而不自觉划分出不同的层级,进而延伸出许多人为的"权威"与"压迫"。在这一层教育内涵中,每个人都是教育的主体,利用社会的资源进行自我塑造、进步甚至超越,这种自我的发展一方面以社会的整体进步为参照物,另一方面由自我内省而形成自己的方向,实现自我的追求。

无论是制度内的教育,还是制度之上的教育,其发展的趋势都是淡化师生之间的主客体界限,取而代之的是更加民主、平等的对话,不断肯定人本身与教育发生共鸣的价值性和目标取向。因此就主体性而言,"惩戒"与教育都面对同一主体——人;而就客体而言,教育的客体包罗万象,而"惩戒"则是其中有人类参与的、与社会团体发展相违背的部分,从这个角度来看惩戒与教育的关系,则可以将"惩戒"视为广义教育活动的一种填充和完善。

### 2. 惩戒作为教育活动的价值追求——惩戒的教育性价值

明确了惩戒的主体与教育主体的一致性,就要进一步重新正视惩戒作为一项教育活动,它在教育中有着怎样的价值追求。这里将"惩戒"作为教育活动,是因为脱离教育的因素,其本身具有的通过以惩处的方式规诫个体以实现个体与群体的更加和谐的融合的意义与教育的本质意义有着异曲同工之妙,即琢顽石以成美玉。只不过"惩戒"主要的表现形式是外部施力,而教育则可内外兼施,因此这里便将"惩戒"也视为教育的一部分。

我国学者在伦理层面对教育惩戒持肯定意见的观点纷纷强调了惩戒的教育性价值,即认为惩戒不仅仅在"惩"与"戒",更重要的是通过"惩"与"戒"这两种行为,帮助受教育者明晰自身在成长发展中的问题,以免误入歧途或无法更好地融入社会。但"惩戒"的教育性价值不仅仅体现在学生身上,对教师而言,这种价值往往影响更加深远。惩戒的形式多样,但唯一不变的是惩戒所蕴含的价值追求——以内省求完善。对学生而言,教师的一言一行是一种方向性的指引,所谓"天地君亲师",尊师重教并非是一句口号,教育活动中教师应以自身的言谈举止感染和影响学生,从这个层面来讲,便可援引赫尔巴特的"教育性教育原则",只不过这里要拓展其对象,将教师也纳入进来,同时扩展手段,理性运用惩戒。

从学者对于"惩戒"定义的不断补充中可以发现,对"惩戒"的共识就是认为惩戒与"体罚"的本质区别是在实施过程中,受罚对象能否从自我意识层面上认识到自身行为上的不合理之处,进而自觉地进行改正与悔过。这种区分与概念的界定均针对的是学生,与教师似乎并无关联。对教师本身的约束则是出于职业道德层面的内省与自悟(自身方面),一旦犯错,迎接教师的要么是制度层面的惩处(离职、降级等等),要么是法律层面的判定(外在方面),两种极端的处罚使得"惩戒"这一中立的角色在教师的个人发展中反而无处存生,而这往往使得教师也往两种极端发展:要么坐井观天式的停滞不前,要么温水煮青蛙式的自我毁灭。但两种结果都不应该成为教师行违规之事的首要之选。因此"惩戒"应该将范围扩展至教师群体,甚至是重新阐释其对于每一个个体在发展中的必要性和重要性,因为社会各项规则与秩序的和谐稳定需要由自身在发展中求得和谐与稳定的个体来维护。

### 三、摆正"惩戒"在教育活动中的位置

1. 惩戒的应然性:论教育惩戒的必然性与重要性

(1) 教育惩戒的必然性——人是具有双重天性的动物

所谓人的双重天性,即是指人既具有感性也同时具有理性。因此,就感性而言,人

是自由的,是无限发展和创造的存在;就理性而言,人又是自制的,是规则和秩序的生产者。人类选择群居而形成社会,则从生存的意义上来说放弃了绝对的自由,转而趋向制度化的规则和秩序,由此寻求更大意义上的群体强大与和谐稳定。但即使是因为需要更加长远的生存而磨灭绝对自由在现实中的存在,人类也无法真正从本性中将其抛弃,因为这种抛弃的另一层含义则是与世长眠。所以即使是再严密的规则、再稳定的秩序,也无法避免来自人为的破坏和冲击。人类解决制度受损的两大举措便是改革或革命,而针对"小打小闹"式的破坏活动,则措施颇多,其中"惩戒"便占有重要的位置。并且惩戒对于某一制度在一段时间内的稳定起着十分重要的作用,它以打磨感性、提醒理性的形式让人们不断地审视自我与社会、自我与秩序的存在关系,从而收敛对于绝对自由的无节制向往,转而运用自身的理性属性,完成自身社会角色扮演的任务。这既是享受社会资源的条件和权利,也是每个人不可避免的责任。

(2) 教育惩戒的重要性——实现完满教育的助推器

所谓完满教育,即旨在培养完整的人,这包括道德的不断完善,健全人格的塑造,自我认知的形成、发展和不断的创新、超越,以及通识知识的积累。而就个体的成长而言,这些因素的产生依靠的不仅仅是知识的学习,更重要的是人生阅历的积累,社会实践的体验,这一过程势必艰难,并且常常不顺遂心意。而个体也势必会在这一漫长的过程中,在不断的打磨中形成自己的模样。这往往需要勤奋来帮助不断探究,解决难题;需要勇敢来帮助面对接踵而至的挑战;需要公正来帮助进行价值判断;需要自制来帮助平衡内心,理性思维。教育中并非只有赏识教育,严厉的惩戒教育也并非是豺狼虎豹般的存在,两者的平衡与协调才能在教育中帮助个体全方位地审视和认识自身:赏识提供挖掘优点的途径,培养勇气和创新;惩戒则能够很好地发挥警示的作用,培养自律和规范。唯有两者结合,才能使受教育个体更好地适应社会,不会因陌生情景的出现而不知所措。

完满教育的最终目的是塑造完满的个体,进而影响社会成为完满的社会,这虽然是一种理想化的追求,但我们却可以通过教育的不断改良去无限地接近,而"惩戒"则势必成为一项有力的助推。

2. 惩戒的实然性：论教育惩戒实践中的误区

(1) 将"惩戒权"变为独裁的资本

法理上对于"惩戒"与"体罚""变相体罚"的界定和区分难以做到绝对的细致和全面，究其原因在于实施主体是人，而对于违规行为本身的判断也更多地是基于教师群体自身道德伦理标准而进行的价值判断。人作为一个有意识的存在，其本身就具备很多不稳定因素，如思维、情绪、理念等等，而这些因素即使是与像美国、英国、新加坡等国家中对于教育活动中的合理惩罚行为作出的明确规定产生碰撞，也未必仍能十分公正、理性地进行实际操作。正如前面关于教育主体的分析那样，教育中无人类意义上的客体而言，这意味着教育已然成为一项人的主动的行为，而非被动的操控，所以每一个个体在教育活动中都会在自觉与不自觉中渗入自己的意识与判断。教师因为其角色的设定和自身认知积累的优势，容易在教育活动中占领制高点，从而成为活动的牵引者。此时在教育活动中一旦发生师生冲突，当教师产生"制高点"位置受到动摇，抑或原本认为的"和谐关系"受到威胁的"思想警报"，那么他们在处理这种问题的过程中，便有可能利用自己在"惩戒"方面的职权宣泄自己的不满，进而引发损害学生身心健康的结果。一旦这种情况接二连三地发生，"惩戒权"也势必成为教师在班级进行"独裁"管理的资本和手段。

这一误区的延伸便是考虑到"惩戒"的尺度问题。劳凯声认为，惩戒是"通过给学生身心施加某种影响，使其感到痛苦或羞耻，激发其悔改之意，从而达到矫正的目的"。[6]所谓"天将降大任于斯人也，必先苦其心志，劳其筋骨，饿其体肤"，唯有磨练心智，方可大乘。"惩戒"确实需要使受惩对象遭受一定的苦痛，依据不同的惩戒方式以及每个人的接受能力，其苦痛的部位、程度以及由苦痛带来的反省力度都是不同的，因此对于力度的把握就十分考验教师本身对个体的拿捏程度。无论是施于学生还是自身，都应先从具体的事情着手，分析前因后果，从而对所犯错误本身有一个全面的了解和判断；其次应该根据每个人自身的特点设计相对行之有效的惩戒方式，并切忌发生刻意损害个体身体、精神的行为；最后，教师对于自身应当有意识地严格对待，并能够在日常的班级教学和管理中与学生平等地对话，诚恳地反省，这不仅能够改进班级氛围，拉近与学生的距离，同时也能切身地为学生做好内省表率。

(2) 学生才是"惩戒"的对象

一方面,教育活动中在运用"惩戒"时要谨防"惩戒权"成为教师本身"独裁管理"的工具;另一方面,更要让教师本人意识到,惩戒不仅仅只针对学生,教师也是惩戒的对象之一。当前,在教育活动中,学生往往被认为是极易犯错、违规的活跃分子,因为他们的自我意识还不成熟,社会经验仍不丰富,对于规则的理解和遵守尚且需要外力来推动。因此,在学校教育相关的规章制度中,关于"惩戒"的部分往往针对的只是学生,关于教师群体方面的惩戒内容则往往上升到行政处分或法律处罚的高度,一旦触碰到这一红线,其代价则是十分巨大而残酷的。教师作为学生初步接触社会的第一引路人,其本身的表率作用至关重要,如果教师向学生塑造威严的形象是从"惩戒"的不平等关系中传达出来的,换句话说,在教育活动中一直是学生向教师反省,而教师并未以真诚、坦率的态度向学生反省,那么如何能让学生领悟真正的自省?如何让他们理解平等与公正?如何使他们坚定地朝"完人"方向发展?

3. 惩戒的游戏性:论教育惩戒的规则和程序

(1) 游戏本身具有奖惩意味

惩戒教育与赏识教育一样,是实施全面自由发展教育不可缺少的组成部分。倡导赏识教育不等于简单的表扬鼓励,实施惩戒也不等同于批评、指责,甚至体罚。它们都是对学生实施全面自由发展教育的必要手段,共同之处在于对于学生的爱,它们都建立在科学理性的师爱基础之上,目的是为了促进学生的成长和发展。赏识如同汽车的油门,能提供动力,鼓舞学生前进,惩戒如同刹车,及时警告学生停止,避免车毁人亡,伤人害己。负反馈、正反馈同时起作用,才能构成稳定系统,赏识教育和惩戒教育二者缺一不可。

"惩戒"一词之所以不易被学生和家长接受,主要是因为他们认为学校和教师在惩戒中具有更多的权力,从而使惩戒本身缺乏公平性和制约性,而从游戏的角度来阐释"惩戒"就容易多了,因为对于游戏而言,奖惩是必然的,你不能只接受"奖励"而不接受"惩戒"。所以关键在于制定好游戏规则,规则如果摆在那里,大家一视同仁,就不会带来那些超越"惩戒"本身的主观问题了。

一般说来,惩戒行为不同,其所要求的相应惩戒主体也有所不同,而不同的惩戒主体的权限也是不同的。在教育实践中,并不是任何人都能成为惩戒的主体,都能行使一定的惩戒权力。各国教育法中往往明确规定了有关主体的惩戒权限,非主体行使、跨主体行使都是违法的。特定的惩戒应当由特定的惩戒主体(教师、教师集体、校长等)去实施。对于游戏规则来说,主体的界限不能模糊,就像体育游戏一样,运动员和裁判的界限必须明确。

(2)游戏规则必须公平合理

教师直接进行惩戒一般采用较轻的惩戒方式,而较重的惩戒行为只能由学校做出,如记过、留校察看等。只有合法的主体才能行使相应的惩戒权,超越权限的处罚就不具有合法性。惩戒的客体,即惩戒所指向的对象,是指学生的特定违纪行为。惩戒行为只能指向学生的违纪行为,而不能是学生个人或其身体、心灵,这是由惩戒的教育性质决定的。惩戒是为了教育学生,戒除其不符合社会规范的行为,促进合范行为的产生。惩戒的对象是学生的违规行为,而不是学生本身。任何指向学生的身体、尊严、人格、心灵的惩罚都是反教育的。

作为游戏规则,教师惩戒的实施应当受到程序上的限制。漫无目的、毫无节制的惩戒是非专业的、不科学的,甚至可能是反教育的。为防止教师在对学生的越轨行为实施惩戒时有太多的自由裁量权而滥用职权,应对教师个人所能实施的惩戒的形式作出限定,并给予必要的监督。教育惩戒的合法性原则要求教育惩戒的实施必须保证教育惩戒程序的正当性。作出惩戒决定的步骤与手段是否公平,尤其是作出诸如勒令退学、开除等较为严重的惩戒决定时,更应保证程序的正当性。在作出惩戒决定之前,应让学生为自己的行为辩解,这是法律赋予学生的权利。我国《教育法》第四十二条规定:受教育者有权"对学校给予的处分不服,向有关部门提出申诉,对学校、教师侵犯其人身权、财产权等合法权益,提出申诉或者依法提起诉讼"。

国外对学生惩戒的实施规定了严格的程序。诸如口头申戒、取消特惠、放学后留校等较轻的惩戒一般由学校或教师自行实施,但许多国家也作出了详细的规定。如美国一些州规定教师在实施惩戒时要遵循严格的法定程序:学生犯规—教师找一个见证人—命学生摆好姿势—教师持木板—心平气和—打—填写书面报告—见证人签字—送交校长室存档。对于长期停学等较重的惩戒而言,许多国家则规定了更为严格的程序,作为对学生告知、听证、申辩和申诉权利的保障。[7]

惩戒的游戏性和教育性也正在这里:如果你觉得游戏规则和程序是公平合理的,

对所有的人都一视同仁,那么还有什么理由不接受?当下国内教育之所以"谈惩色变",主要原因还是没有摆正惩戒在教育实践活动中的位置。

**参考文献:**

［1］李秀娟."教育惩戒"研究述评[J].当代教育论坛,2005(11).

［2］宋晔.教育惩戒的伦理审视[J].中国教育学刊,2009(7).

［3］陈胜祥.教师惩戒权的概念辨析[J].教师教育研究,2005(1).

［4］管娣."教师惩戒权"缺失研究——基于教师惩戒使用状况的思考[D].山东师范大学硕士学位论文,2007.

［5］张婷.教师教育惩戒的伦理价值检视及其理性实现[J].当代教育科学,2016(14).

［6］劳凯声,郑新蓉.规矩与方圆:教育管理与法律[M].北京:中国铁道出版社,1997:269.

［7］李军,曹莹雯.中小学教育惩戒实施状况的中外比较与借鉴[J].当代教育科学,2006(15).

# 教学伦理学发展研究

# 固本拓边：教学伦理研究的结构性优化

汪 明

（首都师范大学 教师教育学院）

"教学是个多维存在，除具科学性与艺术性外，还具有伦理性，且伦理性之于教学具有首要性，教学是立于科学达于艺术之伦理性活动。"[1]"开展教学伦理研究既是教学论研究应有之义，又是回应与应对当前教学实践伦理缺位之现实诉求，可以说关注与重视教学伦理研究不仅必要而且亟须，要高度重视并积极开展教学伦理研究。"[2]可喜的是，近年来随着人们对教学伦理研究之重要与必要的意识与重视，教学论领域掀起了一股教学伦理研究热，并取得一定的成果。遗憾的是，由于人们对教学、伦理以及教学伦理研究认知的偏差和片面，当前教学伦理研究之结构尚存在较大缺失，长此以往，不仅将直接导致教学伦理要素的缺席和研究的失衡，同时亦会影响到教学实践的开展。有鉴于此，笔者在揭示当前教学伦理研究突出的结构性缺失基础上，进一步就如何改进和完善当前教学伦理研究提出了自己的一点思考与拙见，以期对完善教学伦理研究的结构体系有所助益，并引发研究者对该问题的进一步关注与思考。

---

基金项目：北京市教育科学"十三五"规划2017年度青年专项课题"中小学线上教学伦理的理论建构与实践优化研究"（CCDA17126）阶段性研究成果。

作者简介：汪明，教育学博士，首都师范大学教师教育学院讲师，主要从事课程与教学论、教师教育、教育信息化以及公民与道德教育研究。

E-mail：wangminglw@163.com

## 一、当前教学伦理研究的两大结构性缺失

### 1. 专注教师"教"的伦理，遗忘学生"学"的伦理

所谓教学，顾名思义，一定"永远包括教和学，而且不是简单地教加学。教和学是教学这同一事情的两个侧面，是辩证统一的"。[3]从教学的本质出发，教学伦理研究也应该包含教师和学生这两个主体，应以善恶为尺度规定师生双方的行为规范，但当前对于教学伦理的研究多着眼于教师，较少着眼于学生，且完全没有站在"师生共同体"的平台上，有悖于课堂生活的真实形态。之所以出现专注教师"教"的伦理，遗忘学生"学"的伦理这一现象，首先源于人们对于师生关系的认识。一方面，教师与学生相比，拥有更多的知识和经验，在教学中居于主导地位，这种不对等关系实际上就预示着教师应对教学伦理问题负有更大的责任。另一方面，教师往往还是学生模仿的对象，这更要求教师必须身体力行，率先垂范。正如有研究者指出的那样，教师在教学中可能的不道德决策行为，会使学生在意识和行为上受到直接强化和替代强化，无论学生能否明白教师行为的性质，也无论其被强化的过程是外显还是内隐。以上两点都说明教师对学生所负责任重大，尤其是在中小学阶段，因此，人们在遇到教学伦理问题时便会不自觉地首先想到教师，遗忘和遮蔽了学生的伦理担当，最终造成学习伦理的研究缺失。其次，人们对教师"教"的伦理的关注，一定程度上也是研究惯性作用的结果。从1985年《教学伦理》出版到20世纪90年代，人们对于教学伦理的探讨主要集中在教师身上，认为教师是承担教学道德的主体。我国的教学伦理研究也较多地集中于课堂教师的言行规范。20世纪30年代开始，就有研究者涉足这一领域，如罗廷光在《教学通论》中提出了"教师品格"的概念。自颁布《中小学教师职业道德规范》以来，关于教师伦理的教育伦理学研究更是层出不穷。教学伦理研究和教师伦理研究，或者说教师职业道德建设之间的界限一直比较模糊，再加上教学伦理从一开始就比较重视教师的作用，使得研究者极易因袭这一传统，在开展教学伦理研究时更多着眼于教师一方。

虽然教学伦理研究中偏重教师"教"的方面事出有因，但这并不表示现有的研究结构就是合理的，对于学习伦理的遗忘，不但造成了理论上的空白，同时也对教学实践造成了一定的负面影响。因为教学伦理的问题上不仅体现在教师方面，也体现在学生方

面,如有部分学生的学习责任感不强,学习动力不足,自我意识过于浓厚,缺乏对他人的同情心、关心,同学之间缺乏交流等,这些学习伦理的问题同样是教学伦理研究不能回避的重要内容。从系统论的角度来看,若想切实提升教学的伦理性,单从教师一方着手显然是不够的,也是不妥的,因为教师的"教"最终还是要落实到学生的"学"上,外因须得借助内因才能发挥作用,如果只加强教师"教"的伦理,而罔顾学生"学"的伦理,学生不买教师的账,依旧我行我素,教学伦理就无法获得切实提升。另外,单方面强调教师"教"的伦理,把教学中的伦理偏差全部归结为教师的责任,还会造成教师独负其荷的局面,加剧其对待教学的消极情绪,不仅无益于教学伦理问题的解决,反而会给教学整体带来负面影响。由此可见,只关注教师一方的伦理建设可谓隐忧重重,必须通过加强学习伦理研究加以补救。

### 2. 凸显以规约为基调的规范伦理,冷落其他多元的伦理审视

在研究取向上,当前教学伦理研究大多遵循规范伦理学的逻辑,而对美德伦理、关怀伦理等其他研究视角少有问津。所谓规范伦理就是"以原则为基础或以责任为基础来评判行为的正当、对错与否,实际上也就是基于行为或责任的善或恶来讨论道德的善或恶"[4]。教学规范伦理由人的外在行为出发,勾勒了人们在教学生活领域中应当遵守的一套道德准则,强调教师和学生双方需要履行的义务、承担的责任等,更多带有底线伦理的意味。规范伦理之所以能够成为教学伦理研究的主导视角,主要还是受到伦理学研究发展脉络的影响,自从伦理学成为一门独立的学科,直至19世纪末伦理学正式登上西方伦理学的舞台以来,规范伦理学都是作为传统伦理学的代名词而存在。"赫拉克利特面对不公正的生活现象而提出'公正'问题实际上就是一个伦理问题。而后苏格拉底、柏拉图的'四德目'理论以及亚里士多德创建伦理学,都是以规范伦理为基本内容的。"[5]时至今日,在经历了一次复归之后,规范伦理学的主导地位仍难以撼动。另外,由于规范伦理学主要着眼于人的外显行为,具有较强的操作性,且随着民主政治的进步以及教育的不断普及,人们对于教育公平与正义的关注与日俱增,也使其在教学领域备受青睐。

诚然,伦理规范在约束人的行为方面具有难以比拟的优势,而"人类发展的未完善性,人性的不完美性以及教学的社会性,客观上都需要适度伦理规范的约束",[6]但这

并不意味着规范伦理就是自洽无缺的,尤其是在教育这个关乎人之生命成长的领域,现有规范是否合理,能否引导教师和学生达至较高的价值境界,都是值得人们反思的。从实践上看,"现代以来的教学现实表明,带有令行禁止味道的各种教学规范并没有实际上帮助师生体会教学的本真内涵,而是恰恰相反,似乎规范越多,大家的反感情绪也越强烈"。[7]教学本该是教师倾注热情的事业,但太多的条条框框,却难免使人压抑,那些张贴在教室墙壁上的行为守则总给人一种冰冷的疏离感,学生的学习也受到各种规则的裹挟,在这样的环境下,教师教的乐趣和学生学的兴致都遭受了一定程度的削弱。教学是一项十分复杂的活动,规范是必须的,但并非所有问题均可依靠原则妥善解决。比如法国教育社会学家的调查就表明,学业成就不同的学生对教师的关怀需要明显不同。学业成绩较差的学生渴望得到教师积极的态度,从中获得平等感和信心,从而间接地有益于学业,而学业优秀的学生更看重教师进一步促进自己学业成长的能力和耐心,这些细微的差别必须以一颗灵动的关怀之心才能体悟,划一性的规范则是无法注解的,而这也提示我们在规范伦理之外,还需要从其他视角对教学伦理问题加以审视,为教学活动注入更多温情与活力。

## 二、固本拓边:教学伦理研究的战略性调整

### 1. 回归教学,加强学习伦理研究

教学伦理是关于教学的伦理研究,其开展理应围绕着教学的本质进行,而教学是教师"教"和学生"学"的统一活动,在此基础上,教学伦理也应该是"具有职业身份的教师履行授业传道的社会责任,满足学生的求知需求的同时,以学生为身份的一方也同样履行责任,双方通力协作,最终达到尊师爱生、教学相长的和谐境界"。[8]而在当前只专注教师"教"的伦理,忽视学生"学"的伦理的现实困境下,我们首先要做的就是进一步加强学习伦理的研究。其实,我国对于学习伦理的研究古已有之,孔子就曾对学生学习提出学而不厌、学思结合的要求,韩愈则提倡培养刻苦勤学的学习品德,告诫学生"业精于勤,荒于嬉",现代教育家蔡元培也非常注重学生学习兴趣的培养和学习责任感的激发,并详细指出作为学生一要孜孜求学,二要砥砺德行,三要尊师爱友,还认为整顿北大的第一要务就是改革学生的观念。当下的教学实践实际上也有一些蕴含着

学习伦理的规范要求,比如《中小学生守则》等。但无论是古代学习伦理的研究传统,还是当下对学生学习的行为规约,都是一些零散的提法,尚未进入到教学伦理领域中,进行较为系统、全面的研究。

除了上述对学习伦理的忽视以及研究的零散性以外,当前的学习伦理研究还存在着片面性问题,强调的多为学生所应恪守的学习道德、遵循的学习纪律和承担的学习责任,这只是学习伦理的一个方面,学生的学习自由同样是研究的应有之义。"自律是主体性的表现,是人出于理性而为自己立法并出于意志而自愿奉行之。"[9]道德强调和追求自由,其实质是主体对客体的认识、选择、改造和超越,是主体性的充分表现。恩格斯说:"如果不谈谈所谓自由意志、人的责任、必然和自由的关系等问题,就不能很好地讨论道德和法的问题。"[10]因此,学习自由可以说是学习伦理的重要组成部分,有些研究者可能会认为强调学习自由会给教学带来混乱,而刻意回避之,这是大可不必的,实质上真正的自由被天然地赋予了责任,哈耶克曾指出"自由不仅意味着个人拥有选择的机会并承受选择的重负,而且还意味着他必须承担其行动的后果,接受对其行动的赞扬或谴责"。[11]可见,学习自由不仅不会戕害教学秩序,还是促成学生成长的重要条件。

最后,在研究教学伦理时,我们还需要注意教师"教"的伦理和学生"学"的伦理之融通。"教学概念的核心精神即在'教学'中'教'与'学'是统一的,只有理论研究或实践中着力有所侧重的情况,不存在'分'或'合'的问题,一旦真的'分开',则教学就消失,就不复存在。"[12]因而,在分别加强"教"的伦理和"学"的伦理的基础上,还要致力于二者的融合,关注"教"和"学"的互动,比如有研究者就基于师生关系,提出了"教学道德调节"的概念,论述了师生共同遵守的道德原则和规范。这些原则和规范有"爱书和思考""练习和创造""通心与共慰"。教学是一个系统,为了研究的方便,我们可以将其中某个要素剥离出来看待,但"拿得出",更要"放得回",否则教学伦理研究便会被肢解开来,丧失了对其展开研究的真正意义。

## 2. 多维审视,提升理论指导的适切性

教学是一项十分复杂的活动,充满了不确定性,尽管规范伦理在约束人的行为方面很有必要,但并不充分。因为任何一种理论都不过是以某一特殊视角来解释伦理生

活,无法涵盖其中所有问题。上文已经提到规范伦理更多强调义务、规则或后果,主要聚焦于善恶、正义和公平问题的研究,带有较强的刚性意味,对于公共生活的利益调节和行为规范十分有益。但教学中的很多问题不是按照规则就能解决的,而是需要教师的伦理智慧和学生的伦理自觉。比如,教师已经完成了规定的教学任务,但某些学生还是没有掌握,此时如果仅遵从规范伦理的条目,教师就可以心安理得地离开学校。对于学生而言,也是如此,如果同学有不明白的问题向自己寻求帮助,到底要不要牺牲游戏的时间来完成这件看似分外的事情,这些都不属于规范伦理的研究范畴,而是需要美德伦理的指引。此外,教学也不仅关乎专业,更需要投注热情,有一些教师虽然能够上好课,但对学生的关心却很不到位,或者采取的方式不得当,这就需要关怀伦理学加以补充。概而言之,教学中的伦理活动不仅要"讲理",同时也要"谈情",二者缺一不可。道德不仅是遵守规范,更需要内在的力量和衷心的关切,在教学的程序性问题和公共事务中,规范显然处在更为突出的地位,而在教学的主体品行和私人交往中,则更需要美德和关怀的力量显现。正如有研究者指出的那样,"各种不同的理论形态,在通达幸福之路上,都有各自的位置"[13],教学伦理研究也是如此,需要各种视角的会同交融,以便为教学伦理发展提供全面的支持。

除此以外,在引入各种教学伦理研究视角的过程中还要关注教学的特有属性,因为无论是哪一种伦理范式,都是对于一般伦理问题的研究,并不能完全适应于教学领域,只有经过一定改造,方可使用。仅以关怀伦理为例,教师对于学生的教学关怀,应在日常关怀真情性的基础之上,更加强调关怀的责任性和科学性。日常生活中人们对彼此的嘘寒问暖,只要有一颗真挚的心,一片深切的情就足够了,但教学中的关怀却是和教师职责密切相关的,教学关怀在反对功利主义倾向的同时,也要考虑实际效果。比如教师始终有责任将自己真实的想法告知学生,并帮助学生在充分知情的情况下尽可能作出正确的选择。而且教师的关怀还要建基于对教学的科学认识,以教育学、心理学的相关知识为指导,结合学生个体情况施以关怀,明确关怀的内容并选择适当的关怀方式。比如因材施教这一理念就体现了教师对所有学生的尊重,蕴含着教学的人性化关怀。但要想真正实现因材施教,仅靠教师对学生的教育爱是不够的,还需要教学理论的指导,对教师个人的教学能力也有一定的要求。总之,无论是以多元视角审视教学伦理问题,还是在研究中赋予各种伦理视角以教学意蕴,都是为了提升教学伦理的适切性,更好地为教师发展、学生成长服务。

**参考文献：**

[1] 汪明,张睦楚.批判与期盼：关于教学活动性质的理性思考与深层追问[J].湖北社会科学,2015(10)：157-162.

[2] 汪明,张睦楚.对开展教学伦理学研究反对之声的回应与批判[J].中国教育学刊,2015(8)：48-72.

[3] 王策三.教学论稿(第二版)[M].北京：人民教育出版社,2005：87-88.

[4] 刘丙元.从规范到德性：当代道德教育哲学的本真回归[J].理论导刊,2010(1)：34-37.

[5] 唐代兴.变革与图新：发展规范伦理学的当代思路[J].道德与文明,2013(1)：110-115.

[6] 刘万海.关于教学道德性的原点审思[J].全球教育展望,2007(1)：31-39.

[7] 刘万海,李倩.试论当代教学伦理研究路向的转换[J].全球教育展望,2008(2)：14-18.

[8] 曾钊新.试论教学中的道德调节[Z].北京：人民教育出版社.1988：132.

[9] 王本陆.教育崇善论[M].广州：广东教育出版社,2001：319.

[10] 马克思恩格斯选集(第1卷)[M].北京：人民出版社,1972：153-154.

[11] 哈耶克.自由秩序原理[M].邓来正,译.北京：三联书店,1988：102.

[12] 丛立新.教学概念的形成及意义[J].北京师范大学学报(社会科学版),2007(5)：5-12.

[13] 高国希.道德理论形态：视角与会通[J].哲学动态,2007(8)：25-29.

# 教学伦理观照下学生幸福的缺失与重建

彭　倩　向葵花

（湖北大学　教育学院）

幸福是人类的一种积极情感体验，是人类生活的核心追求，不同的人对幸福有不同的理解，也有不同的追求方式。教育关涉人的幸福生活，主要是源于教育直指人的精神世界的满足，教育有助于提升个体的幸福能力，教育本身蕴含着极其丰富的幸福元素[1]。教学伦理以保障学生自由全面发展的需要为取向，关注如何帮助学生获取并创造幸福生活，对重建教育场域中的学生幸福有重要指导意义。本文试图在教学伦理的观照下，重新阐释学生幸福的内涵及其构成，分析学生幸福的缺失现状及其具体表现，进而提出重建教学生幸福的教学伦理策略。

## 一、学生幸福的内涵及其构成

### 1. 幸福

"幸福"一直是人类追寻的永恒主题，在某种程度上，"幸福"甚至可以被看作是促进人类历史发展的动力。幸福的概念至今都没有统一的定论，正如康德所说："幸福的

---

作者简介：彭倩，湖北大学教育学院硕士研究生，主要从事课程与教学论研究；向葵花，湖北大学教育学院讲师，教育学博士，硕士生导师，主要从课程与教学论研究。

E-mail：958784173@qq.com；xiangkuihua@aliyun.com

概念如此模糊,以至虽然人人都想得到它,但是,却谁也不能对自己所决意追求或选择的东西,说得清楚明白、条理一贯。"[2]目前,有关幸福的研究,主要集中在哲学和心理学上。

自古希腊以来,哲学家们对"幸福是什么?"这一问题产生了多种不同的回答。有的哲学家将幸福看作是感官的满足,如伊壁鸠鲁认为"快乐是幸福生活的开始和目的"[3]。有的哲学家认为幸福是一种精神追求,如亚里士多德认为"幸福是合乎德性的实现活动"[4]。有的哲学家认为幸福是物质生活和精神生活的统一,并最终指向"精神满足",如马克思提出"所谓幸福,就是人们在创造物质生活条件和精神生活条件的实践中,由于感受和理解到目标和理想的实现而得到的精神上的满足"。[5]

心理学中对幸福的研究主要是针对"幸福感"本质的研究,并出现了"主观幸福感"与"心理幸福感"两种不同的概念模型。"主观幸福感"将幸福感定义为根据自己的标准对生活评价,并由此产生情绪状态,强调快乐的主观体验。[6]"心理幸福感"认为幸福并不只是情感上的体验,而更应该关注个人潜能的实现。[7]

由此可见,哲学和心理学都倾向于将幸福看作是一种积极的情感体验,是物质追求和精神追求的统一,并更强调个人精神生活的满足。

### 2. 学生幸福

"学生"作为个体在社会生活中扮演的重要角色之一,其幸福体验既有作为人类个体的普遍性,也有区别于其他社会角色的独特性。学生幸福的独特性,主要来自于其作为教育过程主体的特殊地位。因此,本研究主要关注教学伦理关照下的学生幸福,即关注学生在教学过程中的幸福。从上文幸福内涵的界定出发,学生幸福是教学进程中学生在物质、精神等方面的需要得以满足后所产生的愉快感受。具体包含以下维度:

(1) 主体维度:教师眼中的学生幸福与学生心中的学生幸福

教师作为教学过程中的主导者,对学生幸福的理解决定着学生的幸福体验。教师对学生幸福的理解往往是站在成人的立场上分析学生的需求,并结合教学目标,将学生的幸福指向教学目标的实现。学生眼中的幸福则既包含自己作为教学过程主体的幸福,也包含其作为独立个体的幸福。因此,学生眼中的幸福以自我实现为依据,追求在教学过程中的自我成长、自尊自信、潜能实现等,同时还对情感交往抱有期待,渴望"爱"与"尊重"。教师和学生作为教学过程中的"主角",其对幸福的理解影响着教学"信息"的传递,其中既包含显性的知识与技能,也包含隐性的情感与态度。为保障教学"信息"的传递顺畅,则需追求"教师眼中的学生幸福"与"学生心中的学生幸福"的统一。

(2) 时间维度:即时幸福与未来幸福

学生的幸福,首先来自于当下学习过程中的幸福。学生这一社会角色决定了他们大部分时间都处在学习过程中,学习过程直接影响着学生的幸福体验。因此,教师应积极探寻和挖掘教学过程中的"幸福要素",并引导学生感受和体悟幸福。如,构建和谐的师生关系,尊重爱护学生;给予学生自由支配的时间,开阔视野;设计丰富的教学活动,促进学生潜能的充分发挥等。除关注学生的"即时幸福"外,还要关注学生的"未来幸福"。教学能否为学生的未来幸福生活做准备,使学生拥有追求幸福的能力,决定着学生能否拥有幸福生活。因此,教学既要展望未来,培养学生立足于未来社会的能力,满足其基本物质生活需求;也要关注学生的精神世界,培养学生的健全人格,以追求"精神幸福"。

(3) 内容维度:学业幸福与人生幸福

学业作为学生学习生活的重要组成部分,关系着学生在学习过程中的幸福体验。学生的学业情况,往往以"成绩"为表现形式,因此,"学业幸福"主要关注学生在学习过程中对学习成绩的满意度或成就感。然而,学习生活并不是学生生活的全部,除与学习密切相关的"学业幸福"外,还有与学生生命完满相关的"人生幸福"。学生的"人生幸福",关注的是人类幸福的普遍感受,即学生在教学过程中体验到的除学业成就之外的其他积极情感。如,因课堂气氛活跃而感到快乐,因师生关系融洽而感到温馨,因潜能得以发展而感到充实等。学生的"学业幸福"关注学生角色的特殊性,聚焦于学业成就;学生的"人生幸福"关注人类个体的普遍性,聚焦于情感体验,二者共同构成了学生的"完整幸福"。

(4) 目标维度:个人幸福与社会幸福

教育目的有个人本位和社会本位两种不同的价值取向,因此,在追求"幸福"的教育过程中,也有"个人幸福"与"社会幸福"两种不同的价值追求。追求学生的"个人幸福"即从学生的个人价值出发,在教学过程中尊重学生的主体需求和个性特点,帮助其发展潜能、实现理想。追求"社会幸福"的教育过程则从社会价值出发,以社会发展为最高追求,个体的发展必须为社会的整体幸福做准备,为社会培养符合其发展需求的公民,相信只要"社会幸福"则个体也必定幸福。而个人的生存与发展离不开社会,个人的幸福实现过程也总是依赖于社会环境,正如恩格斯所说:"每个人都追求幸福,个人的幸福和大家的幸福是不可分割的。"[8]因此,在"个人幸福"与"社会幸福"的关系上,"个人幸福"是"社会幸福"的基础,"社会幸福"又制约着"个人幸福"。

## 二、学生幸福的缺失及其具体表现

1. 以"教师眼中的学生幸福"取代"学生心中的学生幸福"

本文所讨论的学生幸福,关注在以学生为主体的教学活动中学生的幸福体验,强调学生这一社会角色的特殊性。然而在实际的教学过程中,教师往往凭借其主观经验界定学生的幸福,忽视学生对幸福的真正需求。有些教师将学生的幸福等同于物质资源的丰富,于是设法为学生创造丰富的学习资源,为学生提供书籍、视频、模型等,却从未给学生自由支配的时间和自主学习的机会。学生虽有丰富的"物质资源"却没有时间和机会去使用,这些教师眼中的"幸福"反而成为了学生眼中的"负担"。还有些教师将学生的幸福与学生的快乐挂钩,在教学过程中简单追求学生的快乐情绪,营造"愉快"的效果。将"愉快"简单地理解为教学过程中的轻松和活跃,于是在课堂上一味地强调"对话"和"游戏"。在这样的课堂上,气氛活跃、学生高兴,但教学效果却大打折扣。在教学过程中以牺牲教学效果来追求学生的简单快乐,并不能使学生获得持久的幸福。

2. 以"未来幸福"取代"即时幸福"

教育目的对整个教学过程具有重要的指导作用,使学生幸福也是教育目的之一,正如诺丁斯所说:"幸福与教育具有内在的一致性;幸福应当成为教育目的,而好的教育增进个人与公共幸福。"[9]在实际的教学过程中,往往将教育目的指向遥远的未来,如斯宾塞的"教育是为未来的完满生活做准备",赫尔巴特的"教育者要为儿童的未来着想"。指向未来的教育目的本无可厚非,但"幸福"作为一种心理需求,在关注学生

"未来幸福"的同时,更需关注学生的"即时幸福"。若只关注学生的未来幸福,在教学过程中则难免以学生的能力发展为主要任务,教学方法、教学内容的选择等均追求学生能力的高效发展,以期使学生拥有获得未来幸福生活的能力。在这样的教学过程中,学生的即时感受并不重要,未来的感受才是评价教学效果的指标。于是学生为了所谓的"未来幸福",则必须在教学过程中"被指挥"、"被教导"、"被幸福"。如果学生在当前的教学过程中没有体会过幸福,又怎能保证其在未来的生活中拥有幸福?

3. 以"学业幸福"取代"人生幸福"

自新课程改革以来,在课程评价方面不再过分强调甄别与选拔,并采用多种手段减轻考试对学生评价的影响。然而,长期以来的应试教育给学生评价带来的刻板印象却并没有消除。人们依然习惯将成绩的优劣与学生的好坏直接挂钩,认为成绩好的学生在品德、审美、运动等方面一样优秀,进而认为成绩好的学生必定是快乐的、幸福的。这种简单的一一对应关系显然既不符合实际,也不符合新课改理念。将"学业幸福"作为评价学生是否幸福的唯一尺度,带来的直接影响便是忽略了学生在教学过程中对幸福的真正需求。学业成绩是学生学习情况及其进步程度的反映,能在一定程度上反映学生的素质,但却无法显示学生在教学过程中的情感变化。以成绩为尺度,显然只满足了学生求知的需求,只关注了学生的"学业幸福",而指向学生情感体验的"人生幸福"却被忽视,于是,学生在获得学业成就时是幸福的,而整个学习过程是不幸福的。以学生的"学业幸福"取代"人生幸福"终将导致对教学结果的过分关注和教学过程的机械重复。

4. 以"社会幸福"取代"个人幸福"

教育目的的社会本位取向与个人本位取向并不是绝对对立的关系,两者在不同的历史时期各有侧重,并逐渐走向融合。当前,《国家教育事业发展"十三五"规划》提出"把立德树人作为教育的根本任务,培养德智体美全面发展的社会主义建设者和接班人",将教育目的指向了为社会发展服务。于是,在教学过程中,教师误以"社会幸福"取代"个人幸福",为实现"社会幸福"则以社会发展为导向,培养社会需要的公民,将学生看作实现"社会幸福"的工具,追求学生的能力发展和技能熟练。为此,教学过程便流于枯燥的讲授和被动的"填鸭",学生的"个人幸福"因追求"社会幸福"而被忽视和牺牲。"社会幸福"和"个人幸福"从来不是对立的存在,"社会幸福"以"个人幸福"为基础,且"个人幸福"的实现依赖于"社会幸福"。片面侧重"社会幸福"或"个人幸福"都不能引导学生走向真正的幸福。

**三、重建学生幸福的教学伦理策略**

教学伦理是教育伦理的一部分,将对伦理的关注延伸到教学领域,研究的是教学活动中的各个因素和环节的道德性问题[10]。而教学本身就是一个非常复杂的问题,包括教学目标、教学管理、教学方法、教学关系和教学评价等多个环节,因此教学伦理必将涉及教学过程的诸多环节。为重建学生在教学过程中的幸福,本研究将从以下教学环节出发,以教学伦理精神为指导,提出重建学生幸福的具体策略。

1. 教学目标:统一"教的目标"和"学的目标"

教学目标是整个教学过程的"指挥棒",既对教学过程起引导作用,也影响教学评价,在所有教学环节中居于核心地位。教学目标的伦理性关注"为谁制定教学目标"和"制定什么样的教学目标"问题。为了实现教学目标的道德性,需要统一"教的目标"和"学的目标"。在实际教学过程中,教师的"教学目标"来源于教学大纲,而教学大纲是社会需求的反映,代表着办学主体的利益,追求"社会幸福"的实现。学生"学的目标"在一定程度上与教学大纲保持一致,但也有学生的个性化价值追求,以学生"个人幸福"的实现为取向。由此可见,统一"教的目标"和"学的目标"即是统一"社会幸福"与"个人幸福",但是"统一"并不意味着"平均",在不同的教育阶段应有所侧重。在基础教育阶段,教学内容以基础知识为主,且学生的心智和人格发展尚不完善,教师的教学方式和学生的学习方式对受教育者的心智发展和成长有重要影响,因此应强调个人本位的教育目的,即更多地关注学生"学的目标"和"个人幸福",追求学生个人需求和价值的实现。[11]而侧重于"学的目标"并不意味着放弃"教的目标"和社会需求,"个人幸福"的实现终将构成"社会幸福"。

## 2. 教学管理：既要服务也要教导

教学管理是实现教学目标的保障，是指有计划地开发、分配教学资源和安排、组织教学活动。教学管理的伦理内涵主要体现在教学管理的目的上，应摒弃以"管理权力"为目的，提倡以"实现教学目标"为目的，从而促进学生发展和社会发展。因此，教学管理既要体现服务的功能，也要体现教导的功能。长期以来，教学过程的内涵和性质被简单地理解为知识教学的过程，于是整个教学的逻辑、概念、命题、范畴等都着眼于"知识"的逻辑起点，而淡化了学生在教学过程中"身体"和"伦理"的逻辑起点[12]。因此，教师作为教学过程的"管理者"，需要适当放下"教师眼中的学生幸福"，转而聚焦"学生心中的学生幸福"，即关注学生"身体发展""伦理发展"和"知识发展"的统一。教师要放弃试图成为"知识学习领导者"的意图，通过开发利用教学资源，精心设计教学活动以及合理安排教学组织，为学生创设良好的学习条件和学习氛围，既能精准把控教学秩序，也能充分发挥学生的自主性，从而高效地完成教学任务，实现促进学生和社会发展的最终目的。这样的教学管理过程，既是教师为学生提供教学资源、环境的服务过程，也是教师引导学生充分发挥主体能动性的价值创造过程，体现了教师对学生主观幸福感受的尊重。

## 3. 教学方法：体现学生的主体性

能引起合理学习的欲望，导致合理学习的状态，产生合理学习的良好效果的教学方法符合教学伦理的要求[13]。由此可见，教学方法的伦理性从"学生学习"的角度出发，强调学生的地位和价值，追求学生主体性的发展。学生的主体性与教学方法密切相关，强迫、压抑的教学方法将抑制学生的主体性，自主、能动的教学方法将增强学生的主体性，这就要求教师在教学方法的选择上应充分考虑学生的主体性。在教学中，学生被看作是一个不完善的、不成熟的人而被一味地压制和干涉，教育成了为成人的存在而进行的活动，学生所有的生活则成了将来的准备[14]。而发展学生的主体性即是重视学生在教学过程中的"即时幸福"，关注学生的情感体验，尊重学生的自主权利，发展学生的潜能。因此，在教学方法的选择上要摒弃"单一"、"独白"式的教学方法，架起师生互动交流的桥梁；反对将学生视作"未完成的人"，尊重学生的意愿和需求；转变对学生未来生活的过分关注，关心学生当前的幸福感受。在这样的教学过程中，学生的主体性得以发展,学生的学习欲望、状态和效果也得以提升,更重要的是教学过程对学生来说不再意味着枯燥和沉闷,而是能获得幸福的体验。

**4. 教学关系:教学关爱与教学尊重相结合**

教学关系的伦理性强调师生关系应体现为"敬师尊生",即学生敬重教师的学识和品行,感激教师的付出,教师关心、爱护学生,并在教学过程中尊重学生的人格和主体性。学生在教学过程中呼唤教师的"爱"和"尊重",没有任何真正的教育是可以建立在轻蔑与敌视之上的,只有充满真情与关爱的教学氛围,才能保障学生的幸福[15]。池田大作认为,教师之心和学生之心之间的感动、交融是师生关系的本质所在[16]。师生关系中的"感动"和"交融"离不开师生间"爱"的交流。教师对学生的爱具有特殊性,它与亲人间、同伴间、爱人间的爱不同,是有责任的、无私的、智慧的、公平的爱。它要求教师的关爱要为学生和社会的发展负责,从职业道德出发,不计较得失,符合教学目标和教学规律,并要对全体学生施以同等的关心和爱护。教学尊重以教学关爱为基础,正是因为"爱"才能促使教师关注学生作为学习活动主体的需求,并承认其在教学过程中的主体作用,以追求学生更好的发展。同样,教学关爱也离不开教学尊重,没有尊重学生独立人格的关爱,是虚假的关爱,只能沦为对学生的"情感束缚"。因此,只有在教学关系中统一"关爱"与"尊重",才能满足学生在教学过程中的幸福需求。

**5. 教学评价:建立具有包容性和多样性的评价体系**

教学评价的伦理内涵,体现在评价能否正确反映教学目标的道德性上,因此,主张建立具有包容性和多样性的教学评价体系。追求学生素质全面发展的教学目标,呼唤建立具有包容性的教学评价体系。如前文所述,以成绩为唯一的评价标准,既不能反映学生的素质,也不能引导学生走向真正的幸福。包容性的教学评价标准要求对教学目的、教学方法等教学因素能否促进学生全面发展进行全面评价,同时也要对学生德、智、体、美等多方面素质的实现情况进行评价。追求学生"学业幸福"和"人生幸福"的统一,呼唤多样性的教学评价方式,即在评价的过程中克服以统一尺度衡量学生的发展情况,采用多种评价方式,并关注学生的个性需求。在评价的过程中,除了采用传统的以成绩为尺度的考试评价方式外,还可以采用具有更多交互性的评价方式,如谈话、展示、自评、互评等,除了单纯的分数外,还可以采用等级、评语等方式。建立具有包容性和多样性的教学评价体系,既满足了教学评价的伦理要求,也凸显了对学生全面素质发展和学生个性的关注,满足了学生在知识之外对情感、技能、交往、健康的需求,丰富了学生的幸福体验。

总之,在教学过程中重建学生的幸福,必须统一教师眼中的学生幸福与学生心中的学生幸福、未来幸福与即时幸福、学业幸福与人生幸福、个人幸福与社会幸福。学生幸福涉及教学过程中的全部环节,本文基于教学伦理的内涵与原则,从教学目标、教学管理、教学方法、教学关系和教学评价五个环节提出了丰富学生幸福体验的具体策略,但尚未涉及教学环境和教学资源等方面。当然,学生幸福也是全社会的共同任务,教学只是其中很小的一个方面,但也不能忽略教学过程中学生幸福的重要价值。只有以追寻学生的幸福为目标,使学生感受幸福,并创造幸福,才能为学生追求终生幸福奠定基础。

**参考文献:**

[1] 扈中平.教育何以能关涉人的幸福[J].教育研究,2008(11):30-37.

[2][4] 周辅成.西方伦理学名著选辑(下卷)[M].北京:商务印书馆,1987:366,288.

[3] 北京大学哲学系外国哲学教研室.古希腊罗马哲学[M].北京:商务印书馆,1961:18.

[5] 唐凯麟.简明马克思主义伦理学[M].武汉:湖北人民出版社,1983:316.

[6] 苗元江.心理学视野中的幸福[M].天津:天津人民出版社,2009:30.

[7] 张陆,佐斌.自我实现的幸福——心理幸福感研究述评[J].心理科学进展,2007(1):134-139.

[8] 马克思恩格斯全集(第42卷)[M].北京:人民出版社,1979:374.

[9] 庞海英.关注学生个体幸福的学校教育问题研究[D].东北师范大学硕士学位论文,2013.

[10] 欧阳超.教学伦理学[M].成都:四川大学出版社,2008:11.

[11] 黎军,宋亚峰.社会本位论与个人本位论教育目的之再审视[J].教育理论与实践,2017,37(10):3-6.

[12] 李世讴,周先进.论教学价值的幸福取向[J].高等教育研究,2008(2):62-67.

[13] 李廷宪.教育伦理学的体系与案例[M].芜湖:安徽师范大学出版社,2010:142.

[14] 胡春梅.让幸福回归:基础教育的本真呼唤[J].教育理论与实践,2011,31(17):14-16.

[15] 向晶.拥有尊严:学生幸福的现实意蕴[J].全球教育展望,2015,44(6):48-55.

[16] 黄富峰.池田大作教育伦理思想研究[M].北京:中国社会科学出版社,2010:77.

# 师德评价研究

# 评价观：师德评价合理性的理论反思

宋芳明　余玉花

（华东师范大学　马克思主义学院）

师德评价总是基于一定的价值标准，是某种评价观的体现。评价观是否合理，必将影响师德评价的效果。在现代社会语境下，师德评价面临着新的境遇，亟需一种与社会主导的道德要求相一致，与教师的道德发展诉求相契合，与时代精神面貌相协调的新的评价观。

## 一、评价观的提出：基于当前师德评价合理性的反思

在既往的师德评价研究中，对师德评价失效性的批判与反思大多围绕师德评价系统自身的建设，师德评价难以真实地衡量教师的道德水平、达不到师德评价的期望效果，往往被归结为评价手段、方法、技术、表达等程序性、策略性的原因。诚然，这些要素确实影响着师德评价的效果，制约着师德评价的合理化程度。但是，相比之下，其忽视了师德评价的一个关键要素——评价者主体，特别是评价者对师德评价这一实践活动的思维方式、态度立场和价值取向。它直接决定了评价者对师德评价的全局性的、

---

作者简介：宋芳明，华东师范大学马克思主义学院博士研究生；余玉花，华东师范大学马克思主义学院教授。
E-mail：1248048390@qq.com；yyhecnu@163.com

整体性的、历史性的认知,关系着师德评价的内容构建、渠道选择、方法运用等是否能够做到科学合理。

1. 师德评价合理性的实质与困境

从根本上说,合理性概念本身就是一个评价性概念,"它主要不是描述对象是如何,而是要评价对象怎么样,是对于对象的价值和意义及其根据的一种深层探究与判断"[1],师德评价合理性问题的提出旨在对师德评价的合理性进行反思,其目的是揭示师德评价过程的合理性依据和合理性程度,由此确定评价者对既定评价行为的舍取态度。

然而,师德评价作为对教师道德的见解性判断,是对师德评价这一价值评价的再评价,这就决定师德评价的合理性建立在事实与价值相互渗透的基础上:一方面,一定时期、一定群体或个体教师的道德状况之于评价者是一个既定的事实,它不依赖评价者的主观意志,具有客观性;另一方面,师德事实属于社会事实,不同于自然事实的是,它对评价者的意义以评价者的目的、需要、兴趣等主观因素为转移,体现着评价者的价值追求。前者说明师德评价不是评价者任意为之,而是存在一个相对客观的依据使得师德评价具有合理性成为可能;后者表明师德评价和评价主体相关联,具有很强的个体的差异性、历史性、时代性,并且由此形成的主观性成为制约师德评价合理性的关键因素。

2. 师德评价合理性的理论解析

对当前师德评价合理性面临的困境作出检视,我们就有了明确的努力方向。破解师德评价合理性难题,需要以理性的态度重新认识和评估师德评价的评判依据。对师德评价合理性的探索应该立足于两个基本层面:师德评价合理性的标准应该是什么?它确立的评判依据又是什么?这就势必涉及师德评价的最终旨趣,我们要清楚地知晓师德评价究竟是为了什么,即在评价过程结束时所要取得的结果是什么。从对当下大多数师德评价内容的分析中可以看到,不论评价是围绕"为人师表"、"服务社会"、"敬业爱生"等进行,还是作为教师晋升职称和确定岗位津贴的法定依据,大多数学校在师德评价目的上的定位都是"为人"而非"为己"。孔子曰:"古之学者为己,今之学者为人"[2],这里的"为己"不是指为自己谋取私利,而是指为了陶冶德性和完善自我,获得精神世界的充实感;"为人"是指做学问是为了显得有知识、有文化而拿读书装点门面,期望获得别人的赞誉。基于同样的道理,目前多数学校的师德评价完完全全是从别人的喜好出发做给别人看的,比如,为了方便教师队伍的管理将评价结果和教师的利益直接挂钩,殊不知这样容易促使教师只是为了获得奖励去追逐师德量化指标而忽视了自身德性的提高。教师群体是一个特殊的文化群体,他们不仅仅追求物质利益的满足,而且更加注重内在精神世界的需要,迫切地希望实现自我价值。所以,师德评价的目标应该实现从"管控性"向"发展性"转变,也就是说师德评价不是为了管理、控制、打压教师,而是应该本着鼓励、引导、拯救的价值取向,激发教师的主体性意识,满足教师的追求尤其是精神上的追求,启发教师的道德自觉。值得指出的是,当教师获得尊严的满足和实现自我价值时,必然能够更加积极地投入到其所挚爱的教育科研事业之中,更好地服务他人,自然也满足了社会的普遍要求。

从"发展性"目标这一基本立场出发,师德评价合理性的评判依据应该是评价内容是否"合目的性"、"合规范性"和"合规律性"。这里的合目的性指既要合乎社会发展和历史进步对教师品德要求的目的,又要合乎教师自我道德人格实现的目的;合规范性既要求评价者具有规范意识,规范师德评价行为,使师德评价行为趋向合理的价值目标,又要将建立有效的教师道德规范体系作为评价的重要任务;合规律性指既要自觉遵循人的道德发展规律,又要依照人的思想、信仰、观念等精神世界现象本身的性质、特点和规律而展开,真实反映教师的道德原貌。

### 3. 评价观的合理化:师德评价合理性的自觉实现

师德评价毕竟是一种由评价者主张实施而受评教师又必须接受的建制性的科层化活动,除了要具有合目的性、合规范性、合规律性等总体性的、规范性的要素之外,从更深层次看,需要评价者具备与这些合理性要素相适切的评价观。因此,师德评价合理性的实现条件从根本上说要求我们从评价者之评价观的角度予以揭示和阐明。

师德评价合理性是师德评价的价值表达。它缘起于评价活动,即自发性的实践诉求,经由理性对评价活动合理性的反思形成观念层面的指涉。当然,师德评价的合理性不会止步于观念的构想,接续的问题就是让它回归到评价活动中,成为评价者的大局性、原则性、方向性的思想意识,通过指导评价者的行动,具体地运化于师德评价微观过程中。这一能动的转化活动的根本性前提是评价观趋向合理化,使师德评价合理性原则贯彻到评价实践活动中。评价观合理化能够最大程度地摒弃评价过程中评价者主观性带来的失真与偏颇,这种积极主动、有意为之的活动促使师德评价合理性得以自觉实现。具体而言,一方面要彻底地破除既往评价观中不合理的成分,揭露它的现象表现,阐明其在何种意义上、何种程度上不合理;另一方面,需把师德评价活动放在社会语境这一宏观背景中,理解社会系统对师德状况的整体规约意义,让社会大环境提供师德评价观不断合理化的动力。

事实上,当我们讨论当下师德评价观时,就不得不涉及在这种评价观指导下的师德评价现状,而当我们批评师德评价的种种不足时,就已经揭示出隐含在评价实践活动背后的评价观,这些评价观由于违背师德评价合理性准则,最终难以为师德评价提供有效的观念支撑。然而,对不合理的评价观的彻底批判依然不是最终目的,"破"是为了更好地"立",揭示原有的评价观不合理之处是为了寻求更加合理化的评价观。

从本质上说,师德评价观合理化是教师与他者社会关系的合理化的一种表现形式,它表明,不仅仅是学校的评价者,还包括普通大众在内的评价者主体对既定教师的道德面貌有了较为准确、合理的认知。师德评价与社会语境呈现出复杂的相互交织、相互调试、相互推动的关系。师德评价系统属于学校教育系统之评价系统的一部分,它离不开社会大系统的支援,"环境对系统的塑造导致系统的变化,变化了的系统反过来导致环境的变化,进而再导致系统的变化,循环往复,以至无穷。我们称之为系统与环境互塑共生原理"[3]。社会场景的转换意味着人的价值追求和生存际遇的变化,脱离了社会语境,师德评价合理性及评价观合理化都会由于失去了参照标准而变得抽象而不可捉摸。社会系统对评价观的合理化首先具有认知上的先导功能,人们对社会的分层与变迁、异质与共识、分化与整合等的多重切面的认知,都潜在地塑造着对教师这个特殊群体的道德期待。其次,社会系统发挥着对师德评价观的合理化的实践导向作用,即评价者通过对社会变革及其思想效应的辩证的否定,以价值评判的方式影响教师群体道德的成长方向;同时,教师群体也在社会系统中选择、认同、内化那些与其生存境遇相勾连的观念意识。

## 二、 师德评价观合理化批判

师德评价观能否逐步趋向合理化之于师德评价合理性具有前提性地位,因为它贯穿师德评价的全过程,关系着人们对师德评价合乎目的性、合乎规范性、合乎规律性三个维度合理性的把握,制约着评价目标的设定、评价方法的选择、评价主体间的关系等,是评价结果有效性的保障。所以,从根本上说,师德评价合理性的实现需要从人们的评价观着手寻找原因。现有的师德评价过程中盛行三种评价观:

### 1. 功利化的评价观

在伦理学上,功利主义"强调行动或规则的效果是决定一个行动的道德属性的唯一依据"[4],即只要行动者的行为效果是好的或者行动者遵循了某种正确的规则,那么就是应该做的。功利化的评价观注重对教师道德行为的评价,认为不管教师出于什么样的动机,不管教师的道德观念如何,但凡结果是好的,或者说,只要教师的行为符合师德评价的考核指标,那么就应该作出肯定性评价,反之则相反。就其评价目标而言,功利化评价观过分强调教师道德的评判标准来自外界的需要,对教师自身的道德发展需求考虑不足,忽视了师德评价基本的价值立场。道德评价通常包括对行为的评价与对行为者道德人格的评价这两个方面。行为效果的好坏固然是师德评价的一个方面,但仅仅局限于外在的、表面的考量,忽视教师的道德本心显然有失公允。不仅如此,为了达到对教师行为的约束作用,这种评价观往往倾向于将师德考核的结果和教师的物质利益联系在一起,虽然教师的道德品质的状况和其获得的物质利益不可分离,但以岗位升降、工资津贴等物质利益作为手段甚至是唯一手段来促使教师亦步亦趋地按照考核指标的内容行事,无疑是把教师看作没有思想和灵魂的工具性的存在物,它悬置了教师崇高的精神上的理想追求,没有体现出对教师人格的尊重。因而,它无法在教师的内心深处产生震撼的激励效果,不能培养教师的道德人格。

这种评价观对师德评价最大的影响是它忽视了师德评价的初衷,偏离了师德评价的目标。功利化的评价观以"成败论英雄",消解了教师对美好德性的执着追求。即使教师出于良好的愿望,只是由于外界条件、个人能力等没能达到预期的结果,不符合师德考核涉及的层层标准,那么他也无法获得公正的对待。"在大多数情况下,对高尚情操的追求犹如一颗脆弱的嫩苗,不但很容易被恶劣的环境所摧残,并且仅仅会因为缺乏足够的养分而枯萎。"[5]师德评价不但没有起到完善教师道德人格的目的,相反,它摧垮了教师"理性层面的高尚追求",最终失去了在教师心中的基本公信力。其次,当师德行为被以道德条目的形式列为考核对象的时候,师德评价可能引发"道德风险"。"道德风险"原是经济伦理学概念,指市场中的一方由于多种原因无法获得另一方信息而不能监督对方时,其中一方利用信息优势地位寻求自身利益最大化。对于教师而言,为了获得更加快速的职称晋升和更高级别的嘉奖,他会竭尽全力将自己的不道德行为隐匿起来,故意使行为贴近制度设计,而那些勤勤恳恳、本本分分、忠于职守的教师可能会因此在考核中"吃亏",这样师德评价因为教师的"对策"而失去了应有的意义。再有,受到追逐评价结果产生的利益的驱动,部分教师职业信仰失落。功利化的评价观潜移默化中向教师传递着这样一种信息,师德和市场上的商品一样,遵循等价交换原则,"钱多多干,钱少少干",因而完全将教师神圣、崇高的职业道德理想抛之脑后。师德与其说是对评价原则的遵守行为,毋宁说是一种教师内心的职业信念,因为责任感、事业心、敬业精神等都是以偏离自利行为为特征,功利化的师德评价观从教师行为结果的角度考察教师的道德品质,以利益作为影响条件,必然促使教师更加重视外在的利益而忽视自身的道德修养。

2. 泛道德化的评价观

持这种评价观的评价者主要是部分网络媒体和社会大众。他们用以一种以偏概全的否定性的思维方式看待教师群体,对偶然发生的个别的师德失范事件肆意渲染,认为这些事件充分反映了"教师师德沦丧,良心泯灭"。如,针对曾经轰动一时的"范跑跑"、"杨不管"、"教师体罚幼童"、"校长性侵女生"等事件,网上排山倒海般的谩骂无不是先将这些个别事件上升到整个教师群体人格丑陋,继而对整个教师群体加以痛斥。诚然,这些教师人性丑陋、师德败坏,但是与千千万万每天起早贪黑、辛勤服务学生的教师相比只是极少数,他们的师德瑕疵怎么就变成了"现在教师道德都败坏了"?那些在地震中为了保护学生而牺牲的、投身大山深处默默耕耘为山里孩子照亮未来的、放弃优渥生活条件用青春换取贫困家庭孩子改变命运机会的教师,为什么不能代表教师群体的道德面貌而被社会宣扬,反而个别教师师德失范案例的负面效应却被任意放大？不仅如此,为了博人眼球、达到轰动效果,在泛道德化的评价观支配下,一些网络媒体和非理性的大众进一步对教师群体加以贬损,贴上诸如"叫兽"、"责任感缺失"、"唯利是图"等标签,以此形成对教师群体污名化形象的构建。这些被污名化的教师形象潜移默化地深入到公众的潜意识之中,影响着公众对教师这个职业的认知,左右着公众对教师群体的现实态度。

泛道德化的评价观瓦解着公共生活形成的来之不易的信任感。在现代社会已经分化的条件下,最难能可贵的就是人与人之间的信任感,因为正是这种信任感让利益凭据不同、价值观念相异的人们可以达成共识、和谐相处。更为可怕的是,对个别师德失范事件的放大,使得公众心中教师的崇高形象分崩离析,人为地造成了社会悲观情绪的蔓延:既然教师这个最圣洁的职业的从业者都已经"良知不再",那整个社会想必也是一片黑暗、毫无希望了。信任感的消退和悲观厌世心态的扩张势必导致人们对社会进步信念的动摇、对美好未来期望的下降以及实现自我价值动力的减弱,进而影响到整个社会的精神面貌。

从教师群体的角度看,师德评价的泛道德化可能导致其进退失据、无所适从,即找不到可以遵循的道德规范。因为在这种评价观的指导下,人们只是一味地批判否定,而没有为教师树立一个可以参照模仿的榜样,更不能提供一套建设性的师德发展方案。换言之,它无法告诉教师"该怎么做"、"什么才是正确的",所以必然走向虚无的深渊,达不到师德评价的目的。再次,它降低了教师的职业效能感,教师在生活中不但感受不到社会的尊重、认可,难以体会到自己劳动产生的社会价值及带来的幸福感、满足感,还要承受着污名化的贬损,遭到社会的排斥与区隔,渐渐变得妄自菲薄、意志消沉。随着这种消极的自我意识不断被强化,可能发展为对社会的愤恨、与其他群体人际关系的紧张对立,甚至演变为人格的扭曲。

由此观之,泛道德化的评价观由于没有坚持师德评价活动应该具有的规范意识,评价结果和社会进步方向相背离,因而也不可能建立起有效的师德规范体系,它不合乎评价的规范性。

### 3. 独白化的评价观

"独白"原是小说理论家巴赫金在评述陀斯妥耶夫斯基小说时提出的概念,他指出陀氏小说是"复调小说",与以往"独白型小说"中只有一种声音在说话和思考不同,它"有着众多的各自独立而不相融合的声音和意识"[6]。巴赫金的独白理论为我们认识、分析和批判师德评价中那种类似的"独白"思维方式提供了一条路径。我们认为,现有的师德评价观存在着独白化倾向,在评价过程中表现为评价者是行使评价话语权的唯一主体和评价方式的单一性:

一是在评价者与受评教师的关系中,评价者行使着"独白"权。通常师德评价的结果和教师的切身利益相关,这就意味着评价者与受评教师之间形成了"位势差":评价者处在享有绝对权威地位的制高点上组织实行评价活动,受评教师在评价过程中似乎没有任何途径表达自己的意见,哪怕它关系自己的前途命运。如此,在评价者的规训与控制之下,教师身处评价话语权的劣势地位,一举一动都受到评价者的监视。它给教师造成一种精神上的紧张和压力,压制了受评者道德认知和道德实践的主动性、能动性、积极性和创造性,而道德"从本质上讲,它并不是人类的一种异己力量,相反,它是人类在改造自然和改造社会实践活动中自觉需要的产物,是个体生存发展的内在追求"[7],因此道德是人的主体性的品质,任何压迫性的力量都与人的道德发展规律相悖。

二是在评价方法选择中,实证性的评价方法占据"独白"地位。受西方科学主义管理理论影响,几乎所有学校对教师道德水平的考核结果都以一张可以量化的或者等级化的"师德评价表"呈现,并且评价内容和指标大同小异,主要分为遵纪守法、政治思想、教师育人、爱岗敬业、服务社会等方面,每一个方面都占据一定比例的分值和涉及若干较为具体的指标。运用这种实证性评价方法的学校秉持一个评价取向:数据说明一切,数据可以完全真实地呈现出教师的道德水平,它代表着科学和无误。这种评价取向的背后实质上预设了一种信念,即人的思想是受外在事物制约、决定的,对教师的道德水平的认识可以像自然科学所研究的客观对象一样用经验的方式捕捉到。但是,道德意识具有复杂性、多元性,是属于教师思想深层次的东西,它真的能够用一个统一的、精确的师德评价表上的数据表现出来吗?这些数据只是反映了能够用语言表述的师德水平的状况。须知,人的思想道德水平由许多难以言说的部分构成,师德水平的高低不能简单地用"合格"与"不合格"、"好"与"坏"来论断。另一方面,即使我们承认这些量化的数据在一定程度上反映了教师的道德水平,如日常获得奖励和惩罚的状况,对学校硬性规章制度在行为层面的遵守状况等,但是实证性评价得来的显示性的指标也仅仅反映了教师道德水平的高低优劣程度，不能反映师德高尚与卑劣的原因。因而，要科学反映教师的道德水平和找寻影响师德水平的因素，就必须重视解释性评价方法的使用，深入考察受评教师的生活方式和生存境遇，通过移情的途径去体验受评教师的心理历程，才能做到更为准确地复原其道德状况和挖掘显示性指标背后的原因。

概言之，独白化的评价观不合乎评价的规律性，它既违背了道德评价过程要符合人的道德发展的规律，又没有抓住把握认识评价对象即人的精神世界的方法。因而，在这种评价观指导下的师德评价无法真实地反映教师的道德水平。

### 三、现代社会语境下的师德评价观及其合理化

唯物史观认为，"人们的观念、观点和概念，一句话，人们的意识，随着人们生活条件、人们社会关系、人们的社会存在的改变而改变"[8]。现代社会语境构成人们师德评价观和教师道德状况的底色背景。一方面，它提倡的多元、平等、互助、开放等现代社会理念为教师道德的发展和师德评价观的确立提供了合理的价值导向；另一方面，社会的转型对师德评价合理性提出了挑战：其一，它过分依赖于制度化的规范约束而忽视了教师美德的培养对社会关系的调整和自身发展的意义；其二，它使人们获得自由、独立的同时瓦解了人们之间的信任感而造成了社会主体评价师德的客观性的丧失。由师德评价观趋向合理化的要求观之，一是需主动顺应现代社会环境下教师道德人格发展的要求，二是要自觉意识到现代社会语境给师德评价合理性带来的流弊并积极加以克服，具体而言：

1. 消除动机性评价和效果性评价的对立，注重美德塑造和制度约束相统一，以合乎评价的目的性

"论"由"史"出，人们的师德评价观伴随社会身份制的变化而变化，了解教师身份及其社会道德角色期待演变的历史，有助于我们重新思考和定位师德评价的目的性价值。传统上，中国社会身份带有封闭和固化特征，社会成员的身份相对固定。在制度不完善的社会条件下，人们之间的社会关系主要由这种固着在社会身份上的伦理文化

来调节。因而,人们对教师的道德品质寄予非常高的期望,"园丁"、"蜡烛"、"为人师表"、"灵魂的工程师"、"阳光下最光辉的职业"等赞誉都是那个年代人们对教师道德理想境况的描绘,它要求教师具备坚定的职业信仰,能够安贫乐道、严以律己,说话做事的动机纯而又纯。可以说,这种评价观在特定环境下、在一定程度上从思想深层塑造了教师道德人格。"随着社会变迁的不断深入,社会身份体制也发生了持续的重构,身份不再是附着于个人的'固态',而是可变的、不确定的'变态'。"[9]现代社会不再是由亲缘情感和职业伦理维系的共同体,而是"理性权衡下的交易和竞争具有绝对的支配性"[10]。社会对教师的道德要求逐渐下降,普遍地不再从道德动机角度关注教师的道德品质,更多地采取功利化的制度设计来衡量教师的德性水平。与此同时,教师体悟到自身神圣的光环不复存在,加之市场化思潮强有力的推引,职业信仰和价值追求也随之发生动摇,似乎只要行为结果符合道德规范就可以了。但是这种作为师德考核指标的道德规范只是一种最低限度的兜底式的规章制度,并不能从根本上起到塑造教师道德人格的作用,难以对教师的道德追求发挥明显的作用。

然而,面对陌生人组成的现代社会,在没有共同体道德责任感约束的情况下,如果缺乏制度的规约,仅仅依靠教师的道德良心行事,我们很难想象其后果。并且,面对原有道德理想的衰落,教师也迫切需要确立一种获得性的精神品质来充盈自己的精神世界。这就需要我们在动机性评价和效果性评价之间找到平衡。从满足教师内在道德人格完善要求这一根本目的看,师德评价应该以"长善救失"为原则,把美德塑造和制度约束相结合。进言之,一方面要关注教师的道德动机,精心呵护和培植教师良好的道德愿望并创造条件促使它成长壮大;另一方面,"治病救人",用蕴含着"善良意志"的制度设计帮助教师弥补道德的不足。当师德评价设计的规章、制度、法律、法规内化到教师的道德人格结构中,成为教师人生价值实现的基石,就会使教师体会到职业的自豪感、培养人的使命感,进而在真正意义上理解师德评价之于自身的意义,这时社会进步对教师提出的道德愿望和教师自身的道德成长意向达到了统一,师德评价才合乎它的目的性。

2. 秉持科学、辩证、理性的思维方式,适当放大师德评价的正面效应,以合乎评价的规范性

如果说由现代社会市场经济发展带来的社会身份制的重构以及因此而产生的以

制度为依托、以行为效果为唯一标准的功利化的评价观之弊端对师德评价的合目的性提出了注重美德培养和制度约束相协调的要求,那么,现代社会变迁所致的社会关系层面的后果形成的师德评价合规范性所要解决的问题,则对师德评价观提出了新的挑战。从传统社会向现代社会转型的过程中,传统"乡土社会"下家族或地域的共同体已经被打破,个人从过去对集体的依赖中解脱出来,获得了独立和自由。在这个陌生人社会里,传统的伦理规范、社会习俗对人们的约束作用日渐式微,传统社会中个人由于血缘、地缘关系与他人联系在一起带来的安全感、归属感、依赖感不复存在,而以公共理性精神为依托的契约化的运作方式却尚未完全建立起来,即没有一个充分发育的公民社会,个人慢慢变得孤立化,仿佛处在"无根漂泊"的状态之中。加上市场经济不断强化个人利益及由此产生的种种社会道德失范事件,人们产生了道德困顿和普遍的道德怀疑,总是有意识地与他人保持距离,抱着最坏的恶意揣测他人的行为动机以寻求心理平衡,构建自我防御机制。其实,不仅仅是教师,社会其他职业群体如医生、公务员、记者等亦不能逃出泛道德化评价的攻击,人们相互污名、相互排斥、相互嘲弄,用极端非理性化的方式宣泄着恐慌与愤懑的情绪。概言之,社会面临着信任的危机。从这个意义上说,师德评价观首先要有规范自我评价行为的意识,要客观而谨慎地作出评价结论,尤其要重视评价结果带来的社会效应,切忌盲目跟随社会情绪化的思潮,被舆论牵着鼻子走。具体而言,一是要严格以客观事实为依据,科学评价教师的道德水平,避免先验的主观的设定;二是坚持辩证的思维方式,在揭示师德存在的问题时要看到道德行为表象背后的事实真相,并且在得出结论时总揽全局,一分为二,抓住主流;三是要排除情绪化的干扰,运用主体理性思维仔细研究、鉴别、推断。

在当前社会环境下,师德评价观还需具有使评价结果有助于构建有效的师德规范体系的意识。这就是说,处在社会的信任危机背景下,师德评价在指出问题的同时,应当更加积极地宣传评价结果的肯定的、向上的、正面的部分,构建向善的社会氛围。毫无疑问,我们决不姑息部分教师身上存在的丑恶、不良现象,但我们同时也应该注意到教师群体依然保持着向善的定势这一无可否认的事实,注重不遗余力地对师德评价中涌现出的道德模范教师事迹的宣扬、传播,"正确的榜样教育,能够给受教育者创造良好的道德氛围,可以激发人们内在的善良心灵、培养人们高尚的情操、提高人们的精神境界"[11]。对道德榜样的宣传具有强大的激励作用,能够为教师自我道德修养提供可以学习、模仿的典型,有力地规约教师的道德行为,促使教师自觉见贤思齐,从他律走向自律，从而形成完善的道德人格。另外，它指引人们从一味关注教师道德阴暗面的视阈中走出来，增强了社会对教师群体的认同、尊重意识，从而帮助教师群体建立起良好的社会生态环境，实现教师群体与其他社会群体的良性互动。更进一步说，放大师德评价的正面效应符合满足人性中向善之心生长的需要。笔者认为，大概没有任何一个正常的人愿意生活在弥漫着阴霾、压抑气氛的社会空间中，人是社会关系中的人，人的本性都希望在充满阳光、善良有爱的社会环境中生存。在陌生人社会中，弘扬道德模范教师之先进事迹一定程度上能够培养个人与他人之间的信任感，这种信任感有助于消解人们的疏离感、孤独感，缓解社会转型带来的普遍的道德焦虑，滋长人性中向善的一面，进而引导社会向稳定、良序的方向发展。

3. 反映平等、理解、互动的人本精神，契合现代社会教师人格独立性、创造性、个性化、多样化的发展诉求，以合乎评价的规律性

现代社会结构的分化、开放程度的扩大和相互交流的频繁使人们的价值观念具有差异性和多样性，社会呈现出非排他性，"在这个生活世界中，所有的存在者的身份都是平等的，并以一种理性的态度在经验生活中彼此商谈、交流，构建起主体间的关系"[12]。当然，这并不是说社会成员之间没有了对立和斗争，而是说与传统社会相区别之处在于持不同价值观念的群体之间能够以平等的身份相互对话、相互包容。同时现代社会是一个充满活力、充满竞争的开放社会，人们在价值宽容的前提下以平等的身份相互之间表现出一种合作性竞争、冲突性共谋的特征。身处现代多元社会，教师的人格也打上了现代性的烙印，他们勇于进取、思想活跃、追求新知、渴望交流，个体与个体之间、群体与群体之间表现出很强的异质性。这种强烈的主体性意识正是教师道德发展的内在依据。这就要求师德评价观要改变过去评价过程中以评价者作为唯一话语主体的观念，注重受评教师的自我评价，尊重受评教师的主体性人格，采取平等商谈、理性对话的姿态与受评教师进行交流。对师德评价方法以及内容、标准的把握亦要跟上时代的步伐。在坚持社会主义主导道德价值为导向的前提下，面对师德状况多样性的事实，切忌用一种整齐划一、僵死不变的评价标准"一刀切"、"一风吹"。既要考虑教师道德人格中的个性化、多样化的因素，又要密切关注受评教师道德水平的变化以及发展的趋向，及时给予鼓励或纠正。而要想深度把握现代社会教师的道德状况，

评价者就必须看到影响教师道德状况的社会生活的复杂性、丰富性、多样性，即要融入到教师共同体的生活情境之中，"对人类知识及相关概念的哲学阐释必须置于关系的背景之中"[13]，理解教师日常行为和话语背后的信仰、规则、习俗等社会文化语境，并从中找寻影响其道德水平的因素，给予准确、适时的引导。

总之，师德评价观的合理化是师德评价具有合理性的前提性、根本性的条件，它在整体上为师德评价起到"立法"的作用，是评价合乎目的性、合乎规范性、合乎规律性的观念支撑。评价观的合理化是一种"相对合理化"，是一个永无止境的发展、演化过程，而非一个一蹴而就的终极结果。因此，对师德评价合理化的探索应该在批评既往评价观的同时立足于现代社会语境，在不断扬弃社会观念和时代思想的过程中找寻更加合理的价值依托，从而构建起符合师德评价合理性要求的理论体系。

## 参考文献：

[1] 欧阳康.人文社会科学哲学[M].武汉：武汉大学出版社，2001：333.

[2] 论语·宪问.

[3] 苗东升.系统科学精要[M].北京：中国人民大学出版社，1998：45.

[4] 陈真.当代西方规范伦理学[M].南京：南京师范大学出版社，2006：56.

[5] 约翰·穆勒.功利主义[M].叶建新，译.北京：中国社会科学出版社，2009：49.

[6] 巴赫金.诗学与访谈[M].白春仁，等译.石家庄：河北教育出版社，1998：4.

[7] 梅萍.论道德的主体性与人的全面发展[J].武汉大学学报（社会科学版），2003(4).

[8] 马克思恩格斯选集（第1卷）[M].北京：人民出版社，2012：419.

[9][10] 郑杭生.多元利益诉求统筹兼顾与社会管理创新[M].武汉：华中科技大学出版社，2012：4.

[11] 彭祖怀.和谐社会视阈下的榜样与偶像研究[M].北京：学习出版社，2015：103.

[12] 高兆明.社会失范论[M].南京：江苏人民出版社，2000：225.

[13] 陈嘉明.科学解释与人文理解[M].上海：上海人民出版社，2010：244.

# 师德评价面临的矛盾、问题及出路

糜海波

（南京森林警察学院　思政部）

师德评价是指人们在教育道德意识的支配下，依据一定的教师职业道德规范和准则，通过社会舆论、内心信念或教育传统等形式，对教育行为所进行的道德价值判断和表达褒贬态度的一种活动。在教育活动中，对具有善恶价值的教育行为进行道德评价既是纠正教师不当教育行为的重要手段，也是促进教师职业道德认知转化为职业道德行为的中介，还是调节各类教育人际关系的理性杠杆。可见，师德评价不仅是一种单纯的道德意识，而且是师德建设中一种广泛的、基本的道德活动。作为一种无形的精神力量，师德评价具有引导和规范教师行为的作用。而要发挥它的积极作用，就必须认识其面临的内部矛盾和外部问题，并寻求有效的完善策略，这样才能使师德评价的现状有所改善和突破。

## 一、师德评价在实践中遭遇的内在矛盾

由师德本身的特殊性和道德评价的一般性所决定，师德评价在实践中存在着虚与实、义与利、主观性与客观性以及理想性与现实性的内生矛盾。提高师德评价的实效

---

作者简介：糜海波，南京森林警察学院思政部教授，博士，主要从事教育伦理学研究。
E-mail：nanjingmhb@126.com

性和针对性,要求辩证认识师德评价诸多矛盾体的对立统一关系,以科学的态度转化矛盾,从而切实增强评价活动的有效性和可信度。

第一,虚与实的矛盾。师德评价实践之所以会成为一个难题,是因为在许多人看来,一个人的道德水平和道德品质究竟如何,是无法准确地像知识水平那样来加以衡量的。也就是说,师德评价是一件很"虚"的事情。确实,从人的德性结构来看,一个教师的道德水平、道德情感、道德态度、道德信念以及内在道德品质等都是很难简单地以分数来量化的,道德行为首先应该是质的判断,其次才是量的分析。但是,可以肯定的是,师德是需要评价,而且是可以进行评价的。为了使师德评价由虚变实,体现其实际的意义,一些学校对师德实施了量化评价,用数字来说明、甄别教师的师德状况。但是,把师德量化成一个个数字指标,也受到了一些人的诟病。他们认为这一做法是受经济领域 GDP 思维的影响,这种方法虽具有可行性,但缺少科学性。因为,它"虽然依据经验对教师道德做出大体上的判断,却无法对教师内心的道德法则实施考核"[1]。它把教师看作是一个接受道德规范的"美德袋",却忽视了行为主体的道德主体性和创造性。更为重要的是,它使师德测量走向形式化、表面化和数字化,而数字有时并不能说明一切,就像学生的分数高并不代表其身体素质与思想品德高。一旦把数字神圣化、标准化、泛化,一些以获取分数为目标的道德现象也就随之出现。解决师德评价"虚"与"实"的矛盾,就必须把教育行为的定性评价和定量分析结合起来。

第二,义与利的矛盾。作为社会对教师行为提出的道德要求,师德规范规定了教师个人应尽的教育道德义务。师德评价实质上也就是对教师在教育活动中是否履行了道德义务,以及履行道德义务状况的价值判断。德性是人的行为在履行义务时体现的一种力量。一般而言,教师对道德义务的履行不以获得道德权利为目的前提,而且师德的崇高性还要求教师具有一定的自我牺牲和奉献精神。这是师德高尚性和超越性的体现,也是教师职业道德的一种特殊要求。然而,这并不意味着教师不可以有道德权利的诉求。马克思曾言:没有无义务的权利,也没有无权利的义务。道德权利和道德义务是密不可分的一对范畴。从公正的角度说,行为主体在履行了一定的道德义务之后,客观上理应得到相应的道德权利回报。比如,教师有获得尊重、荣誉、公正评价和人格尊严受保障的权利。问题是,在市场经济条件下,随着教师权利意识、利益意识和自我意识的增强,中国传统伦理所主张的"重义轻利"的道德价值观在不断地被解构、分化和重组。一方面,那种精神至上的"大公无私"的道德观在现阶段难以普遍践行;另一方面,教师个体道德也显现出了功利性倾向和物质需求。这使得师德评价面临"义"与"利"何以抉择的矛盾困境。因此,在义与利发生价值冲突的情形下,引导教师"先义后利"、"以义制利",正确处理道义与功利之间的矛盾关系,成为师德评价要解决的一项现实课题。

第三,主观性与客观性的矛盾。师德评价是依据一定社会(阶级)的道德价值标准对教育行为进行善恶价值判断的道德活动。社会的道德价值标准是不以人的意志为转移的客观存在,具有客观性和必然性,因此师德评价也具有客观性。一种教育行为只有符合教育善的本质规定,合乎教师的职业道德规范,与社会主流道德价值观相一致,才能获得积极的评价和肯定;反之,它就不能获得认可。然而,在师德评价活动中,评价标准运用得如何又取决于评价主体的价值观、责任精神以及评价能力等。由于评价主体的需要、认识和价值取向不同,对于同一评价客体,往往会得出不同甚至相反的结论。这就产生了师德评价主观性与客观性的矛盾。评价活动本身应该是客观公正的,但评价主体的价值判断又是有主观性的。从科学的角度说,评价应该是理性的行为,不应掺杂个人的特殊偏好或欲求。否则,纯粹出于个人的情感和爱好而非基于主体的理性和职责进行的师德评价将无法得出公正的结论。针对这一问题,有人明确指出,师德评价中的主观色彩导致了评价的准确性欠缺。表现在:教师本人的自评往往流于形式,真正自我反省的很少;同事之间考虑到彼此的关系很少严格地按照标准进行评价;对学业要求严格的教师得不到学生的好评,而放松要求的教师却得到了好评等等。所以,这种主、客观相矛盾的师德评价,如果处理不好,非但不能产生良好的道德效益,反而会影响甚至挫伤教师的道德积极性。作为一种道德活动,师德评价是在道德意识支配下对道德行为的评判活动,因而是道德认识与道德实践的统一,是主观性与客观性的统一。为了维护这个统一,防止出现评价的主观随意性,必须坚持程序公正和实体公正的统一,评价者必须是一个负责任的评价主体。就是说,道德评价本身必须合乎道德,这样的评价才可行,才能发挥对师德建设的积极效应。

第四,理想性与现实性的矛盾。教师道德是师道与师德的内在统一。"师道的外在显态表现为规范与准则,教师据此来完成正确处理教师职业关系的任务;师德则是依此而形成的较为稳定的行为和态度品质。"[2]师道是教师在职业活动中应该遵循的行为规则,是社会对教师职业行为的总体道德要求,具有外在性、应然性、统一性。它是教师应有的价值取向,是社会对教师的价值期待,因而具有道德的理想性。在主观上,师德是教师在教育活动中遵循师道而形成的道德品质,具有内在性、实然性、个体性。在现实生活中,由于行为主体实践的广度和深度不同、对师德的认识和感悟不同、主观努力不同等因素,师德还表现出因人而异的差异性,这就是教师德性状况的现实性和多样性。教师道德的理想性与现实性特点,带来了师德评价理想性与现实性的矛盾。一般而言,师德评价总是用社会所设定的统一的理想道德标准对教育行为进行善恶判断和价值分析。但是,教师的实际德性状况与社会所期待的理想状况并非完全一致。由于教师整体德性状况的多样性,对于那些德性水平较高的教师,理想维度的师德评价具有导向意义,而对于那些德性水平较低的教师,现实维度的师德评价具有规范意义。解决师德理想性与现实性的矛盾要求评价在二者之间形成一种张力。通过评价使教师道德之实然趋向于应然。因为,"在人类道德史上,教师职业道德往往处于当时社会道德的最高水准上,代表着社会成员道德涵养的最高层次。在世人看来,教师应该去追求而且应该是德行完美的人"。[3]追求崇高乃师德之实质。但是,这种崇高性的师德追求,并不意味着师德评价在坚持导向性的同时,可以忽视教师德性状况的多样性和差异性,进而把理想性与现实性对立起来。道德的层次性特点决定了师德评价的价值目标是多元的,从而充分调动广大教师投身道德建设的热情。

## 二、当前师德评价过程中面临的问题

当前师德评价过程中面临的现实问题,主要是指其自身存在的诸多不足以及面对的外部挑战。反思并解决这些问题,将有助于提升师德评价的质量和效益。

其一,师德评价伦理目标存在偏差。从目的性角度说,师德评价可分为奖惩性评价和发展性评价两种主要类型。前者服务于对教师道德表现的奖赏或惩戒,后者致力于教师专业道德的成长和发展。相对而言,发展性师德评价在我国起步较晚,与我国现行教师队伍管理的理念和方法不相适应,目前奖惩性评价仍占主导地位。学校开展的师德评价有的是为了考核教师,有的则是为评价而评价;部分评价中教师处于被动地位,没有知情权、参与权、表达权,评价成为一种单向的活动。由于缺少互动、沟通和必要的反馈,师德评价未能为被评价者提供合理化的意见和建议,使其改进和完善个人道德,致使评价的指导力、透明度和有效性不足。

究其实质而言,师德评价不是在终结意义上对师德状况的鉴定,而是在过程意义上对教师行为进行诊断、评判和引导,使教师把握教育分寸,践行师德规范,自觉扬善抑恶,不断提高职业道德水平,提升教育境界。因此,评价不是为了证明,而是为了改进教育行为,促进教师德性的完善和提升,适应时代发展的要求。也就是说,师德评价的伦理目标是提升教师德性和实践智慧。奖惩性师德评价只是手段而非目的,以手段代替目的就使评价失去了对人本身的意义。发展性师德评价凸显人性化理念,不把教师当作"经济人"和"机器人",而是看成一个活生生的、发展的、自我实现的人,这一评价理念是从"科学管理理论"到"人本主义理论"的过渡。[4]作为一种道德评价而非法律评价,师德评价要从关注行为向关注人的内心世界延伸,考虑教师的情绪、自尊、需要和期望,把思想动机、态度感情、价值观当作评价的调控对象,彰显对生命本质的精神关怀和人文关照。

其二,师德评价受到多元文化的冲击。随着改革开放和全球化的发展,传统文化与现代文化、西方文化、精英文化和大众文化等多种文化交织在一起,形成多元文化格局。它使人们的思想意识、道德观念和价值取向均发生了引人注目的变化。对此,有学者说:"国内外各种政治文化思潮的泛起和涌入,从根本上改变了传统价值观念的基础,严重冲击了固有的社会形态和思维模式,人们一贯尊崇的价值观和人生观也逐渐地改变。"[5]从意识层面看,多元文化下的社会意识趋于多样化,个人意识较集体意识得到重视和提升。从道德层面看,多元文化下的中国伦理精神呈现为"市场经济中形成的道德"、"意识形态提倡的道德"、"中国传统道德"、"受西方道德影响"四元素构成的四边形结构。[6]其中,中国道德总体上处于市场经济主导的状态。从价值层面看,多元文化表现为不同层次的精神需求和多元化的价值取向。受此影响,教师的价值观念和价值取向也呈现出多样、多元的特点。多元文化及价值对于人们以不同方式实现人生价值具有某种积极的意义。

但多元文化也带来了主体选择的道德困惑和价值冲突,对教育伦理、教师道德的发展产生一些消极影响,导致教师道德行为边界模糊、价值理想失落、心理秩序紊乱。多元文化在价值规范和行为方式上呈现的异质性和多样性,要求教师道德评价增强教师文化的穿透力、整合力和引导力。师德评价在尊重个体差异、包容文化多样的同时,必须确立具有主导地位的师德观和道德价值观。要对多元文化的实质和关系予以价值澄清,明晰教师行为善恶的是非标准和道德阈限,并守护作为教育者的精神家园,积极弘扬优秀师德和现代教育伦理精神。

其三，师德评价中教育观念滞后。如何理解教育关系到师德评价的行为取向？教育是一项饱含价值关怀的事业，其价值体现为对个体和社会发展的意义。从伦理学的视角看，教育的使命不在于传授知识，而是人格的培养和素质的提高。马克思把人的全面自由发展看作社会发展的最高理想，是教育伦理的终极关怀。在当代，联合国教科文组织强调："教育应当促进每个人的全面发展，即身心、智力、敏感性、审美意识、个人责任感、精神价值等方面的发展。"[7] 人的本质的全面展开和真正实现，意味着"他有能力担当多方面的任务。他应该是社会物质生产和精神生活整个领域的创造者、享用者、鉴赏者和保护者，是有文化修养和道德面貌的人，是积极参加社会活动的公民和具有道德基础的新家庭的建设者"。[8] 而自由则指向人的道德自觉和伦理解放。正如黑格尔所说："教育的绝对规定就是解放以及达到更高解放的工作。"[9]

然而，现实生活中，应试教育却又一直困扰着师德评价的教育理性。在"知识本位"和"工具理性"的主导下，教师"教书"与"育人"的双重使命在实践中不是趋于统一而是走向分裂。教育的异化导致师生关系失范，教师成了"教学机器"，学生成了接受知识的"容器"。因此，师德评价必须走出应试教育观念的困扰，以素质教育理念和创新教育观念转变教师的教育观和人才观，树立"以人为本"的教育理念和"立德树人"的教育信念，把促进人的发展作为师德评价的根本价值取向。同时，既要注重对外在教师行为的显性评价，也要注重教师在对学生思想引导、人格熏染、言传身教等方面的隐性评价。这样，师德评价才能起到既规范教师行为，又促进教师德性品质提升的作用。

## 三、改进和完善师德评价的路径选择

基于师德评价面临的困境以及在实践中存在的问题，要求师德评价在理念、目标、标准、方法、主体、对象等诸多方面加强自身的建设和改进，以走上科学化、规范化、民主化的轨道，从而积极发挥其对教育伦理发展和教育道德进步的推动作用，引领教师的德性状态朝着社会所期待的方向前行。

首先，师德评价标准的设立应体现完整性和层次性。对教师道德进行评价需设立切实可行的价值标准，它既要为教育行为的好与坏、是与非提供判断的尺度，也要对提升教师道德素质具有导向意义。师德评价标准是一个完整的体系，既要反映社会普遍的道德要求，同时又要反映教育自身的特殊道德要求。前者作为外部的标准，是衡量教育行为善恶的外在尺度;后者作为内部的标准,是衡量教育行为善恶的内在尺度。就前者而言,作为社会的上层建筑,教育总是从属于社会的经济基础,总是为一定社会和阶级的利益服务,这是教育活动的社会目的。教育活动的社会目的规定了教育道德行为必须符合一定社会的要求,与社会主流道德价值保持一致。就后者而言,教育活动有自身特殊的规律和特点,教育道德行为要符合教师和学生的个性心理特征,有利于师生的心理健康发展和良好品质的形成。这一标准系统包含了与时代要求相契合的教育道德观念以及教育伦理规范(原则)等。教育行为善恶的外部标准和内部标准相互统一,只有将它们结合起来,才能体现教育行为道德价值对社会和个体所具有的完整意义。

所谓师德评价标准的层次性,是指基于教师德性状况的多样性和不一致性,要求教育伦理规范的设立体现价值的等级性。按照当代美国学者富勒的观点,道德应当划分为"愿望的道德"和"义务的道德"两个方面。愿望的道德意味着某种"至善"的概念,其实是人的美德的展现;而义务的道德是对人的行为的基本要求,其实是行为的道德准则。因此,教育伦理规范作为师德评价的标准,至少应包含义务性规范和倡导性规范两个基本层次。义务性规范是道德行为的底线,构成了教育行为质性评价的善恶依据,对此的量化评价可以反映恶行的程度及其数量,对教育恶行的发生也具有抑制和惩戒作用。而倡导性规范作为人的德性在伦理上的造诣,属于美德的范畴,只有境界之分,没有善恶之别。尽管我们对某种善行可以作出大德或小德的价值区分,但是美德的实现形式毕竟是多种多样的,其价值有时是很难进行比较的,对此的量化评价也就应该是极其有限的。比如,我们不能根据款项多少对教师捐款行为进行道德排序等。因此,对于教育行为的道德评价,应当重视的是对其善恶性质的判断;而对于教师德性的评价,更多地还是道德境界和层次上的区别。

其次,应明晰师德评价的范围和教育行为的道德类型。师德评价中的"师德"是对于特定的教育主体而言的,包含了主体的道德品质和道德行为两个基本方面。由于教师的德性品质是内隐于其观念和人格之中的,它只有通过具体的教育行为才可能得以外显和实现。因此,师德评价包括对教师德性水平的衡量,最终主要还是通过对教师教育行为状况的价值判断而获得结论。这样,师德评价实际上就是对教师职业活动中的行为进行价值判断,并表明褒贬态度。根据其是否具有道德意义,教师行为又可分为教师的道德行为和非道德行为。所谓教师的道德行为,是指教师在教育劳动中在一定道德意识的支配下,在道德价值上表现出有利或有害的教育行为。反之,就是教师的非道德行为。只有属于道德范畴的教育行为,才是师德评价的对象。道德的基础是利益。教师的道德行为是与外界产生利害关系的行为,也是行为主体自觉、自愿和自择的教育行为。教师的道德行为不仅具有道德意义,且与道德责任相联系,所以具有评价意义;教师的非道德行为不具有道德意义,也不负道德责任,因而不具有评价意义。如果对道德行为和非道德行为不加区别,将教师的一切行为都纳入师德评价范围,就会导致"泛道德论"倾向。对教师的非道德行为加以道德评判也是对评价限阈的一种僭越。比如教师迟到或早退严格地讲是纪律问题而非道德问题,教师穿奇装异服或不修边幅属于不宜行为或非道德行为,对此作出善恶评价是不恰当的。

教师的道德行为是可以进行善恶评价且具有道德价值的行为。从价值论的角度说,教师的道德行为具有不同的类型,只有对不同类型的道德行为加以区分,才能作出正确的评价。在教育伦理学的意义上,教育道德行为可分为善的(道德的)、恶的(不道德的)和亦善亦恶(既道德又不道德)三种基本类型。所谓善的教育行为是指行为的动机和效果都是好的;恶的教育行为是指行为的动机和效果都是不好的;而亦善亦恶的教育行为是指行为的动机好但效果不好或行为的动机不好但效果好。第一种和第二种教育行为是比较容易评价和判断的,而对于第三种较为复杂的教育行为就不能采取"非此即彼"的思维模式,如动机论或效果论那样给予完全的肯定或彻底的否定。既要对整个教育行为进行一分为二的善与恶的定性评价,也要对"善行"和"恶德"的大小、主次进行定量的分析和判断,这样才能使评价更为客观准确。

再次,师德评价应将"具体考察"与"总体判断"结合起来。师德评价包含对教师行为的具体考察和对教师道德的总体判断,前者具有行为的诊断、矫正和导向作用,属于即时性、动态性、形成性评价。后者对教师道德状况的全面把握,有助于教师在道德品质上扬善弃恶,向着理想的道德境界不断提升。因此,师德的具体考察和总体判断密切联系,前者是因,后者是果,二者结合才是唯物辩证的态度。那么,如何进行教育行为的具体考察呢?道义论者认为,只有合乎教育伦理规范的行为才是善的,这种观点以是否遵循规则来判断教育行为的善恶。但实际上这是有失偏颇的,比如教师为了鼓励学生而说点必要的谎言等,就不能说是恶的。功利论者认为,只有带来最大好处的教育行为才是善的;行为之善恶不是依循规则,而是基于处境做到"两利相衡取其大,两害相较取其轻"。问题是功利有自我和他者两种不同的取向,以牺牲他者利益来维护自我利益并不是道德的行为,如"范跑跑"事件就受到了人们的谩骂和批评。马克思说:"既然正确理解的利益是整个道德的基础,那就必须使个别人的私人利益符合于全人类的利益。"[10]在出现利益冲突时,道德总是意味着或多或少的自我牺牲。所以,康德说只有出于责任的行为才是道德的。责任要求一个人履行社会角色所规定的道德义务,并依循正义的良心行事。因之,麦金太尔坚持德性论立场,强调回到"亚里士多德"去,把道德看成是实践精神和伦理智慧。不过,德性论观点也存在缺陷,比如人们并不太主张教师带病坚持教学,因为它不利于教师的身体健康,也影响教学效果。这样,对于具体教育行为的考察和评价,拘泥于规则、倾向于功利和依赖于德性都不能说是完美无缺,唯有在教育实践中做到具体问题具体分析,才是检验和判断教师道德行为选择是非得失的可靠方法。

在师德具体考察基础上作出的总体判断,是一种抽象的综合评估,具有以下特点:第一,阶段性。师德总体评价是依据经验对教师道德作出大体上的判断,它只是对主体过去行为表现的一个总结,因而是暂时的、阶段性的,而非永久性的。因为人性的独特之处在于它的双重性和可塑性,人的行为和品质都是可变的、流逝的,有时甚至会自相矛盾,虽然我们对已经发生的行为能够作出明确的判断,但我们却不能由此推断一个人在将来是由好变坏还是由坏变好或者是更好更坏。因此,教师道德是不断变化和发展的,评价不是一劳永逸的,而是持续进行的。第二,相对性。一个教师的道德状况在群体中所处的位置,可以通过总体的评价加以区分和判断。但是这种区分只是相对的,而不是绝对的。因为人性有多方面的规定性,一个人可以在不同的方面显示出好的表现,使道德呈现出个体差异。人的行为也有不协同性,他在某些行为方面可能是道德的,而在其他方面则可能是违反道德的。当然,这不是说师德不可以进行比较,而是意味着教师行为道德价值的评价是相对的。比如有仁爱型、敬业型、奉献型、负责型、能力型和创新型等多种类型的教师,其行为各有其价值。进一步说,教育教学中教师如何算是敬业的,并没有固定的模式和统一的评判标准。因此,我们应尊重教师的个性,承认个体道德的差异性,在评价中不可强求一律,而是应当看其本质和主流。

此外,师德评价实践应辅之以一定的伦理教化和道德激励。从认识论的角度来说,道德评价既是一种价值评价,也是一种价值认识,评价本身具有教育和引导功能。师德评价不仅要告诉教师在教育活动中应该如何,而且应进一步告诉他们为什么应该如此,即既对教师的教育活动进行行为导向,又使他们对社会要求的合理性产生认同,进而把教师道德的他律、他评转化为个体的自律、自评和自省,并形成科学的教育理性、良好的教育情感和高尚的教育良心,这是实现教育善的德性基础和内在保证。因此,师德评价实践中对教师辅以伦理教化,是社会教育道德变为教师个体道德的一种有效手段,对于教师德性的形成和教育善行的呈现具有强化作用。

师德评价既为道德规范的完善创造了可能,也为行为主体提供了道德提升的机会。从提升教师德性的意义上说,师德评价还必须辅之以对行为的道德激励。道德作为行为准则具有规范功能,作为精神追求具有激励功能;人性既有向恶的一面,亦有向善的一面。对于人性之恶,道德主要是发挥其规范功能,对于人性之善,道德更多的是要发挥其激励功能。教育道德实践的目的是为了追求教育善,但这种追求作为教育行为主体高度自觉性的体现,并不是社会设定教育行为限度的必然逻辑结果,它是教师在一定的道德激励下的主动选择,这种激励为他们的行为提供了持久不息的动力源。若没有一定的道德激励机制,就难以产生高尚的举动,即使偶尔为之,也难以持久,更谈不上一种习惯。总之,在师德评价实践中以伦理教化和道德激励与之相配合,可以达到以评促建的目的,促成师德认知与行为的统一,因而是构建评价体系、实现评价目标的重要环节和举措。

**参考文献:**

[1] 潘希武.师德量化考核的限度及其消极性[J].上海教育科研,2010(8):57.
[2] 傅维利.师德读本[M].北京:高等教育出版社,2003:93.
[3] 李敏,檀传宝.师德崇高性与底线师德[J].课程·教材·教法,2008(6):76.
[4] 蔡敏.美国中小学教师评价[M].北京:北京大学出版社,2009:115.
[5] 杜时忠,卢旭.多元化背景下德育课程建设[M].南京:江苏教育出版社,2009:15.
[6] 樊浩.当前中国伦理道德状况及其精神哲学分析[J].中国社会科学,2009(4):30.
[7] 联合国教科文组织总部中文科.教育——财富蕴藏其中[M].北京:教育科学出版社,1996:85.
[8] 苏霍姆林斯基.帕夫累什中学[M].北京:教育科学出版社,1983:9.
[9] 黑格尔.法哲学原理[M].北京:商务印书馆,1996:202.
[10] 马克思恩格斯全集(第2卷)[M].北京:人民出版社,1957:166.

# 中外教育伦理思想研究

# 梁启超家庭、家教、家风思想初探

陈泽环

(上海师范大学　哲学与法政学院)

2016年4月14日,孔子以来中华民族的思想大家之一梁启超(1873—1929)的幼子梁思礼(1924—2016)逝世。梁思礼是我国航天事业的奠基人之一、著名导弹和火箭控制系统专家、中国科学院院士、国际宇航科学院院士。习近平主席为此发出唁电,对梁思礼逝世深表哀悼,向其亲属表示慰问:"新中国成立之初,梁思礼同志毅然归国,为发展我国航天事业鞠躬尽瘁,并作出了重要贡献,他的爱国情怀、奉献精神和严谨作风令人敬仰。"[1]一个作出重要贡献的科学家逝世,国家最高领导人直接向其家属发出唁电,是十分罕见的。笔者认为,这不仅是梁思礼本人的哀荣,同时也包含着对中国20世纪著名的文化家庭——梁启超家庭——的敬意。在梁启超的9个子女中,除了梁思礼于1993年当选为中国科学院院士之外,他的哥哥梁思成(近代中国建筑教育的开拓者,1901—1972)和梁思永(中国近代考古学的开创者之一,1904—1954)于1948年同时获选为"中央研究院"首届院士,梁思成还于1955年被选聘为第一批中国科学院学部委员(院士)。梁启超子女的这种"一门三院士,满庭皆俊秀"的成就和贡献,使当代中国的广大家庭、特别是注重子女教育的家长们深为赞叹和由衷敬佩。那么,这是一

---

作者简介:陈泽环,上海师范大学哲学与法政学院教授,博士生导师,主要从事哲学—伦理学研究。

E-mail: Czh659@shnu.edu.cn

个怎样的家庭？实行了怎样的家教？培育了怎样的家风？我们应怎样起而效法？带着这些问题,作为《梁启超论清白家风》一书的《导论》,笔者拟以"吾家十数代清白寒素"为中心,从"中华民族历来重视家庭"、"使汝等常长育于寒士之家庭"、"我是一个热烈的爱国主义者"等三方面作一概括和阐发,与读者共勉之。

### 一、"中华民族历来重视家庭"

关于家庭在中国文化中的地位,国学大师钱穆曾经指出:"家庭是中国文化中最重要的一部分。"[2]"'家族'是中国文化一个最主要的柱石,我们几乎可以说,中国文化,全部都从家族观念上筑起,先有家族观念乃有人道观念,先有人道观念乃有其他的一切。"[3]对于钱穆的上述观点,历史学家何兹全作了进一步的发挥:"西方文化与中国文化不同,西方文化可以说是个人文化,国家、政治、社会,一切都建筑在有独立人格的自立的个人基础上。个人直接对国家。……中国文化则可以说是家族文化,个人组成家,家再组成社会、组成国家。"[4]至于这种家庭观即家庭文化观在现代中国中的历史命运,随着时代的主题从政治革命到社会和谐的变迁,也发生了根本性的变化。如果说,在"五四"运动以来各种社会和伦理思潮的论争中,它主要被视为一种文化保守主义思潮,往往处于被动防守的地位;那么,在为全面建成小康社会、实现中华民族伟大复兴中国梦而奋斗的今天,它已经成为主导性的意识形态和社会思潮:"中华民族历来重视家庭。正所谓'天下之本在家'。尊老爱幼、妻贤夫安,母慈子孝、兄友弟恭,耕读传家、勤俭持家,知书达礼、遵纪守法,家和万事兴等中华民族传统家庭美德,铭记在中国人的心灵中,融入中国人的血脉中,是支撑中华民族生生不息、薪火相传的重要精神力量,是家庭文明建设的宝贵精神财富。"[5]

这就是说,"家文化不仅是理解中国五千年历史文化的密码,也左右着中国未来的内在发展逻辑,是中国文化之根"。[6]因此,生而为中国人,在子女教育和青少年成长等问题上,我们首先要从确立和践行合理的家庭观开始,否则就有可能丧失中国文化传统的一个突出特点和优长所在,甚至会导致事倍功半、南辕北辙的结果。这么说的根据在于,由于经济生活的现代化、市场化和全球化,与过去相比,当代中国社会的家庭结构及其生活方式也发生了极大的变化,各种不同文化、不同视角的家庭理论和观念更是层出不穷,不仅使人眼花缭乱,而且使人彷徨迷惑。面对这种现实,我们当然要作出新的选择。但为避免各种错误和偏执,这种新选择,就不能离开和抛弃"中华民族历来重视家庭"的优秀传统,而是应该在这一根基上实现其体现时代精神的转化和发展。基于弘扬中华优秀传统文化的立场,我们有充分的理由确信,无论过去、现在还是将来,绝大多数人都生活在家庭之中,"家"仍然是我们对生活的最终愿景和归属:"无论时代如何变化,无论经济社会如何发展,对一个社会来说,家庭的生活依托都不可替代,家庭的社会功能都不可替代,家庭的文明作用都不可替代。"[7]至于梁启超的家庭思想和家庭生活,作为实现中华优秀传统家庭文化创造性转化和创新性发展的一个范例,至今仍然给予我们深刻的启示。

例如,早在1904年出版的《新大陆游记》中,对于如何在新时代合理地对待中国传统的家庭和家族制度及其思想和文化问题,梁启超就有相当深入和全面的阐发:"吾中国社会之组织,以家族为单位,不以个人为单位,所谓家齐而后国治是也。周代宗法之制,在今日其形式虽废,其精神犹存也。……吾中国人……既已脱离其乡井,以个人之资格,来往于最自由之大市,顾其所赏光、所建设者,仍舍家族制度外无他物;且其所以维持社会秩序之一部分者,仅赖此焉。此亦可见数千年之遗传植根深厚,而为国民乡导者,不可不于此三致意也。"[8]这里,梁启超基于当时美国旧金山华人社会团体只能以家族制度思想为基础建立起来、"有族民资格而无市民资格"的状况,反思华人"无政治能力"的缺陷;但批判之余,他并没有完全否定家族制度在"维持社会秩序"中的积极作用,强调今后仍然要重视这种有着数千年之遗传植根深厚的制度和思想。笔者认为,由于家庭是家族的基础,梁启超对中国传统家族制度的这种批判与继承、传承与发展相统一的思想,也完全适用于中国的传统家庭及其思想和文化。此外,梁启超这里虽然主要从社会治理和组成国家的角度探讨传统家族制度的地位和功能,但在笔者看来,这也完全适用于我们今天的子女教育。家庭是子女的摇篮和港湾,父母是子女的榜样和老师;重视子女教育,首先应该从重视家庭做起。

从梁启超的诸多作品中可以看到梁启超及其家庭是如何面对中国向现代世界的转变,传承和发展中华民族的优秀家庭伦理和家庭文化的。例如,《三十自述》回忆祖父对年幼的自己"日与言古豪杰哲人嘉言懿行",《我之为童子时》叙述母亲"惟说谎话,斯不饶恕"的我家之教,《哀启》发挥父亲"所贵乎学者,淑身与济物而已"的为学之道,《亡妻李夫人葬毕告墓文》中"君真舍我而长逝耶?"的哀痛;以及对父亲的侍奉,对患难之妻的敬重,对师友亲戚的关心,对子女的挚爱和言传身教等等,都体现出梁启超家庭对弘扬家庭伦理以实现家庭和谐的中华民族优秀家庭文化的传承与发展。值得重视的是,正是因为祖父和父母亲自幼就对梁启超进行以伦理道德为核心的中华优秀传统教育,不仅使其少年科举成名,青年"决然舍去旧学",成为中国近代思想启蒙的先锋和戊戌维新运动的领袖,而且是其终身与时俱进、为"无术可以尽国民责任于万一"而焦虑,以"报国民之恩"自任的最深刻文化和道德根源。梁家原先作为一个普通的自耕农和基层儒生家庭,能够做到这一点,应该说确实是"中华民族历来重视家庭"优秀传统所结出的硕果之一。而这一切启示我们,生为中国人,要教育好子女,首先要组织好自己的家庭,处理好家庭成员之间的伦理关系。家庭不存,家教焉附? 特别是在我国古老的家庭传统已经衰微、新时代家庭建设尚在进行之中的情况下,尤其应该如此。

## 二、"使汝等常长育于寒士之家庭"

在谈到自己的家世时,梁启超经常说:"吾家十数代清白寒素。"这句话出于1916年他写给女儿梁思顺的家书。当时,梁启超隐蔽于上海策划反对袁世凯称帝的护国战争,对比在北京当官和被追捕状况的天壤之别,不禁深有感慨:"孟子言:'生于忧患,死于安乐。'汝辈小小年纪,恰值此数年来无端度虚荣之岁月,真是此生一险运。吾今舍安乐而就忧患,非徒对于国家自践责任,抑亦导汝曹脱险也。吾家十数代清白寒素,此乃最足以自豪者,安可逐腥膻而丧吾所守耶?此次义举虽成,吾亦决不再仕宦,使汝等常长育于寒士之家庭,即授汝等以自立之道也。"[9]在此,梁启超认为自己是"寒士"出身,并为"十数代清白寒素"的家世和家风而自豪。所谓"寒士",一般指传统中国社会中出身低微、地位卑下的读书人。梁启超最初确实是一个"寒士",但他在民国时期已经"把优质的政治资源、学术资源与财力资源集于一身",[10]其地位岂可再以"寒士"目之。但是,他始终没有忘记:"余自顾一山野鄙人,祖宗累代数百年,皆山居谷汲耳。"[11]"余乡人也。……余实中国极南之一岛民也。……此后所以报国民之恩者,未知何如?"[12]梁启超这么说,当然不是矫情显摆,而是一个来自耕读之家的天下"名士"不忘寒素家世、不背清白家风,竭尽全力以报国民之恩的衷心之言。

梁启超这种"十数代清白寒素"的耕读之家,在中国传统社会中具有特殊的文化意义:"这种家庭,无论与赤贫人家或与朱门大户相比,都是中国社会赖以存在、赖以发展、赖以转型的基础。"[13]在这种环境中出现的读书人,终究与世家子弟有所差别。

"汉、宋两代独尊儒,……学者又皆来自田间,与门第子弟不同,故其为学之风格气度,最足为中国学统正规。"[14]如果具备必要的先天与后天条件,本人又能够不断地进德修业,很可能成为历史性人物,而梁启超的情况正是如此,关于这一点,直到20世纪早期还是一种社会共识。例如,1915年4月5日,湖南一师教授杨昌济与他的得意弟子毛泽东聊天时,谈到毛的家世。杨在当天的日记中写道:"渠之父先亦务农,现业转贩,其弟亦务农,其外家为湘乡人,亦农家也,而资质俊秀若此,殊为难得。余因以农家多出异才,引曾涤生、梁任公之例以勉之。"[15]那么,为什么诸如梁启超这样的农家"多出异才"呢?这是由于其家庭不仅多年自耕自种,受勤俭、务实、淳朴的民风熏染,而且受过比较系统的儒学教育,自觉地以儒家伦理为立身处世之道。具体说来,梁启超的祖、父居家孝悌、居乡为公,是中国传统社会典型的"教化之儒",以言传和身教相济的方式,努力将儒家的修己安人、淑身济物之道传给后代子孙。对此,梁启超深感自豪,立志弘扬这一"清白"之家风,并努力把它传承下去。

因此,在袁世凯倒行逆施、祸国殃民的危急时刻,梁启超既未明哲保身,更不同流合污,而是挺身而出,"为四万万人争人格",以大无畏的实际行动报国民之恩。"我的最大罪恶,是这几年来懒了,还带上些旧名士愤世嫉俗独善其身的习气,并未抖擞精神向社会服务,并未对于多数国民做我应做的劳作。我又想,凡人对于社会都要报恩,越发受恩深重的人,越发要加倍报答。像我怎样的一个人,始终没有能够替社会做出一点事,然而受了社会种种优待,虚名和物质生活都过分了。我若还自己懒惰,不做完我本分内的事,我简直成了社会的罪人。"[16]由此可见,梁启超自觉地"对于国家自践责任"与其不败坏"十数代清白"家风的初心密切相关。这里,就"清白"家风与"寒素"家世的关系而言,在梁启超看来,"处忧患最是人生幸事,能使人精神振奋,志气强立。两年来所境较安适,而不知不识之间德业已日退,在我犹然,况于汝辈。今复还我忧患生涯,而心境之愉快,视前此乃不啻天壤,此亦天之所以玉成汝辈也。使汝辈再处如前数年之境遇者,更阅数年,几何不变为纨绔子哉!"[17]因此他不仅反省自己"频年佚乐太过",而且决定使子女常长育于寒士之家庭,引导他们脱离容易堕落成"纨绔子弟"的险境,使寒素家庭成为涵养自己与子女延续"清白"(操行纯洁,没有污点)家风的"玉成"园地,多在艰难困苦中磨练人格。

近年来,《梁启超家书》已经成为我国告别"以阶级斗争为纲"、构建和谐社会后,广大公民重新注重家庭、家风和家教的典范,许多学者也对此进行了深入的研究和广泛的宣传。例如,解玺璋从梁启超早期所受的家教谈起,赞赏他把家教视为国民教育之基础,"自觉地把中西道德熔于一炉"[18],批判了一些追求思想自由的当代精英在家庭教育和人格培养方面主动放弃责任,导致出现"精致的利己主义者"的偏颇;李喜所则认为:"从梁启超的家庭文化中,可以切实感受到西方文化的潜移默化,更能够追寻到颇为深厚的中国文化底蕴,还会提炼出一种古今中西文化相融合后再合理升华的新的文化因子",[19]等等,都是很合理的。但是,对于梁启超家教所体现的中国"家"的文化意义,以及何种家庭和家风最适宜承载这一意义的问题,现在的涉及和探讨还是远远不够的。笔者认为,为真正从中汲取有助于克服近代以来我国家庭教育迷失状态的教益,有必要再次强调梁启超家教不是贤明的"他"一个人的"教",而是梁"家"在教,在"家"中"教":"中国人乃以家庭培养其良心,如父慈、子孝、兄友、弟恭是也。故中国人的家庭,实即中国人的教堂。中国人并不以家庭教人自私自利,中国人实求以家庭教人大公无我。"[20]只有在认同这种家文化的基础上,我们才可能进一步理解梁启超之寒素家世、清白家风和仁智家教的核心价值及对我们的当代启示。

### 三、"我是一个热烈的爱国主义者"

关于何种家庭和家风最适宜承载上述中国"家"的文化意义问题,梁启超的家庭、家教和家风实际上已经给出了回答:实现诗礼传家的传统耕读家风向现代伦理文化统一的中产家风的转化和发展。传统的耕读家风之所以最适宜承载中国"家"的文化意义,是因为这类家庭既知道民间疾苦,又自觉地传承着儒家伦理道德;当然,100余年来,这类家庭逐渐消亡了。当今的状况是,自确立以社会主义市场经济为方向的改革开放以来,原本趋向均平化的中国家庭由于所占经济、政治和文化资源的不同而重新发生了阶层分化。对于这种不可避免的分化,国家的方针是让一部分人先富起来,然后达到共同富裕,而现代社会正常与合理发展的趋势也是中产之家扩大,成为国家和社会的主体。就家庭教育而言,我们当然希望所有阶层的家庭都能像梁家那样,建立和谐的家庭,施行全面的家教,培育清白的家风。但从落实注重家庭、注重家教、注重家风的要求来看,中产之家的家教和家风建设应该是主体和重点所在。而问题在于,当前许多中产之家在付出了昂贵代价之后并没有得到相应的回报,"教育的一塌糊涂(不只是家教)给人们带来的是一种深刻的绝望感"。[21]究其原因在于,除了其他错谬和失误之外,许多中产之家在子女教育方面,只重视对子女传授生存技能和科学知识,喜欢进行功利性的攀比,不懂得培育其伦理和德性的首要性和根基性,即以"寒素"家庭涵养"清白"家风的重要性。

为此,我们有必要向实现了从传统耕读家风向现代中产家风华丽转身的梁启超家庭学习,建构当代中国重伦理、有文化的中产之家,实现中华民族优秀家庭、家教、家风文化的创造性转化和创新性发展,重建新时代的"清白"家风。梁启超及其子女的成就是可遇不可求的,但其清白家风则是可以和应该效法的。子女教育的最终目的不是令人眩目的"成功",因为这需要种种主观和客观的条件;引导子女成为一个懂伦理、有德性的人,才是家长的首要使命,这是可以由自己决定的;而在懂伦理、有德性的心田中,可以长出万紫千红的文化之花。因此,尽管当代中国家庭的日常生活已经与过去有了霄壤之别,尽管物质财富本身就是人类创造性能力的成果,尽管从寒素之家向中产之家的转变是社会历史性进步的体现,但就对未成年子女的道德教育,甚至对父母本身的道德修养而言,保持寒素即勤奋节俭的家庭生活方式,仍然是形成和延续中产之家的"清白"家风的必要条件之一。梁启超反复对梁思顺说:"你和希哲都是寒士家风出身,总不要坏自己家门本色,才能给孩子们以磨练人格的机会。"[22]当得知梁思成、梁思永在美国学习十分刻苦时,他就很高兴:"汝等颇知习劳苦学俭朴,吾心甚慰,宜益图向上。"[23]这一切实在值得陷于"富养"和"急养"怪圈的家长们思考,而许多"成功"人士及其子女的腐败堕落和歧途偏误则从反面证明了这一点。

进一步说,这种"清白寒素"之家庭、家教和家风的精神实质、核心价值和文化根基就是梁启超对其父亲"淑身之道,在严其格以自绳;济物之道,在随所遇以为施"[24]所实现的现代爱国主义的创造性转化和创新性发展。所谓"淑身济物"之道,实际上就是孔子的"修己以敬"、"修己以安人"、"修己以安百姓"(《论语·宪问》)的平民化和现代化,是明明德、亲民、止于至善和修身、齐家、治国、平天下的《大学》之道的现代化和平民化。正是由于有了这种转化和发展,在中国传统社会向现代社会转变的风雨如磐的岁月中,在为实现民族复兴而努力的艰难曲折的奋斗中,梁启超的清白家风能够从一般家庭"没有污点"的道德操守升华为现代中国人最为重要的伦理精神和个人德性——爱国主义:"有人曾问我:'你从父亲那里继承下来最宝贵的东西是什么?'我回答:'爱国!''爱国'也是我们全体兄弟姐妹们所继承下来的宝贵遗产。我们9人中有7人在海外学习,个个学业优秀,但是我们没有一个留在国外,个个都学成归国,报效祖国。当然,父亲对我们的影响不仅只此。他的伟大的人格、博大坦诚的心胸、趣味主义和乐观精神,对新事物的敏感性和严谨的治学态度都是我们取之不尽,用之不竭的精神源泉。"[25]梁思礼院士晚年的这一叙述看似老生常谈,实则准确和深刻地揭示了梁启超之家庭清白家风的真谛!

在晚年的一次与学生的谈话中,梁启超说:"我的中心思想是什么呢? 就是爱国。我的一贯主张是什么呢? 就是救国。我一生的政治活动,其出发点与归宿点,都是要贯彻我爱国救国的思想与主张,没有什么个人打算。……我是一个热烈的爱国主义者,即说我是国家至上主义者,我也承认。"[26]综观他的生平和思想,他的政治活动与文化工作,从早年积极参与戊戌维新运动到晚年综合中西文化的创作,不仅梁启超的这一"夫子自道"是应该得到承认的,不需要有什么争论,而且其家教的核心价值也充分显现了出来。他始终教育子女:"毕业后回来替祖国服务,是人人共有的道德责任。"[27]并谆谆教导学生和青少年:"当时时准备着,以供国家的要求。"[28]这一切绝非泛泛之谈,而是其被人称为"中国家教第一人"[29]的最终根据所在。梁启超精心教育子女成才,不仅仅是为了使子女生活幸福,而且是为了国家富强和民族振兴,把自己小家的命运与国家、民族大家的命运紧密地结合了起来,其努力和贡献是中国人有目共睹。对于这种体现几千年来中国家庭、家教、家风精华的核心价值,生活于21世纪的中国人,应该把它发扬光大。所有愿意效法梁启超家庭、家教、家风的中国家庭,在学习其丰富和超前的理念和方法的同时,更要学习其家教的灵魂:由儒家的"修己以安人"之道创造性转化和创新性发展而来的爱国主义。

**参考文献:**

[1] 习近平.习近平发唁电对梁思礼逝世表示哀悼[N].人民日报,2016-4-18.

[2] 钱穆.晚学盲言[M].北京:生活·读书·新知三联书店,2010:321.

[3] [14] 钱穆.中国现代学术经典·钱宾四卷[M].石家庄:河北教育出版社,1999:749,1071.

[4] 何兹全.中国文化六讲[M].开封:河南人民出版社,2004:10.

[5] [7] 习近平.在会见第一届全国文明家庭代表时的讲话[M].北京:人民出版社,2016:2.

[6] 李存山.家风十章[M].桂林:广西人民出版社,2017:3.

[8] [12] [24] 梁启超.饮冰室文集点校[M].昆明：云南教育出版社,2001：1908,2222-2225,2731.

[9] [11] [17] [22] [23] 汤志钧,汤仁泽.梁启超家书·南长街54号梁氏函札[M].北京：中国人民大学出版社,2016：135,10,131,309,148.

[10] [29] 俞祖华,俞梦晨.像梁启超那样做父亲[M].济南：山东画报出版社,2013：211,12.

[13] 蒋广学.梁启超评传[M].南京：南京大学出版社,2006：5.

[15] 唐浩明.唐浩明评点梁启超辑曾国藩嘉言钞[M].长沙：岳麓书社 2007：1.

[16] 梁启超.梁启超全集[M].北京：北京出版社,1999：3410.

[18] [21] 梁启超.梁启超家书[M].郑州：中州古籍出版社,2016：15.

[19] 李喜所,胡志刚.新文·新民·新世界——梁启超家族[M].北京：新星出版社,2017：3.

[20] 钱穆.灵魂与心[M].北京：九州出版社,2011：30.

[25] 梁思礼：林洙编《梁启超家书》前言[Z].北京：中国青年出版社,2013：1.

[26] 夏晓虹.追忆梁启超[M].北京：生活·读书·新知三联书店,2009：346.

[27] 汤志钧,汤仁泽.梁启超家书·南长街54号梁氏函札[M].北京：中国人民大学出版社,2016：310.

[28] 陈泽环.未来属于孔子——核心价值与文化传统之思[M].上海：上海人民出版社,2015：50.

[29] 梁启超.饮冰室合集·集外文[M].北京：北京大学出版社,2005：1034.

# 《学记》中尊师重道的教育伦理思想

吴知桦

(上海师范大学　哲学与法政学院)

教育伦理学是研究教育职业劳动领域之内道德意识、道德关系和道德活动的科学,是全面研究教师职业道德的学问,是教师道德理论学说、教师道德规范学说和教师道德实践学说的有机统一。[1]换言之,教育伦理学研究的是教育活动的价值,探讨教育工作者在职业劳动过程中的道德关系和行为规范,并致力于探索如何健全教师职业人格和其他教育工作者个体人格的学科。[2]有关教育伦理学的研究,西方可以追溯至古希腊,而在中国也早在先秦时期就有所体现。《礼记·学记》保存了千年前的古代教育智慧,是我国古代教育伦理思想的很好总结。

## 一、《学记》相关背景及研究现状

### 1.《学记》的相关背景

先秦时期,自孔子创办私学以后,儒家学派便有了发展的基础,而其对于教育传承的重视也是使得儒家不断发展的重要原因之一。自那时起,在儒家学者一代接一代的传承之下,儒家逐渐形成较为全面、完整且系统的理论体系。

---

作者简介:吴知桦,上海师范大学哲学与法政学院在读研究生。

E-mail: wuyumeng@live.cn

《礼记》作为儒家一本重要的典章制度书籍,也并非一人所著,而是由当时儒家学者所注的文章合成的子集,由戴德和他的侄子戴圣整理而成。现在一般称为《礼记》的是由戴圣所注的《小戴礼记》,共计 49 篇。其内容包罗万象,涉及伦理、哲学、政治、教育、科技、宗教、艺术等等。而这其中,主要谈论教育方面问题的便是《学记》篇,它是先秦儒家学者对于教育问题的一个理论与实践的综合性论述,更是我国乃至世界最早的一部教育专题著述。其涉及教育问题的各个方面,系统地阐述了教育的职能、教育方式、教育伦理观念。可以说,《学记》影响了中国几千年来的教育思想,有益于无数杰出人才的培育。直至今日,《学记》对于现代教育的价值仍然不可忽视。

2. 《学记》的教育伦理思想研究现状

从 1979 年以后关于《学记》研究的 800 多篇文章来看,所研究的问题主要集中在以下八类:

第一类侧重《学记》的文本,注重对《学记》本身的字词含义的理解及其深层含义的挖掘;第二类重于比较,注重将《学记》与西方教育类文本进行不同方面的比较,通过差异对比,从而得出结论;第三类注重思想的研究,认为《学记》中有着一种情怀,这种情怀通过教育思想透露出来并不断地影响现实中的学习者;第四类为与现实社会相结合的研究,对于其中教学方法、教育方式等进行现实的迁移,希望探索有助于现实教育发展的路径;第五类侧重于其中关于学生问题的思考,站在学生的角度解读《学记》;第六类则侧重于站在教师的角度,从对《学记》文本的解读,得到教师发展的原则方法以及存在价值问题;第七类注重教育思想的研究,从学生学习心理以及教师教育等新的角度去解读《学记》给教育界带来的启示;第八类为侧重教学思想方面,试图从分科方式、教学方式等方面得出有益的启示,促进教学的不断改革。

以上对于《学记》的研究,有的重于字词解文,有的重于差异的比较,有的重于现实价值的实现,有的重于教育者与受教者关系的差异区分、职责认同,有的重于教育方式与教育思想观念的研究。其实,《学记》作为教育类的专题著作,无论是哪一方面的研究,对于我国教育教学方法、教育思想的发展都有一定的启示意义。但是以上研究都较少涉及教育伦理这一重要问题。近些年来,我国教育伦理问题引起社会大众的高度关注,教师与学生的关系问题、教师的社会地位和作用问题,成为社会各界探讨的热门师德问题。因而,已有学者开始从《学记》中寻找教育伦理的有益思想资源,以期对我们当下确立合理的教育伦理道德理念有所补益。本文以《学记》中的尊师重道的教育伦理视角为切入点,结合我国教育伦理道德建设现状,提出个人的理论思考。

### 二、《学记》中尊师重道的教育伦理思想

《学记》中蕴含着丰富的教育伦理思想,有学者将其主要内容分为师道之尊、教学之伦、为师之德、从学之道[3]四个主要部分。笔者认为,无论是"师道之尊"中以提高教师地位从而实现学生及旁人对于教育的重视,还是"教学之伦"中通过严肃规范化的教育教学方式和制度,使得百姓与士族阶层重视教育,都是通过不同的方法,达到尊师重道的目的。本文将从尊师重道、为师之德、从学之道,即从社会态度、教师自身、学生自身三个角度来简要阐述其在《学记》中的体现。

#### 1. 尊师重道

《学记》开篇有言:"君子如欲化民成俗,其必由学乎。"这句话将教育提到了至关重要的地位。一个国家想要建国治民唯有依靠教化,既然教化的作用如此之大,那如何才能顺利进行呢?《学记》给出了两个方面的回答,一方面"师严",即尊重教师;另一方面"重道",即利用教学制度树立学生学习的观念及教师的威信。"敬孙务时敏,厥修乃来",唯有重视学业,按部就班,及时努力才能学有所成。

"师严重道",针对的不单单是学院中的学生,更是希望形成一种社会风气,或者说是一种社会对于教育问题的正面态度。当教师受到整个社会的尊敬,百姓对于教师所传之道才会产生敬畏之心,提高社会对于教育的重视程度,从而使得教育活动能够顺利推行下去,如此循环往复,步步加深。这种思想在当时虽然蕴含着政治目的,但不可否认的是,重视教育的情况不断延续加深,社会尊师重道的思想诉求也逐步加深,从而形成了一个良性循环。当代,越来越多的负面消息,正将教师的威信力不断弱化,高级知识分子的信誉不断受损,长此以往,"师严"之风气必将无存,对于社会良性发展产生不利影响。

## 2. 为师之德

在品读《学记》时,笔者想到一句流传至今与《学记》相呼应的话:"世上没有差学生,只有差老师。"不可否认,学习成绩的提高与进步是学生与老师两方共同努力的结果,但是教师的教学态度,在很大程度上影响着学生学习的态度。

"今之教者,呻其占毕,多其讯言,及于数进而不顾其安。使人不由其诚,教人不尽其材。其施之也悖,其求之也佛。夫然,故隐其学而疾其师,苦其难而不知其益也,虽终其业,其去之必速。教之不刑,其此之由乎!"

无论是过去还是现在,师德问题都是教育伦理讨论的一大重心,上述《学记》所言的教者,自身素养低下的同时还对教学抱有敷衍的态度,这便是师德缺失。所以下文对于成为教师也提出了要求:"记问之学,不足以为人师,必也其听语乎。"除了教学生死记硬背,身为教师更多的应该是解答学生心中的疑惑,循循善诱。其实,想要做到这点,考验的不仅仅是教师的学识水平,更是对于学生的责任心与重视程度。如今,许多教师因为希望自身得到更好的发展,重研究而轻教学,故而忽视、敷衍学生的受教需求,利己且缺乏职业道德,带来的恶性影响不言而喻。

## 3. 从学之道

如上文所言,学生作为从学受教者在教育环节扮演着十分重要的角色。教师需要拥有自身必须的素质与态度,学生的配合也是至关重要的。"凡学之道,严师为难。"《学记》在论述学生时,将尊重老师和教学制度放在了第一位,表明学生应有的学习态度。

在摆正学习态度之后,便是"务本",《学记》中以尧、舜、禹祭河寻源的事例表明学生之本在于"大德不官、大道不器、大信不约、大时不齐"的道德养成,认为道德修养的养成是求学成道的前提条件,对于学生道德问题的重视程度可见一斑。

另外,在"尊师重道"和务本这两者基础之上,学生还需要做到勤学善问。《学记》将过于爱问与全然不问列入了受者的"四失","人之学也,或失则易,或失则止",即失于把学习看得太容易,一遇到问题就问师长,从来不深入思考,结果就像没有学过一样无知;失于遇到问题从来不问师长,只是停下来独自冥思苦想,而最终仍然迷惑不解。只有真正学会"善问"之善,才能做到事半功倍,自身得益的同时也使得老师轻松。

### 三、《学记》中尊师重道的教育伦理思想的现实意义

近年来,我国教育制度不断改革与迅速发展,教育领域成果显著,但同时,教师与学生、教师与社会等多方面的矛盾问题也频频出现。应试教育的功利性与学校教学指标的硬性规定忽视了学生主体的自主与自由,教育教学的工具化又使得社会上出现许多为钱但"不走心"的教育机构,而教师对自身的定位也会对其教育行为产生影响。这林林总总的问题,使得"尊师重道"的思想逐渐被淡化,教育领域的各方产生矛盾、冲突乃至于对立的情况,引起了社会各界的广泛关注与讨论。《学记》中蕴含的教育伦理思想可以为解决上述问题提供很好的启示,其中的许多教育理念、教育方法、伦理观念都是值得借鉴与提倡的。对于教育矛盾频发的当今社会,《学记》中的教育伦理思想具有很强的现实思考意义。

1. 尊师重教的社会环境认同

当今社会,非常有必要重新树立起对于教育行业、教师本身的信任感。"文革"时期,将教师作为"臭老九"打倒这一历史事件,严重损害了教师这一传道授业者身份的光辉性,影响到教师形象的建设,甚至使得后来的人们缺乏"尊师重道"的思想观念。直至今日,许多人选择成为教师,也并非因为其本身带有传道授业的高尚职业情感,而是因为教师是个收入稳定、节假日众多的"好"职业而已。可以说,教师这一职业,在社会环境的影响下,正逐渐失去其神圣的一面,变得与其他职业没有区别。

百年大计,教育为本。教育大计,教师为本。笔者认为,必须要树立起教育事业光荣而神圣这一指向标,让民众重新意识到尊重教师、尊重教育的重要性,而非仅仅因为各种利益的驱使或者是政绩的需要,将尊师重道流于表面,成为一种形式化的东西。《学记》有言:"古之王者,建国君民,教学为先。"教师作为指引学生成长为祖国栋梁的重要存在,其言传身教是影响下一代人发展的重要因素。尊重教师、发展教育事业本身就是一个国家走向繁荣的重要保证。因此,教师行业的存在,对于国家未来的发展至关重要,是神圣且伟大的,而这种神圣与伟大才是最需要社会认同与信任的。只有建立这种信任,才能使教育事业正向发展,从而实现整个社会的良性发展。

## 2. 教师德才兼备的身份构建

除却外在社会环境对于教师行业的信任与支持之外,教师本身也要对自身职业产生认同感,而不仅仅把它作为一个赚钱、糊口的工作。《学记》中道:"今之教者,呻其占毕,多其讯言,及于数进而不顾其安。"与现在的有些"混日子"的教师何其相似。这主要是因为,这些教师只是将教书作为一种职业,教了便可,也不管效果如何,对于教育这一事业并没有真正去了解过,对于教师的使命也没有认同感。"择师不可不慎也",无论古今,对于教师的选择都有着严格的标准,但是如上所述毫无敬业精神的教师依然存在。更有甚者,在利益的驱使之下,已然忘记自己的教师身份,为一己之私不择手段,极度败坏教育这一事业的初衷。

教师身份构建的道德认同感对于教师本身来说尤为重要。这种身份构建是有意识的,通过加强理论知识与教师自身思想意识,从而产生一种职业认同感。只有教师本身认同自己的身份,才有可能最大限度地挖掘自身潜能,发挥最大功效。德育不仅仅是对于学生,也是对于教师而言的。当前,提高自身觉悟,逐步完成身份构建还是很多新进教师甚至是部分老教师需要注意的问题。教师提高自身道德意识,产生职业认同感和伦理道德观念,可以说是教师德才兼备身份构建的关键。

## 3. 学生尊师感恩的自我定位

教师除了要处理与学校、家长、社会的关系之外,更重要的还是与学生之间的关系。学生作为教师施教的承受者,其与教师之间的关系直接影响施教的结果。教育不仅仅是教师与家长、社会的问题,更是学生本身成长的必然。《学记》中除了要求教师善于教学,方法得当,还要求学生"尊师重道",摆正位置,对于教育自己的老师要"庸之"(感激),而不是"怨之"。

学生应当明白,"尊师重道"是学生的道德本分要求。这不仅仅是中华民族传承千百年的传统,更应是随着社会发展永远牢记的美德。而现在,有少数学生以自我为中心,目无尊长,狂妄自大,没有尊师、爱师、感恩教师辛勤教诲之心。更有极少数学生道德败坏目无法纪,竟然在学校中打骂和羞辱教师,丧尽天良。前不久,一位高中生因未完成作业,在与班主任交流的过程中发生冲突,一时冲动,竟然手执弹簧刀向平时对他非常关心和爱护的老师,疯狂连刺 26 刀,致其死亡。令人震惊,催人反思!究其原因在于内心深处缺乏对教师的敬畏之心,缺乏对知识传播者的礼敬之心,更缺乏对于传道者内心道德的敬重。现代社会倡导尊重学生个性发展,但是学生的个性发展并非是毫无限制的。尊重他人、尊重教师、尊重法律法规是学生个性发展的道德基础。

**参考文献:**

[1] 王正平.教育伦理学[M].上海:上海教育出版社,1998.

[2] 吴楠.教育伦理学:铸造教师的人格长城[N].中国社会科学报,2017-5-8.

[3] 乐爱国.《礼记·学记》的教育伦理思想及其现代启示[J].西南民族大学学报,2009.

# "义利"共生
## ——高等教育制度伦理之中美互纳

田雪飞

（东北大学　马克思主义学院）

义利从根本上可以概括为道德与利益的关系，是中国传统哲学以及现代伦理学最核心的问题。美国高等教育制度引领世界高等教育市场化浪潮，在逐利的高等教育市场独占鳌头，失之于逐利而忘义，渐渐迷失了高等教育的本性。中国高等教育制度有着漫长的重义轻利之道德传统，曾经占据世界古代高等教育制度的巅峰，直到今天还保持着"重德尚情"之求义传统，作为世界现代高等教育生态系统中的后进，一直以谦虚谨慎的姿态向美国学习。文化系统的新陈代谢的根本路径在于旧系统结构的消解和新系统结构的重构，经过1949年后中国的变化，尤其是改革开放后中国物质生产方式的变化，中国高等教育制度的旧系统已经解体，新的高等教育制度伦理正在生成。文化是民族的，也是世界的，拥有五千年文明的成熟智慧的中国，应该向美国学习什么？又应向世界贡献怎样的高等教育制度伦理财富？这些问题的答案也许是我们找

---

基金项目：教育部人文社会科学青年基金资助项目"中美高等教育制度伦理的价值比较研究"（15YJC710056）

作者简介：田雪飞，东北大学马克思主义学院副教授，博士。主要从事比较高等教育管理、道德教育研究。

E-mail：tianxuefeifei@126.com

到高等教育改革方向的关键所在。

**一、概念界定**

1. 制度伦理

制度经济学家康芒斯认为制度是集体行动对个体行动的控制、扩张和解放。根据马尔萨斯的历史的分析,理性和道德是在人口过剩、利益冲突以及结果必须有一种法律和秩序的统治来管理和调节冲突等情况下发展演化的。制度的演化和道德相生相伴,习惯法法庭在判断利益冲突以及从无政府状态造成秩序的过程中,一直在发展和形成一种制度的、正当的、合理价值的观念,这种习俗观念经过据理解释,认为正当,才被制定为运行法则,作为集体行动控制个人行动的根据,也就是制度[1]。制度是对个体行为的利益关系的约束,制度伦理就是制度之善,是探究制度的实然与应然之善。制度伦理包含两个层面,首先是对制度本身所蕴含的道德原则、价值标准是否正当、是否善与应该所作出的价值判断,这是对制度伦理行为实然状态的探究;其次,对制度的合理性、正当性的最终价值取向的探究,其主旨指向"一个善的制度应当包含哪些道德原则"等问题,是对制度伦理应然状态的探究。公正是制度伦理的核心问题,同时,制度伦理又不仅仅是公正问题,还有效率等其他重要的价值。

2. 高等教育制度伦理

高等教育制度指约束高等教育系统或高等学校组织及其相关主体的利益关系的规则体系。高等教育制度伦理是指对约束高等教育系统诸多利益关系的规则体系合理性、正当性的认识与判断。高等教育制度伦理包括两个方面的内容:一是高等教育制度伦理之实然状态,即高等教育制度本身所蕴涵的伦理诉求、道德原则、价值标准,这一状态可能是不尽如人意的,存在着伦理缺失;二是高等教育制度伦理之应然状态,人们对高等教育制度的正当性和合理性所作出的伦理评价以及对高等教育制度的道德价值最终取向的探究,这是制度伦理的正当、理想的状态,其主旨指向"高等教育制度之善"、"一个善的高等教育制度应当包含哪些道德原则"等问题。[2] 高等教育制度伦理包含理性、情感、效率、自由、公正等多元价值,本文主要探讨高等教育制度伦理的情感、效率与公正等价值。

## 二、美国高等教育制度之逐利趋势与危机

### 1. 美国高等教育制度之逐利趋势

自 20 世纪七八十年代以来,美国高等教育制度开始市场化改革,整个高等教育系统成为一个复杂的巨型市场,效率成为高等教育的重要价值,逐利趋势日趋显著。2015 年,美国 32 个州实施高等教育的绩效拨款制度。[3]企业管理、权力下放、市场的作用和新自由主义思想的普及是美国公共部门改革的关键要素,高等教育制度也深受影响,采取了市场原则。

首先,美国商业型大学的出现已经越来越普遍,高等教育组织结构和功能都服务于经济逐利目的,就像一个企业。跨国、跨境教育出现,登上世界大学排行榜和达到世界级的地位被视为高等教育国际化的重要一步,它被解释为建设世界一流大学的战略的一部分,从而在全球高等教育市场中更加具有竞争性。高等教育纳入服务贸易总协定的框架,成为商品和服务贸易的全球化的一部分。美国高等教育制度正从一个为本社区的学生服务的学院和大学的松散联合系统向一个受强大的市场力量驱动的全球化的知识和学习产业发展。美国引领的这场全球化的浪潮和随之而来的市场化进程使高等教育越来越成为服务于市场、追逐经济利益的工具。

其次,美国公立大学被市场所裹挟,已经踏上了市场化变革的征程,越来越追逐效率,服务于利益。公立大学的市场化主要表现在公立高等教育收入来源由以州政府为核心向收取学费、市场筹集转变,比如,公立高等教育机构收入来源中,州政府对公立高校的平均资助从 1980—1981 年的 45.6% 缩减到 2010—2011 年的 22.7%。与此同时,学费所占比例却大幅增长,从 12.9% 增加到 18.6%。[4]在美国,收取学费制度的正当性来自于受教育者的个人回报,这些私人回报包括增加个人收入、增加就业机会和提高生活质量。从市场的角度来看,学费标志着高等教育的明确价格,理论上这种价格可以使学生和高等院校产生成本意识,使高等院校对学生的需求更加敏感。[5]公立院校自《莫雷尔法案》后得到了政府的直接无条件的援助与资金支持,20 世纪 70 年代后尼克松政府通过了《高等教育修正案》,创立了学生助学金,这是联邦政府第一次以

立法的形式直接资助学生。这改变了过去政府对公立院校有所倾向的做法,使私立院校和公立院校在争取经费上相互竞争,因为学生可以拿着政府资助选择学校,这些资助就是变相的政府拨款,迫使各高等院校更加重视学生的需求,也使本没多大竞争威胁的公立院校进入了竞争市场,模糊了其与私立大学的界限。教育券制度就是为公立学校系统树立一个竞争对手,推动私立学院的发展,目的是通过加强私立学校的竞争力来提高教育质量,而公立学校的私人化管理则旨在对公立学校的管理形成生存竞争,从而打破垄断,提高效率。

### 2. 美国高等教育制度伦理之危机

首先,受市场驱动追逐效率与利益使美国高等教育制度面临道德理想、道德情感危机。美国社会学家索尔斯坦·凡勃伦较早地对美国高等教育制度进行了思考,指出高等教育制度管理日益同金钱价值观念相一致,高等教育把越来越多的空间用于市场化的理想中,而很少用于"随意的好奇心"的运动中,市场已经损害了大学的使命和潜力。高等教育的文化功能是培养自由的人文主义思想,使人成为富于情感与理性的自由的人。然而,高等教育制度现在的作用和使命是通过提供和应用知识服务于经济。当高等教育制度试图用效率来衡量成功的时候,大学就屈从于"市场主义",追求金钱并以市场为导向。随着整个高等教育制度被控制,大学基本放弃了它的公共使命——为人类文明培养更高的道德的目的,更可怕的是,高等教育的作用和使命的变化使得不道德的行为从市场慢慢爬进大学。

其次,高等教育制度公正也受到影响。尽管最重要的公众需求之一是为弱势群体创造机会,但市场总是倾向于关注更有优势的群体——那些掌握资源以及入主校园后将对学校在名望之战中的胜出有所助益的学生。随着竞争的加速,倾向更优秀学生的偏移早已发生,公正被弃置一边。其结果是,不仅仅是优势学生,还有优势学校,其优势都进一步升级。价格战在高校间甚至在各州间爆发,为争取更优秀的学生而开展的竞争已经导致学生及其家庭采用更多的市场做法,包括为奖助学金所做的议价谈判,更多人则在顾问们的帮助下向高校做着有力的个人推销。资源分配在各高校之间也是极其不均等的,远超其他社会部门。在政府资助下降、学费上涨的大背景下,市场向优势群体的偏移一定会损害大多数的中产阶级、贫困阶层的教育机会公平。

### 三、中国高等教育制度之求义传统

陈青之在《中国教育史》中断言：教育是告吾人以做人的方法，伦理是告吾人以做人的标准，故伦理学说也可以说就是教育的方针；研究中国教育史，而忽略了儒家思想支配中国社会数千年的势力，一定要失掉了史的可靠性，此层也是应当我们注意的。[6]可见，探究中国高等教育制度之传统必然以儒家为核心，朱熹曰"义利之说乃儒者第一义"（《朱文公文集》），儒家重义轻利、崇尚道德情感的求义传统贯穿了中国高等教育制度演化的历史。

#### 1. 古代高等教育制度之"止于至善"

涂又光在《高等教育史论》中总结："《大学》说：'大学之道，在明明德，在新民，在止于至善。'这就是中国高等教育的总规律。"[7]中国高等教育制度在漫长的历史发展过程中，一直遵循着《大学》中的纲领。

中国古代高等教育制度自产生之初，就以明人伦为目标。《孟子》中说，"夏曰校，殷曰序，周曰庠；学则三代共之：皆所以明人伦也"。（《孟子·滕文公上》）春秋战国时期，私学兴盛，孔子的教育目标就是培养追求仁义的"士君子"，这种领袖人才的模范人格不仅富于知识，更优于品性，故"君子喻于义，小人喻于利"。诸子私学的发展积累了丰富的办学经验，形成了系统的教育理论。以《大学》为代表的儒家经典，奠定了中国古代高等教育制度的理论基础。《大学》展现了儒家三纲八目的教育目标。三纲，是指明德、新民、止于至善。它既是《大学》的纲领旨趣，也是儒学"垂世立教"的目标所在。汉代罢黜百家，独尊儒术，儒学成为我国封建社会的正统思想。"能说鸟兽之类者，非圣人所欲说也。圣人所欲说，在于说仁义而理之。"（《春秋繁露·重政第十三》）董仲舒认为教学目的在于解说经书上的仁义之理，而不是传授知识。

中国古代高等教育制度围绕着仁义、至善展开，在魏晋南北朝、隋唐、宋元时期进入发展、完善时期。汉代太学是崇儒教化的象征，魏国进一步完善了太学的管理制度，鼓励学生向心于儒学。唐代学校教学内容主要是儒经，韩愈认为仁义道德是万事万物的依据，提出"夫所谓先王之教者，何也？博爱之谓仁，行而宜之之谓义，由是而之焉之谓道，足乎己无待于外之谓德"。[8]科举考试制度促进了教育机会扩大，促进了唐代文化教育的繁荣。宋代教育制度沿用唐制,尊孔崇儒,书院制度完善,义理之学兴盛。朱熹在《白鹿洞书院教条》提出修身之要是"正其谊,不谋其利;明其道,不计其功"。明清两代基本沿袭前代高等教育制度,继续尊孔读经,继续明人伦的教育目的,学校教育以德育为主。

2. 近代高等教育制度之"重德尚情"

梅贻琦认为"儒家思想之包罗虽广,其于人生哲学与教育理想之重视明明德与新民二大步骤,则始终如一也"。[9]格物、致知、诚意、正心、修身,属明明德;而齐家、治国、平天下,属新民。中国近代高等教育制度从清末开端,到民国时期发展,传统教育向新教育转变,这一转变是移植、借鉴的过程,更是重德尚情之传统与外国经验交流、融合的过程。

第一次鸦片战争后,伴随中国社会性质的变化,中国高等教育制度也由传统向近代转化,但依然保存着浓厚的封建道德传统。洋务派认为自强之道不仅在"义理",也在学习"技艺",京师同文馆是我国最早的官办新式学校,开始学习西方科技,同时特别重视对学生封建道德习惯的培养。1901年清末"新政"时期,科举制度废除,兴办新式学堂,书院改为学堂。1904年颁行的《奏定学堂章程》明确指出:"至于立学宗旨,勿论何等学堂,均以忠孝为本,以中国经史之学为基,俾学生心术壹归于纯正。"[10]

民国时期,资产阶级教育制度初步确立,中国重德尚情之传统尝试与西方大学制度融合。1912年,宣布教育宗旨为"注重道德教育,以实利教育、军国民教育辅之,更以美感教育完成其道德",否定了儒家思想的独尊地位,却延续了重德尚情之传统,重视自由、平等、博爱等公民道德之提高。1922年,新学制提出适应社会进化需要、发扬平民教育精神、谋求个性发展等倡导民主与科学的标准,开始向美国学习。同时,蔡元培明确指出中国传统伦理特别是儒家伦理的一些基本范畴,其内涵和自由、平等、博爱的精神是相通的。此后国民政府制定的《中华民国学校系统》《大学组织法》《大学规程》等高等教育法规虽然随时局变化有所修订,但基本延续了新学制的主要内容,比如"三民主义"教育实施原则提出高等教育养成德智体群美兼备之人格,就是继承了新学制。

### 四、中美高等教育制度伦理之互纳

1. 中美高等教育制度伦理互纳之可能

中美高等教育制度伦理立足于现代经济基础,拥有相互融通的可能性。"文化传统的影响虽然渗透在高等教育的全部活动之中,并且自始至终对高等教育的变革起作用,但它终究不能对高等教育的变革起决定作用。最终起决定作用的仍是社会的物质生产和经济发展。"[11]潘懋元认为对高等教育制度的变迁发挥决定作用的是生产力和科技。高等教育制度与现代工业文明以及经济全球化相生相伴,越来越趋同的工业化发展历程和经济全球化使整个世界不同的国家和地区拥有趋同的物质与经济基础,建立于这些趋同的经济生产方式之上的各种组织以及思想、观念等意识形态的东西也开始有了共通的内容。比如高等教育制度的效率、公正等道德原则发展为普遍性伦理。

同时,中美高等教育制度伦理各有其优长缺失,拥有相互学习的必要性。美国高等教育制度以其高度的市场化特征仡立于世界高等教育的巅峰,当然,其在市场化的高歌猛进历程中,也产生了一系列的问题与危机。我国高等教育制度自近代产生就开始了借鉴、学习的历程,也跟随美国在市场化的浪潮中不断追求效率,出现了传统与现代的割裂、隔绝,因而也出现了一些类似的道德失范现象。作为一个有着悠久的高等教育制度历史与求义传统的文明古国,在解决效率统率的金钱逻辑所带来的问题上,历史演化过程中对义利问题的探讨完全可以给我们提供更多的解决方案。

2. "义利"共生构建德性大学

美国以市场为导向追求效率与利益的高等教育制度伦理的实然状态取得繁荣的同时也伴随着价值的、伦理的拷问:逐利的大学是社会理想吗?效率主导的高等教育制度如何解决公正问题?"精致的利己主义者"会带给我们幸福吗?善的高等教育制度的应然状态如何?显然,社会不仅仅是孤立的个人,个性固然要发达,群性也是人类繁衍的必须,高等教育制度更是维系一个现代社会共同善与公正的重要工具。因此,寻求一个德性大学比以往任何时候都更重要,公正、道德的追求才是高等教育制度更重要的核心的目标,商业价值和盈利能力将只是从属的、次要的。效率与公正都是高等教育制度的应然价值,公正则是高等教育制度的核心价值,公正是目的善,效率则是工具善，我们追求的终极的至善是目的善，是公正。德性大学一定拥有公正的高等教育制度，不仅"逐利"，崇尚效率，更要"求义"，追寻道德，"义利"共生是未来高等教育制度的应然状态，当义利冲突时，"义以为上"(《论语·阳货》)。

中美高等教育制度可以互动、互纳，以各自的文化传承为基础，同时互相吸收、借鉴，"义利共生"，构建德性大学。如梅贻琦在《大学一解》中所说：就精神而言，则文明人类之经验大致相同，而事有可通者。吴宓在新文化运动时期提出，造就新文化必须采撷中西传统文明之精华，"今欲造成中国之新文化，自当兼取中西文明之精华，而熔铸，贯通之"。[12]中国高等教育制度有一个长期的"人文关怀"的求义传统，是人的终极关怀。这种教育通过尊师重道培养儒家"君子"，使被教育者同时具有道德和情操，成为开明的与"自我实现"的个人，要求个人的道德修养和成就达到最高标准，为自己和他人的幸福而工作。传统文化是现代化的基础，如何从传统文化中汲取力量，是我国这个有着悠久高等教育历史的文化古国的重要课题。刘海峰把美国深泉学院视作世界高等教育的奇迹，指出深泉对中国教育的启示，在于对"做与学"的重新审视，以及对传统和价值观的坚守。[13]此外，中国高等教育制度追赶市场化的世界浪潮的过程中，要警惕美国高等教育制度逐利进程中的一些风险与危机，在当前我国高等教育制度演化过程中道德失范现象一再出现的大背景下，这种反思与警惕至关重要。只有植根于本民族特有的重义之文化传统，迈入人文与科技、效率与公正、义与利统一的新阶段，才能开启真正的现代大学制度。

**参考文献：**

[1] 康芒斯.制度经济学[M].于树生,译.北京：商务印书馆,1997：340.

[2] 田雪飞,等.美国高等教育制度伦理的历史演进逻辑及其启示[J].东北大学学报(社会科学版),2015(5)：539.

[3] National Conference of State Legislatures. Performance Based Funding for Higher Education [EB/OL]. http://www.ncsl.org/research/education/performance-funding.aspx.

[4] 美国大学理事会(College Board). Trends in College Pricing 2012 [EB/OL]. http://trends.college-board.org/sites/default/files/college full-report-121203.pdf.

[5] Cristian Barral, Roberto Zotti. Measuring Efficiency in Higher Education: An Empirical Study Using a Bootstrapped Data Envelopment Analysis. International Atlantic Economic

Society,2016,22：11-33.

[6] 陈青之.中国教育史[M].长沙：岳麓书社,2010：366.

[7] 涂又光.中国高等教育史论[M].武汉：湖北教育出版社,1997：359.

[8] 王炳照,等.简明中国教育史[M].北京：北京师范大学出版社,2015：160.

[9] 梅贻琦.中国人的教育[M].北京：中国工人出版社,2013：13.

[10] 刘海峰,等.高等教育史[M].北京：高等教育出版社,2010：129.

[11] 潘懋元,邬大光.文化传统与高等教育的理论思考[J].高等教育研究,1989(1)：5.

[12] 吴宓.外国语言文学系概况[A].徐葆耕.会通派如是说——吴宓集[C].上海：上海文艺出版社,1998：15.

[13] 刘海峰.美国深泉学院：世界高等教育的奇迹[J].江苏高教,2016(1)：7.

## 作为教育目的的民主与专制
——杜威"教育无目的"的概念澄清及反思

张淑妹

（中山大学　马克思主义学院）

杜威的《民主与教育》一书出版至今已逾百年，国内外围绕它的讨论和研究依旧热烈。① 单中惠认为，杜威的教育学说具有永恒价值，②中文版导读作者郝明义认为，并非只有教育者才需要阅读此书，每一个认真思考自己适合做什么并希望得到发展机会的人，都应该读此书，他把《民主与教育》作为自己永远的案头书[1]。根据涂诗万的考察，截至他发文的近二十年，美国杜威研究界在基本文献的整理和杜威教育思想的深入研究方面取得重要进展，出版四卷本《杜威书信集》光盘，以及《杜威与美国民主》、

---

作者简介：张淑妹，中山大学马克思主义学院思想政治教育专业博士研究生。
E-mail：809395510@qq.com

① 涂诗万认为，中国学界研究杜威教育思想的百年历程分为四个时期：20世纪头三十年，主要工作是译介，代表性研究者是胡适；1930至1949年是深入研究时期，有吴俊升的自由主义进路的研究、梁漱溟的创造进化论视角的研究和林布的以马克思主义为指导的研究；1950年至1980年，大陆对杜威教育思想进行意识形态化批判，学术性研究停滞，香港台湾的研究进入繁荣时期，吴俊升成为此时期中国杜威教育思想研究的集大成者；1980年代后，中国大陆重新评估杜威的教育思想，杜威教育思想研究在中国复苏。换言之，杜威思想研究在中国现在正处于复苏和繁荣时期。参见涂诗万：《行行重行行：杜威教育思想研究在中国》，《华东师范大学学报（教育科学版）》，2014年第2期。

② 杜威的教育学说的永恒价值体现在五个方面：阐释了学校变革与社会变革的关系；强调了教育目标是学生的发展；倡导了课程教材的心理化趋向；探究了行动和思维与教学的关系；指明了教育过程是师生合作的过程。参见单中惠：《杜威教育学说的永恒价值——纪念〈民主与教育〉出版一百周年》，《河北师范大学学报（教育科学版）》，2017年第1期。

《杜威：宗教信仰与民主人本主义》和《杜威与爱欲：教育艺术中的智慧和欲望》等优秀研究著作,且对杜威的教育思想的研究以正面评价为主。[2]

学界关于《民主与教育》的研究非常多,"教育无目的"是杜威在《民主与教育》中表达的重要教育思想,这一观点传入中国伊始,就引起广泛讨论,人们对杜威"教育无目的"的理解分歧之大,以至于争论在今天依旧没有平息。1920年,全国教育联合会通过决议,建议教育部根据杜威的"教育无目的论"取消教育宗旨。[3]吴俊升,杜威教育思想研究的集大成者,他认为"教育即成长"不能推导出"教育无目的论",他说,"我们可以结论：生长不能作为衡断教育实施的标准,因此不能具有教育目的的作用。更有进者,不仅生长的概念不能代替教育目的概念,来作教育实施的指导而已,杜威并且自己曾经明白承认或默认教育是有目的的。"[4]郭良菁通过细致的中英文文本比照研究得出结论,中国人不能准确解读杜威"教育无目的论"的一个重要原因是中译本对"end"和"aim"这两个词的译法不确切,她认为杜威的"教育无目的论"其实是提醒人们不要误解误用"目的"概念,不要"拟人化"地使用"教育目标"概念,即抽象的教育概念本身没有目标,有目标的是人,试图纠正教育者在构想行动结局时常犯的一些错误：不加思考地直接搬用他人设计好的目的,把目的当成必达结果而强加给学习者,以及对待各种"教育的终极目的"论时进行简单的取舍。[5]

杜威真的反对在教育中设定目的么？在这一问题上,吴俊升、涂诗万和郭良菁等人的判断十分中肯,即便杜威提出"教育无目的",并不意味着他的教育思想中没有教育目的。与此同时,必须回到杜威的文本才能澄清"教育无目的论",他反复申明,教育没有目的(ends),教育有目标(aims)。可是结合杜威本人对目的(ends)的界定和他以共同生活和政治民主作为评价教育的标准,民主已然成为教育没有被公开揭示和承认的终极目的。早在杜威访华之前,陶行知就已经明确指出,"杜威先生素来所主张的,是要拿平民主义做教育目的,实验主义做教育方法"。[6]杜威为何一方面反对教育的终极目的,另一方面又扭扭捏捏地把民主作为自己教育学说的终极目的？其中的一个原因可能是如果民主作为教育终极目的被直接揭示,那么作为终极目的的"民主"就有可能成为某种专制,此外,杜威由此回避了民主存在的问题,直接以它作为评判教育目标和教育效果的标准。

## 一、杜威主张的"教育无目的":反对教育终极目的,肯定教育目标

杜威在《民主与教育》中有 2 次明确表述"教育无目的",①两次表述有不同的含义。

第 1 处的表述是:

> 按教育即发展的说法,一切解释都要从"发展"如何定义开始。我们的最终结论是,生活即发展,而发展与成长即是生活。用教育的术语讲,就是教育过程即教育目的,没有以外的教育目的;教育过程乃是一种不断再整理、再建构、转变的过程。[7]

> When it is said that education is development, everything depends upon how development is conceived. Our net conclusion is that life is development, and that developing, growing, is life. Translated into its educational equivalents, that means (i) that the educational process has no end beyond itself; it is its own end; and that (ii) the educational process is one of continual reorganizing, reconstructing, transforming.[8]

"教育无目的"是一种"按教育即发展的说法",其含义是教育没有终点(ends)。如何理解教育没有终点?杜威为此提供学校教育的例证,没有终点的教育意味着学生从学校毕业后依然不停止接受教育,"学校教育的目的是确保教育延续,方法则是整理能促进成长的种种才能。使受教育者愿意从生活中学习,愿意把生活环境安排成能让人人在生活过程中学习,就是学校教育的最佳成果"。[9]

为了帮助读者理解,杜威还详细阐释了与"教育无目的"相对的观点,即从比较的角度理解教育,"按儿童与成年人各有生活特征的观点解释,发展的意思是指把力量引导到特定方向:引导到习惯的养成,习惯形成要包含执行技能、兴趣之确定、观察及思

---

① 郭良菁认为有 3 处,但是,实际上其中第 2 处是对第 1 处的重复。参见郭良菁:《解读杜威"教育无目的论"的文本依据辨析——兼论"教育目的"概念的拟人化使用问题》,《华东师范大学学报(教育科学版)》,2013 年第 3 期。

考的明确目标"。[10]他认为以成年人标准引导学生是在教育过程之外设定目的,这种教育方式存在三个问题,"第一,不考虑小孩子本能的或天生的能力;第二,不发展面对全新情境时的主动作为;第三,为养成机械化的技能,太偏重操练等方法,忽略了个人理解。这些谬误都是认定成年人的环境为小孩子的标准,教养小孩子就是要达到这个标准……于是,孩子被教成对新奇事物不感兴趣,厌恶进步、对不确定与未知的事物怀有恐惧"。[11]

教育没有终点的观点源于杜威对儿童未成熟(immaturity)状态的认识,他提醒读者,未成熟具有发展的积极意义,而不仅仅只有欠缺的消极意义。"我们容易把未成熟状态当作短缺,把成长当作填补从未成熟到成熟之间的空缺,是因为我们从比较的角度看童年,没有就童年本身的角度看。因为我们把成年看作固定的标准,按这个标准衡量,童年就成了匮乏状态。"[12]他不认可仅仅从负面的角度看待儿童的未成熟状态,不认可为儿童设定一个静止的目的(end),因为,这种对未成熟的理解暗含成熟的停止成长的含义,这是绝大多数成年人不能认可和接受的,[13]他从儿童的未成熟状态看到一种积极的力量或能力,即成长的能力。

杜威从未成熟状态的两个特征论证它积极的力量和成长的能力,依赖性(dependence)和可塑性(plasticity)。

依赖性(dependence)和依附(sheltered),二者的区别为是否有成长空间。[14]依赖性的成长空间体现在婴儿的社会能力之上,以牲畜为例,牲畜虽然生存能力强,但是社会能力差,婴儿虽然生存能力差,但是社会能力强。杜威在这里看到了一种美妙的平衡。[15]他甚至粗暴地不提供出处地使用实证研究的研究成果,"其实研究已经证明,儿童天生就有上乘的社会交流能力。小孩子那种能触动周遭人态度行为的柔韧敏锐能力,极少人能在成年以后全部保留"。[16]此外,读者须注意,杜威以共同生活为标准,十分肯定小孩子的依赖性,一方面孩子的依赖性包含他成长的可能性,另一方面,孩子的依赖性培养了成人的爱心和同情关护,使人和人能永久结合。[17]这种依赖性使人能相互联系和团结,自我独立的人不愿与他人交往,甚至产生盲目的自信和自我崇拜,杜威认为这是历史上许多人为灾难的根源。[18]由此可知,杜威有明显的反精英主义倾向。陶行知在介绍杜威的教育学说时直接将《民主与教育》翻译成《平民主义的教育》,如此翻译甚是符合杜威本意。[19]

可塑性,意思是具有塑造的可能性,但杜威又强调这种可塑性不同于灰泥和蜡的可塑性,类似于即便染上周遭环境的颜色还能保持自身。[20]杜威从可塑性谈儿童习惯的养成和成长的表现,"前面说过,可塑性是指一种能力,能按先前经验保留下来原动力修正后来的行为。这意指养成习惯的能力,或发展确定意向的能力。接着要谈的是习惯的重要特征。第一,习惯是一种执行技巧,是行为中的效率。习惯即是利用自然环境条件达成自己目的的能力,是借着控制动作器官而主动控制环境"。[21]

杜威的逻辑是:可塑性是养成习惯的能力,习惯是主动控制环境的能力。他试图澄清人们对习惯的误解,"第一,把习惯视为机械的外在的行为模式,忽略其中的心智及道德角度。第二,给习惯带上不好的意思,认为习惯即指'坏习惯'"。[22]他理解的"成长是习惯的表现"所指的习惯具有控制环境的能力,能够在处理具体的问题时随机应变,而不是墨守成规,更不是给习惯带上不好的意思。

第2处的表述是:

> 我们该记得一点:教育本身并无目标。有目标的是人,例如父母亲,老师等等,不是教育这样的抽象的观念。人的目标千变万化,因孩子不同而各异,随孩子成长而改变,也随着教导者自己的经验成长而变。凡是可以用文字表达的目标,无论多么正确,如果不能让人明白它们不是目标,而是在建议教育者在运用环境条件时该如何观察、如何前瞻、如何取舍,这些表诸文字的目标就是害多于益的。[23]

> And it is well to remind ourselves that education as such has no aims. Only persons, parents, and teachers, etc., have aims, not an abstract idea like education. And consequently their purposes are indefinitely varied, differing with different children, changing as children grow and with the growth of experience on the part of the one who teaches. Even the most valid aims which can be put in words will, as words, do more harm than good unless one recognizes that they are not aims, but rather suggestions to educators as to how to observe, how to look ahead, and how to choose in liberating and directing the energies of the concrete situations in which they find themselves.[24]

"教育无目的"在这里被表述为抽象的教育概念本身不存在目标(aims),有目标的是人，例如父母和老师等等。杜威指出，符合"教育无目的"的教育目标的特征有四个表现："以受教育者本身的行为和需求为根据"，"目标应要能转变为配合受教者行为的一套方法。目标必须指出能够释放并安排受教育者才能的必要环境"，避免外力施加目标，应该以民主的原则评定每个成长意见，慎防一般性的与终极的目标。[25]杜威强调这里的"一般"指脱离特定脉络的抽象，注意牵涉枝节关系的"一般"是杜威认可的。"'一般的'或'综合的'目标，意思不过是指对于现在行为的领域有一番广泛的全面勘测。"[26]

杜威认可的教育目标的四个特征与他推崇"教育没有终点"和"不在教育过程之外设定目的"的主张紧密相关，其中，以受教者本身的行为和需求为根据的教育目标和避免外力施加目标与教育目的在教育过程之内的主张一致，目标应该能够释放受教育者的才能与教育是发展和成长的主张一致，慎防一般性的与终极性的目标与教育没有终点的主张一致。简言之，杜威对"教育无目的"的两种表述在立场上是一致的，前者是后者的根据，后者是前者推导的结果。

读者能够通过进一步考察杜威对好目标的评价标准以确证这种立场上的一致和逻辑上的推导关系。杜威认为好的教育目标有三个标准：从既有条件而来；目标开始浮现时只是个试验性的草图，需要接受测验和修改，所以目标须有弹性，是实验性质；带有释放行为的意思，即表明行为的结束点如同指出射击的标靶。重要的是行为的继续，而非射击标靶本身。与此同时，不好的教育目标的评价标准只有一个，行为外的目标，静止的目标，使行动变成难以忍受的手段。[27]

此外，杜威还指明了教育目标实现的条件是社会秩序的保障，"因为以上的讨论假定：教育的目的是要使人能继续受教育……但是，这个观念若要适用于一个社会中的所有成员，人与人就必须有双向的交流，社会也必须有充分的条件，使平等分配的利益所产生的各种刺激带动社会习惯与制度的再造"。[28]需要注意的是，中译本在翻译的过程中漏了一句重要的话："And this means a democratic society."[29]杜威不讳言，所谓的社会秩序的保障是民主社会。

"教育无目的"的两种表述，杜威是在区分的意义上使用"ends"和"aims"，在阐释教育没有终点的观点时，他使用的词是ends，在阐释抽象的教育概念没有目标时，他使用的概念是aims，中文译者在区分的意义上分别译为"目的"和"目标"。杜威本人在文中试图界定和区分ends和aims的概念。他认为ends意味着结局前的每一个步骤都为下一步作准备,比如蜜蜂的活动,蜜蜂采花粉、制蜜蜡、造蜂窝等行动,每一个步骤之间联系紧密,他认为 aims 与 results 相关,results 意味着结果,不需要前期的准备和完成工作,例如风吹沙,结果是沙粒的位置改变。杜威从三个方面来理解 aims,它包含秩序和受约束的活动,它的意思是预见可能的结局,有目标的行为是明智的行为。[30]简言之,杜威反对基于 ends 的静止的教育目的,推崇基于 aims 的过程的教育目标。

郭良菁认为杜威的用意是告诫人们不要拟人地理解和使用教育目标。[31]但是,结合杜威对"教育无目的"的两种表述以及目的(ends)和目标(aims)的区别,得出的结论是:"教育无目的"不是反对在教育中设定具体的教育目标(aims),相反,他严肃认真地探讨目标的本质是包含在行为之内的目标,分析了好目标的三个标准和坏目标的一个标准,并把这种对目标的本质和目标的标准的研究应用于教育领域,推导出好的教育目标的三个特征;"教育无目的"是反对在教育中设定目的(ends),一种超于教育过程之外的静止的不以受教育者的具体条件的目的,这种目的的设定不能最大限度地为儿童的成长和发展提供条件,相反地,它总是以成人的标准制定教育目的,使儿童处于被动接受的地位,为此,杜威提出教育没有终点(ends),儿童和成人实质上都一直处于成长的状态。

杜威推崇教育目标(aims)、抵制教育目的(ends)的教育思想及相关教育教学主张在过去的一百多年在世界范围内产生了巨大影响,他对教育事业的发展贡献卓越。但是,"教育无目的"的学说与杜威的实际教育主张却存在巨大的矛盾和张力,杜威不仅不反对教育目标(aims),他实际上也没有彻底地抛弃他万般嫌弃的教育目的(ends),这种不彻底体现为笔者前面几次提醒读者注意的地方,即他对共同生活和民主的社会秩序的不加区别和批判的肯定和赞颂,他把促进共同生活作为肯定依赖性的优越性的标准,他还把民主的社会秩序看作教育目标实现的制度保障。换言之,杜威的"教育无目的"学说推向的终极目的是共同生活和政治民主。也许有读者会质疑,杜威推崇的共同生活和政治民主不是终极目的。也许,杜威本人对终极目的(ends)的界定在某种程度上能部分回应这种质疑。回应分三步:第一,他一方面在肯定的意义上把目的(ends)定义为前者是结局的准备,结局是前者的完成,另一方面在否定的意义上把目的(ends)定义为静止的和行动之外的;第二,杜威强调哲学与教育的最紧密联系,他的哲学主张是民主,他几次强调以共同生活和民主为好的教育目标的评判标准,民主在教育过程之外;第三,杜威比较三种教育模式,并最终把柏拉图的理想国作为最好教育的典范,柏拉图的教育以城邦善为最终目的,城邦善以理念善为最终目的。以杜威本人的论述为例,他很有可能一边反对教育中的终极目的,一边又为自己的教育理论隐藏了一个终极目的。

正是因为教育目的的神性维度被消解,而教育目的的自然维度又不成立,当教育成为一种实在的人为,教育的目的就会成为一种人为的目的,这种人为的目的充斥着不安与某种强制性,在社会层面上,它可以成为我们赖以生存的社会中一种无处不在的意识形态。杜威隐藏的终极教育目的是民主。

## 二、民主能否作为杜威教育学说的终极目的

前文提到,杜威在第二次阐释"教育无目的"时谈到抽象的教育概念不存在目标(aims),有目标的是教育者,即父母和老师等,他还把在教育过程之外设定终极目的(ends)的原因归结为社会秩序的不平衡,归结为缺乏政治民主。笔者认为,杜威没有意识到终极目的(ends)的设定者也是具体的教育者,而非抽象的社会秩序和政治民主。按照马克思的理解,"教育者本人一定是受教育的",[32]即有形的教育者背后有一些无形的教育者,杜威自己也承认教育与民主的共同生活模式之间相互促进,他否认知识的灌输、升学和就业等有形的教育目的,却肯定了民主作为一种隐形的教育目的。

杜威关于哲学与教育的关系的论述,某种程度上印证了政治民主是他的教育学说的终极目的。他认为教育与哲学关系密切,一方面,"哲学是最广义的教育学说",另一方面,"教育是一个实验室,哲学理念的歧异可以在这里实实在在地受到检验"。[33] "实验室"的比喻在某种程度上直接暴露了杜威"教育过程即教育目的"的问题,正如实验的目的是待验证的理论和公式,教育的目的也必须要建立在某种目的之上。最后,杜威谈到必须重建教育、哲学和社会理想与实现方法。那么,杜威的社会理想是什么呢?他认为是民主。[34]他通过反对没有社会流动和发展的专制统治,甚至从教育的起源来论证政治民主的合理性。

杜威认为专制统治不适合人类社会,专制国家的统治者可以依靠暴力与恐吓维持国家的统治,但统治者和被统治者之间没有共同的利益,后者对前者的服从只是出于恐惧的心理,社会成员之间没有共同利益,导致不同的社会阶层之间缺乏自由的互动,在这样的社会共同体中,"他们的文化大概都是没有生气的,吸收的养分只是自己的身

体;他们的艺术会变得炫示华丽而矫揉造作;他们的财富变成奢侈;他们的知识太过专精化;他们的礼俗是吹毛求疵却没有人味"。[35]此外,"一个帮派或小集团如果孤立又排外,是暴露了它的反社会精神",[36]国家、家庭和学校如果只管自己的事情都是反社会的表现,甚至富人和穷人、有学识和无学识的人,他们如果相互不往来也是反社会的表现,因为,"对外孤立会使生活变得呆板、从形式上制度化,使团体里的理念静止而自私"。[37]

杜威认为,教育起源于社会共同体①的产生,"有意识的共同利益"和"与其他群体的相互影响"[38]是社会共同体的两个重要特征,他以此为标准衡量专制统治国家的社会生活和民主国家的社会生活。以"共同利益"和"群体影响"为标准指向民主是最好的社会生活模式,他如此理解民主,"一个社会若能妥善安排所有成员平等地参与全体的共同利益,并且在与其他社会群体互动中弹性地调整制度,就可以算是民主的"。[39]"民主并不只是一种政治形态,主要乃是一种共同生活的模式,一种协同沟通的经验。本来是空间距离相隔的人们,因为参与共同的兴趣利益而彼此行为互相参照,自己的行为因考虑到他人行为而有要点与方向,这等于打破原来存在阶级、种族和国家领土之间的屏障,使人们能看见他人行为的重要性。"[40]

杜威列举三种教育学说,揭示它们的特质并评定它们存在的问题,以说明什么是好的教育学说。柏拉图以城邦正义和善的理念为终极目的的教育学说、卢梭以个人自然发展为目的的自然教育学说和以社会效能为目标的民族主义学说,思想家对现实问题的不同思考会引发出不同的教育理念,任何一种教育模式的推崇者都包含目的,杜威也不例外,只是他没有意识到或不愿意承认自己的哲学主张在某种程度上是一种终极目的。他在比较和批判不同的教育模式时,充分暴露了他实质上主张以政治民主为教育的终极目的。

卢梭对自然主义教育的推崇实质上是"求进步,以及求社会进步"[41],推崇自然主义教育的人断定既有的观念和政治体制只会束缚和扭曲个体的天赋和自由,解放个体是为了走向更宽广自由的社会,现有的知识和观念都不可靠,只有脱离人干预的"自然"具有发展人的无限潜能的可能性,由此抵抗僵化的现有观念。杜威并不否认个体

---

① 社会共同体并不是不同的人住在一起,没有共同社会目标的成员不可能形成社会,所以共同目标和共同利益是社会共同体的重要特征。参见杜威著,薛绚译:《民主与教育》,译林出版社,2012年,第4页。

的天赋,他甚至依据人的天赋反对成年人按照自己的意愿给孩子设定目标;杜威也不反对自由,因为个体之间的自由交往是共同体赖以生存和发展的重要因素,但是,"把一切全交给自然乃是否定教育,是听命于机缘偶然"[42],任何教育都不能脱离教育者、教育方法、教育机构,卢梭和爱弥儿这样一对一的回归自然的教学方法和教育理念在现实教学中具有偶然性,没有推行的可能性,换言之,自然主义教育缺乏发展机制。①

与自然主义相对的是以社会效能为目标的教育,其典型表现形式是民族主义教育,当政府、各种教育机构以及基金会等组织,尤其是政府,在现代教育体系占据主导位置,他们为教育,特别是基础教育,提供基本的资金支持、技术支持和制度支持,随之而来的问题可能是教育缺乏自己的独立性,教育目的拘于一个地区、一个国家,受教育者成为国家利益的工具。杜威接受康德对人的定义,人不能成为他人的手段,人本身就是目的。而狭隘的民族主义激发的是国家之间的战争,而非共同体之间的和平交流。[43]

三种教育模式中,杜威最认可柏拉图构建的教育模式。柏拉图从对城邦正义问题的思考引发对教育的探索,所有的教育围绕的主题是公民的城邦生活,柏拉图由此提出对卫士最好的教育是训练身体的体育和陶冶灵魂的音乐,[44]提出女性应该接受与男性同等的教育,[45]哲学家作为城邦的统治者,从卫士中脱颖而出,并学习技术、几何与天文等学科。[46]柏拉图因循每个公民的天赋和才能,配合对城邦内男女卫士和哲学家施行特定的教育,使他们成为成就城邦善的好公民。杜威宣称,"我们不可能找到任何哲学理念,像柏拉图这样充分肯定社会布局的教育意义,同时又充分肯定教育下一代的方法是这些社会布局的基础。我们也不可能找出任何理论比柏氏更能深刻认识教育的功能:发现并发展个人的才能,培育个人才能使他能与别人的行为连结"。[47]杜威无比惋惜,柏拉图虽然急于改变他所处的城邦现状,两次叙拉古之行都无功而返,因为他所处的社会实在太不民主了,已经超出他能解决的范围。杜威对柏拉图的教育理念的唯一质疑是,后者的理想城邦是一个静止的状态,"他虽想彻底改变既有的社会状态,他的目标却是建构一个从此不会有改变的国家社会。生活的最终目的是固定不变

---

① 在《爱弥儿》一书中,我们看到卢梭对受教育者有非常多的要求,出身贵族,不爱钱财,父母开明,老师对学生的教学优先于父母的教学,愿意回归自然,即便在卢梭的假象中,他最得意的学生爱弥儿,也未能给自己的孩子提供如此的教育。参见卢梭著,李萍沤译:《爱弥儿:论教育》,商务印书馆,2009年。

的;定下这种目的的社会里,恐怕连细枝末节都是不可更改的"。[48]理想的城邦拒绝任何改变,柏拉图因此反对蛊惑人心的荷马故事、诗人和散文作家,要把他们驱逐出城邦[49]。

从杜威把柏拉图的教育理念存在的问题归结为柏拉图所处的社会太不民主可以窥见杜威对民主的执着,而杜威对柏拉图的教育模式提出的质疑很大程度上是因为杜威回避了柏拉图的教育理念有其特有的目的,对理念和善的追求怎么可能产生动态的教育?令人玩味的是,推崇政治民主的杜威选择十分反感政治民主的柏拉图,并把后者的教育思想作为最好的教育典范。

杜威在文本中并不掩饰自己对民主理想的推崇,甚至坦言哲学理念与教育相互作用的关系,但是为何他说"教育过程即教育目的",主张"不在教育过程之外设置目的",以至于倡导与自己的实际主张相对的"教育无目的"?笔者的假设性结论是,他并不是真的相信教育没有终极目的,只是他有更多的考量。

### 三、民主与专制

杜威为何宣称"教育过程即教育目的",拒绝承认民主是自己的教育学说的终极目的呢?笔者认为最直接的原因是,如果民主的教育目的被直接揭示,作为目的的"民主"就有可能成为某种专制,因为一旦"民主"成为教育的直接目的,"民主"便会生发出满足其成为"教育目的"的规范性维度,并且这种规范性的意味在社会的普遍教育过程中会变得越来越强乃至生成某种专制。换句话说,杜威将民主视为一种理想的不断生成的社会共同生活样式,这种对民主的理解意味着民主从来都不是设定好的、具体的生活样式。而"教育目的"概念本身所蕴含的明确价值导向及规范性的要求是很难与杜威的"民主"理想相容的。在这个意义上,在杜威的教育思想中,一方面"民主"的理想是杜威教育理念中最想达成的东西,但另一方面,"民主"一旦成为"目的"就丧失了民主内涵。

杜威把共同生活定义为共同体的原初状态,但是无论作为共同生活模式或者政治形态的民主都不是共同体的直接衍生物。他本人亦承认,人并非生来就处于共同体中,如果没有共同的利益和目标,即便地理位置十分接近的人也不能组成一个共同体[50],即民主的开端必须有教化,教化指所有人在被教化的过程中认可共同体并且被共同体接受,成为共同体的一员。即便他强调学校教育的任务是,"让受教育的下一代人人能不分贫富、机会均等、得到其未来生涯所需的配备"[51],教育赋予受教育者选择的自由,但是受教育者在教育过程中是无法自由选择的,他们无法自由选择教育者、教材,把民主作为教育的目的,受教育者没有其他选择,这实际上就是最大的专制。

此外,杜威隐藏民主的教育目的还可能有一个原因,当他把教育目的、教育过程、共同体生活模式和民主四者等同时,把民主社会作为理想或既有政治形态予以肯定,却规避了民主制度可能存在的问题。

杜威痛心疾首,柏拉图的教育理念很好地解决了个人天赋和社会布局的关系,但最大的缺憾是柏拉图所在的社会太不民主,但是他没有提到柏拉图本人其实并不认可前者心心念念的民主生活方式。与此相反,柏拉图的教育理念和理想国正是对古希腊城邦民主的反思,柏拉图不能理解自己尊敬的导师苏格拉底为何会被希腊公民的选票致死?且他的理想国不是依靠民主的政治形态维持其统治,而是依靠哲学王和卫士。亚里士多德延续了柏拉图对民主的反思,他认为存在三种政体:君主制(最好的政体)、贵族制和共和制(最坏的政体),这三种政体分别具有自己的变体:僭主制、寡头制和民主制,民主制作为最坏政体共和制的变体,怎么也不能说亚里士多德有多推崇民主。① 著名法国学者托克维尔于19世纪初到美国游历,并完成《论美国的民主》一书的写作,号称是比美国人更懂美国民主的著作,他断言,民主作为不能被扭转的历史潮流不断前进,"因此,身份平等的逐渐发展,是事所必至,天意使然。这种发展具有的主要特征是:它是普遍的和持久的,它每时每刻都能摆脱人力的阻挠,所有的事和所有的人都在帮助它前进"。[52]但是,托克维尔本人表达了对现实的民主制度的担忧,即民主制度容易导向集权。"在一个既愚昧又民主的国家里,国家首脑和每个被统治者之间的巨大智力差距,便不能不立即暴露出来。这便容易使一切权力集中到国家手里。"[53]这一担忧随着希特勒的上台已然变成现实。"使民主社会的政治权力集中的第一个而且可以说是唯一的必要条件,就是它要喜爱平等并叫人相信他喜爱平等。因此,原先十分复杂的专制之术,现在已经十分简单了,可以说它已简化为一项单一的原则。"[54]相对于现实的民主制,他内心更认可已经逝去的贵族制。

---

① 不同政体的比较参见亚里士多德:《尼各马可伦理学》,廖申白译,商务印书馆2003年版,第247-249页。

杜威在考证柏拉图的教育理念时不可能没有注意到后者对民主的态度,以民主为教育最终目的的杜威不可能不知道到亚里士多德、托克维尔等哲学家对民主问题的揭示,生活在托克维尔写出《论美国的民主》半个多世纪以后的美国,杜威不可能完全没有看到民主存在的问题,但是他在《民主与教育》一书中从未对民主可能存在的问题予以任何回应。如果他明确申明,他所推崇的教育学说以民主为目的,那么他是无论如何也无法顺利回避民主可能存在的问题,把民主的政治形态和共同体的生活模式作为理所当然的事实予以肯定和接受。

### 四、结语

杜威在其文本中已经澄清了"教育无目的论",他是在反对教育目的(ends)和赞成教育目标(aims)的意义上提出"教育无目的论"的主张,他本人十分清楚目的(ends)和目标(aims)之间的区别。杜威的"教育无目的论"存在的问题是他本人没有意识到或故意隐藏自己的终极目的——民主,直接原因可能是民主的终极目的一旦被揭示就会变成某种程度的专制,其次可能是杜威策略性地回避讨论政治民主存在的问题,直接把民主作为衡量教育目标的标准。

杜威隐藏他的教育学说中作为终极目的的民主,可能并不会影响我们对他的具体教育主张的理解,因为作为教育评判标准的共同生活和民主一直是全书的核心概念,但是却真实地影响了我们对"教育无目的论"本身的理解,误以为杜威真的提倡在教育中不要终极目的或不要目标。

此外,杜威反对专制,但是他没有考虑到民主可能会导致专制。杜威推崇民主,但是他没有考虑到民主从来就不是尽善尽美的。我们只是反思杜威不假思索地把民主作为教育的衡量标准或终极目的,不考虑民主的不好方面会实际地影响教育过程。

**参考文献:**

[1] [7] [9] [10] [11] [12] [13] [14] [15] [16] [17] [18] [20] [21] [22] [23] [25] [26] [27] [28] [30] [33] [34] [35] [36] [37] [38] [39] [40] [41] [42] [47] [48] [50] [51] 杜威.民主与教育[M].薛绚,译.南京:译林出版社,2012:6-7,45,47,45-46,46,38-39,38-39,39,40,40,42,40,41,42,44,97,97-98,99,93-95,90,

　　　　91-92,296-299,78-79,76,77,77,75,89,78,82,84,80,82,4,88.

［2］涂诗万.美国近二十年杜威教育思想研究新进展[J].教育学报,2012(4).

［3］舒新城.近代中国教育史料[M].北京：中国人民大学出版社,2012：257.

［4］吴俊开.杜威教育思想的再评价[A].教育与文化论文选集[C].台北：台湾商务印书馆,1972：306.

［5］［31］郭良菁.解读杜威"教育无目的论"的文本依据辨析——兼论"教育目的"概念的拟人化使用问题[J].华东师范大学学报(教育科学版),2013(9).

［6］［19］涂诗万.民主与教育在中国的早期传播[J].教育研究,2016(6).

［8］［24］［29］John Dewey. Democracy and Education：An Introduction To The Philosophy of Education [M]. New York：The Macmillan Company, 1930：59,125,117.

［32］马克思恩格斯选集(第1卷)[M].北京：人民出版社,1995：55.

［43］［44］［45］［46］［49］柏拉图.柏拉图全集(第2卷)[M].北京：人民出版社,2003：85,337,431-439,525-528,351-359.

［52］［53］［54］托克维尔.论美国的民主[M].董果良,译.北京：商务印书馆,1998：7,851,853.

# 教师道德建设实践研究

# 论师德自觉及其实现路径

张自慧

(上海师范大学　哲学与法政学院)

在 21 世纪的中国,由于教育产业化、市场化和价值观多元化的冲击,校园已不再是一片道德净土,教师的职业道德也面临严峻挑战,师德建设正成为全社会关注的问题。教育主管部门对此高度重视,制定了相关的制度和规范,如教育部提出的"十条师德红线"和"八条师德戒律"。然而,仅有外部师德规范的约束是不够的,广大教师是师德建设的主体,是起决定作用的内因,其师德自觉的程度直接关系到师德建设的成效。因此,加强师德自觉,探索其有效路径就显得尤为重要。

## 一、师德自觉的内涵及作用

对于师德自觉,近年来学术界的关注和研究付之阙如,在为数不多的几篇学术论

---

基金项目:上海市高峰高原学科建设上海师范大学哲学项目、国家社科基金项目"先秦元典中的中华民族文化基因研究"(15BZS034)、教育部人文社科基金项目"'三俗'文化冲击下的道德失范与文化救赎"(12YJA710096)、上海市哲社规划课题"先秦元典中的中华民族精神基因研究"(2014BKS003)。

作者简介:张自慧,上海师范大学哲学与法政学院教授,博士生导师。主要从事伦理学、礼文化、先秦哲学研究。

E-mail: zhangzihui@shnu.edu.cn

文中,学者们大多从其功能的角度论及,很少从内涵视角严格界定。① 这种研究现状和教师对师德自觉的认知程度,与当前师德建设的需要极不相称。笔者认为,师德自觉不是教师对师德规范的浅表认识,而是教师从历史维度对其职业地位及作用的全面认知、对师道和师德内涵的深刻体悟、对自己肩负的社会责任和使命的主动担当。

1. 师德自觉是教师对其职业地位和作用的全面认知

教师作为一种古老的职业,在中国已有三千余年文字记载的历史。《诗经·小雅》中有关于教师的诗句:"赫赫师尹,民具尔瞻。"其意是,具备德行善道的"太师",是民众仰望的对象和心中的表率。在《尚书》中,亦有"天佑下民,作之君,作之师,惟其克相上帝,宠绥四方"(《尚书·泰誓上》)的记载。《荀子》云:"礼有三本:天地者,生之本也;先祖者,类之本也;君师者,治之本也。……故礼上事天、下事地,尊先祖而隆君师。"(《荀子·礼论》)汉代的《白虎通义》提出"三纲六纪",其中"六纪"即"诸父有善,诸舅有义,族人有序,昆弟有亲,师长有尊,朋友有旧"[1]。陈寅恪高度评价"师长有尊",称"中国文化之定义,正是具于此说"[2]。清初学者廖燕对其阐释曰:"宇宙有五大,师其一也。一曰天;二曰地;三曰君;四曰亲;五曰师。师配天地君而为言,则居其位者,其责任不綦重乎哉!"[3]可以看出,中国古代以教育为政治之基础,"师"与"天地君亲"地位同列、作用同彰,"尊师重教"是中华民族治国安邦之"重器"。

西汉思想家扬雄曾说:"师者,人之模范也。"(《法言·学行》)"人之性也善恶混,修其善则为善人,修其恶则为恶人。"(《法言·修身》)因此,"学则正,否则邪。师哉师哉!桐(童)子之命也!"(《法言·学行》)他强调教师之作用在于做学生的榜样,在于化性起伪、抑恶扬善、教化民众、倡扬仁义。正如荀子所说:"人虽有性质美而心辨知,必将求贤师而事之,择良友而友之。得贤师而事之,则所闻者尧舜禹汤之道也;得良友而友之,则所见者忠信敬让之行也。"(《荀子·性恶》)在中国古代,"有道"、"有德"者方能为

---

① 蔡娟、张赟认为,师德自觉是高校青年教师的文明素养,教师的道德品行和道德习惯源于他们内在的素质自觉和外在的行为自律。(《师德教育与增强高校青年教师师德自觉》,《山东青年政治学院学报》,2014第1期.)周松峰认为,对师德要作全面反省,对师德的未来规范与提升更要以前瞻性的眼光进行谋划。(《高职教育的师德自觉与实践》,《今日中国论坛》,2013年第8期.)赵馥洁认为,师道自觉要通过深入认识和恰当处理师与人、师与道、师与生三大关系去实现。(《师道自觉与师德自觉》,《法学教育研究》,2012年第8期.)穆耕森认为,师德自觉必以广博的文化为底蕴,师德高尚的教师必是学识丰富、融会贯通的教师。(《以文化提升教师的师德自觉》,《师德与德育》,2014年第12期.)

师。《周礼·师氏》曰:"师,教人以道者之称也。"从历史上看,教师是文明与文化的创造者和传播者,是知识的象征和道的化身,一直发挥着人之模范、社会导师、人伦领袖的重要作用。

### 2. 师德自觉是教师对师道和师德内涵的深刻体悟

"师道"即为师之道,是指教师在职业生涯中应当信奉的理念、遵循的规律和坚守的信条。换言之,为师之道就是教师教书育人、为人师表的志愿和按照仁义原则、教育规律献身教育的自觉。我国古代"师道"的首倡者是开儒学之先、立道统之始的孔子。其后,经历代名师的倡导和践行,"师道"日渐成为师者追求的理想和向往的风范,正如司马迁赞美孔子之语:"高山仰止,景行行止。虽不能至,然心向往之。"(《史记·孔子世家》)国学大师钱穆曾盛赞中国之师道:"天地君亲以上,最尊尤贵者则为'师'。……中国民族大群传统文化之得以绵延久长而不绝,则胥师道是赖。中国有师道,乃无宗教。亦可谓中国之宗教已师道化。"他大声疾呼:"复兴文化,必当复兴师道。"[4]师德源于师道,没有对师道的体悟,就不可能掌握师德的本质,更不可能有师德自觉。教育学家陈桂生曾从广义上将"教师道德"分为"师道"与"师德":"凡涉及教师的教育价值追求与敬业精神的称为'师道',而专指教师行为准则或因准则要求而产生的行为是'师德'。"[5]因此,师德自觉既要求教师遵循师道、坚守教育信念和职业精神,又要求其遵守教师的职业伦理和道德规范。

### 3. 师德自觉是教师对教育责任使命的主动担当

教育之使命不仅是知识的传授和智慧的传播,更重要的是培育丰满的个体人格,促进社会文明与教养的再生。许慎在《说文解字》中对"教"和"育"的解释是"教者,上所施,下所效也","育者,养子使做善也"。这表明,所谓教育,就是施教者要以身作则,做好表率,以引领受教者做善人、行善事,这是教育本质之所在。《礼记·学记》云:"教乃国之本,师乃学之本。""玉不琢,不成器;人不学,不知道。是故古之王者建国君民,教学为先。"可以看出,古人把教育视为治国安邦之本,将教师的教书育人工作视为"建国君民"之手段和途径,教育和教师在古人心目中使命之重大由此可见一斑。教育决定着人类的今天和未来,而"教育的关键问题是教师。对于教育,兴之抑或亡之,在于教师……根本问题是教师精神,是全人教养,是教师之道,是根性,是灵魂"。[6]为此,教师必须担当起神圣的责任与使命。

当下中国的师德建设问题,是社会大变革时期的师德转型问题,面对市场原则的冲击、功利思想的腐蚀和物质利益的诱惑,仅凭教育主管部门下达的"师德禁令"、划出的"师德底线"、树立的育人楷模难以真正破解师德建设的难题。教师是师德建设的主体,其师德自觉的程度影响着教师对教育责任与使命的主动担当和对师德规范的自愿践履。从根本上说,师德自觉是师德自律的前提和基础,是师德建设的内生动力。从表面上看,师德自觉是教师个体之事,其实不然,教师的尊严和地位、师德规范及标准的制定等,与国家的教育理念、教育主管部门以及公众对教育和教师地位的认知与维护密切相关,因此,加强教师的师德自觉是一个关乎全社会的问题。只有教师的历史维度的师德自觉与现实维度的职业体验相一致,师德自觉才能成为现实,才能转化为师德自律。下面,我们从现实维度就教师主体和外部社会两个方面来探讨推进师德自觉的路径。

## 二、师德自觉主体的职业修为与德性提升

作为师德自觉的主体,教师不仅要有历史维度的师德自觉,而且要在现实的职业生涯中强化师德自觉,努力弘扬师道、坚守师德、担当使命,做到义以为上、为人师表。

1. 传承师道,坚守师德,做到师道与师德合一

师道是中华文明积淀的优秀成果,传承师道、坚守师德是教师义不容辞之责。"道"是中国文化的大智慧,它表现为规律和法则,代表着自在和本源。我国古代的"师道"与古人所说的"天道"、"人道"相贯通,《礼记·中庸》云:"天命之谓性,率性之谓道,修道之谓教。"这段话揭示了教育的规律和原则,告诫教师应遵循人性,按照人的自然禀赋引导和教化学生。同时,师德与师道密不可分,正所谓"道之所存,师之所存也"。如果说"师德"侧重于外在的道德规范,那么"师道"则强调教师所应具有的教育信念、教育理想和道德人格。教师的本职是"传道、授业、解惑",这里的"道"既有知识讲授中对社会之道、自然之道、人生之道的"言传",也有通过教师的行为举止、语言谈吐、仪表

仪态等对道德人格的"身教"。教师在自己的职业生涯中不能只重视师德规范而遗忘了"师道",理应做到师道与师德的合一。

### 2. 担当使命,提升德性,做到师德自律

教师职业被誉为"阳光下最光辉的职业",教师承担着"使人向善"、"宠绥四方"的使命。与其他职业不同,教师是通过自己的人格和品行来影响和引导其劳动对象的,因此,教师需要耿介拔俗、率先垂范、为人师表,这就要求教师不断提升德性。德性是教师对自我价值和生命意义的概括,是教师精神的核心与灵魂,外在的师德规范只有内化为浸润师者生命的教师德性,师德自觉才能成为现实。德性是"人之为人"的品性,是人类追求美好的品质,麦金太尔认为,外在"规范"不能取代内在"德性",当"规则"取代"德性"成为道德基础时,我们在道德生活中所使用的道德语言就只是一个破碎了的"道德传统"所遗留下来的"残章断句"[7]。因此,德性的养成是践履道德规范的前提和基础,没有德性就没有道德自觉,没有教师德性的养成就没有教师的师德自觉。

### 3. 兼顾义利,义以为上,做到为人师表

教书育人不仅是一项光荣而高尚的事业,也是每位教师谋生的职业。教师关心自己的物质利益无可厚非,从职业贡献中获取经济报酬理所应当。但教师以育人为天职,"教师道德不是外力强加于人的规定,而是教师职业活动中内蕴的道德律,它如同自然规律、自然法则一样具有客观性,是从业人员应该具有的职业操守,是教师应该承担的责任或应尽的义务"[8]。教师职业的特殊性和神圣性,要求教师不能斤斤计较,不能以等价交换之心态来权衡付出与收益。面临义利冲突,教师不能唯利是图、见利忘义,而应遵循孔子的教诲,义以为上,做到"君子义以为质,礼以行之,孙以出之,信以成之"(《论语·卫灵公》)。拥有了高度的师德自觉,教师才能"行不言之教",既为"经师"又为"人师",做到为人师表。

## 三、师德自觉氛围的营造与制度协同

师道的弘扬、教师地位和尊严的维护、师德规范及标准的制定等,与国家、教育主

管部门乃至公众的作为息息相关。从现实维度看,加强师德自觉不仅需要教师主体的努力,还需社会方方面面的重视与协同。

1. 弘扬尊师重教传统,为师德自觉提供精神"培养基"

中国古代拥有丰富的师道文化,弘扬尊师重教传统,有助于提升教师的尊严和自豪感,为师德自觉提供精神"培养基"。师道之弘扬,贵在尊师敬学。《学记》云:"凡学之道,严师为难。师严然后道尊,道尊然后民知敬学。"(《礼记·学记》)古人把"尊师"与"敬学"相连,认为只有教师受到尊敬,教师所授之"道"(规律和真理)才能受到尊重;只有"道"被尊重,民众才能真正尊重知识、敬重学业。可见,教师地位和尊严的维护需要全社会自上而下形成尊师敬学的浓厚氛围。习近平曾指出:"各级党委和政府要满腔热情关心教师,让广大教师安心从教、热心从教、舒心从教、静心从教,让广大教师在岗位上有幸福感、事业上有成就感、社会上有荣誉感,让教师成为让人羡慕的职业。"[9] 社会赋予教师以崇高的尊严和地位,将为其师德自觉提供强大的精神动力。

2. 制定"人性化"师德标准,为教师的师德自觉提供现实基点

尊师之要,贵在以"人性化"标准要求教师。在当今社会,一些人错误理解中国的敬师传统,把教师职业神化,将教师视为"道德家"、"圣人"和"完人",从而使教师在道德桂冠之下失去了独立"人"格,拥有了被绑架的"神"格。这些脱离普通教师实际的思维理念和高居道德金字塔之巅的"楷模"形象,不仅置广大教师于尴尬之地,而且也使师德自觉丧失了现实基点。我们可以强调教师职业的特殊责任与使命,可以鼓励教师为人师表,但不能脱离实际任意拔高师德标准。有学者指出,教师伦理人格可分为"圣人型人格和工匠型人格","纯粹的圣人型教师少之又少,而纯粹的工匠型教师也为数有限……实际的教师人格类型,大多数处在两个极端之间,其人格特征乃是两组人格特征的混合"[10]。当前,中国社会明显存在着"不正确地将对教师高标准的个人道德要求误置为普遍的职业道德要求"[11]的现象,这种泛化和过分拔高教师道德的做法,对教师的师德自觉和职业认同有害而无益。鲁迅曾说:"道德这事,必须普遍,人人应做,人人能行,又于自他两利,才有存在的价值。"[12]"职业道德居于社会道德的基础层面……它不是只有具有崇高道德境界的人才能自觉做到的'英雄道德',而是在市场经

济条件下每个职业人员应当遵守的'群众道德'。"[13]师德是"群众道德",应具有"人人能行"的特质。因此,教育主管部门在制定师德规范时,应兼顾和平衡师德的崇高性和底线伦理,实现从"圣人化师德"到"平民化师德"的转向,为教师的师德自觉提供现实基点。

3. 满足教师的正当利益诉求,为教师的师德自觉提供物质支撑

教师的利益诉求包括满足生存发展之需的物质利益和满足尊严人格之需的精神追求,其中物质利益是广大教师努力工作的深层动力。但在一些教育管理部门和世人眼中,作为"人类灵魂的工程师",教师只可言"义",不能言"利",如果强调自己的物质利益诉求,就有损教师"高大"而"光荣"的形象。殊不知,"无视教师个人和教师集体应有的正当权益,就会造成教师道德认知的片面和混乱,找不到职业道德自我进取的恰当起点"[14]。因此,要增强师德自觉,就必须关注和满足教师的正当利益诉求,这也是尊师重教的题中应有之义。国家要从制度和政策上提高教师待遇,使教师职业成为"体面"的职业,使每个教师能够"安心从教"。一份与国民经济发展水平相适应的薪水待遇,既是对教师劳动付出的回报与承认,也是对师道尊严的捍卫,更是对教师追求高尚人格和教育理想的动力支持。马克思曾指出:"正确理解的利益是整个道德的基础。"[15]一个不能"安居"的教师,自然不能"乐业",还谈何"舒心从教";一个生活捉襟见肘的教师,必然斯文扫地,更遑论人格丰满。可见,社会满足教师的物质利益诉求,既是尊师重教之必需,更是社会公平之要求。而教育资源的配置和教师利益诉求的实现,需要国家制度和教育政策的保证,"实行师德治理的一个根本手段是要将非制度化的教育价值理念、教育伦理精神渗透到制度化的教育政策中去"。[16]同时,教育主管部门要正视教师的"私利",以增强教师的主体意识和职业认同。受中国传统社会"崇公抑私"思想的影响,教育系统仍存在着"社会成员之'私'即个人以及个人利益被漠视、被排斥、被否定"[17]的现象,一些管理者基于教师职业崇高的精神地位,强调集体之"公利",忽视教师个人之"私利","把'公'或'公利'等同于善,把'私'或'私利'等同于恶"[18],一味要求教师淡泊名利,无私奉献。这种"对私利、私欲的抑制,削弱了个人的主体意识和独立精神"[19],影响了教师群体的职业认同和职业信念,这不仅对教师不公,而且会严重影响教师的师德自觉,最终将导致师德建设内生动力的缺失。

当代教育家叶澜指出,中国教育的"转型性变革,必须读懂教师。只有真正读懂,才能真正知道该如何更好地促进、帮助教师成长。读不懂教师,不改变教师,则一切都是空话"[20]。今天中国的师德建设也只有读懂教师,从师德自觉入手,才能唤醒教师自身蕴藏的"道德力",从而为师德建设找到内生动力。

## 参考文献:

[1] 陈立.白虎通疏证·三纲六纪[M].吴则虞,点校.北京:中华书局,1994.

[2] 陈寅恪.王观堂先生挽词并序[A].吴学昭.吴宓与陈寅恪[C].北京:清华大学出版社,1996.

[3] 廖燕.续师说(一)[A].廖燕全集(上)[C].上海:上海古籍出版社,2005.

[4] 钱穆.中国之师道[A].钱穆.文化与教育[C].台北:联经出版事业公司,1998.

[5] 陈桂生.师道实话[M].上海:华东师范大学出版社,2009:1.

[6] 小原国芳.小原国芳教育论著选(下卷)[M].北京:人民教育出版社,1993:46-47.

[7] 麦金太尔.德性之后[M].龚野,戴扬毅,译.北京:中国社会科学出版社,1995:241.

[8] 王淑芹.教师道德:正当性、价值及特征[J].道德与文明,2015(4).

[9] 习近平.全面贯彻落实党的教育方针努力把我国基础教育越办越好[N].光明日报,2016-9-10.

[10] 贾新奇.圣人与工匠——教师伦理人格的类型及其他[J].道德与文明,2015(4).

[11] 王正平.寻求破解教育伦理危机与师德困境之道[J].探索与争鸣,2014(4).

[12] 鲁迅.我之节烈观[J].新青年,1918,5(2).

[13] 王正平.职业道德:人人应做,人人能行[N].解放日报,2015-8-30.

[14] 王正平.尊重教师:教育伦理的一项重要原则[J].道德与文明,2015(4).

[15] 马克思恩格斯文集(第1卷)[M].北京:人民出版社,2009:333.

[16] 丁煌.西方行政学说史[M].武汉:武汉大学出版社,2007:419.

[17][18][19] 杨义芹.中国传统公私观及其缺陷[J].上海:上海师范大学学报(哲学社会科学版),2010(2).

[20] 叶澜.读懂教师,才能真正帮助教师[J].人民教育,2016(2).

## 中西部地区基层中小学师德现状调查(节选)
——以我国贵州省某县级市为例

刘竑波　张旭菲

(华东师范大学　教育学部)

这是一项在2017年上半年进行的、针对我国中西部地区中小学师德现状展开的问卷调研,旨在了解、分析中西部地区基层中小学的师德现状。

调查问卷除了教师的个人情况调查(性别、教龄、所教学段、所授学科)外,一共包括8个与当前我国师德内涵及其现状相关的调研题目[①],答题方式是多项选择。

问卷发放对象是我国贵州省某县级市的580位中小学教师。截至调研结束,共回收了有效问卷541份,回收率为93%,包括该县级市的252位小学教师、132位初中教师和157位高中教师,他们来自多所中小学(包括村校)。

对于问卷中具体问题的调研数据,简要陈述与分析如下。

### 一、教师如何看待师德现状

在已回收的541份有效问卷中,认为该县级市师德现状"优秀"和"比较好"的教师

---

作者简介:刘竑波,华东师范大学教育学部教管系副教授、博士、硕士生导师,主持并执行本课题调研;张旭菲,华东师范大学教育学部教管系2015级本科生,负责本调研项目的数据处理。
① 本调研问卷由上海师德研究与评价中心编制。

比例分别是 66.73% 和 29.39%,涵盖了不同学段、教龄、性别、学科的教师。也即,超过 96% 的中小学教师认为该市师德总体情况良好。但任教于初中学段的教师(40.74%)对该市师德的评价明显低于任教于小学学段(28.69%)和高中学段(29.03%)的教师。此外,对调研数据的交叉分析显示,教龄不同、性别不同的教师对该市师德的评价,并无显著差异。

## 二、教师眼中最突出的师德问题

在了解了该市师德的整体状况后,本研究进一步关注教师眼中的师德问题。

只有 14.79% 的教师认为"一切向钱看,对工作不是很用心"是目前师德存在的问题。

81.89% 的教师认为,"教师只注重智育、不重德育"是师德建设中最大的问题;除此之外,也有 52.31% 的教师认为,"教师自身缺乏工作热情、不积极投入工作"也是一个不容忽视的现象。但不同学段、不同教龄的教师的关注点有所不同:

在高中教师眼里,"教师只注重智育、不重德育"的问题(70.97%)要比其他两个学段的教师(小学 86.45%,初中 83.85%)少,但"以教谋私、索取家长财物"的问题却相对要严重些。

在教龄 3 年以下的教师眼中,"对教学工作不钻研、不热忱,混日子"这一问题比其他教龄段的教师要严重得多(77.78%),可能是由于入职 1—3 年的教师恰好处在一个容易对工作产生厌倦的阶段,故而该教龄段的教师更容易发现周围职业倦怠的现象。而在教龄为 5—10 年的教师眼里,"只注重智育、不重德育"的问题要比其他教龄的教师少一点,但"以教谋私、索取家长财物"问题却更严重。

## 三、教师"违背师德"的原因探析

超过半数(56.19%)的教师认为,同行中存在"违背师德"的行为,但其"动机是好的,只是在行为方式上不符合师德",选择此项的小学教师比例(64.14%),大大超过初中(50.62%)和高中教师(39.35%),也体现出不同学段学生的行为特点:小学生的日常行为问题可能比初、高中学生更多,更易引发教师的教育教学管理偏差。另有三分之一以上的教师认为,教师存在"违背师德"的行为是由于"对师德规范要求的内涵界限不清楚,是无意违背"(35.67%)、"社会对教师的职业道德要求不切实际,难以做到"(41.77%)等客观原因导致的,并不是教师有意要违背,也并非教师本身品行低下所致。整体上看,教师在这个问题上有着明显为职业和团队辩护的倾向,但也间接反映出一线教师对于目前师德规范的看法和改进意见。

**四、师德建设的推动主体和影响因素**

不同学段、教龄的教师对于师德建设推动主体的认识大体相同,大多数认为"教师自身"(77.07%)应当是推动师德建设的最关键所在,其次是"政府教育主管部门"(44.17%)应是推动师德建设的主体。值得关注的是,初中教师(24.69%)比起其他两个学段的教师(小学15.94%,高中17.42%),更加认可"学生与家长"在推动教师师德建设中的作用。同时,教龄在20年以上的教师,比起其他教龄段的教师,更加认可"学校党政领导"在推动教师师德建设中的作用(25.26%)。而教龄在3—5年的教师,则更认可"教师自治组织、学生与家长"在推动教师师德建设中的作用(40.0%),可以看出不同年龄教师的差异性见解。同时,男性教师更认可师德建设中"教师自治组织"的作用,关注通过维护教师权利、义务以倡导师德;女性教师则更认可师德建设中"学生与家长"起到的作用,强调师德是一种关系伦理,借由教师与家长、学生之间的沟通交流构建现实师德,这体现了不同性别教师的工作指导思想及方式差异。

**五、当前影响教师个人师德进取心的主要原因**

64.33%的教师认为,影响教师师德进取心的主要原因,是由于教师职务晋升的条件常常把考试成绩、课题论文作为"硬指标",而把师德表现作为"软指标",实际上忽略了教师日常的、教学历程中的师德表现。而由于这一晋升指标上的导向性(或者说偏差),使教师认为"师德考核缺少公平合理的标准"(43.07%),"具有良好师德的教师没有得到应有的利益和评价"(53.05%),同时,"学校在日常管理中对师德建设缺乏提醒和指导"(8.87%)。上述几种原因叠加,导致了教师群体对于当前师德评价的不满意,也直接或间接地造成了基层教师整体上师德进取心不足,师德建设受阻的结果。

### 六、不利于师德建设和师德修养的主要因素

对于不利于师德建设的主要因素,多数教师(71.16%)认为,"媒体对于个别师德事件不负责任的肆意炒作不利于师德建设",在所有选项中,这个原因的比例最高。教师们认为,媒体总是刻意炒作甚至放大负面的师德事件,造成社会公众对于我国教师师德现状的片面认识和无端指责,从而影响了师德建设的整体氛围,而这些片面的报道常常"以偏概全",对全体教师师德状况的判断既不真实也不公正,甚至使得很多中小学教师不敢也不愿执行教育教学的正常纪律。除此之外,"教师的经济收入不够高,不得不做一些谋取经济利益的事情,影响了教师形象"(52.31%)、"教育主管部门的管理问题"(37.71%)也是教师选择较多的影响师德建设的外在原因;最后,"师德规范不明确"(12.01%),缺乏可操作性、无法执行与评价,也不利于师德建设和师德修养的达成。

### 七、教师在完成本职工作之后,业余时间做"有偿家教"

针对饱受社会争议的"教师有偿家教"问题,近半数的教师认为这是不合适的,因为这会造成教师对于学校工作的疏忽(48.80%)、造成对学生的不公平对待(46.4%)。但同样也有37.34%的教师认为这是"正当的,课外用自己的本事挣钱,在道德上无可指责",或者是"可以默许的,只要教师的有偿家教没有被举报"(10.17%),因为教师是利用自己的课余时间、付出额外的劳动、用自己的专业本领正当地赚取更多的收入,不应受诟病。值得深思的是,虽然有近半数教师选择了有偿家教"不合适",认为该行为不应被鼓励,但是认为有偿家教"不正当,影响了教师的学校教学质量,应明令禁止"的教师却只有18.67%。

### 八、如何避免学生、学生家长恶意伤害教师事件的发生

近年来,曾相继发生教师因批评、惩戒学生而遭到学生及其家长恶意伤害的事件。中小学教师们普遍认为应当"加强法制意识,坚决维护和保障教师的正当权利"

(69.69％)、应当"加强学生和家长的尊师重教观念,维护师道尊严"(51.02％)、"在提倡师德建设的同时,要倡导合理的学生道德和家长道德"(52.5％);但与此同时,也有31.79％的教师选择了"教师要加强自我师德修养,提高教学和教育艺术",因为紧张的家校关系和师生关系常常是部分教师教育方式和行为不当的结果。

### 九、结语:

从这项针对基层中小学教师师德调研的整体结果来看,被调研教师对于人民教师的道德角色及其承担的道德职责是非常认可、明晰和维护的,他们对于自身作为师德建设主体的认知也非常自觉。与此同时,教师们也看到了目前师德现状及其建设历程中存在的问题,并从内外因的角度作出了选择性回答。在这些回答中,研究者看到了未来我国师德建设必须关注与重视的问题:

1. 师德标准/教师职业规范应当更具体化,具备可操作性;而且,师德规范应是有职业边界的,应规定师德底线,但并非让所有教师实现道德高标。

2. 师德评价方面,应注重对教师教育教学行为的过程性师德评价,并切实实现教学评价与师德评价的有效融合,以调动大部分教师的工作积极性及其日常教学中的师德规范意识。

3. 师德建设主体的多元化应得到监督与保障,教育行政部门的师德制度建设,学校师德建设的长期规划,教师自治组织的教师权益保障与职责监督,良好的媒体舆论和社会氛围,家长、学生的有效合作与支持……各司其职,共同促进我国各级学校的师德建设。

4. 教师自身应不断提升专业素质和道德修养,在面对价值多元的时代和个性突出的当代青少年时,能够以身示范、有效育德,培育国家的栋梁之才和未来社会的合格公民。

# 从"知晓的德育"转向"智行的德育"
## ——当前学校德育变革的目标导向及其路径选择

靖国平　涂雨轩

（湖北大学　教育学院）

不可否认，当前社会公共道德生活陷入严重的困境和危机之中。高频率出现的各种违法犯罪、道德沦丧、人性扭曲、损人利己等丑恶现象，引发社会舆论对学校教育的强烈批评与问责。美国政治理论家汉娜·阿伦特（Hannah Arendt）在《过去和未来之间》中揭示了现代世界普遍存在的一种教育困境——"现代世界的教育问题在于这个事实：教育本质上不能放弃权威或传统，但它又必须存在于一个既非权威所建构，又无传统可维系的世界里。"[1]"阿伦特困境"的巨大挑战在于，在"去权威"和"后传统"时代，多年以来人们习以为常的"确定、统一、例行"的道德生活方式正在瓦解，又何以能够保持或延续社会伦理生活的普遍规则和公共秩序？从学校德育变革来说，我们该如何既与时俱进，拥抱一个开放、多元、差异、个性化的时代，同时又接纳、承续、恪守德性之共识和文明之通规？"知晓的德育"的"告知—认同—执行"的道德教化模式，如何走向"智行的德育"的"澄清—担当—智行"的道德养成模式？

---

作者简介：靖国平，湖北大学教育学院院长、教授，中华文化发展湖北省协同创新中心研究员；涂雨轩，湖北大学教育学院课程与教学论专业硕士研究生。

E-mail：jinggp2892@126.com

## 一、"知晓的德育"存在的合理性及其时代困境

从人类教育的起源和发展上讲,教育具有"告知、示范、模仿"等显著特点。不论时代如何发展变化,人类教育活动的告知、示范和模仿都是不可缺少的,否则教育便失去了最基本的支撑和依托。但这并不意味着教育的方式只有告知、示范和模仿,尤其是那些简单、机械、单向的告知、示范和模仿。在21世纪全球化、信息化时代浪潮的不断冲击之下,学校德育如何在变革告知、示范和模仿等方式的基础上,探索更加符合社会发展需要和人的发展规律的教养方式,是一个需要重点研究的课题。

### 1. "知晓的德育"存在的合理性

所谓"知晓的德育"主要指学校向学生传播并引导他们掌握系统的道德知识,培养学生的道德认识和道德情感,并采取相应的书面考试进行检测与评价的教育。这种做法是多年以来学校德育的常态和常规。近年来,学校德育研究中出现一股强力批判"知晓的德育"的思潮。学者们认为这种形式的德育,只是将德育课程当作一般学科知识来讲授,注重道德理论学习,要求学生死记硬背,导致学校德育脱离个人德性生活,"德知"与"德行"存在"两张皮"现象。然而,我们必须认识到,"知晓的德育"是人类历史发展的产物,也是人类传承道德文明的重要保障,其存在与发展具有必然性和合理性。

其一,人类的道德与文明是世代传递、承前启后的。"任何社会都需要对新生一代进行社会文明的规训、教导,以保证新生一代对人类过往文明的认知、认同,从而保障人类文明的薪火相传。"[2]人类所有的知识教育都具有告知性,这种告知及传递只有通过课堂教学才能更加有效地进行。"知晓的德育"注重系统地传递道德知识,将道德知识作为教学内容进行讲授,引导学生习得这些符号知识,产生相应的道德认知、情感和行为。学校道德知识学习包括来自日常生活实践的直接经验,但主要是人类道德文化遗产中的间接经验。"社会通过传递过程而生存,正和生物的生存一样。这种传递依靠年长者把工作、思考和情感的习惯传达给年轻人。"[3]这些工作、思考和情感的习惯是沿袭种族的传统、结合长者们的实践经验一代又一代传承下来的,是经得起考验的。

其二,知是行之始,"知德"是"行德"的基础和前提。学习系统的道德知识,形成正

确的道德认识和判断,是个人道德形成和发展的基础和前提。《大学》开宗明义:"大学之道,在明明德,在亲民,在止于至善。"大学之道,首先要"明明德",再通过去伪存真,弃丑扬美,最后止于至善。"明明德"就是要清清楚楚地知道何为善恶、懂得明辨是非,如何做善事,做好人。学校道德教育提倡"知、情、意、行"四位一体,道德知识为首,道德情感、道德意志、道德行动都源于道德知识。人只有掌握正确的道德知识,才能全面地发展道德素养,形成健全的道德人格。

其三,"知晓的德育"是长期形成的有效德育方式之一。美国教育家杜威指出,学校教育具有"简化、净化、平衡"人类一切文化资源的功能。显然,学校德育对社会上庞杂的、不良的信息进行筛选、过滤和排除,整合成积极向上、适合学生道德发展的知识,是"知晓的德育"的传统优势之一。"教育者以其良好的主观愿望和某种外在目的为出发点,自觉或不自觉地封锁部分真实的信息,而只把自认为'纯净的''安全的'信息灌输给学生,以便确保预期目标的实现。"[4]通过对道德知识和信息的筛选,学校德育能避免学生受到不良因素的影响,进行较为全面的品德教育和行为训练,帮助学生提高德性认知能力,明辨是非善恶。科学、系统的学校德育遵循学生道德认知发展特点,符合不同年龄阶段学生接受理解能力和品德发展的规律。

### 2. "知晓的德育"遭遇的时代挑战

进入21世纪以来,人类社会发展更加开放、更加多元、更加迅速、更加冲突化和复杂化。在这种复杂多变的社会格局面前,传统意义上"知晓的德育"受到强烈的冲击,遭遇严峻的挑战。

其一,"知晓的德育"难以应对社会价值多元化、断裂化的冲击。在现代化进程中出现的价值多元化现象,导致了社会共同价值的离析和断裂。正如鲁洁所言,在社会转型阶段,从精神层面看,"用以解释世界、统整价值的普遍意义系统也就被分解,每个人都成为自己的上帝,每个人都在建立自己的价值系统和意义世界,每个人都再也不需要从某种共认的、终极的、历史的传统和普遍的习俗中去获取价值的资源,所凭借的只是他自己的经验"。[5]这种局面造成人与人之间道德认同感、共通感和信任感的下降,人们主要凭借个人的经验来判断是与非、对与错、善与恶。人们心中的道德标准越来越模糊,且难以恒久和笃定。由此导致的道德迷惘不胜枚举:老人摔倒了,扶还是不扶？他人受到不法分子的伤害，帮还是不帮？扶，报纸上报道扶老人反被讹诈的事发生在自己身上怎么办；不扶，如此冷漠似乎违背了道德准则。帮，倘若自己也受到牵连怎么办；不帮，倘若他人因为没有及时得到帮助而受到伤害，自己又会受到良心上的谴责。在"左右为难"的抉择面前，人们常常感到迷惘无措。显然，仅从课堂和书本上学到的道德知识，无法帮助我们在实践中作出明智的道德判断和行动抉择。

其二，"知晓的德育"难以适应学生道德主体性发展的变化和要求。改革开放以来，我国大力倡导以生为本，立德树人，注重培育学生的主体性。经过多年的改革实践，学生的主体意识和能力得到较大的提升。而"知晓的德育"显然不利于发展学生的主体性，不利于他们独立自主地处理生活中各种复杂的道德问题。事实上，单纯的道德知识灌输不能培养人的道德主体性以及相应的道德信念。通常，道德知识只是作为一种强制的力量影响青少年的日常行为，使其以一种看似道德的方式去行事。即使青少年能在强制的力量影响下表现出相应的道德行为，他们也很难理解行为背后所蕴含的道德价值所在。一旦这种强制的力量被撤出，他们也许不会采取应有的道德行动，甚至知善而作恶。据此，在人的主体性得到较大提高的今天，道德教育的方式方法也应发生变化。尊重学生的道德主体性，提高学生主体道德能力，引导学生形成个体自决的道德智慧。

其三，"知晓的德育"难以适应信息化、全球化带来的影响与冲击。毫无疑问，人类已经步入数字化生存时代，全球信息化已成不可阻遏的时代潮流。由于世界各国的历史发展、文化传统、政治制度、宗教信仰等不尽相同，不同民族的人生观、价值观、道德观以及生活方式也不尽相同。互联网将这种差异迅速、及时、多向地呈现在人们面前，面对各式各样、应接不暇的价值观念与行为方式，人们难以作出正确、明智的判断与选择，而缺少人生阅历以及道德判断能力的青少年更是如此。"受网络空间内人际互动的消极影响，青少年常常会接受西方价值观念的蛊惑，怀疑或否定既存的现实的道德规范，盲目崇尚价值信仰中的相对主义、虚无主义和极端个人主义，进而导致价值信仰中的功利、低俗的取向和享乐主义的泛滥。"[6]互联网的消极影响，除了给青少年造成道德困惑之外，开放的交流平台还为人们提供即时自由发表意见的机会。在许多社交网站上出现了千奇百怪的"道德绑架"事件，任何公共事情都可能上升为道德问题，网友们以道德之名肆意批判某件事，或进行"人肉"搜索，造成网络暴力，干扰公众视线，滋生"伪道德"甚至"反道德"的温床。而"知晓的德育"不能有效地培育学生的道德审辨和抉择能力,解决他们在现实生活中遭遇的道德难题。

## 二、"知晓的德育"转向"智行的德育"的目标导向

基于"知晓的德育"遭遇的时代挑战,当前学校德育变革的目标导向需要聚焦学生道德人格发展,要回答"接受—认同—执行"的道德人格如何转向"澄清—担当—智行"的道德人格,什么样的道德人格才是优秀的道德人格,什么样的人才是在道德上受过良好教育的人等问题。

### 1. 以智慧型道德人格修正知识型道德人格

人格心理学认为,人格是人的身心整体面貌,是个人在社会生活中形成的内在动力组织和相应行为模式的统一体。道德人格是个人在道德生活方面的整体面貌,是其在道德生活上的一贯作风和基本样态。我们常见的"告知—认同—执行"的道德教化模式,所培养的主要是"知识型道德人格",这种人格所表现出来的突出问题,是个体道德主体能力的缺失以及道德认识与道德情感、道德行为之间的脱节。其根源在于"知晓的德育"过于局限在道德知识的传授,忽视了人的道德智慧在实践中的生成;过于强调道德知识本身的价值,忽视学生道德思维、情感和能力的培育;过分重视道德知识的权威性,忽视人的道德体验、行动以及道德自觉性的发展。

人是智慧的存在者,人是"明善恶、辨是非、析美丑"的生命体。倡导"澄清—担当—智行"的道德教育方式,化道德知识为道德智慧,化道德智慧为道德人格,旨在促进受教育者道德理性智慧、价值智慧和实践智慧的协同发展。培育人的道德理性智慧,旨在提高人的道德认识能力、理解能力和审辨能力,提升人追求道德真理、正义的智慧;培育人的道德价值智慧,旨在提高人的道德责任意识和情感态度,提升人追求道德善与美的智慧;培育人的道德实践智慧,旨在培育人的主体性道德实践能力,提升人在学习、工作、生活、娱乐、休闲等社会活动中的智慧。只有充分发展人的道德理性智慧、价值智慧和实践智慧,才能克服人的主体道德能力缺失以及道德认识与道德判断、道德决策、道德情感、道德行为之间脱节的问题。知识型道德人格转向智慧型道德人

格,目的在于通过对人类道德知识和文化的研习,引导受教育者融入个人的道德理解,真切体验道德情感,知善、识善、爱善且智慧地行善,促进受教育者主体道德人格的健康发展,并使这种道德人格融于生活、性格和命运之中。

## 2. 以"当事人"道德人格修正"局外人"道德人格

长期以来,受社会价值取向标准化、刻板化和学校德育文本化、符号化的影响,学生在日常的家庭、学校和社会生活中,仅仅作为道德生活的"旁观者"或"局外人"而存在,他们并未真正融入现实的、具体的道德生活,没有同即时的、真实的、冲突化的道德情境和道德事件"相遇",常常是隔靴搔痒和纸上谈兵,由此导致在道德生活或社会习得方面的虚拟化、幼稚化和脆弱化,以及在学会生存、学会关心、学会共同生活、学会责任担当等方面的残缺和乏力。"我是来打酱油的",这句话不仅是一种世俗的调侃,而且是一种"局外人""旁观者"心态。

当代社会迫切需要培养道德生活的参与者、当事人和获益人。美国教育家杜威指出:"学校中道德教育最重要的问题是关于知识和行为的关系。一切能发展有效地参与社会生活的能力的教育,都是道德的教育。"[7]学校道德教育是一种培养人的主体性生活经验和能力、提高人的社会生活本领和生命意义的活动。学校德育的根本任务不在于督促学生学习和笃行外在的价值观念和行为规范,而是要引导他们直面和解决与自己密切相关的价值冲突和道德困惑,不断提高自身的道德认知力、感受力、判断力、选择力和执行力,即提高自身的价值自觉或价值自决能力。学校需要"正视学生作为道德当事人、局内人、责任人的实际需要,积极促进学生道德实践主体性的发展,引导他们在学习道德中操练道德,在学习义务时履行义务,在学习责任时担当责任"。[8]学校教育要创设更加合理、更加开放、更加行之有效的育人环境,通过价值冲突、价值干预、价值协商和价值引领,促进学生自觉地掌握具有公共契约价值的道德标准,具备道德当事人的基本素养。

## 3. 以责任公民道德人格修正单体道德人格

以个体主体性发展而来的个体道德人格,正在遭遇诸多的困境、冲突和挑战。其根本问题在于偏向于"洁身自好、好自为之"的单体道德人格,无法在公共生活领域承担起更多、更重要、更紧迫的道德义务和责任,以致公共道德生活缺乏广泛的群众基础和"众筹式"的公民德行。单体道德人格虽然比"隔岸观火、见死不救"要好许多,但好也好得有限,而且还不牢靠。因此,在"道德就是自净"的基础上,还需要进一步强化"道德就是负责"的观念。"道德就是负责"意味着任何社会公民都应具有明确的社群意识、全局观念、公民义务和公共服务精神,不断超越狭义的专业主义、精英主义、实用主义和利己主义,走向利他主义、美德主义、共生主义和幸福主义。任何一个在道德上受过良好教育的人,在掌握先进的专业知识和技术,以及获得相应的社会资本和地位的同时,不仅需要有社会公平感、正义感和责任感,更需要具有将自身的学识、才华和权力转化为服务公共事务、维护社会正义的责任意识、勇气和本领。

学校教育如何超越培养"专业人""职业人""工具人"的局限性,致力于培养社会所需要的具有全球意识、关怀伦理和责任能力的合格公民?这是一个需要高度关注和深入讨论的问题。"公民教育"旨在把未成熟的自然人培养成能够参与公共生活、捍卫公民权利、承担公民义务、履行公民职责的社会成员。合格的公民身份兼具政治、法律、文化、教育等多重含义,好公民具有"仁、义、礼、智、信"等多种美德。从文化反省的角度讲,公民人格塑造有助于改善现代社会公共生活领域中的人际关系,增强集体生活的忠诚度、黏合度和凝聚力,克服"精致的利己主义"以及"各人自扫门前雪,莫管他人瓦上霜"的陋习。学校德育必须重视培养人与人交往的能力,引导学生形成公民责任意识,将个人的道德价值观融入到社会生活中去,在处理人与人、人与社会的关系时,从公共整体利益出发。在面对具体道德困境和问题时,主动承担并遵守"人与人之间的共同利益、共同价值以及正在形成着的共同规则、共同伦理",[9]成为具有责任能力的社会公民。

## 三、"知晓的德育"转向"智行的德育"的路径选择

从"知晓的德育"转向"智行的德育",是一项关涉目标、内容、过程、方法、路径、评价等多方面的系统工程。笔者认为,培育道德的理性智慧、提升道德的价值智慧和彰显道德的行动智慧,是三个主要的路径选择。

1. 培育道德的理性智慧：自律、自觉与自决

人是理性的动物,理性是德性的根基。道德的理性智慧是个体在对一定社会的道德知识、规范、习俗、文化等方面的认识和认同的基础上,逐渐形成的道德的自律、自觉和自决。学校德育需要高度重视学生道德理性智慧的发展,着力培养他们的道德自律、自觉和自决能力。

首先,引导学生学会道德自律。道德自律是一个人在明辨是非善恶的基础上对个人私欲和利益的主动克制,以维护社会文明规范和大多数人的共同利益,它是个体在道德上趋于成熟的前提条件。一方面,学校要求学生学习、熟悉《中小学生守则》、社会文明规范和礼仪等基本行为准则,让学生在思想上认识到这些行为准则对个人、集体和社会的重要性。另一方面,要求学生在行为上严格要求自己,经常反省自己,守住道德底线,并努力向高标准看齐。

其次,鼓励学生养成道德自觉。道德自觉是认识到位之后主动地去做,坚持不懈、习以为常的道德自律会演变成道德自觉。一要引导学生深刻理解道德生活的价值和意义,如认识到"助人为乐"旨在"助人者自助","孔融让梨"旨在"老吾老以及人之老,幼吾幼以及人之幼"。二要引导学生将校纪校规、社会文明规范和礼仪"内化于心、外化于行",逐渐形成"自动化"的道德行为。三要鼓励学生在道德行为上一以贯之,持之以恒,而不是此一时彼一时,校内一个样校外一个样。

最后,促进学生达成道德自决。道德自决是个体基于道德事实和价值判断产生的道德决策,它是个体道德发展水平的重要表现。"我们说伦理学是有关人们行为品性的'善恶正邪'的学问。在人们的道德生活和实践中,总是会包含着判断,道德判断就贯穿在我们所有的道德行动之中。"[10]一方面,要促进学生形成正确的道德判断。《中国教育报》曾刊登一篇文章《危险的多元：当白骨精也值得"学习"》,讲的是一个学生在课堂讨论中提出："白骨精虽然很坏,但它身上也有闪光点,它很有孝心！抓到唐僧之后,立刻派小妖将自己的母亲接过来,请母亲吃唐僧肉,想让母亲长生不老。"随后许多同学赞同这个观点,老师总结时也予以充分肯定。在这个案例中,尽管价值观可以多元,但"白骨精也值得'学习'"的价值判断是明显错误的。唐僧师徒一行赴西天取经,追求真理,热爱和平,慈悲为怀,普度众生,这样的"佛"能吃吗？另一方面,要促进学生达成明智的道德决策。如当个人利益和他人利益发生严重冲突的时候,如何寻找

到符合道德理性的平衡点以及行之有效的解决方案,需要有明智的道德决策。

2. 提升道德的价值智慧:参与、共振与升华

在提升个体道德理性智慧的过程中,必然伴随着道德情感、态度和价值观的形成与发展,这一过程包括情境参与、情感共振、价值升华等重要环节。

首先,引导学生参与道德情境。一方面,学校要为学生提供联系生活实际、适合身心发展特点、能够引发道德价值冲突与反思的问题情境。如见到路人倒地不起,扶还是不扶?怎样扶?见到强者欺凌弱者,帮还是不帮?怎样帮?见到不文明的行为举止,管还是不管?怎样管?这些鲜活、真实的话题为学生主动参与道德情境创造了条件。另一方面,通过主题班会、分组讨论、情境再现和角色模拟等形式,引导学生积极参与到讨论和交流中去,产生积极的、协商的、富有教育意义的对话。

其次,引发学生形成情感共振。一方面,通过具体的道德情境和真实的价值拷问,引发学生在道德情感上产生"将心比心、以心换心"、"己欲立而立人,己欲达而达人"的深刻体验,形成积极向上、富有正能量的同类感、连带感和共振感。今天是别人倒在地上、他人被欺凌,明天这样的事发生在自己身上怎么办?所谓"一损俱损,一荣俱荣"。另一方面,通过榜样示范、切己体察、集体共情、形成团体归属感等多种形式,引发学生对集体道德生活的亲近感、信赖感和依恋感,以免对社会道德情感、态度和价值观产生冷漠、疏离和背叛。

最后,引爆学生产生道德升华。一是升华道德生活的意义感。如组织学生讨论"道德为什么是社会良序的根基?""个人能置身于公共道德生活之外吗?""为什么人们需要相互关心、爱护、帮助和支持?"等问题,以增强学生学习过有德性的生活的意义感。二是升华道德生活的获得感。老子曰:"德者,得也。"俗话说,助人者自助。学校需要引导学生反思、追问"不讲道德的人真的比别人更划算、得到更多吗?""难道我们没有从公共道德生活中获益吗?""公共道德生活能够满足我们的安全、自尊、集体归属感和自我实现的需要吗?"三是升华道德生活的幸福感。如引导学生认识到:如果我们学会理解、关心、尊重和友爱,积极担当义不容辞的责任和义务,多做一点志愿服务的工作,我们自身不是会多一些快乐和幸福吗?

### 3. 彰显道德的行动智慧：担当、履责与善行

学校教育需要引导学生学会过"有德性、讲责任、敢担当、善作为"的公共生活，成为道德生活的学习者、践行者和当事人。有学者提出，"道德智慧使人在自身的德性中发现生活的意义，懂得美好的生活是有道德的生活，是过一种有道德智慧的生活"[11]。

首先，教导学生学会担当。一要教导学生主动担责。每个人都有属于自己的道德责任和义务，对于不可推卸的道德义务和责任，必须积极、主动地承担起来，而不是见责任就推诿，见义务就逃避，更不是"事不关己，高高挂起"。二要教导学生勇于担责。学校教育要弘扬道德正气，激发学生的道德勇气，教导学生不做道德上的"胆小鬼"。假如学生犯了错误，应当让他们勇于承认错误，并反省犯错误的原因，积极加以改正。

其次，指导学生认真履责。一要认真履行个人责任。身为学子要尽好学习之责，为人弟子要尽好尊师之责，为人子女要尽好孝亲之责。二要认真履行社会责任。社会生活中有许多公共责任，这些集体责任需要每一个社会成员去分担。学校教育要引导学生关心集体、社会和国家，积极参与公共事务和公益事业，认真履行力所能及的集体和社会责任，努力做到诚信友善、合作担当、遵纪守法和爱护环境，成为合格的社会公民。

再次，倡导学生善行智为。一要具体问题具体分析。对于一个家庭贫困的同学，除了给予物质方面的帮助，还要考虑他的心理感受和自尊需要。对于一个有厌学倾向的同学，则需要唤醒他的内在学习动机和愿望，帮助他掌握正确的学习方法，养成良好的学习习惯。二要讲究方式方法。看见有人倒地了，先要问清楚具体情况，然后采用正确的救助措施。看见有人落水了，如果自己不习水性，一定要借助工具或求助他人一起救人。三要兼顾动机和效果。看见坏人做坏事，不仅要"见义勇为"，更要机智地报警或求助于他人，记住不法分子和作案工具的主要特征，在注意自身安全的前提下用手机等工具拍摄犯罪过程和现场，等等。

**参考文献：**

[1] 汉娜·阿伦特.过去与未来之间[M].王寅丽,张立立,译.南京：译林出版社,2011：181.

[2] 靖国平.从"知性人"到"智性人"——当代教育学人性假设的转型[J].教育研究与实验 2010(4)：32-36.

[3][7] 约翰·杜威.民主主义与教育[M].陶志琼,译.北京：人民教育出版社,2001：8,378-379.

[4] 刘春波.构建德育新理念——从知性德育到生活德育[J].黑龙江教育学院学报 2005(6):45-46.

[5] [9] 鲁洁.当代德育基本理论探讨[M].南京:江苏教育出版社,2003:140.178.

[6] 檀传宝.网络环境与青少年德育[M].福州:福建教育出版社,2005:111.

[8] 靖国平.培养道德生活的当事人[J].教育科学研究 2012(1):28-32.

[10] 何怀宏.伦理学是什么[M].北京:北京大学出版社,2015:67.

[11] 郭颖.论道德教育的"转识成智"[J].教育评论 2008(5):45-49.

# 教育伦理研究综述

## 全国第五届教育伦理学学术研讨会在武汉顺利召开
## 推出《新师德宣言》引全国教师热烈响应

会务组

  2017年10月20日至22日,举国上下同庆十九大顺利召开之际,由中国伦理学会教育伦理学专业委员会主办,湖北大学教育学院、上海师德研究与评价中心、湖北中小学素质教育研究中心承办的"全国第五届教育伦理学学术研讨会"在湖北大学召开。来自上海师范大学、湖北大学、清华大学、复旦大学、中山大学、厦门大学、北京师范大学、华东师范大学、华中师范大学、华南师范大学、南京师范大学、首都师范大学、吉林大学、东北大学、井冈山大学等全国各大著名高校与研究机构等230多位专家学者、一线教育工作者齐聚一堂,提交学术论文81篇,结合学习十九大报告的体会,共同研讨教育伦理的理论与实践问题。

  党的十九大报告强调,把立德树人作为教育工作的根本。本次会议以"教育伦理、师德评价和立德树人"为主题。在会议开幕式上,湖北大学高等人文研究院院长江畅教授代表中国伦理学会会长万俊人教授在开幕式上热烈致词。他指出,习近平同志在十九大报告中反复强调,要培养德智体美全面发展的人,也就是说我们要培养人格完善的人。教师必须要有完善的人格,才能把学生培养成优秀的人才,新师德就是要解决这个问题。湖北大学校长赵凌云教授在致欢迎词时指出,本次会议旨在推动我国的教育伦理、师德建设、各级各类学校立德树人理论与实践研究。加强教育伦理与师德建设,实现立德树人的根本任务,是值得每个教育人去深入探索并努力践行的重大课题。本次会议乘十九大胜利召开的东风,以师德理论与实践研究为主题,试图为大家带来立德树人的新理念、新思路、新方法、新经验；希望大家通过本次研讨会，拓展视野、增进交流、收获友谊，共谋教育发展大计。

南京师范大学吴贻芳研究中心主任钱焕琦教授代表中国伦理学会教育伦理学专业委员会首届理事会，向全体代表作回顾总结报告。学会四年来组织全国专家开展教育伦理学理论研究，举办各种类型的学术研讨会，出版《教育伦理研究》学术集刊，直接参加教育部和各省市师德建设决策咨询和重要文件起草，成果丰硕。上海师德研究与评价中心主任、上海师范大学哲学与法政学院王正平教授作了题为"立德树人是教育工作的根本价值"的主旨报告。他认为，落实立德树人根本任务，应当倡导中国特色社会主义新时代所需要的新师德，凝练中华民族新师魂。为此，王正平教授在以往长期研究的基础上，结合学习贯彻十九大报告关于教育工作要立德树人和加强师德师风建设的精神，汇聚全国广大教师集体道德智慧，正式在全体大会上推出和阐述了自己起草的《新师德宣言》。

《新师德宣言》包括12条师德信条。明确提出：教师应是全民族和全人类优秀道德的继承者、体现者和传播者；教育伦理和教师道德是全部教育教学工作的价值基础；新的社会环境，需要建构与时俱进又面向实践的新师德，重铸时代新师魂。面向实践，皈依真理，才能重建合理的、人人应做、人人能行的师德规范和师德标准。合理的师德规范，应能恪守底线，追求高尚，自他两利，提升自我，促进专业发展。良善的新师德师风的形成，需要公正的社会分配和科学的教育管理机制支撑、正确的舆论导向和教师作为道德主体的积极努力。教师应享有道德和法律赋予自己的全部人格尊严和正当利益，通过诚实的教育劳动创造人生的幸福；教师应有责任之心，教书育人、立德树人是教师的天职；教师应有仁爱之心，关爱学生，为学生一辈子的幸福生活着想；教师应有敬业之心，严谨治学、搞好教学是教师的专业责任；教师应有乐群之心，关心集体，尊重同事，自重重人；教师应有爱国之心，家国情怀，在平凡的教育和教学岗位上，为社会的文明进步，民族的伟大复兴，尽智竭力。

《新师德宣言》言简意赅，内涵深刻，引起全体与会代表的强烈共鸣。会议开幕式之后，200多位来自全国各地的著名专家教授、大中小学校长、第一线教育工作者，纷纷以个人签名的形式表达同意和认可，自愿成为新师德宣言的倡导者和实践者。湖北大学校长赵凌云教授带头在《新师德宣言》大型展板上签名。他认为，新师德宣言顺应了时代要求，体现了"四有好老师"、"四个引路人"的要求，必将有力地推动师德师风的建设。

研讨会进入大会主题报告和分组讨论阶段,与会专家学者围绕会议主题,展开了深入热烈的讨论。

主题报告第一阶段由北京师范大学教育学部王本陆教授主持。东北大学马克思主义学院院长田鹏颖教授作了《立德树人:从"教书匠"到"大先生"》的学术报告,细致地分析了这一过程的转变对"立德树人"的积极作用和价值。他认为教育优先发展是民生的基础工程,因此作为教师更应当注重在日常生活与学习工作中的"四个统一"意识,即教书与育人相统一,言传与身教相统一,潜心问道与关注社会相统一,钻研学术与遵守学术规范相统一。

井冈山大学校长曾建平教授作了《"四有"好老师的伦理意蕴》的学术报告,结合自己学习十九大报告的体会,基于自己对新时代、新矛盾、新思想、新方略等方面的认识,提出"四有"好教师应具备的素质是真正做到"四者",即信者、善者、学者以及师者的统一。

湖北大学哲学学院院长戴茂堂教授发表了《知识教育的伦理风险》的学术报告,提出当今社会不能把教育者仅仅限定于独立的个人,而是要扩展视野,不可忽视天、地对我们的教育启示,强调从自然之法中反思人与世界的相互依存关系,并认为好的教育应帮助人找到在世界中合理存在的位置,进而发现自我价值。

湖南师范大学道德文化研究中心主任向玉乔教授在《教育与文明之善》的主题报告中从文明与教育的关系出发,指出教育应发扬人之善性,以培养"道德人"为目的,并从人的平等诉求方面肯定了教育打破阶级、阶层固化的功能,从而实现公平,提升人的生存品质。

首都师范大学伦理学与道德教育研究所所长王淑芹教授对第一阶段大会主题报告作出评点,她指出,四位报告人分别从实践与哲学理论的角度探讨了教育伦理中的基本问题,达到了学术观点交流与思想碰撞的目的。

大会主题报告的第二阶段由中山大学马克思主义哲学与中国现代化研究所所长李萍教授主持。华东师范大学马克思主义学院宋芳明博士和余玉花教授作了《师德评价合理性的理论反思》的学术报告,指出当前师德评价观存在功利化、泛道德化、独白化三种不合理的评价取向,而寻求评价观的合理化应该立足现代社会语境,消除动机性评价和效果性评价的对立,注重美德塑造和制度约束相统一,以满足评价的目的性和评价的规律性。

南京森林警察学院思政部糜海波教授在《师德评价面临的矛盾、问题及出路》的主题报告中指出，师德评价面对伦理目标偏差、多元文化冲击和教育观念滞后等诸多问题和挑战，因此应使评价标准的设立体现完整性和层次性，明晰评价的范围和教育行为的道德类型，将"具体考察"与总体判断结合起来，使教师评价逐步走上科学化、规范化、民主化的轨道。

陕西师范大学哲学与政府管理学院院长袁祖社教授作了《"美好生活"本位的教育伦理信念及其合理性辨析》的学术报告，他认为，教育的目的关联着教育伦理，教育伦理不能脱离个体与社会现实，在教育实践日益受到社会多维冲击的时代背景下，应秉持传承、适应、变革、创新的信念，使教育面向人的整全性和生命的发展性，最终实现"美好生活"的理想目标。

福建师范大学马克思主义学院系主任廖志诚教授作了《"三以"：加强师德建设的指针》的学术报告，他认为，加强师德师风建设是教师一生的重要课题，而习近平总书记所提出的"以德立身、以德立学、以德施教"则是当前广大教师自觉加强师德师风建设的根本指针，三者相辅相成，相互促进。

北京师范大学哲学学院贾新奇教授对这一阶段的主题报告作了学术点评，针对每个人报告中的观点提出自己的学术思考和学术研究建议。李萍教授指出，教师道德体系建设是新时代的一大问题，如何运用道德建设与评价促进教师幸福感的提升更是教育伦理关注的重要议题。

在本次学术研讨会的分组讨论阶段，参会人员分成三个小组，就"新型教育伦理与师德理论建构研究"、"立德树人、教师发展与我国当前的师德建设研究""我国教师道德评价面临的问题、挑战与进路"和"我国师德状况与师德实践经验探讨"这四个主要议题展开热烈的讨论，取得了良好的学术交流效果。南京艺术学院党委书记管向群教授、华东师范大学教育学院卜玉华教授、山东师范大学马永庆教授等人共同主持了大会分组讨论。

大会总结交流和闭幕式阶段由华中师范大学教育学院杜时忠教授主持。在小组讨论大会交流中，陕西师范大学政治经济学院副教授董辉、江苏大学教师教育学院副教授吕寿伟、杭州师范大学教育学院教授王凯作了汇报交流。杜时忠表示，本次小组讨论会均紧扣主题，对师德评价讨论最为深入；对伦理的研究也由个体伦理扩展、深化至对制度伦理的探讨;讨论阵容呈年轻化趋势,人员类型丰富多样,为本次学术讨论会注入了很多活力。教育伦理学专业委员会秘书长何云峰教授介绍了下一阶段学会的工作重点和计划。江苏第二师范学院副校长张勤教授介绍启动第二批"全国师德实践与创新基地"的情况。湖北大学教育学院院长靖国平教授代表会议承办单位发表真诚感言。本次研讨会是全国参会学者最多的一次,大家齐心协力,取得圆满成功,相信学会今后一定能更加富有活力。

本届研讨会恰逢中国伦理学会教育伦理学专业委员会换届选举。经过充分的民主酝酿,选举产生了该专业委员会第二届理事会。新一届理事会调整进一步重视专业学会的学术性、年轻化、跨界跨学科和区域代表性,更加充满活力,有利于推进我国的教育伦理学术研究和师德实践研究。

王正平教授代表新一届理事会在会议闭幕式上发表了以"爱知识"、"爱教育"、"爱学生"、"爱教师"、"爱祖国"等"五爱"为要旨的倾情讲演,真诚勉励广大教育伦理学研究者同心同德,以社会主义核心价值观为引导,既要努力加强理论研究,努力建构有中国特色的教育伦理学理论体系,又要面向师德实践,践行立德树人,积极投入祖国教育现代化的伟大事业,做新时代美好生活的创造者和享受者。全体与会者感同身受,深受鼓舞。本次研讨会在热烈的掌声中闭幕。

本次研讨会和会上发布的《新师德宣言》受到社会各界和舆论媒体的广泛关注和重视。人民网、中国社会科学网、中国新闻网、凤凰网、东方网、网易、新浪新闻、中青在线、科学网、大众网、《湖北日报》、《社会科学报》、《楚天都市报》、《武汉晚报》、湖北网络广播电视台、江苏网络广播电视台等全国 20 多家主流媒体作了专题和深入报道。

## 应当重视中国传统教育伦理的当代价值
——中国特色教师道德话语体系全国高端学术研讨会在沪、京召开

江雨桥　缪美芹　于　涛　林雅静

（上海师范大学　师德评价与研究中心）

　　为了积极学习贯彻十九大关于立德树人、加强师德师风建设的精神，推动构建中国特色教师道德话语体系，提高我国师德建设理论水平，2017年11月28日与2017年12月24日，中国伦理学会教育伦理学专业委员会、中国人民大学伦理学与道德建设研究中心、上海师德研究与评价中心、上海市伦理学会、《解放日报》理论部联合举办的"中国特色教师道德话语体系高端学术研讨会"在沪、京两地顺利召开。来自复旦大学、华东师范大学、上海师范大学、同济大学、上海社会科学院和来自中国人民大学、北京师范大学、中国社会科学院、中山大学、中共中央党校、首都师范大学、中国政法大学等全国近40位专家学者分别参加了会议。

　　与会专家和学者主要围绕"中国传统教育伦理的当代价值"、"我国优秀传统教育伦理和教师道德思想中哪些道德原则、规范、概念和范畴，可以提炼并纳入中国特色教育伦理或教师道德的话语体系"、"进入新时代，紧密结合当前教师道德生活的实际，我

---

作者简介：江雨桥，上海师范大学哲学与法政学院教授、博士生导师，主要从事应用伦理学研究；缪美芹，上海师范大学人文与传播学院硕士研究生；于涛，上海师范大学哲学与法政学院博士研究生；林雅静，上海师范大学哲学与法政学院博士研究生。

E-mail：wangzhpj@shnu.edu.cn；986451647@qq.com；1678151358@qq.com；492325255@qq.com

们应当对传统优秀师德理念赋予怎样的新思想、新内涵、新要求"等议题展开了激烈而深入的讨论。与会专家普遍认识到构建中国特色教师道德理论规范体系与话语体系尤为重要,它需要立足新时代的经济、政治、文化和社会变迁的实际,必须重视从我国优秀教师道德传统中吸取有益的思想资源。教育伦理和教师道德既有民族继承性又有人类共同性,人无德不立,国无德不兴,教育无德不能繁荣发展。当代中国教育事业的发展需要我们按照"立足中国,借鉴国外,挖掘历史,把握当代,关怀人类,面向未来"的思路,着力建构中国特色教育伦理和教师道德理论和话语体系。

**为师之责首在"传道"**

在我国,教师历来都有传道、授业、解惑的优良传统。华东师范大学哲学学院朱贻庭教授认为,教师的教育对象是人,教师要通过教育人来传承教育伦理文化,因此教师的地位和作用不可小视,"天、地、君、亲、师"的传统观念应该得到适当的改变,即"天、地、亲、师、君",这样才可以让人们重视和摆正教师应有的地位。他认为教育即事业,我们首先要厘清伦理与道德的关系,不可混为一谈,教师道德也必在伦理之中,教育的基本对象是师生,有学生才有教师、教师道德,要在师生关系中去考虑教师道德。

中国社会科学院哲学所陈瑛教授指出,中国古代,师与"天、地、君、亲"同尊,不但是知识的传继者,而且是道统的承继者,师与道不可分,"道之所存,师之所存也"。道对于师来说是最重要、最关键的,师的意义和责任,第一是传道。韩愈《师说》说:"传道受业解惑……道之所存,师之所存也。"老子《道德经》指出:"万物莫不尊道而贵德,道之尊,德之贵,夫莫之命而常自然。"道与德相比,道具有最重要、决定性的意义,而道德则是由道决定的。道是什么? 它是不以人的主观意志为转移的客观规律,是社会和历史规律,代表着时代的要求,是指示人们前进的方向道路,也是人们应当自觉追求的理想信念。道德是由道决定的,是人为了实现道,必须具备的行为的规矩、规范。"德者,道之舍,物得以生,生知得以职道之精,故德者,得也,得也者,其谓所得以然也。"(《管子·心术上》)因此,必须据道以立,以道德立人铸魂。师道就是孔子在《论语·述而》中说的"志于道,据于德,依于仁,游于艺"。在今天,中国特色社会主义就是"道",它是培育和实践社会主义道德、社会主义核心价值观的基础。我们今天的树德首先就是要基于这个"道",传这个"道",树立起这个坚定的理想信念。陈瑛教授还认为,今天师道的提升,首先要志于今天之道,即中国特色社会主义。立志于此道,则具备文化自觉、自信、自强,而立德,立己树人。道进,则德也应随步跟进,社会主义道德建设正进入一个新时代,并以此为根据。进到"依于仁",就是要以人民为核心,从爱人民出发,学习并传授各种知识和本领。教师应将"德"立足于"道"之上,以道促德,立德树人。立德树人,也是治国理政的关键,关系着人民群众的生活幸福,国家和民族的前途命运,重要而且艰巨,这是我们的责任。

**仁爱精神是教师道德的核心素养**

　　我国近年来发生的幼儿园和小学教师"虐童"事件,引起社会的高度关注,教师应当有"仁爱之心"成为人们的共识。上海师范大学王正平教授明确提出,要把"教育仁爱"作为教师职业道德的核心素养。他认为,"教育仁爱"是教育伦理的一个重要范畴。孔子最早提出"仁者爱人"。"仁爱"一词与中国儒家伦理思想中的"仁"密切相关,它具有由"己"推"彼"的特性,又由"爱人"而推及"泛爱众"的发展路径,而"忠""恕"则是践行"仁"的"爱人"的具体方法。"仁"的根本目的就是要培养具有"智、仁、勇"三达德理想人格的君子。他还通过对孟子眼中的"仁义"和墨子道德观中的"仁"的深刻阐释,最终得出以下结论:所谓"仁爱",一是爱人,同情、尊重、宽容、关爱他人;二是爱中应有智慧、规范和实际行动。此外,王正平教授还从中西伦理比较的视角探讨了教育仁爱。他认为,西方伦理学家对"仁爱"的理解和定义同样对教师道德建设具有启示价值,即"仁爱"就是具有促进人类利益和造福人类社会趋向的对他人温柔同情、慷慨关怀、宽恕博爱的伦理精神和道德原则。显然这些见解同样对我们当今正确理解教师的仁爱提供了思想资源。当代中国教育要有仁爱精神,教师更应当有仁爱品德,要关爱同情他人,爱中还要有智慧,要有规范和实践性。只有教师讲仁爱,才能够培养青少年的爱,懂得尊重人、关心人、爱护人,也唯有人与人之间和谐共处,才能构建良善的道德秩序,才能创造人人能够过上真正美好生活的新时代。

　　上海师范大学的何云峰教授提出,我们现在构建师德的关键词有两个,一是爱,二是幸福。首先要将教师的爱激发出来,因为教师的爱是调动学生爱的动力和力量。其次是教师要能够从劳动中收获幸福。何教授认为,这里所说的爱有三个层次,首先是本能的爱;其次是怜悯的爱,它也来自于人道主义;最后是普遍的爱。也就是说,教师不仅要爱自己的学生,还要爱所有的学生。这三种爱贯穿在师德当中,是我们现在要考虑的一个重要问题。

**坚持经师与人师合一、教书与育人并重**

朱贻庭教授认为,师生伦理的核心是育人,教师就是要育人,离开了育人,教师的意义就微乎其微。他指出,我们要对师生伦理予以足够的重视:要爱生尊师而不是尊师爱生,只有爱生,学生才会尊重老师。教师为何被学生尊敬,因为教师教得好,有教师德育;为何教师不被尊敬,因为教师不自尊。他还认为,道要严,真理要真,师才能尊,教师的首要任务是遵道,教人向上,授人知识。师生伦理关系就是爱生,形成尊师的氛围,教师应该是人格上的高端。

人民教育出版社编审刘立德认为,要正确处理教书与育人的辩证关系,坚持"经师"与"人师"合一、教书与育人并重。教师不仅要传授知识,更重要的是培养有创造性、有想象力、身心健康的人才。教师所从事的是一项高尚事业,要倡导学为人师、行为世范。韩愈讲的"师者,所以传道受业解惑也"这句话中,很注意把"传道"摆在第一位。何谓"传道",就是要教育学生热爱祖国、热爱人民,具有强烈的社会责任感。教师应该成为传道、授业、解惑者,成为具有教育智慧的学者,成为人格修养的楷模。他还提出,在教学中教师要尊重每一个学生,对学生充满爱心,多和学生交流,这就是教学相长。教育教学活动是心灵与心灵的沟通,灵魂与灵魂的交融,人格与人格的对话。好老师要用爱培育爱、激发爱、传播爱,通过真情、真心、真诚拉近与学生的距离,滋润学生的心田。

首都师范大学王淑芹教授认为,我们今天做教师的资格不仅仅是指职业资格,更是指道德资格。教师的道德资格主要包括崇德启志,也就是教师要有仁德;其次是因材施教,即教师对学生的评价要全面客观,具有针对性;最后是学高为师,身正为范。这要求我们作为教师,首先要明道,其次要信道,最后要守道,只有自己相信自己所传的道,才能感染学生认同乃至最后实践。

中山大学林滨教授则进一步地思考中国特色师德话语体系背后的文化资源。她认为教育最本真的就是文化育人,文化化人。当代教师道德话语体系有三个组成部分,首先是中国传统道德教育资源,其次是革命的教育理念资源,最后是广义的现代教育理念。她指出,随着时代的发展,教师在学生面前充当的更应该是同行者的角色,使得师生关系更具有时代性、生成性以及开放性。

**充分重视中国传统教育伦理和教师道德思想的当代价值**

许多专家认为,中华民族五千年文明史上,产生了一大批杰出的教育家和思想家,他们在长期教育实践中积累起来的教育伦理和教师道德智慧,是中国优秀传统文化的一部分,值得我们批判继承,并根据新时代经济、政治、文化、教育事业发展提出的要求进行创造性转化,建构新时代中国特色教育伦理和教师道德话语体系,体现中国教育特有的文化价值理念,为提高我国教师道德水准,发展新时代教育事业服务。华东师范大学哲学学院赵修义教授谈到:有时我们可能要回到常识去思考问题,因为"真理是很朴素的"。他在这里表达了两层意思:其一,要多讲常识,这是一些让人们更容易理解的内容。其二,在具体情境下如何保持常识。要在我们的实践中坚持这种常识,尤其是教育,能不能让大家看到它的发展进程是很重要的。

北京师范大学周桂钿教授针对目前某些学者对于西方哲学盲目接受的现象指出,用西方的标准来衡量包括伦理道德在内的中国哲学不合适。因为中国的哲学是求上的政治哲学,而西方的哲学是求真的科学哲学。哲学的区别又影响到教育方式:西方主要以课堂为主,在培养专业人才这方面具有一定的优越性;而中国的学院最初是以培养君主和君子为主,不仅强调技术,更关注的是对学生道德的培养。在古代,教育不叫教育,而是叫教化。教化用来提高人的素质,改变整个社会风气。他指出,几千年来,中国都是蓝色文化的先进代表,我国的蓝色文化以郑和下西洋为标志,所以教师道德建设应该对我国优秀传统道德文化持有自信的态度,并且能够将这样的自信传承下去。

中国人民大学焦国成教授认为,古代师德中的"师"是泛称,只要是在道德、学问、技艺方面有一定特长,并且可以指导他人的人,都可以称为师。而现在,师主要是指从事教育的人。我们应当将师的范围扩大一些,即所有对青少年身心具有指导意义的人都应当注重师德的培养。而对于教师道德培养的追溯,周代时教育就已经比较完备。周代的教师主要为培养君主服务。教师有不同的分工和名称:"太保"主要负责学生的身体健康,"太傅"主要负责教导学生的思想品德,"太师"主要负责学生的知识技能培养。也就是说,教师要重视学生的德智体的全面发展。中国古代对教师的要求非常高,要求教师博学多闻,教化民众。探讨我国传统教育伦理或教师道德的当代价值应当关注两个问题,一是古代教师的教育道德边界问题,二是哪些词能够形容师德的话语体系。首先是"有教无类",其次是"因材施教",接着是"温故而知新,可以为师矣",最后是"尊圣贤"。也就是说,在古代中国,教师不仅要有道德,而且还要能做事,即"德"与"事"的统一。焦国成表示,我们在探讨如何建构中国特色教师道德话语体系时不妨借鉴吸收古代的一些优秀话语体系。

北京师范大学贾新奇教授指出:真正做好"古为今用"历来很难。批判继承我国传统教育伦理和师德思想,为新时期教育伦理和师德建设服务,这"古为今用"的工作要做好同样不容易。就理论研究而言,为了实现"古为今用",需要"兼通古今"。"通古"不是仅仅知道传统教育伦理和师德思想的内容,更重要的是弄懂它们背后的"所以然";"通今"不是囿于教育和教师本身来谈教育伦理与师德问题,而是将这些课题置于整个时代和社会背景中去理解。总之,把"通今"所得到的清晰合理的价值目标与"通古"所得到的普遍有效的思想启迪结合起来,"古为今用"的工作才会取得实效。

在构建中国特色教师道德话语体系的过程中,对中华优秀的传统文化典籍的研究是重要的一环,我们绝不可忽视其宝贵价值。上海师范大学哲学学院夏乃儒教授认为,我们对中国传统文化典籍的养料汲取刻不容缓,他所提出的观点主要有以下几点:其一,《荀子》具有很大教育研究价值。如"国将兴,必贵师而重傅;贵师重傅则法度存。国将衰,必贱师轻傅"就值得我们重视。其二,教育是教师的作用。荀况认为要体现"化民成俗"必要以教学为先,在当今社会发展中,也要把其放在制度的首位。其三,"积善成德"具有借鉴价值。这讲的不仅仅只是知识方面,还包括教师的道德修养,而重点就在于"积"字,不要好高骛远。其四,"记问之学,不足以为人师"。教学要有针对性,只知道让学生背诵课本的人,做不了别人的老师。其五,"时雨之化"。教师应当要及时施教。其六,注重"学"与"友"的关系。要深刻领会"安其学而亲其师,乐其友而信其道"的含义。最后,"长善救失"。《学记》认为学者有四失(多、寡、易、止),教师应该是"长善而救其失者也"。充分发挥学生的长处,克服其短缺之点,这与孔子的"因材施教"观点一脉相承。上海师范大学哲学与法政学院张自慧教授认为《礼记·学记》中有关师德方面的启示对当今师德建设仍具有很大价值,如师道之尊、师生关系、为师之道等内容的一些要求,现在仍能为我们所用,学生在教师面前应当有敬畏之心,教师也应当有教学艺术。

**赋予传统优秀师德理念新思想、新内涵、新要求**

与会专家认为,中华民族优秀师德传统的内容非常丰富,对于今天建构中国特色教师道德话语体系有着不容忽视的重要作用,需要我们对其进行深入挖掘,并结合时代的发展与教师工作的实际赋予新的内容,使之得以创造性转化和创造性发展。上海市伦理学会会长陆晓禾教授认为,创造性转化,这主要涉及在教育的本质上的转化、在教育中的人际关系上的转化、在教育的使命上的转化、在师德上的转化等。而创新性发展,主要是基于时代实践的师德和教育伦理思想有哪些,应对哪些挑战,做出哪些反应,提出哪些新话语。如蔡元培谈师德,提出教员之本务,要知教育之学、管理之法,教员还要富知识。梁启超提出的"不惑"包含常识学识和总体智慧,这些是传统师德中没有的内容。诸如此类,需要我们在新时代中总结和提炼。

上海市政协文史委朱敏彦教授认为,构建中国特色教师道德话语体系是时代的需要。话语体系在我国哲学社会科学发展过程中扮演着重要角色,中国哲学社会科学的发展必须有独到的特色和创新成果。只有这样,才能解释、说明中国的经济社会发展现状,才能真正、切实地解决经济社会发展进程中的问题。中国特色教师道德话语体系要植根于中国实践:加强中国特色教师道德话语体系建设,应当立足于中国特色社会主义的教育发展实践和时代生活,提炼新概念、凝练新观点、锤炼新表述,"立时代之潮头,通古今之变化,发思想之先声",把问题和学理、体验与思想、内容与形式有机地结合起来。同时,还需要民族历史经验的支撑,需要深沉的文化自觉。上海师范大学陈泽环教授认为,首先要坚持马克思主义为指导,要综合三种资源,在此基础上还需要把意识形态和文化立场有机结合起来,教育伦理主要就是要弘扬中华优秀传统文化。

复旦大学吴新文教授认为,现代市场经济会扭化常识,对不符合利润的常识加以压抑,为了追求利润会把不是常识的东西变成常识,我们要格外注意。因为这会导致所有的道德都变成理性化的计算的道德,道德会变得很刚性,道德不是行仁义而是由仁义行。讲道德是为了不让商品交换等经济原则渗透道德的方方面面,古代抑商思想在这一层面来讲是有积极意义的。教师伦理如何建构?首先我们不应忽视对师生关系的正确把握,这要求教师在这一关系中起表率作用。其次,还要注意把握教师和学校、政府、社会的关系。

中国人民大学肖群忠教授表示,我们从传统师德中可以吸取的主要有益因素有:第一,传道明德,以身作则。教育的目标和原则是传道明德,使人成人,成为一个"君子""大人"、"圣贤"。因此,作为师者必须作出表率和榜样,这不仅是师德之必需,而且是以德为本的教育活动得以进行的先决条件。第二,"有教无类",教育公正。放到今天来讲,就是尊重每个人的受教育权,公正对待每一个受教育者,这实际上就是实现教育公平的问题。公正地对待学生,是一个为师者应该具有的道德品质。第三,爱生亲徒,乐教不倦。教师道德要求教师必须乐教而非厌教,这是为师者的一种良好的职业道德情感。在乐教的基础上,还要不怕疲倦,因为教师工作是很辛苦的,培养人的工作是最难的,教师要不断学习进步,提高业务水平,对每个学生都要倾注心力,这当然需要一种不知疲倦,甚至是"知其不可为而为之"的精神,不仅要做到"学而不厌",而且要做到"诲人不倦"。第四,循循善诱,因材施教。由于教育工作是培养人的工作,做事的方法就是待人的方法,从而也是重要的师德内在要求。坚持因材施教的原则,意味着对每个学生的个性都予以尊重,使教育活动收到更好的效果。

首都师范大学李春玲副教授认为,新时代的师德建设可以从多方面吸取我国传统优秀师德的有益资源。首先是乐道情怀。中华民族是一个崇德重德的民族,在教育上主张德育为先。在中国教育史上,很多教育家都是立志乐道,视教育为终身事业,无论在什么境遇下,都怀有献身教育的崇高目的并不懈努力。因此,乐道情怀应该纳入今天的教师道德体系,并且需要不断地挖掘和赋予新的内涵。乐道情怀就是指教师热爱教育事业,不是把教育当成谋生的手段,而是把它转化为乐生的事业。这是一个很高的师德境界,它需要教师在传道过程中,通过学道、悟道、体道、得道,从而达到乐道的境界。其次是师表风范。学生,尤其是未成年的学生,在接受教育的过程中,很多时候都是通过教师的身教去印证他的言教。所以,今天的教师更要把师表风范作为践行的一个重要要求,在思想品德、学识才能、言谈举止、仪表风度等方面,规范自己的言行,为学生的健康成长起到表率作用。再次是乐学境界。中华民族既是一个重德的民族,也是一个重视学习的民族。古人有这样的看法:"天地之性,人为贵,贵其识知也。"可见,一个人只有不断地学习,才能成长为人。因此,学习是人成为人的内在需要,这可以看作是乐学的一个认识前提。要达到乐学的境界,需要经过求知、好知的过程,不可能一蹴而就。最后是"内省"、"慎独"修养。教师要有为师的资格,就必须修养自己,使自己不断地提高和完善。教师要在隐蔽之处见德性,在微小之处重修养,防微杜渐,积善成德,不断提高自己的修养水平。

**中国特色教师道德话语体系建设要不忘本来、吸收外来、面向未来**

中国特色教师道德话语体系建设本质上是一个不忘本来、吸收外来、面向未来的道德建设过程,这要求我们在承继中华优秀师德传统基础上借鉴国外有益的师德建设成果,在总结改革开放以来我国师德建设实践经验基础上,着眼于教育强国战略和中华民族伟大复兴的宏大愿景,作一创造性的整合与创新性的发展。湖南师范大学王泽应教授认为,就弘扬中华优秀师德传统精华而言,主要应在以下几个方面加大力度:第一,深刻认识中华师德是中华优秀传统文化的重要组成部分,中华优秀传统文化凝聚着中华师德的合理性价值,并借助一代又一代为人师表者的传播传承得以发展绵延。第二,全面开掘中华优秀师德传统的源头活水,对之作出立于新时代的系统总结,使之成为中国特色教师道德体系建设的丰厚资源、丰厚土壤和宝贵财富。第三,深度研究"既做经师,亦作人师",并将"经师"与"人师"统一起来的师德风范。第四,积极弘扬"才者,德之资者;德者,才之帅也"的德才统一观。第五,高度肯定中华师德"甘于清贫"、"一身正气"的崇道、卫道和弘道精神。中华师德向以"不因贫穷而怠乎道"的精神著称于世,孟子所言的"富贵不能淫,贫贱不能移,威武不能屈",荀子所言的"权力不能倾也,天下不能荡也,群众不能移也,生乎由是,死乎由是"是中华师德崇道、卫道和弘道精神的集中体现。这种精神对抵制当今市场经济条件下"人为物役"尤其有重要价值。

上海市伦理学会赵琦副秘书长认为,建构中国特色的教育道德体系应不该排斥对外来文化的吸收与提取。要有教育伦理的底线意识,高等教育和初等教育等不同层次的道德底线要明确区分,还要在具体的选拔中加以贯彻落实,培育底线意识。传统观念认为教师是道的传授者,仁且智在这里很重要,这个行业是一个关系型的行业,教师要和教师、学生等建立关系。教师要关爱学生,需要运用智慧教导学生,而学生想要"超越"教师的现象,无疑是对当代教师提出了更高的素质要求。

中共中央党校靳风林教授指出,当我们将传统的教师道德话语体系与国外的话语体系进行比较时,应当重视价值取向的差异,在时空上不能错位。中国求善,西方求真。西方教育重视知识的灌输、思维方式的培育,而中国教育的最高目的是改善人性,追求天人合一的境界。大教育家朱熹重视"求道贵正""求道贵精""学达性天"。他指出,教育具有三个目标:首先是知识教育,其次是思维训练,最高层次是对人性进行改造。作为一名教师,我们不仅要向学生传授知识,更重要的是能够使学生的人生境界得到升华。

同济大学马克思主义学院邵宝龙教授认为我们要有构建原则,坚持两个根基,坚持中西马三种教育文化资源。构建的指向目标是专业精神、专业规范、教师人格。在发掘中华优秀传统文化的过程中,主要应在价值理念、人文精神、传统美德三个方面进行创造性转化。师道尊严与师友关系也应当辩证统一地去分析。我们可以设置一个教师人格七层次的美德提升的结构来逐项加以探索:其一,教师人格的灵魂是信仰。其二,教师人格站立起来的基石是德行。其三,教师应成为智慧的引导者。其四,教师人格的指导原则和动力是价值观。其五,教师人格的心理张力是意志品格。其六,教师人格的境界是审美情趣。最后,教师人格是法权人格。对于中华优秀传统文化中有哪些精髓可以用来建构教师人格的问题,他认为"五常"、"忠恕之道"、"十庸之道"、"内圣外王之道"以及其他诸子百家思想等,都可以用来建构教师的人格。

## "立德树人、师德评价与教师发展"高端学术研讨会综述

周治华 于 涛

(上海师范大学 马克思主义学院;上海师范大学 哲学与法政学院)

2017年9月28日下午,上海师德研究与评价中心、上海师范大学哲学与法政学院、上海师范大学跨学科研究中心共同主办的上海师德研究与评价中心首批特聘研究员聘任仪式暨"立德树人、师德评价与教师发展"高端学术研讨会在上海师范大学外宾楼会议室召开。解放日报社党委副书记周智强、上海师范大学副校长刘晓敏、上海师范大学原校长杨德广、上海市教委原副主任张民生、中国伦理学会副会长陆晓禾、中国伦理学会教育伦理学专业委员会会长兼上海师德研究与评价中心主任王正平以及来自沪上高校、科研机构、教育行政部门、中小学校、报刊媒体等的70多位知名专家学者、一线教育工作者出席了本次会议。

会议第一阶段,由上海师范大学哲学与法政学院院长蒋传光教授主持上海师德研究与评价中心首批顾问、特聘研究员聘任仪式。上海师范大学副校长刘晓敏教授首先代表校领导致辞,并向与会专家代表颁发聘书。他在致辞中介绍了成立上海师德研究与评价中心的背景和意义,肯定了中心成立以来取得的成就,强调中心以问题为导向,以开放的一流专家队伍为基础,才能不断推进师德理论研究与实践创新工作,努力把

---

作者简介:周治华,上海师范大学马克思主义学院副教授;于涛,上海师范大学哲学与法政学院在读研究生。
E-mail: zhouzhihua@shnu.edu.cn;1678151358@qq.com

自己建设成为推动师德建设的高水平智库。上海师德研究与评价中心主任王正平教授宣读了首批顾问、特聘研究员名单。他表示,上海师德研究与评价中心作为全国首家师德研究与评价机构,自成立以来就受到教育伦理学界和教育界的广泛关注和热情支持,首批40余位顾问、特聘研究员有来自清华大学、中国人民大学、复旦大学、华东师范大学、上海师范大学等高校的专家学者,也有长期从事教育教学管理工作的上海市知名中小学校长。他对受聘的专家学者的加盟表示感谢。简短的聘任仪式以后,上海市教委原副主任张民生教授、复旦大学哲学学院陈学明教授代表获聘的专家学者发表感言。他们从长期投身教育事业的切身体验出发,表明师德教育与师德建设的重要意义,表示将会认真履行责任,共同努力把上海师德研究与评价中心的工作做好。

会议第二阶段,由中国伦理学会教育伦理专业委员会秘书长、上海师范大学知识与价值科学研究所所长何云峰教授主持高端学术研讨会。与会专家学者、一线教育工作者围绕如何贯彻习近平总书记培养"四有"教师和广大教师应当做"四个引路人"的指示精神,如何把立德树人作为师德建设和教育改革的核心,如何从实际出发开展科学有效的师德评价、切实促进师德水平提升和专业素质发展展开深入、热烈的讨论。现将会议主要观点综述如下。

## 一、立德树人是教育的根本价值追求

党的十八大明确提出"把立德树人作为教育的根本任务",党的十八届三中全会进一步强调"坚持立德树人"。中国伦理学会教育伦理学专业委员会会长、上海师德研究与评价中心主任王正平教授在其题为"立德树人是教育的根本价值追求"的主旨发言中认为,在当下中国大力倡导立德树人具有重要的现实意义。我们应当把以社会主义核心价值观为根本遵循,把立德树人这一教育的根本价值追求渗透和融入到学校教育和管理的全方位、全过程。要从教育方针伦理、教育政策伦理和教师管理伦理的视角,从制度管理、师德考核的硬性角度,鼓励和促进教师立德树人的主体积极性、自觉性;要遵循教育规律和青少年道德心理成长规律,从教育教学大纲、课程内容及评价标准等具体细节方面入手,使立德树人成为春风化雨、精心实际的育人工程。上海师范大学附属外国语中学校长肖铭则通过反思现实的师德问题,表明了教育以立德树人为根本价值追求的重要意义。他认为,目前中小学的师德问题,包括有偿家教、不规范教育行为、不公正对待学生、学术上的不诚信,与当下急功近利的教育观念和教育形态是分不开的,因而,教育需要真正以人为本,真正凸显立德树人的价值追求。

有好的教师,才有好的教育。立德树人的价值追求,必须落实为教师的价值追求。上海师范大学原校长杨德广教授基于"德""才"关系的阐发提出,只有立德,才能树人;立德树人,是每一位教师的神圣职责和历史使命。广大教师应当成为"立德树人"的主力军,应当遵循习近平总书记的指示,做到坚持教书与育人相统一、坚持言传与身教相统一、坚持潜心问道与关注社会相统一、坚持学术自由与学术规范相统一,以高度的责任心和使命感,把德育和思想政治教育贯穿到教育教学全过程中,为"立德树人"尽一份责任和力量。上海师范大学马克思主义学院院长周书俊教授认为,教师在教育中起到的重要作用是栽之、育之、养之、培之。市场经济条件下,人们过分看重经济而忽视道德,实际上对教育和教师提出了更高的道德期许。立德,要求我们把价值引领、道德培养放在第一位;树人,则要求我们正确定义人才,做到有教无类。

### 二、立德树人要先立师德

要把立德树人落到实处,教师自己先要"立德"。复旦大学陈学明教授认为,学校教育必须"以道为本",教会学生如何做一个"好人",这决定了教育行业的特殊性,也决定了教师应该拥有其他职业不能比拟的道德素养和敬业精神。他认为,在"经济人"观念大行其道的今天,教师仍然要独善其身,绝不能成为"经济人"。教师如果成了"经济人",就不会安心于自己的岗位,就不会忠于职守,就会不知不觉地向自己的学生宣扬人生来自私的观点。华东师范大学余玉花教授也认为,立德树人,必须加强德育;德育不只是思想政治理论教师的课堂教学,而且是每一个教师不断加强道德修养,以自身的德性和人格育人。上海财经大学人文学院副院长郝云教授认为,在实际的教学过程中,我们不能把专业教师和德育教师割裂开来,不能把知识教育和德育教育割裂开来,不能把大德与小德割裂开来。

那么,教师所立之"德"应当是什么"德"？上海师范大学教育学院院长夏惠贤教授认为,教育就是尊贤育才,以彰有德。大学教师要做到立德树人、因材施教,必须提升自身的素养。他认为,大学教师的核心素养应当体现为学识的厚度、实践的广度、专业的高度、沟通的力度、人文的温度。为此,大学教师应当做到"两善"(善学习、善研究)、

"两勤"(勤行动、勤思考)、"两多"(多示范、多指导)、"两有"(有耐心、有沟通)、"两能"(能赏识、能关怀)。复旦大学马克思主义学院高国希教授从现代社会的时代特征出发,提出师德的内涵和要求应当与时俱进。当前,教师应该更加尊重、包容、平等地对待每一个学生,要"蹲下来跟学生讲话";应该更加注重培养健全人格,教学中把道理讲透,充分发挥学生的潜力;应该更加注重培养学生面对信息洪水的判断力、鉴别力;应该更加注重价值引领,引导学生更加关注精神生活的价值。

师德的维系和提升,不仅需要教师自身的修养,更需要全社会的共同努力。复旦大学吴新文教授基于中国传统"师道"与"师德"的内在联系,强调当今社会要共同维系师道,特别是继承中国传统尊师重教的精神,并进行创造性转化和创新性发展,丰富现代师道的内涵。他还认为,要让师德成为教师生命的内在部分和自觉追求,就要保证教师面对学生时具有足够的"自由裁量权",同时把教师从一些不必要的繁杂事务中解脱出来,保证教师的较好待遇,让教师过上一种体面的、有尊严的生活。

### 三、教师"立德"要融合专业素质发展

教师"立德",不仅要明确立什么"德"的问题,而且要探索如何"立"、如何"评"的问题。上海市教委原副主任张民生教授认为,师德是一个实践问题。教师的师德是通过不同渠道或方式、在不同层面表达出来的。我们应当注重师德的底线表达,亦即不越过底线;也要思考师德的表达如何深入人心,亦即从学生心理感受的视角来看教师如何"立德"的问题。华东师范大学卜玉华教授关于教师伦理形象的社会建构角度也为师德建设和师德评价提供了一个较为新颖的思路。她认为,传统社会中教师作为礼的化身、道的代表、德的典范具有高尚的伦理形象,却在现代难以为继,奉献的形象甚至遭受同情式的批判。因而,现代社会条件下,应当思考重建教师可敬、可学、可亲的伦理形象。

无论从学生的角度来看,还是从重建教师伦理形象的角度出发,教师"立德"不能与专业发展截然分离。解放日报社党委副书记周智强认为,推动师德建设,应当区别师德的义务性要求、宣示性要求和倡导性要求,将师德要求融合于传道、授业、解惑之中。上海师范大学刘次林教授则从师德评价的角度强调了教师专业发展的重要性。他认为,教学伦理应该是师德最重要的内容。教师主要在学科教学中,结合教学内容

和教学形式去宣传自己的理想信念、道德情操,展示自己的扎实学识和仁爱之心;教师主要也是通过学科教学去引领学生学习知识、锤炼品格,培养学生的创新思维和报效祖国的志愿、本领。上海世界外国语中学校长厉笑影也基于其教育管理实践的思考认同师德评价与学术评价的统一。他认为,师德建设要靠校园文化和教育叙事的涵养,也要注重与专业能力提升相结合,"守底线、提标准",使师德要求走向专业化和科学化。